中国非洲研究院文库·研究论丛系列

百年未有之大变局与中非关系

China-Africa Relations in a Period of
Change Rarely Seen in a Century

詹世明　主编

中国社会科学出版社

图书在版编目（CIP）数据

百年未有之大变局与中非关系 / 詹世明主编 . —北京：中国社会科学出版社，2020.7

（中国非洲研究院文库）

ISBN 978-7-5203-6594-9

Ⅰ.①百… Ⅱ.①詹… Ⅲ.①中外关系—研究—非洲 Ⅳ.①D822.34

中国版本图书馆 CIP 数据核字（2020）第 093518 号

出 版 人	赵剑英
策划编辑	喻 苗
责任编辑	张冰洁　胡新芳
责任校对	李 剑
责任印制	王 超

出　　版	中国社会科学出版社
社　　址	北京鼓楼西大街甲 158 号
邮　　编	100720
网　　址	http://www.csspw.cn
发 行 部	010-84083685
门 市 部	010-84029450
经　　销	新华书店及其他书店

印　　刷	北京明恒达印务有限公司
装　　订	廊坊市广阳区广增装订厂
版　　次	2020 年 7 月第 1 版
印　　次	2020 年 7 月第 1 次印刷

开　本	710×1000　1/16
印　张	27.25
插　页	2
字　数	429 千字
定　价	149.00 元

凡购买中国社会科学出版社图书，如有质量问题请与本社营销中心联系调换
电话：010-84083683
版权所有　侵权必究

《中国非洲研究院文库》编纂委员会

（按姓氏笔画排序）

主　任　蔡　昉

编委会　王　凤　　王林聪　　王灵桂　　毕健康　　朱伟东
　　　　刘鸿武　　安春英　　李安山　　李智彪　　李新烽
　　　　杨宝荣　　吴传华　　余国庆　　张永宏　　张宇燕
　　　　张宏明　　张忠祥　　张艳秋　　张振克　　林毅夫
　　　　罗建波　　周　弘　　赵剑英　　胡必亮　　洪永红
　　　　姚桂梅　　贺文萍　　莫纪宏　　党争胜　　郭建树
　　　　唐志超　　谢寿光　　詹世明　　蔡　昉

充分发挥智库作用 助力中非友好合作

——"中国非洲研究院文库"总序

当今世界正面临百年未有之大变局。世界多极化、经济全球化、社会信息化、文化多样化深入发展，和平、发展、合作、共赢成为人类社会共同的诉求，构建人类命运共同体成为各国人民共同的愿望。与此同时，大国博弈激烈，地区冲突不断，恐怖主义难除，发展失衡严重，气候变化凸显，单边主义和贸易保护主义抬头，人类面临许多共同挑战。中国是世界上最大的发展中国家，是人类和平与发展事业的建设者、贡献者和维护者。2017年10月中共十九大胜利召开，引领中国发展踏上新的伟大征程。在习近平新时代中国特色社会主义思想指引下，中国人民正在为实现"两个一百年"奋斗目标和中华民族伟大复兴的"中国梦"而奋发努力，同时继续努力为人类作出新的更大的贡献。非洲是发展中国家最集中的大陆，是维护世界和平、促进全球发展的重要力量之一。近年来，非洲在自主可持续发展、联合自强道路上取得了可喜进展，从西方眼中"没有希望的大陆"变成了"充满希望的大陆"，成为"奔跑的雄狮"。非洲各国正在积极探索适合自身国情的发展道路，非洲人民正在为实现《2063年议程》与和平繁荣的"非洲梦"而努力奋斗。

中国与非洲传统友谊源远流长，中非历来是命运共同体。中国高度重视发展中非关系，2013年3月习近平担任国家主席后首次出访就选择了非洲；2018年7月习近平连任国家主席后首次出访仍然选择了非洲；6年间，习近平主席先后4次踏上非洲大陆，访问坦桑尼亚、南非、塞内加尔等8国，向世界表明中国对中非传统友谊倍加珍惜，对非洲和中非关系高度重视。2018年中非合作论坛北京峰会成功召开。习近平主席在此次峰会上，揭示了中非团结合作的本质特征，指明了中非关系发展的前进方向，规划了中非共同发展的具体路径，极大完善并创新了中国对非政策的理论框架和思想体系，这成为习近平新时代中国特色社会主义外交思想的重要理论创新成果，为未来中非关系的发展提供了强大政治遵循和行动指南。这次峰会是中非关系发展史上又一次具有里程碑意义的盛会。

随着中非合作蓬勃发展，国际社会对中非关系的关注度不断提高，出于对中国在非洲影响力不断上升的担忧，西方国家不时泛起一些肆意抹黑、诋毁中非关系的奇谈怪论，诸如"新殖民主义论""资源争夺论""债务陷阱论"等，给中非关系发展带来一定程度的干扰。在此背景下，学术界加强对非洲和中非关系的研究，及时推出相关研究成果，提升国际话语权，展示中非务实合作的丰硕成果，客观积极地反映中非关系良好发展，向世界发出中国声音，显得日益紧迫和重要。

中国社会科学院以习近平新时代中国特色社会主义思想为指导，努力建设马克思主义理论阵地，发挥为党的国家决策服务的思想库作用，努力为构建中国特色哲学社会科学学科体系、学术体系、话语体系作出新的更大贡献，不断增强我国哲学社会科学的国际影响力。中国社会科学院西亚非洲研究所是当年根据毛泽东主席批示成立的区域性研究机构，长期致力于非洲问题和中非关系研究，基础研究和应用研究并重，出版和发表了大量学术专著和论文，在国内外的影响力不断扩大。以西亚非洲研究所为主体于2019年4月成立的中国非洲研究院，是习近平总书记在中非合作论坛北京峰会上宣布的加强中非人文交流行动的重要举措。

按照习近平总书记致中国非洲研究院成立贺信精神，中国非洲研究院的宗旨是：汇聚中非学术智库资源，深化中非文明互鉴，加强治国理政和发展经验交流，为中非和中非同其他各方的合作集思广益、建言献策，增进中非人民相互了解和友谊，为中非共同推进"一带一路"合作，共同建设面向未来的中非全面战略合作伙伴关系，共同构筑更加紧密的中非命运共同体提供智力支持和人才支撑。中国非洲研究院有四大功能：一是发挥交流平台作用，密切中非学术交往。办好"非洲讲坛"

"中国讲坛""大使讲坛",创办"中非文明对话大会",运行好"中非治国理政交流机制""中非可持续发展交流机制""中非共建'一带一路'交流机制"。二是发挥研究基地作用,聚焦共建"一带一路"。开展中非合作研究,对中非共同关注的重大问题和热点问题进行跟踪研究,定期发布研究课题及其成果。三是发挥人才高地作用,培养高端专业人才。开展学历学位教育,实施中非学者互访项目,培养青年专家、扶持青年学者和培养高端专业人才。四是发挥传播窗口作用,讲好中非友好故事。办好中国非洲研究院微信公众号,办好中英文中国非洲研究院网站,创办多语种《中国非洲学刊》。

为贯彻落实习近平总书记的贺信精神,更好地汇聚中非学术智库资源,团结非洲学者,引领中国非洲研究工作者提高学术水平和创新能力,推动相关非洲学科融合发展,推出精品力作,同时重视加强学术道德建设,中国非洲研究院面向全国非洲研究学界,坚持立足中国,放眼世界,特设"中国非洲研究院文库"。"中国非洲研究院文库"坚持精品导向,由相关部门领导与专家学者组成的编辑委员会遴选非洲研究及中非关系研究的相关成果,并统一组织出版,下设五大系列丛书:"学术著作"系列重在推动学科发展和建议,反映非洲发展问题、发展道路及中非合作等某一学科领域的系统性专题研究或国别研究成果;"经典译丛"系列主要把非洲学者以及其他方学者有关非洲问题研究的经典学术著作翻译成中文出版,特别注重全面反映非洲本土学者的学术水平、学术观点和对自身发展问题的认识;"智库报告"系列以中非关系为研究主线,中非各领域合作、国别双边关系及中国与其他国际角色在非洲的互动关系为支撑,客观、准确、翔实地反映中非合作的现状,为新时代中非关系顺利发展提供对策建议;"研究论丛"系列基于国际格局新变化、中国特色社会主义进入新时代,集结中国专家学者研究非洲政治、经济、安全、社会发展等方面的重大问题和非洲国际关系的创新性学术论文,具有学科覆盖面、基础性、系统性和标志性研究成果的特点;"年鉴"系列是连续出版的资料性文献,设有"重要文献""热点聚焦""专题特稿""研究综述""新书选介""学刊简介""学术机构""学术动态""数据统计""年度大事"等栏目,系统汇集每年度非洲研究的新观点、新动态、新成果。

期待中国的非洲研究和非洲的中国研究在中国非洲研究院成立的新的历史起点上，凝聚国内研究力量，联合非洲各国专家学者，开拓进取，勇于创新，不断推进我国的非洲研究和非洲的中国研究以及中非关系研究，从而更好地服务于中非共建"一带一路"，助力新时代中非友好合作全面深入发展。

中国社会科学院副院长

中国非洲研究院院长

蔡　昉

目　录

国际格局、地缘政治变化与中非关系

非洲地缘政治的历史轨迹、重大重组和演化趋势 …………… 张宏明（3）
共筑紧密"中非命运共同体"：历史基础、现实
　　条件和发展方向 ……………………………………… 贺文萍（37）
中国的维和外交：基于国家身份视角的分析 ………………… 何　银（54）
中非合作论坛 15 年：成就、挑战与展望 …………………… 周玉渊（83）

"一带一路"与非洲

中非关系与"一带一路"建设 ………………………………… 李新烽（105）
中非合作与"一带一路"建设战略对接：现状与
　　前景分析 ……………………………………………… 姚桂梅（115）
非洲工业化战略与中非工业化合作战略思考 ………………… 李智彪（132）
中非共建产业园的现状和政策思考 …………………………… 王洪一（165）
"一带一路"倡议引领下的东非现代化铁路互联
　　互通建设 ……………………………………………… 邓延庭（180）

中非人文交流

非洲留学生在中国：历史、现实与思考 …… 李安山著　沈晓雷译（207）
命运共同体视域下中非共享知识体系的建构 ………………… 刘鸿武（239）

目录

中国对非洲文化传播：现状与挑战 …………………… 吴传华（259）
非洲孔子学院的语言文化传播
　　效果研究 …………………… 杨　薇　翟风杰　郭　红　苏　娟（279）
新面孔与新变革：中国媒体改变非洲
　　传媒格局 …………………………………… 李新烽　李玉洁（302）

中非发展经验互鉴

中国与发展中国家的治国理政经验交流：历史、
　　理论与世界意义 …………………………………… 罗建波（325）
中国的理论自信对非洲国际关系理论建构的借鉴
　　意义 ………………………………………………… 张　春（348）
中国经验与非洲发展：借鉴、融合与创新 ………………… 贺文萍（369）
中国对非减贫合作：理念演变与实践特点 ……………… 安春英（391）
"后埃博拉时期"中非卫生合作的趋向、挑战与
　　建议 ………………………………………………… 郭　佳（408）

国际格局、地缘政治变化与中非关系

非洲地缘政治的历史轨迹、重大重组和演化趋势

张宏明[*]

摘　要：政治独立虽然为非洲地缘政治开辟了新的前景，但由于内部条件的制约和外部因素的干扰，在整个冷战时期，非洲政治力量空间分布的"地理缘由"并不明确，甚至呈现出杂乱无章的紊乱或无序状态。冷战终结后，在外部势力收缩与内部事态变化等因素的交互作用下，非洲地缘政治开启了历史性重组的帷幕。世纪之交，非洲国家间关系的"地理缘由"伴随着地缘政治与地缘经济的交融特别是基于区域经济合作的地缘经济要素的发酵而渐趋明晰；非洲地缘政治亦因此被赋予新的时代内涵，其特征可以用多元化、区域化、经济化加以概述。进入21世纪第二个10年，非洲内部事态的演化虽然对处于动态变化中的非洲地缘政治关系构成冲击，但非洲地缘政治秩序并未发生结构性变化。现实的非洲地缘政治格局基本反映了各种地缘政治行为体之间力量对比变化的阶段性结果，其结构性特征可以用"五方鼎立""三强并存""两强争雄"加以描述。非洲地缘政治格局的演化仍将取决于各种政治力量较量的结果，其中作为"力量中心"的地区大国综合实力的消长变化及其战略预期将对其走势产生重要影响，从趋势上看，非洲地缘政治格局或将

---

[*] 张宏明，中国社会科学院西亚非洲研究所研究员，主要从事非洲政治和国际关系研究。

在既有结构性特征基础上朝着更加均衡的方向发展。

关键词： 非洲　地缘政治　历史沿革　重大重组　演化趋势

非洲地缘政治系指非洲国家在特定的时期为了自身利益而在次区域乃至整个大陆范围内所展开的合作、竞争、对抗、冲突等不同性质互动活动。在实力政治的博弈中，不同的地理环境会对非洲国家的权益产生不同影响，并据此形成其不同的战略预期或战略追求。由于每个非洲国家都会依据其所处的地理环境来处理与其他国家的关系，因而地缘因素始终是影响非洲国家间关系的一个基本因素。非洲地缘政治研究便是以非洲国家间关系的"地理缘故"为主要对象，并根据各种政治力量的地理空间分布特别是地区大国的地缘战略取向，来分析非洲地缘政治的结构性特征及其演化趋势的。诚然，非洲地缘政治虽然不是非洲国际政治的全部，但鉴于非洲地缘政治是各种政治力量消长变化特别是国家互动关系在地区层级乃至大陆层级地理空间上的反映，因而，它更便于我们从整体上观察、研判非洲国际政治的全貌或非洲战略形势的走向。

一　非洲地缘政治演化的历史轨迹

在国际政治视野中，地缘关系系指主权国家基于距离、方位等地理要素与政治、经济等人文要素互动所形成的国际关系。如果以主权国家作为地缘政治的主要行为体或基本单位，那么，非洲地缘政治关系的建构始于20世纪50年代，它是伴随着越来越多的非洲国家挣脱宗主国的殖民枷锁之后而逐步生成的。所谓非洲地缘政治系指非洲国家在一定时期内为了自身的利益在次区域乃至大陆层级所展开的"合纵连横"活动。政治独立虽然为非洲国家间关系开启了新的一页，然而，由于内部政治生态的特殊性，加之受到外部因素的强力干扰，截至20世纪80年代末，[①] 非洲国家间关系的地理空间结构呈现出一种复杂的局面，其特征体现在以下几个相互关联的方面。

---

① 鉴于20世纪50年代至80年代末这一时间跨度基本上与冷战的起止时间相吻合，基于行文方面，有时也代之以"冷战时期"。

（一）非洲地缘政治呈现出"原子化"的破碎状态

非洲不仅是世界地缘政治的"破碎地带"，而且由于其殖民地国家的性质，加之在冷战时期的特殊经历，非洲地缘政治版图本身也在内部纷争和外力撕扯的共同作用下呈现出四分五裂的"破碎状态"。这种破碎状态具体表现在非洲自然地理、民族结构、宗教信仰、语言等诸多层面，唯其如是，美国政治地理学家索尔·科恩非常形象地将非洲描述为"原子化状态"的破碎地带。[①] 的确，就冷战时期非洲各国内部政治生态特别是非洲国家间关系的现实而言，破碎状态既是对非洲各种政治力量相互博弈所展现的地缘政治图景的形象化描述，同时也是认知非洲地缘政治关系特征的重要标识。

"破碎状态"往往与骚乱、动乱、革命、政变、危机、暴力、冲突等各种形式的社会冲突相联系，并且是国内战争、国际战争频发的地区。鉴于非洲国家形成的特殊性、殖民边界的强制性和分裂性以及殖民地独立进程的突然性，大规模政治暴力和武装冲突成为非洲国家独立后历史的一个重要方面。[②] 事实上，自非洲国家独立以来，各种类型的政治暴力或武装冲突便在非洲大陆盛演不衰。这些武装冲突不仅频繁发生在非洲国家的内部，同时也频繁发生在非洲国家之间。统计数据显示，在整个冷战时期，非洲堪称全球各类武装冲突最为集中的区域，并且就武装冲突的发生频率、激烈程度、持续时间而言，在洲际范围内，非洲也是无与伦比的地区。这些武装冲突按照"地理疆域"大致可划分为国内冲突、国家间冲突，以及国内冲突的国际化、国际冲突的国内化或大国背景的代理人战争等多种类型。

在独立后的头 30 多年，非洲国家的内部武装冲突基本上呈现一种稳定上升的趋势，在非洲国家的内部武装冲突绵延不断的同时，非洲国家间的武装冲突也此起彼伏，而后者对非洲地缘政治的负面影响尤大。依

[①] ［美］索尔·科恩：《地缘政治学——国际关系的地理学》，严春松译，上海社会科学院出版社 2011 年版，第 408—414 页。

[②] ［美］斯科特·斯特劳斯、王学军：《大战终结：撒哈拉以南非洲政治暴力变化的模式》，《西亚非洲》2013 年第 6 期，第 98 页。

据非洲国家间关系的疏密程度，非洲地缘政治关系在性质上有联合、合作、竞争、遏制，乃至对抗、战争等多种形式。但在整个冷战时期，非洲国家间的互动则是对抗多于合作，许多国家之间甚至还发生了武装冲突，其中最为频繁的当属边界冲突。由于国家的数量众多，加之现代国家形成的特殊性，使得非洲成为世界上领土争端或边界冲突最为集中的地区之一，有半数以上非洲国家与邻国存在规模和程度不等的领土争端或边界冲突。[①] 令人担忧的是，这些争端或冲突除了少部分得到解决之外，大部分仍处于休眠状态，一旦时机适合又会重新复活。

引发武装冲突的原因虽然多种多样，但是其结果则从内部或外部甚或同时从内外两个方向撕裂了非洲。非洲国家间的领土争端或边界冲突更是使非洲地区局势长期处在动荡之中，其结果，在恶化非洲国家间关系的同时，也扰乱了非洲地缘政治关系。另则，非洲国家可谓"生不逢时"，独立伊始便被裹挟进冷战的旋涡，而非洲内部的动乱则又为域外势力的政治干预、军事介入等提供了契机，进而加剧了非洲地缘政治版图的碎片性。

（二）非洲地缘政治缺乏具有向心力的"力量中心"

在地缘政治视野中，"力量中心"一般系指那些在自然或人文要素方面具有明显或绝对优势的区域性大国或强国，它们在本地区地缘政治中也发挥着举足轻重的作用，甚至可以说，区域性地缘政治格局就是由这些被称为"力量中心"的地区大国或强国塑造的。然而，由于现代国家形成的特殊性，在整个冷战时期非洲地缘政治的一个显著特征就在于缺乏明确的具有向心力的"力量中心"。究其原因，一方面，非洲国家为数众多，截至20世纪80年代末，已达51个之多；另一方面，非洲国家普遍弱小，即便是那些屈指可数的有意在地区事务中发挥作用的所谓地区大国也会因为内部的部族矛盾、宗教纠纷或与邻国间的领土争端、边界冲突而难以成为众望所归的、具有向心力的"力量中心"。

例如：埃及长期受困于阿以冲突，四次"中东战争"几乎耗尽了其

---

① 参见［美］索尔·科恩《地缘政治学——国际关系的地理学》，严春松译，上海社会科学院出版社2011年版，第388—390、420—421页。

元气，加之其战略重心偏向中东，其在北非的"力量中心"地位也并不被马格里布国家所认同。阿尔及利亚由于受到国内柏柏人争取自主权运动的牵制，且同邻国摩洛哥、突尼斯存在领土争端甚或发生边界冲突而难有大的作为。卡扎菲虽然踌躇满志，但无奈利比亚国力有限，加之与突尼斯、阿尔及利亚、尼日尔存在领土争端，与乍得爆发边界冲突，因而在非洲缺乏感召力。埃塞俄比亚的国土面积和人口规模虽然位居非洲前列，但经济落后，不仅长期身陷内部冲突，与邻国索马里、厄立特里亚交恶或交战，而且还卷入大国在非洲的争夺，成为美苏在非洲角逐的战场。尼日利亚虽系西非大国，但其社会内部却处于分裂状态，民族、宗教矛盾所引发的内耗已经严重地销蚀其雄心，此外，相邻的非洲法语国家也多对其"畏而远之"。地处"非洲心脏"地带的扎伊尔虽因美苏在非洲的博弈并得到西方的战略援助而凸显其地缘战略地位，无奈其国力有限，难有大的作为。南非虽系非洲头号强国，经济、科技、军事实力堪称非洲第一，但却因白人掌权，加之对外侵占纳米比亚并对内实行种族歧视政策而被排除在非洲大家庭之外，处境孤立，难以在地区事务中发挥作用，凡此种种，不一而足。简言之，截至冷战终结，上述所谓的地区大国或强国由于自身这样或那样的原因都难以在非洲地缘政治中担当起具有向心力的"力量中心"的角色。①

非洲不存在用以支撑非洲地缘政治关系"力量中心"的另外一个例证是缺少行之有效的地区安全机制，究其原因，同样是由于缺少力量强大的能够担负起维护地区安全责任的地区大国。正是由于缺少有意愿制定本地区安全规则并且有实力强迫其他国家遵守这些制度性安排的"力量中心"，使得非洲区域组织在本地区的国际冲突中束手无策，这无疑也是造成非洲国家间冲突多发且难以控制的重要原因。而非洲缺少"力量中心"的现实又给域外势力的干预提供了契机。以法国为例，20世纪60年代初至80年代末，法国频繁干预非洲内部事务，其中公开的武装干涉就达20多次。具有讽刺意味的是，有些外部干预居然还是在非洲国家政

---

① 不过需要指出的是，虽然非洲多数地区尚未形成具有向心力的"力量中心"，但还是存在一些具有地区影响力的国家的，这些国家也会在彼此之间或与其所在的地区国家之间就地区事务主导权展开明争暗斗。

府的"邀请"下进行的。而外部干预在使得原本处于动荡之中的非洲局势更趋复杂化的同时,也在一定程度上抑制了或迟滞了非洲本土"力量中心"的形成。

(三) 非洲国家间关系的地理空间指向杂乱无章

政治独立虽然为非洲国家间关系开辟了新的前景,但由于内部纷争和外力撕扯,非洲地缘政治版图所呈现的依旧是一幅破损和杂乱无章的图景。在整个冷战时期,非洲地缘政治版图或非洲国家间关系充斥着诸如"势力范围"割据的殖民遗存,意识形态分野的政治标识,以及东西方对抗的冷战印记。相反,这一时期非洲政治力量空间分布的"地理缘由"反倒并不明显,甚至呈现出紊乱或无序的状态。下述现象既是非洲国家间关系的空间结构或地理分布指向"紊乱"的致因,同时也是其表象。

其一,在非洲国家独立的头30年特别是初期,虽然人们也会按照自然地理区划称谓非洲东南西北中等不同的区域,但在许多时候人们还是习惯于沿用"英语非洲""法语非洲""葡语非洲",甚或"前法属非洲殖民地""前英属非洲殖民地"等老称谓。究其原因,一方面多数非洲国家在独立后仍然与前殖民宗主国在政治、经济、安全等诸多方面维系着千丝万缕的联系,另则,非洲国家独立伊始便忙于内部事务或被内部事务所困扰,彼此之间的互动还不如与其前宗主国之间的联系密切。事实上,许多非洲国家的外交重点并不在周边邻国或地区国家,而更看重维系与前宗主国的特殊关系,这在法语非洲国家尤为明显。于是,"英语非洲""法语非洲""葡语非洲"等带有殖民主义遗存或前宗主国烙印的"势力范围"在相当长时间内仍以一种特殊的地理空间形态存续于非洲国家间关系之中,影响甚或塑造着非洲国家间关系。由于不同势力范围遍布非洲各个区域,加之同一区域又被多个势力范围所"割据",这无疑是导致非洲国家间关系地理空间指向紊乱的原因之一。

其二,冷战背景下的政治意识形态取向,以及东西方对抗和美苏争霸等因素在非洲国家间关系的分野中同样也扮演着重要的角色。原因在于,冷战本身就是地缘政治和意识形态叠加的产物。冷战时期,各国的地缘政治战略多以意识形态为基准,国家利益则被掩饰在意识形态之中,加之20世纪是国际政治的时代,新生的非洲国家不可避免地要受到国际政治社会的影响。实际上,非洲国家独立伊始即被卷入冷战的旋涡:以美国为首的西方阵营和以苏联为首的东方阵营都试图对非洲国家施加影响,以便将其纳入自己的阵营。其结果,导致非洲国家在意识形态取向或国家发展道路的选择上各有归属。部分国家追随西方国家走资本主义道路,同时也有近半数的国家效仿"东方国家"走"非资本主义"或"社会主义"道路。非洲国家也因此被标上"激进国家"或"保守国家","亲东方国家"或"亲西方国家"等诸多具有政治意识形态色彩的名号或标签;而在走"非资本主义"或"社会主义"道路的国家中,又被分为"亲莫斯科国家"或"亲北京国家",从而使得非洲国家间关系在整个冷战时期布满了意识形态的印痕。

其三,以反对种族主义及争取非洲独立、联合、振兴著称的泛非主义思潮继续在非洲国家间关系中发挥着重要作用。比较突出的例证是,基于政治考量而非"地理缘故",几乎所有非洲国家都反对南非白人种族主义政权对纳米比亚的殖民统治,都声援并支持纳米比亚争取实现真正政治独立的斗争。与南非毗邻或接近的坦桑尼亚、赞比亚、博茨瓦纳、莫桑比克、安哥拉和津巴布韦6个国家还建立了带有准政治、军事联盟性质的组织——"前线国家"组织。后者的主要职能之一就是协调"前线国家"支持纳米比亚摆脱南非殖民统治的斗争行动。诚然,"前线国家"组织的行为本身无疑是正义的,但站在非洲地缘政治的视角,它还是扭曲了南部非洲乃至整个非洲的地缘政治关系。因为就综合实力而言,南非堪称在这一时期非洲无与伦比的头号强国,因而,南非的缺席(确切地说是将南非排斥在外),非洲地缘政治版图就是缺损的。

站在地缘政治的视角,应当说在整个冷战时期,非洲国家间关系空间分布的"地理缘由"并不明显,地区国家间互动的疏密程度或关系的性质更多的是"政治因素"使然,而非"地理缘故"。非洲国家间关系所呈现出上述"怪异征候"不仅互为因果关系,而且在内外因素的共同作用下时常还陷入循环往复的恶性循环之中:非洲大陆国家林立、弱小,加之内部纷争不断及外力撕扯频仍是导致非洲地缘政治版图碎片化的重要原因;而非洲地缘政治的破碎化又加剧了地区局势的动荡和地区国家间关系的紧张,难以形成具有向心力的"力量中心";而"力量中心"的缺失又使得非洲国家间关系的地理空间指向紊乱;而地缘政治关系的失序又导致非洲地缘政治处于一种"无格局"时代。简言之,非洲国家间关系的"地理缘故"不明确或非洲国家间关系"缺乏明确的格局"可谓冷战时期非洲地缘政治最突出的特征。

非洲地缘政治在这一时期所呈现出的紊乱现象和怪异征候,是由历史与现实、内部与外部等多种因素综合作用的结果。虽然一般而言外因通过内因而起作用,但是在特定的时空背景下特别是鉴于现代非洲国家形成的特殊性,外力的强力影响同样不容忽略。原因在于,虽然非洲国家间的互动始于20世纪50年代,但影响非洲地缘政治的因素却早已生成。不容置疑的事实是,非洲地缘政治所显现的破碎、紊乱、失序征症候都可以从非洲国家的殖民地性质中寻觅到踪影,因此,站在历史延续性的视角,其深层次原因可以追溯到殖民时期。虽然殖民化不是导致非洲地缘政治关系紊乱的唯一原因,但却是其中的重要致因:其一,殖民化撕裂了非洲社会并导致非洲领土的"巴尔干化",进而阻碍了非洲形成具有向心力的"力量中心";其二,殖民化所铸就的外向型、依附性经济迟滞了非洲区域性地缘经济发育,进而扰乱了非洲地缘政治关系;其三,殖民化使非洲沦为大国的势力范围及外部势力争夺的对象,进而使非洲成为动荡和分裂的"破碎地带"。[1]

原因还在于,在被史学家称为"非洲年"的20世纪中叶赢得政治独立的非洲国家,其内部准备,无论是政治、经济、社会,还是文化、教育、安全等诸方面的准备均不充分。这种先天不足,一方面表明非洲殖民地的"非殖民化"进程在相当大程度上是由外部力量特别是宗主国主导的;另一方面也预示着甚至注定了其独立后的政治进程将不可避免地要受到其赖以孕生的国际环境的影响。由于非洲国家大都缺乏控制自主发展所必需的手段和条件,因此政治上的独立并未使其摆脱外部势力的影响。[2] 需要指出的是,随着时间的推移,殖民化作为一个由诸多因素构

---

[1] 关于非洲地缘政治紊乱的根源,原本有7000余字的分析,由于篇幅原因被删节,只留存了上述三个标题。

[2] 张宏明:《多维视野中的非洲政治发展》,社会科学文献出版社1999年版,第204—205页。

成的复合概念，其中的有些因素的影响已趋于弱化或衰竭，但有些因素却依然顽固地发挥着作用，还有些因素则发生了变异或转化为新的影响因素。

二　非洲地缘政治关系的重大重组

20世纪最后10年是非洲地缘政治关系重组的过渡期，同时也是21世纪非洲地缘政治格局转换的孕育期。冷战终结所引发的国际政治格局、大国与非洲关系、大国在非洲关系的变化，以及非洲内部事态的演化等因素为非洲地缘政治关系的重组提供了新的契机和动能。如果说非洲国家间关系地理空间分布指向紊乱构成了冷战时期非洲地缘政治基本特征的话，那么，在冷战终结后，在外部环境和内部条件的交互作用下，非洲地缘政治逐步走出杂乱无章的失序状态。突出体现在，非洲国家间关系的"地理缘由"趋于明晰，非洲地缘政治的"力量中心"逐渐形成或显现。伴随着非洲政治力量的地理空间分布从无序到有形，非洲地缘政治关系逐步从"无格局"时代过渡到"有格局"时代，处于动态变化中的非洲地缘政治格局也被赋予新的时代内涵，其趋势性特征的端倪可以用区域化、多元化、经济化加以概述，其结构性特征的轮廓可以用"两地""五方""多强"加以描述。

（一）非洲地缘政治关系重组的时空环境

冷战的终结结束了国际政治格局的两极体系并将世界经济推向了全球化的新纪元，世界地缘政治格局亦随之步入历史性重组的新阶段。作为世界地缘政治重组的一部分，非洲地缘政治的重组虽然源于外部势力收缩与内部事态变化等因素的交互作用，但就其诱因而言，鉴于非洲国家多系小国弱国，且长期受外部势力的控制，加之经济上的依附性和政治上的脆弱性，因而，外部势力的收缩是非洲地缘政治重组的重要条件。从这个意义上说，非洲地缘政治在后冷战时期的演化亦可视为世界地缘政治格局变化的外溢效应之结果。就因果关系而言或从时序上说，也是世界地缘政治格局重组在先，正是外部势力的收缩为非洲本土力量的崛起或活跃腾挪出了空间，从而开启了非洲地缘政治历史性重组的进程。

关于这一点，可以从以下两个方面加以解析。

1. 外部势力的收缩使非洲地缘政治出现"权力真空"

冷战终结因素对非洲国际关系[①]的影响是全方位的，也是显而易见的，区别只是程度不同而已。按照"大国战略关系""大国在非洲关系""大国与非洲关系"及"非洲国家间关系"等"多重关系"互动的原理和方法，冷战终结因素对非洲地缘政治格局演化的影响，由表及里大致可以分为下述几个层次：冷战的终结意味着两极体系的解体，国际格局转换所引发的大国战略关系的变化不仅改变着大国在非洲的利益关系和力量结构，而且也直接或间接地影响着大国与非洲之间的关系，继而又潜移默化地传导到非洲国家间关系层面，直接或间接地影响到非洲地缘政治的变化。

冷战时期，非洲许多地方被外部势力控制或染指，其战略要冲甚至还成为大国角逐的场所。除了法国、英国等前宗主国频繁干预非洲事务外，美国、苏联也在非洲多地展开战略博弈，甚至大打"代理人战争"。具有讽刺意味的是，非洲虽然饱受东西方对抗、美苏争霸所引发的战乱之苦，但其地缘战略地位却也因此而被抬升，其享有的地位远远超出了它的实力，一些非洲国家甚至还乐得周旋于大国之间，左右逢源、多方捞取好处。冷战的终结使得非洲作为欧洲侧翼安全屏障的地缘战略地位丧失殆尽，加之西方大国战略重心的转移，致使非洲的身价一落千丈。随之，非洲不仅又重新回归到了与其实力相称的地位，甚至沦为被遗忘的角落。非洲身价贬值是西方在非洲战略收缩的必然结果，比较明显的例证有二：其一是西方大国对非洲的援助在冷战终结后大幅度减少并且还对之附加了诸多苛刻的条件；其二是西方对其曾经高度关注的非洲武装冲突的干涉意愿下降，美国、法国都对非洲安全事务采取"放任"的态度并试图从中抽身。

西方大国在非洲的战略收缩主要是基于各自国家利益的考量。美国在非洲的利益有限，冷战期间，华盛顿在非洲奉行的是"遏制战略"，目的是阻止共产主义在该地区蔓延特别是抗衡苏联的"南下战略"。冷战终

---

① 作者将非洲国际关系分为非洲与外部世界之间关系，外部世界与非洲之间关系及非洲国家间关系三个部分或三个层面。

结后，随着苏联解体及俄罗斯在非洲的战略收缩，非洲在美国的全球战略中的地位急转直下。克林顿执政初期，除了在非洲强力推行政治民主化之外，美国对非洲基本上采取一种放任的态度，甚至对非洲安全事务也漠然视之，特别是在1993年美国出兵干涉索马里内部冲突失败后，华盛顿不愿再直接卷入非洲武装冲突。即便是与非洲渊源深厚、互动密切的法国也因不看好非洲的前景而对其失去兴趣，法国舆论甚至猜测巴黎意欲从非洲脱身。这种猜测并非空穴来风，巴拉迪尔总理任内（1993—1995年）就多次发表对非洲不再感兴趣，甚至将非洲视为法国负担的言论。① 其间，巴黎还多次表示法国将不再充当"非洲宪兵"，并缩减了在非洲的驻军。

西方大国在非洲的战略收缩虽然主要是由冷战终结因素所致，但是非洲内部事态的恶化也是导致西方大国对非洲战略忽视的重要原因。在经历了20世纪80年代"失去的10年"之后，进入20世纪90年代，伴随着经济结构调整的深化特别是政治民主化进程的推进，非洲在整个大陆层级陷入了政局动荡、经济衰退、社会骚乱、冲突频仍的窘境，致使"非洲悲观主义"论调在国际社会弥漫，并且这种悲观情绪几乎贯穿于20世纪最后10年。当人们提及非洲时，往往与战乱、动荡、饥饿、贫穷、难民、疾病等负面形象联系在一起。非洲内部事态的恶化直接影响到了西方大国对非洲的形势判断和行为方式。

2. 部分非洲国家谋求地区事务主导权的欲望萌动

冷战的终结并未给非洲带来其所期望的普遍和平，相反，由于外部控制力量的收缩，加之非洲内部事态的冲击，使得长期被冷战因素抑制、掩盖或积压的各种问题，诸如部族矛盾、宗教纠纷、派系争斗、资源竞争、领土争端等非洲固有的矛盾或问题又重新繁衍或激化，随之，各种形式的武装冲突此起彼伏，整个大陆陷入剧烈动荡之中。非洲也因此继续彰显着"破碎地带"所特有的征候，成为全球各种冲突事件的频发场所。据不完全统计，在冷战终结后的第一个10年，发生冲突的国家超出

---

① Jean-François Bayart, Réflexions sur la politique africaine de la France, *Politique Africaine*, N°58, juin 1995, pp. 41 – 50; 另见 P. Marchesin, La politique africaine de la France en transition, *Politique Africaine*, N°58, juin 1995, pp. 91 – 106。

30个，占到非洲国家总数的半数以上。不过，由外部势力收缩在非洲造成的力量失衡或"权力真空"所引发的"天下大乱"，却也为那些原本就有主导本地区事务、称雄一方欲望的非洲国家特别是地区大国施展抱负提供了契机。

如果说外部因素的干预曾导致非洲地缘政治关系紊乱的话，那么，外部控制力量的收缩也将不可避免地会对非洲地缘政治的演化产生影响。冷战终结后，非洲国家间关系出现的一个新动向是，一些地区国家特别是地区大国对待邻国内部冲突态度发生了变化，突出体现在对邻国内部冲突的武装干预。这种现象在以往是极为罕见的，似乎只有南非曾出兵干预安哥拉国内战，然而进入20世纪90年代后，这种现象日渐频繁。[①] 非洲国家出兵干预邻国内部事务的动机或说辞虽不尽相同，但是，这些现象频繁发生在非洲地缘政治出现力量失衡或"权力真空"之时绝非偶然。事实上，对邻国实施干预行动的非洲国家均有自己的地缘战略考量，特别是尼日利亚、南非等地区大国更是将之视为彰显和扩大地区影响力，进而达到主导地区事务目的的途径和手段，因此，这些国家的行为必然会对冷战后非洲地缘政治的演化产生影响。

综上所述，20世纪90年代，在冷战终结这一大背景下发生的外部势力的收缩及本土力量欲望的膨胀可谓促发非洲地缘政治转换的同一个过程的两个方面，这两者的交互作用遂成为非洲地缘政治重组的酵母。尽管外部控制力量在非洲的收缩及大国对非洲干预频率的减少是相对过往而言的，不过，站在历史延续性的视角，其对非洲国家间关系的影响却不容低估。它使得那些长期被压抑的非洲国家谋求地区事务主导权的欲望找到了释放的机会，这也是形成日后能够影响或驾驭地区局势走势的"力量中心"的前兆，而"力量中心"的出现则是非洲地缘政治实现新旧格局转换的重要标志。需要指出的是，由西方主导的经济结构调整和政治民主化为非洲地缘政治的重组提供了不可或缺的条件，从这个意义上说，"西方因素"不自觉地充当了非洲地缘政治重组的推手。

[①] 参见孙巧成《军事介入他国内部冲突——非洲国家关系中的新问题》，《国际问题研究》1999年第2期，第34页。

（二）非洲地缘政治格局转换的内生因素

站在历史延续性的视角，如果说外部势力的收缩为非洲地缘政治关系的重组提供了契机和条件的话，那么，内部事态的变化则在非洲地缘政治格局的塑造或转换的过程中发挥着更为直接和更大的作用。20世纪最后10年可谓非洲的多事之秋，以"多党民主"为导向的政治制度的变革，以市场化为核心内涵的经济结构调整的深化，大陆层级和次区域层级一体化的推进，以及非洲最后一个殖民地纳米比亚赢得政治独立（1990），"新南非"（1994）的诞生并迅速融入非洲大家庭，政治强人蒙博托的垮台（1998）导致非洲"中央帝国"扎伊尔的沉沦，地区主要国家综合实力的消长变化等事件或因素均对非洲地缘政治格局的转换产生了程度不同的影响，其中政治制度转轨、经济结构调整、"新南非"融入非洲大家庭的影响尤大。上述因素或事件的交互作用在对旧的非洲地缘政治秩序构成冲击的同时，也在重塑着非洲地缘政治的新格局。

1. 政治制度变革消融了非洲国家间关系的意识形态分野

在独立后的相当长时期内，意识形态曾经在非洲国家间关系的分野中扮演着重要角色。非洲国家意识形态取向的差异，不仅事关其政治制度的选择，而且也关乎其发展道路和发展战略的取向。例如，埃塞俄比亚的前马克思主义政权与其邻国肯尼亚的资本主义政权所选择的发展道路的差异是十分明显的；同样，标榜民主社会主义的塞内加尔与其相邻的选择资本主义的科特迪瓦之间也存在明显的差异；即便在选择"社会主义"发展道路的非洲国家之间，也有民主社会主义、科学社会主义、村社社会主义、伊斯兰社会主义等多种名号。而民主化浪潮的博兴特别是民主政治制度性安排的确立则消除了非洲国家间关系中的政治障碍，从而为非洲国家基于"地理缘故"的区域合作营造了良好的政治氛围。

毋庸讳言，区域意识在非洲早已有之，非洲的功能性区域组织亦很早就已存在，但是，在相当长时期内，它们并未发挥应有的作用。原因虽然是多方面的，但意识形态分歧、政治制度差异、发展道路不同，无疑也是其中的原因。例如："东非共同体"之所以在1977年解体，除了经济利益分配不均之外，其中的另一个原因就是坦桑尼亚与肯尼亚之间鲜明的意识形态差异，以及尼雷尔与阿明之间的政治分歧；[1] 同样，"西非国家经济共同体"成员国之间的经济合作也因意识形态差异及法语西非成员国对尼日利亚的疑虑等政治因素而受阻；"南部非洲发展协调委员会"（现称"南部非洲发展共同体"）同样也是由于政治因素将白人统治下的南非排除在外，事实上，组建该区域组织的主要目的就是为了减少成员国对南非过分的经济依赖。非洲国家间关系中意识形态作用由此可见一斑。而冷战终结后博兴的政治民主化浪潮则极大地改变了非洲大陆的政治生态，突出体现在，它舒缓甚或消除了非洲国家因意识形态分歧、政治制度差异、发展道路不同以及领导人价值观念取向不一所造成的隔阂。

原因还在于，政治与经济之间是一种互动关系。虽然经济结构调整并没有为民主政治的生成提供充分的条件，但是民主政体的确立却促进了非洲的经济体制改革，后者又反过来巩固了民主政体的基础。冷战终结后，非洲地缘关系出现的一个新现象就是，非洲国家间关系逐步进入了地缘政治与地缘经济交融的时代，随之，意识形态因素在非洲地缘政治中的作用趋于弱化，并让位于基于区域合作的地缘因素或经济因素。至此，地缘因素在非洲国家间政治中发挥着越来越重要的作用，并凸显了非洲地缘政治重组的区域化特征。地缘因素在这里系指基于次区域合作，因为就实际效果而言，较之构筑在整个大陆层级的泛非机制，那些功能性的次区域组织对非洲地缘政治的影响更直接也更加现实。

2. 经济体制转轨为非洲国家间的区域合作开辟了新前景

20世纪90年代中后期，非洲国家间关系中的"地理缘由"现象是伴随着区域意识的增强而显现的，后者旨在强化地区国家间的合作，而在这一过程中，非洲国家经济体制转轨与政治制度变革一道发挥着异曲同工的作用。因为它消除了以往非洲国家间因发展道路不同、经济体制差异所造成的隔阂，有助于促成或扩大非洲国家间合作的利益共同点。从更为宏观的时空背景来看，非洲区域意识的增强亦可视为冷战终结后经

---

[1] ［英］威廉·托多夫：《非洲政府与政治》（第四版），肖宏宇译，北京大学出版社2007年版，第268—269页。

济全球化进程的一部分。诚然,经济全球化并不等同于经济国际化,但作为一个渐进性的变革过程,经济全球化与经济国际化在相当长一段时期内经历着同构的过程,只是这一过程过于隐缓而被人们忽略罢了。随着时代背景由冷战时期的对抗、冲突演变为全球化时代的发展、合作,非洲地缘政治的内涵与特征也发生了相应的变化,其总的趋向和特征是:非洲国家间关系的内涵逐步由意识形态分野、政治对抗、军事冲突,转向政治合作、经济联盟或经济合作(当然也包括经济竞争)。

非洲区域意识的强化或区域合作进程的重启系由多种因素使然:一方面,在经历了政治民主化和经济结构调整的阵痛之后,非洲国家的政局趋于平稳、经济渐出低谷;另一方面也是为了应对经济全球化的挑战,以使非洲免遭边缘化危境的厄运。据此,非洲国家特别是地区大国基于自身国家利益的考量开始关注本地区的发展。除此之外,与政治制度变革相伴,非洲国家经济体制的转轨无疑也是其中的重要因素,如上所述,它在催生非洲国家间关系的"地理缘由"方面具有与政治制度变革异曲同工的功效。事实上,非洲国家经济体制的变化也的确在悄然地推动着非洲地缘政治关系的演变。非洲国家经济体制纷纷由统制经济改行市场经济,无疑有助于地区国家协调立场、制定共同政策、采取集体行动、推动区域经济合作。[1] 20 世纪 90 年代中期以来非洲区域性经济一体化进程的提速便印证了这一点。

统计数据显示,1994—1999 年,非洲经济一体化程度年均增长 4.7%,高于非洲大陆国内生产总值的增长速度。[2] 而区域一体化进程的推进则逐步催化了地区国家间基于"地理缘故"的"共同体意识",后者又为地区国家开展政治、安全特别是经济合作奠定了基础。随之,基于"地理缘由"的区域概念或区域意识逐步成为影响非洲地缘政治的一个重要因素。就结果而言,区域概念或区域意识不仅成为影响非洲地缘政治关系演化的重要因素,同时也是重构非洲地缘政治格局"板块结构"的支撑力量。由此可见,非洲地缘政治新旧格局转换在相当大程度上是地

---

[1] 张宏明:《政治民主化后非洲内政外交的变化》,《国际政治研究》2006 年第 4 期,第 102 页。

[2] UNECA, "Annual Report on Integration in Africa (ARIA – 2002)", *Overview*, p. 34.

缘政治与地缘经济互动的结果。如果说政治制度变革销蚀了以往横亘在非洲国家间的政治意识形态的樊篱，那么，经济体制转轨则在一定程度上搅动并激发了非洲国家间关系的地缘经济意识，从而加速或强化了非洲国家间的区域合作。

3. 地区大国兴衰成为非洲地缘政治格局转换的重要节点

作为"中心力量"的地区大国在以洲域为单位的区域地缘政治中始终发挥着举足轻重的作用，冷战终结后，非洲地缘政治重组的进程亦印证了这一点。鉴于非洲地缘政治格局在相当大程度上是由那些被称为"力量中心"的地区大国塑造的，因而地区大国的兴衰与"向背"始终是影响非洲地缘政治重组与转换的重要因素。20世纪90年代中后期，非洲发生了两件对地区地缘政治格局走势产生重大影响的事件，其一是扎伊尔[①]的沉沦，其二是"新南非"的诞生，比较而言，后者对非洲地缘政治格局的演化所产生的影响更大。

扎伊尔局势的演变也可以视为冷战终结后"大国与非洲关系"与"大国在非洲关系"互动之结果。扎伊尔的国土面积位居非洲第二、撒哈拉以南非洲第一，且地处非洲"心脏地带"，控制了扎伊尔便可获得战略主动，将触角向四周辐射；另则，享有"中央帝国"美誉的扎伊尔系"大湖地区"盟主，不仅战略地位重要，且战略资源丰富，因而在冷战时期扎伊尔一度成为美苏在非洲战略博弈的前沿地带。美国、法国等西方大国出于遏制苏联"南下战略"的地缘政治考量，大力扶持蒙博托政权，使得扎伊尔在非洲获得了与其实力不相称的地位。然而，冷战终结后，美国对蒙博托政权的态度发生了颠覆性的变化，随之，蒙博托本人也从时代的宠儿沦落为弃子。1997年扎伊尔内战终结了政治强人蒙博托30多年的统治，此后刚果（金）政局持续动荡，国内武装冲突和政治内耗使其的元气大伤，而周边国家的介入又恶化了地区国家间关系，进而连带地也削弱了中部非洲在非洲地缘政治中的地位。扎伊尔的沉沦对中部非洲乃至非洲地缘政治的影响由此可见一斑。有观点甚至认为，刚果（金）的沉沦为强化尼日利亚的地区大国地位创造了新的机缘并使其影响力得

---

① 今民主刚果，又称刚果（金）。为尊重历史，作者在本文行文中将依据其在不同时期的称谓叙事。

以从西部非洲扩展到中部非洲。① 这种观点或许有些言过其实，但也不无道理。

与刚果（金）的"沉沦"形成鲜明对照的是"新南非"的诞生。这一事件的地缘政治意义在于，它在打破非洲地缘政治旧有格局的同时，也在推动着非洲地缘政治格局重构的进程。从某种意义上说，1994年"新南非"诞生可谓非洲地缘政治关系重组及新旧格局转换具有标志性意义的重大事件。一方面，种族隔离制度的寿终正寝使南非结束了被非洲国家集体孤立的处境，以"反种族主义阵线"著称的"前线国家"亦随之功成身退，而作为"孤雁"的南非迅速融入非洲大家庭，使得非洲地缘政治版图首次拼接成一个整体；另一方面，"新南非"以其超强的政治威望、经济规模、军事实力、科技水平使其具备了成为非洲大国的特质和潜力。截至20世纪末，鹤立鸡群的南非一度使得非洲的其他地区大国黯然失色，以经济总量为例，南非是其他非洲地区大国所望尘莫及的"经济巨人"，1999年南非的经济总量几乎与排名紧随其后的三个国家经济总量之和持平，彼此根本不在一个等量级上，② 南非一国的经济体量相当于撒哈拉以南非洲国家经济总量的一半。尤为重要的是，南非拥有主导次区域乃至全非事务、谋求地区大国地位的抱负和雄心，"新南非"诞生伊始就立足南部非洲，将外交重心放在非洲，并凭借其综合实力在地区事务中发挥着越来越重要的作用，很快便完成了由非洲的经济强国到政治大国的华丽转身，进而在非洲地缘政治重组过程中扮演着重要角色。

从上文的论述中可以看到，由于时过境迁的原因，非洲地缘政治的影响因素的构成以及各种因素在其间的权重已然发生了变化。其总的趋向或特征是：其一，外部因素与内部因素之间的力量对比发生了变化，随着外部势力的收缩及干预兴趣的消减，外部因素也趋于弱化，至少不再居于主导或支配地位，相反，内部因素的影响力则呈上升趋势；其二，

---

① ［美］索尔·科恩：《地缘政治学——国际关系的地理学》，严春松译，上海社会科学院出版社2011年版，第39页。

② 1999年南非的经济总量为1643.69亿美元，是埃及的2.2倍，阿尔及利亚的2.20倍，3.5倍，摩洛哥的4.3倍，尼日利亚的5.3倍。见 Washington, D. C., International for Reconstruction and Development, 2001, pp. 5–15。

即便是内部因素在非洲地缘政治重组进程中所占的权重也发生了不同程度的变化，突出体现在：政治因素趋于弱化并逐步让位于经济因素，随之，地缘经济因素成为非洲地缘政治关系重组的先导和基础；其三，作为"力量中心"的地区大国开始在本地区事务中发挥着越来越重要的作用，不仅旧有的"力量中心"（如尼日利亚）更趋明朗，而且还出现了新的"力量中心"（如南非）。需要指出的是，内外因素在特定的时空背景下是可以相互转换的，例如，无论是经济结构调整还是政治民主化都是在外部势力的高压下施行的，但结果却转化为推动非洲地缘政治重组的"内生因素"。

（三）非洲地缘政治格局的结构性特征

非洲地缘政治格局系指非洲国家或国家集团在一定时期内基于力量对比及其互动关系（包括合作、竞争、对抗、冲突等多种性质的互动）所形成的以地理空间形式表现出来的相对稳定的结构形态。较之地缘政治关系，地缘政治格局具有相对的稳定性，它一经形成便意味着特定区域地缘政治力量的空间分布在一定时期内的动态变化达成了一种相对稳定的力量配比。如果说"无格局"构成了冷战时期非洲地缘政治的基本特征的话，那么，经过20世纪最后10年的演化，非洲政治力量空间结构的"地理缘由"在世纪之交趋于明朗。随之，非洲地缘政治格局也被赋予新的时代内涵，其趋势性特征的端倪可以用多极化、区域化、经济化加以概述；其结构性特征的雏形则呈现出"两地""五方""多强"的地理区位分布形态。需要指出的是，下文关于非洲地缘政治格局的论述，仅仅是对非洲政治力量互动关系基本轮廓的一种概括性描述，实际情况则要远比这种简约化的概述复杂得多。

1. 非洲地缘政治多极格局中的"两地"结构

非洲地缘政治格局的多极化特征有多种表现形态，但首先体现为"两地"结构，这是由非洲自然地理和人文状况泾渭分明的差异性决定的。非洲在自然地理上被撒哈拉沙漠一分为二，沙漠南北两部分的人文状况截然不同：撒哈拉以北地区的主要居民是阿拉伯—柏柏尔人，撒哈拉以南地区的主要居民是尼格罗人，俗称黑种人，这一地区亦因此被称为"黑非洲"①。此外,"两地"在民族结构、宗教信仰、传统文化等方面也存在明显的差异。由于种种原因,撒哈拉以南非洲在历史上与北非之间的经贸联系和人文交往并不密切,独立后"两地"间的互动也不热络。另则,除了卡扎菲领导下的利比亚之外,北非国家似乎并不热衷于大陆事务,其战略重心也不在非洲。北非在人文特征方面与西亚的阿拉伯世界高度相似,事实上,在苏伊士运河开通之前,非洲在地理上原本就是与亚洲的土地连接在一起的,北非与西亚的大部分地区同属于阿拉伯文化圈,例如使用的语言同为阿拉伯语、民族同为阿拉伯民族,宗教信仰同为伊斯兰教,而且北非6国均为阿拉伯国家联盟成员国,故此,北非又有"阿拉伯非洲"之别称。

或许是沙漠南北两端在人文、地理等诸多方面都存在明显的差异,以至于许多地缘政治学家均未将北非和撒哈拉以南非洲视为一个整体。在他们的心目中,撒哈拉以南非洲才是一般所谓的非洲,而北非,或是被视为欧洲②的延伸;或是被视为阿拉伯世界的一部分。其理由是,北非在历史上与欧洲地中海沿岸国家及西亚国家之间的互动的确要比同撒哈拉以南非洲的联系更为热络。在欧洲人看来,北非的历史也更多的是与欧洲历史交织在一起,从迦太基和罗马时代开始,地中海南北两岸就争斗不已,它们之间互有胜负,并且都曾经长期占领过对岸。唯其如是,英国近代地理学家哈尔福德·麦金德认为:"欧洲的南界过去和现在都是撒哈拉,而不是地中海,因为正是沙漠才把黑人与白人分开的。"③ 另则,在北非国家挣脱了欧洲的殖民枷锁之后,法国、意大利、西班牙、德国等国依然是其主要贸易伙伴。

相对于北非6国,撒哈拉以南非洲拥有47个国家(截至20世纪末),可谓国多势重,在疆域面积、人口规模等方面更是北非所望尘莫及的。不过,由于20世纪后半叶的大部分时间笼罩在冷战的阴霾里,加之在冷战后的第一个10年,与撒哈拉以南非洲国家因政治变革而普遍陷入

---

① 现在除非在特定的时空背景下,很少再这样称呼撒哈拉以南非洲。
② 这里所谓的"欧洲",指的是位于欧亚大陆西部的西欧,后者在地缘政治学中又被称为"濒海欧洲"。
③ [英]哈尔福德·麦金德:《历史的地理枢纽》,林尔蔚、陈江译,商务印书馆2008年版,第59页。

政局动荡、经济衰退、社会分裂不同，北非国家则由于外力的干预，其民主化进程被人为地遏制,① 其政局相对平稳。因而，这一时期虽然非洲地缘政治也呈现"南北分化"的格局，不过总体而言，在非洲地缘政治的权力政治天平上"南重北轻"的倾向并不十分明显。原因还在于，北非国家的现代化进程依然在整体上快于撒哈拉以南非洲国家，而后者始终是世界上最贫穷、落后的地区。另则，就民族结构、宗教信仰、文化传统等人文状况而言，北非国家更具"同质性"或"同构性"；而撒哈拉以南非洲国家的情况则要复杂得多，绝大多数国家为复合族体或多族体国家，不仅民族结构具有异质性特征，其宗教信仰、语言、文化也是多元的，甚或是破碎的。

2. 非洲地缘政治多极格局中的"五方"板块

非洲地缘政治多极化格局的另一个特征是地缘政治力量在地理空间分布上呈现出"五方"形态。"五方"结构系指在北部非洲、西部非洲、中部非洲、东部非洲和南部非洲五个自然地理区域上由一个或若干居于"力量中心"地位的"主角国家"（通常是地区大国或强国）和诸多"非主角国家"（多为地区小国或弱国）所构成的5个"国家集团"。实际上，"五方"结构亦可谓非洲地缘政治多极格局的区域化特征。需要指出的是，这里所谓的"五方"并非完全基于非洲东、西、南、北、中5个地理区位上的"国家集团"现实力量的对比，同时也是基于对非洲地缘政治力量演化趋势的预判。至少对中部非洲来说，是虚位以待的或是为其预留了空间的，因为刚果（金）和大湖地区国家的现实状况显然是难以支撑这一地位。

非洲地缘政治多极格局的区域化特征在相当大程度上是地缘政治与地缘经济互动之结果，同时也是由非洲地缘政治的参与主体的特征以及由此而导致的非洲地缘政治关系的特征所决定的。原因在于，非洲国家多系小国、弱国，靠单打独斗难以在"非洲权力政治"的竞争中谋得话语权，即便是那些地区大国，要想在非洲地缘政治竞争中占据有利地位，也需要首先整合、依托和借助本地区的力量。由此可见，非洲地缘政治

---

① 关于这部分内容，详见张宏明《关于撒哈拉以南非洲政局走势的研判》，《西亚非洲》2011年第6期，第39页。

参与主体的特殊性决定了地缘政治格局的区域化倾向。① 非洲地缘政治的"五方"格局是一个动态结构。由于"五方"各自内部也存在这样或那样的差异、矛盾或问题,加之"五方"彼此之间的关系既相异又复杂,因而各方在非洲地缘政治版图中所占据的权重并不均衡,其地位随着各方力量的消长变化而处于动态变化中。不过,也正是它们之间的动态互动重塑着非洲地缘政治的新格局并改变或找寻着各自在其中的位置。

总之,处于动态变化中的非洲地缘政治格局的实际情况要远比本文简约化概述复杂得多。例如,"五方"板块中的北部非洲在非洲地缘政治格局中的位置就存在交叉或重合:它既是"两地"结构中的"一地",同时又是"五方"板块中的"一方",这或许也正是非洲地缘政治格局的特殊性或复杂性所在。单纯从北非6国叠加的综合实力上看,北部非洲在"五方"板块中无疑是最强的,但由于内部的"破碎性"使之难以形成合力,从而限制了其作为。原因在于,北部非洲本身并非铁板一块,在许多地缘政治学家的视野中,北部非洲往往被区隔为位于西部与"濒海欧洲"联系更为紧密的马格里布地区(包括阿尔及利亚、摩洛哥和突尼斯),及与西亚关系更为密切同时在地理上又被纳入中东的东部地区(涵盖埃及、利比亚和苏丹)。美国地缘政治学家索尔·科恩就将北非一分为二:将北非西部的马格里布地区视为"濒海欧洲"跨越地中海在非洲的延伸,而将东部地区视为中东的一部分或西亚阿拉伯世界在非洲的延伸;撒哈拉以南非洲则被视为一个独立的地区。②

同样,在撒哈拉以南非洲,站在地缘政治视角,"非洲之角"亦可从东部非洲抽出单列。作为一个地理概念,"非洲之角"包括吉布提、埃塞俄比亚、厄立特里亚和索马里等国家。由于其地缘政治地位特殊性,"非洲之角"既是东非伸向阿拉伯海的一个半岛,但同时亦可作为一个相对独立的地缘政治区。另则,如上所述,将中部非洲列为独立的"一方"并非基于现实力量的考虑,而是基于一种预期。中部非洲在非洲地缘政

---

① 当然,非洲区域意识或区域合作意识的增强也是为了应对经济全球化的挑战,不过这不是本文的论题。

② 参见[美]索尔·科恩《地缘政治学——国际关系的地理学》,严春松译,上海社会科学院出版社2011年版,第182—216、367—435页。

治中的地位在相当大程度上取决于地区大国刚果（金）的兴衰，虽然刚果（金）因内耗严重短期内尚难以重现往昔的"辉煌"，但从长远看，随着刚果（金）局势的趋稳，中部非洲仍将是非洲地缘政治版图中不可或缺的"一方"。比较而言，南部非洲和西部非洲得益于"领头羊"南非、尼日利亚的整合作用，使其在非洲地缘政治版图中的地位更为优越，尽管事实上，这两个"国家集团"各自内部也存在这样或那样的矛盾和问题。东部非洲虽不像南非或尼日利亚那样的地区大国，但因有像埃塞俄比亚、肯尼亚、坦桑尼亚、乌干达等一批"中等强国"，其实力也不容小觑，当然，毋庸讳言，这些"中等强国"彼此之间也存在竞争。

3. 非洲地缘政治多极格局中的"多强"演义

较之"两地"结构和"五方"板块，世纪之交非洲地缘政治多极化格局中的"多强"演义似乎更为精彩。作为"力量中心"的地区大国、强国，在非洲地缘政治的重组过程中始终发挥着举足轻重的作用，事实上，非洲地缘政治格局在相当大程度上就是由地区大国塑造的。地缘政治的核心内涵是权力和利益之争，在非洲则主要体现为地区大国对大陆事务主导权的竞争。非洲国际政治的实践显示，有意在参与"非洲权力政治"游戏并在非洲地缘政治版图中占据一席之地的国家不少，尽管这些国家大小强弱不一，但它们一般有强烈的政治意愿，不仅致力于在次区域重大事务中发挥作用，而且也十分积极地参与大陆层级的事务，一些国家甚至还试图主导非洲事务，进而在国际舞台充当非洲的代言人。

关于这一点可以从发生在世纪之交的两个事例中略见一斑。例如，许多国家在非洲统一组织向非洲联盟过渡的进程中都表现出不甘人后的姿态。"非洲发展新伙伴计划"也正是在兼容了南非、尼日利亚和阿尔及利亚等国提出的"非洲千年复兴计划"及塞内加尔草拟的"欧米茄计划"等不同文本的基础上形成的；卡扎菲治下的利比亚更是不遗余力地推动"非统"向"非盟"过渡的进程并且在资金上予以大力支持。除了积极参与地区事务之外，一些国家还致力于在国际舞台上充当非洲的代言人。例如，在联合国改革特别是"增常"问题上，南非、埃及、尼日利亚、阿尔及利亚、肯尼亚、利比亚、埃塞俄比亚、塞内加尔等国均直白地表露出有意竞争非洲有可能在安理会获得的席位（包括常任理事国席位和非常任理事国席位）的愿望，其中南非、埃及和尼日利亚三国的呼声尤为强劲。

上述事例从一个侧面表明，在非洲地缘政治格局重组的过渡阶段，虽然粉墨登场、有志参与"非洲权力政治"竞争游戏的国家为数不少，但能够真正留在大陆层级舞台上的"角色国家"可谓凤毛麟角，多数国家只能囿于在次区域（本地区）层级的事务中发挥作用。原因在于，除了政治抱负或政治意愿之外，还必须具备相应的综合实力作为支撑，只有那些既有政治抱负又具备综合实力的国家方能成为非洲地缘政治竞争中的"主角国家"。"非洲权力政治"竞争的实践还表明，即便那些综合实力在非洲排位靠前的国家要想在"非洲权力版图"中占据一席之地，也还要取决于其他诸多辅助性条件。

坦率地讲，截至20世纪末，非洲尚未显现能够主导大陆事务的国家，即便是综合实力在非洲独步一时、无人望其项背的南非也因受到国内问题的困扰或因忙于整合南部非洲力量而难以主导大陆事务。比较客观的评价是，随着作为"力量中心"的"角色国家"特别是"主角国家"的显现，非洲地缘政治多极化格局中"诸强"的大致轮廓趋于明朗，其中南非、埃及、尼日利亚国可谓其中的佼佼者，属于第一梯队的"主角国家"；阿尔及利亚、利比亚、埃塞俄比亚、肯尼亚、塞内加尔等国则系第二梯队的"中等强国"。世纪之交，这些角色国家特别是"主角国家"围绕非洲事务主导权的竞争虽然业已初露端倪，但由于受到主客观因素的限制，诸强之间的竞争尚未公开化，更多的还是依托本地区的力量而间接展开的。一方面，当时尼日利亚的实力还不足以公开与南非叫板，而南非则被国内事务缠绕并需要首先整合本地区力量；另一方面，"联合自强"以应对全球化的挑战是当时非洲国家的共识和主流意识，也是"主角国家"的共同利益所在，而在加速"非统"向"非盟"的过渡进程中，则需要角色国家特别是"主角国家"的通力合作。

从上文的论述中可以得出下述结论：其一，在非洲地缘政治关系重组的过渡期，由于时空环境的变化，使得影响非洲地缘政治格局的各种因素在其间所占据的权重发生了程度不同的变化，一个显而易见的事实是，较之冷战时期，内部因素的影响力度已远远大于外部因素；其二，在"非洲权力政治"竞争中所显现的"两地""五方""多强"的结构性特征，预示着非洲地缘政治格局的演化将朝着多极化的方向发展，在此过程中，作为"力量中心"的地区大国在其间扮演着举足轻重的作用；其三，由于非洲国家发展不平衡，非洲地缘政治关系仍然会由于非洲国家特别是作为"力量中心"的地区大国间力量对比的消长变化而发生新的分化组合，因而非洲地缘政治格局在世纪之交尚未定型，仍然属于一种处于动态变化之中的过渡形态。

三 非洲地缘政治格局的主要特征

非洲地缘政治在进入 21 世纪后仍处于重组的过程之中，不过，较之 20 世纪最后 10 年，其进程在 21 世纪第一个 10 年明显提速，进入 21 世纪第二个 10 年，这一势头更趋明显。国际环境特别是非洲内部事态的演化，诸如尼日利亚经济总量超过南非成为非洲第一大经济体；"阿拉伯之春"蔓延北非，引发多国内乱并重创其经济；欧美对利比亚的战争行动使其陷入持续的动乱；苏丹分疆裂土成为两个敌对的国家；埃塞俄比亚、肯尼亚等东部非洲国家的"群体性"崛起等事件或因素，对处于动态演化之中的非洲地缘政治格局构成新的冲击。诚然，用以维系非洲地缘政治秩序的支撑力量虽未发生结构性的变化，但不同地缘政治力量对比的消长变化，还是对非洲地缘政治格局的走势产生了一定影响。目前，非洲地缘政治格局虽然仍在演化之中，尚未定型，但其中的一些趋势性特征的端倪已然显现，择其要者而言之，主要反映在以下几个方面。

（一）非洲地缘政治格局"南重北轻"倾向愈加凸显

进入 21 世纪第二个 10 年，撒哈拉沙漠南北"两地"发展不平衡的情势有所凸显。撒哈拉以南非洲国家的社会经济水平虽然在整体上落后于北非国家，但就政治发展而言却是超前的，至少在政治改革方面比北非国家进行得更为彻底。政治与经济是一种互动关系，"两地"政治发展的不平衡在各自的经济发展方面亦有所反映。在经历了政治变革的阵痛之后，撒哈拉以南非洲国家的政局整体趋稳，多数国家的经济步入了中高速发展阶段。反观北非国家，由于其民主化进程被人为地阻断，随着政治积弊的发酵，各国政局普遍陷入剧烈动荡，加之世界经济低迷的叠加效应，致使原本不错的经济形势也急剧恶化。而随着"两地"经济增速的变化及经济总量的此消彼长,非洲权力天平"南重北轻"的倾向愈加凸显。

1. 政治不确定性影响到北非在大陆层级事务中的作为

2011年可谓北非的多事之秋,"阿拉伯之春"、利比亚战争及苏丹分疆裂土等事态的演化特别是由此而引发的政治不确定性使得地区国家的经济增速陡然下降,有些甚至连年出现负增长。经济形势的恶化又导致北非国家的国力均程度不同地受到削弱。较之马格里布3国(阿尔及利亚、摩洛哥和突尼斯),埃及、利比亚、苏丹的损失尤为严重。作为阿拉伯国家的领头羊,埃及政局的持续动荡和经济的快速下滑使其实力锐减,进而削弱了其对地区事务的发言权;"后卡扎菲时期"的利比亚政局持续动荡,一度甚至面临分治或分裂的危险;苏丹裂变为两个敌对的国家后因石油生产锐减,国力受到很大削弱;另则,地区国家并不抱团,即便是马格里布国家之间也同样不睦,非洲第四大经济体阿尔及利亚与摩洛哥因"西撒问题"而势不两立,双方在诸多问题上相互掣肘。上述因素的综合作用遂导致北非在"非洲权力天平"中权重的急剧下降。与北非形成鲜明对照的是,撒哈拉以南非洲国家不仅政局整体上维系基本稳定,而且经济也维系持续增长的势头,尼日利亚更是后来居上,跃升为非洲第一大经济体。两相对比,使得北非对大陆层级事务的发言权和影响力呈下降趋势,至少是在短期内在大陆事务中难以有大的作为。

2. 北非在国际交往中出现疏离撒哈拉以南非洲的倾向

北非事态发生后,在内外因素的交互作用下,北部诸国在国际交往中出现了疏离撒哈拉以南非洲的倾向。当然,具体情况则又因国而异,相对于西部的马格里布国家与"濒海欧洲"之间的互动,东部诸国特别是作为非洲"三强"之一的埃及更倾向于强化与阿拉伯世界之间的关系。站在地缘政治的视角,北非诸国此举无异于在"非洲权力政治"竞争中的"自我边缘化"。如上所述,由于受大沙漠的阻隔,北非在历史上与撒哈拉以南非洲之间的经贸联系和人文交往并不密切。在全球化背景下北非与撒哈拉以南非洲的联系虽有所增强,但依然无法同其与"濒海欧洲"或西亚阿拉伯世界的联系相媲美。究其原因,除了自然地理方面的原因之外,北非国家在政治文化、民族结构、宗教信仰、文化传统等方面与阿拉伯世界更具"同质性"或"同构性"。2011年北非事态的演化,使得以往还关注非洲事务的埃及特别是利比亚的态度有所变化:"后穆巴拉克时期"的埃及因被国内问题和中东事务所困扰,短期内无力也无心顾及非洲事务;"后卡扎菲时期"的利比亚更是内乱不止、自顾不暇,凡此种种使得原本就徘徊、游离于非洲与中东之间的北非国家特别是埃及出现向阿拉伯世界靠拢的倾向,[①]也在情理之中。当然,目前的研判还只能是阶段性的,北非是否会整体形成"脱离非洲、向中东靠拢"的倾向,尚有待观察,毕竟位于西部的马格里布国家的"地区战略"不同于地处东部的北非国家。

非洲内部事态特别是北非事态的演化及其结果对非洲地缘政治格局的影响有二:一方面,无论情愿与否,北非的"被边缘化"和"自我边缘化"这两种倾向还是引发了撒哈拉沙漠南北"两地"力量对比的变化,进而使得非洲权力天平"南重北轻"倾向更加明显;另一方面,"两地"力量对比的变化虽然并未改变处于重组之中的非洲地缘政治格局的演化方向,亦未对非洲地缘政治秩序构成强力冲击,但还是或多或少地对非洲地缘政治格局所倚重的支撑力量的重心产生了影响。随着北部非洲由"两地"中的一方退化为"五方"中的一方,非洲地缘政治多极化格局中的"两地"结构逐步被边缘化,而"五方"结构或将成为非洲地缘政治格局中更为稳固的支撑力量。

(二) 非洲地缘政治"区域力量"空间分布更趋均衡

21世纪非洲地缘政治关系的重组在相当大程度上是地缘政治与地缘经济互动之结果。在非洲国家完成了政治、经济体制转轨之后,随着意识形态因素作用的淡化,地域因素也即构筑在区域国家经济合作基础上的共同体意识成为重构非洲地缘政治格局的重要因素。与之相对应,非洲地缘政治关系的空间结构呈现出由东、西、南、北、中五个自然地理区域构成的"五方"格局。然而,截至21世纪第一个10年,地缘政治力量在非洲次区域之间的空间分布并不均衡,较之北部非洲和南部非洲,西部非洲、东部非洲的力量略显逊色,中部非洲更是相形见绌。但是进

[①] 相关观点参见黎文涛、王磊《非洲地缘政治重组与安全评估》,载张宏明主编《非洲发展报告(2014—2015)》,社会科学文献出版社2015年版,第144页。

入 21 世纪第二个 10 年后，情况发生了变化。非洲内部事态的演化虽然未对非洲地缘政治秩序的"五方"格局产生结构性的影响，但是"五方"各自在"非洲权力天平"中所占的权重还是发生了相应的变化，其趋势性特征之一便是非洲地缘政治区域力量的空间分布更趋均衡。

1. 北非事变不改其在非洲次区域力量对比中的地位

北非事变之后，虽然地区国家的实力均受到程度不同的削弱，其对非洲事务关注度和影响力亦随之呈下降趋势，不过，北非在非洲地缘政治中地位的下降只是相对于事变之前"两地"力量对比而言的，在"五方"的综合实力比较中，北非依然是非洲大陆经济实力最强的一方或区域所在。因而，北非相对实力下降不改其在非洲地缘政治中的固有地位，其综合实力在短期内也是其他地区所无法企及的，毕竟"瘦死的骆驼比马大"。另则，近年来北非国家经济恢复较快，经济增幅也在回升，2016年和 2017 年在位列非洲国内生产总值前五位的国家中有 3 个是北非国家，紧随其后第六位也是北非国家，这表明多数北非国家业已从政治不确定性的阴霾中走出。从这个意义上说，非洲内部事态特别是北非事变仅仅只是对地缘政治力量在非洲各个次区域之间空间分布的多寡产生了影响，而并未动摇或打破 21 世纪非洲地缘政治格局的结构和走势。

2. 西部和东部非洲的崛起平抑了南部非洲的势头

南部非洲由于南非的加盟和领头羊作用，区域合作特别是经济一体化进程一度搞得有声有色，大有后来居上之势，其前景也最为非洲域内外人士所看好。在 21 世纪第一个 10 年，南非依托南部非洲增强了其在大陆事务中的影响力和发言权，而南部非洲则在南非的引领下通过地缘经济联系强化了其在非洲地缘政治格局中的地位。然而，进入 21 世纪第二个 10 年，国内政策失误与国际金融危机的叠加效应使得南非的相对国力有所下降，继 2013 年失去非洲第一大经济体的尊号之后，又于 2015 年退居第三位，连带着也迟滞了南部非洲在"非洲权力天平"中的上升势头。较之北部非洲和南部非洲，西部非洲和东部非洲的地缘政治地位则有所提升。西部非洲主要得益于近年来地区国家经济的持续快速增长，尤其是尼日利亚国力的快速提升，其经济总量已跃居非洲第一位。东部非洲虽比不上尼日利亚、南非那样的地区"巨无霸"，但它却是过去 5 年非洲五大次区域中经济增幅最快的地区，地区国家的"群体性"崛起增强了东部非洲在非洲权力版图中的权重,其中埃塞俄比亚在地区事务中的作用尤为抢眼。①当然,东部非洲也存在自身的问题,其中之一就是地区"中等强国"过多,埃塞俄比亚、肯尼亚、坦桑尼亚、乌干达等国在次区域事务中也存在主导权之竞争,况且它们之间的关系也并不融洽。

从以上分析中可以得出这样的结论,其一,非洲地缘政治竞争是在次区域及国家这两个相互关联的层面展开的并且互为因果关系;其二,各个次区域在非洲地缘政治格局中位置的变化在相当大程度上取决于本区域地缘经济关系的密切程度;其三,各个次区域在"非洲权力天平"中所占权重与作为区域经济发展"领头羊"的地区大国或强国的政治意愿和综合实力之间存在着正相关关系。据此,北非国家相对实力的下降,南非经济增长乏力,尼日利亚经济总量跃升非洲第一,东部诸国的群体性崛起,凡此种种,在一定程度上矫正了以往地缘政治力量在次区域层面的分布或对比所呈现出的南北两头重、东西两翼轻的局面,使之朝着更加均衡的方向演化。比较而言,只有中部非洲由于地区大国刚果(金)局势的不明朗而差强人意。

(三) 非洲地缘政治呈现三强鼎立、两强争雄的格局

非洲地缘政治竞争虽然是在次区域和国家两个层面展开的,但地缘政治行为体的基本单位仍然是主权国家而非国家集团。较之地缘政治力量在非洲次区域间分布的不平衡,其在非洲国家间的分布更为不均衡。非洲的国家数量虽然多达54个,但能够在大陆层级地缘政治版图中占据一席之地并对之产生影响的屈指可数。原因在于,参与大陆层级权力政治游戏的门槛是很高的,仅凭政治意愿是不够的,参与者还必须有雄厚的实力做支撑。而能够同时满足上述条件的国家似乎只有位列非洲国家经济总量前三甲的尼日利亚、南非和埃及,即所谓"第一梯队"的国家,这三个国家的经济总量占到非洲的一半,其余非洲国家则可谓心有余而力不足。不过,由于埃及的战略重心在中东,无心亦无力顾及非洲,因而未来5—10年非洲地缘政治上演三强逐鹿的可能性不大,大概率是呈现

---

① 相关观点见黎文涛、王磊《非洲地缘政治重组与安全评估》,载张宏明主编《非洲发展报告(2014—2015)》,社会科学文献出版社2015年版,第145页。

三强鼎立、两强争雄的格局。

1. 埃及"地区外交"的战略重心明显偏向于中东地区

埃及既是非洲大国亦是中东强国,但这一地缘上的双重身份既是优势也是负担。作为阿拉伯国家联盟的创始成员国,埃及"地区外交"的传统原本就是"先中东,后非洲",现时其战略重心更是明显偏向中东。埃及对非洲事务的关注度的下降系由下列因素所致:其一,"1·25革命"之后,埃及国内陷入了政治"经济"社会多重矛盾并发且相互交织的复杂局面,迫使政府不得不专注于应对来自内部的严峻挑战,目前塞西政权虽然掌控住了国内局势,但短期内仍无暇他顾。其二,目前中东局势正处于剧烈动荡时期,其地缘政治格局也在发生深刻的变化,埃及试图通过参与中东秩序的重建来重塑自身在中东的大国形象和领导地位。其三,埃及国力有限,对外关系不可能均衡用力,即便日后腾出手来,埃及也会将有限的资源更多地投入与自身利益密切相关的中东事务,而不是舍近求远。原因还在于,埃及远离非洲地缘政治的核心地带,原本就有"鞭长莫及"之感,而南非回归非洲大家庭,尼日利亚经济总量后来居上,以及东部非洲国家的群体性崛起则又进一步限制了埃及在非洲的活动半径,开罗或许也自感难以在大陆事务中再有大的作为。而埃及对中东战略投入的增加,实际上也就意味着在非洲的战略收缩。

2. 尼日利亚和南非有望成为非洲地缘政治力量的双中心

作为"中心力量"的地区大国或强国,南非、尼日利亚和埃及这3个大陆层级的国家在非洲地缘政治中扮演着至关重要的角色。其中作为"三强"之一的埃及在非洲地缘政治中的平衡作用是不容忽视的,① 换言之,非洲地缘政治中的三强鼎立是客观现实。但是,同时也必须看到,基于国家利益的考量,埃及的战略重心趋向中东,至少在短期内无心参与非洲地缘政治的角逐,这或许将成就非洲地缘政治在国家层面竞争的"双中心"结构。如果就整个大陆而言,非洲权力天平的重心再南移的话,那么,在撒哈拉以南非洲则呈现出权力重心南北平衡的倾向,并形成了两个分别以南非和尼日利亚为核心的"中心力量"。尽管这两个国家

---

① 这是由埃及的综合实力决定的,特别是最近两年塞西治下(2014年掌权)的埃及的经济增幅位列非洲五大经济体之首,其经济总量与南非难分伯仲,有的年份甚至超过南非。

也都有各自的问题，但两国经济总量占到撒哈拉以南非洲的一半，其他非洲国家与之相比根本不在一个量级上，在可以预见的未来，尚难有非洲国家与之争锋。南非和尼日利亚的综合实力决定了其在非洲地缘政治中的地位和作用，事实上，它们各自的政治意愿也的确在一定程度上影响甚或主导着地区事务的方向与进展。

综上所述，大陆层级的非洲地缘政治游戏的参与者必须同时具备政治意愿和综合实力，而能够同时满足上述条件的非洲国家屈指可数。"三强鼎立"是对南非、尼日利亚和埃及这三大地缘政治力量存在事实的一种阶段性的静态描述；"两强争雄"则是因埃及的"缺位"而对尼日利亚与南非业已或将要展开的非洲事务主导权之争的一种动态研判。从趋势上看，南非、尼日利亚和埃及不仅将成为非洲地缘政治游戏的"主角国家"，而且它们各自的政治意愿及其相互关系还将影响着非洲地缘政治的走势，包括埃塞俄比亚、阿尔及利亚、摩洛哥、安哥拉、肯尼亚、苏丹等"第二梯队"的非洲国家则因综合实力的差距而尚难以望其项背，它们更多的是在各自所在的次区域事务中发挥作用。

（四）非洲地缘政治竞争短期内不会发生"权力转移"

地缘政治竞争是以实力做后盾的，因此，地区大国之间实力对比的变化对非洲地缘政治的演化具有举足轻重的影响。南非和尼日利亚是非洲两个具有超强实力的国家，两国综合实力的变化不仅影响着两国间的战略关系，而且一定程度上决定着非洲地缘政治的走势。作为综合实力的一项重要指标，尼日利亚与南非各自的经济总量在 20 世纪末还不在一个等量级上，但进入 21 世纪后，在短短的 10 多年间，尼日利亚走过了从收窄差距到逐步迫近，再从难分仲伯到最终实现超越的历程，而且从趋势上看，较之南非，尼日利亚的经济似乎更具备成长性。于是，作为非洲地缘政治的主要竞争对手，两国经济实力的此长彼消是否会引发两国战略关系和非洲地缘政治关系的变化，进而发生"权力转移"遂成为非洲域内外人士关注的问题，南非和尼日利亚这两个当事国亦不例外。

1. 经济实力变化或将影响尼日利亚与南非间的战略关系

在现实的非洲地缘政治关系中，尼日利亚与南非既是战略伙伴，同时也是竞争对手，两国战略关系随着非洲形势的变化、彼此实力的消长，在各自国家利益的驱动下始终处于动态变化之中。总体而言，两国战略关系在非洲联盟成立之前是合作多于竞争，非盟成立后两国蜜月期亦随之告一段落，此后两国围绕非洲主导权的明争暗斗逐步浮出水面，因此两国经济实力的此长彼消也必将对双方战略关系产生影响。诚然，在构成国家综合实力的诸多地缘要素中，经济总量虽非唯一的决定性要素，但无疑是其中最为基础性的要素。

在21世纪第一个10年，南非和尼日利亚不仅在各自所在区域乃至全非事务中当仁不让，而且均试图在国际舞台争当非洲利益的代言人，较之尼日利亚，南非似乎更加高调，大有舍我其谁之势。这是由南非优越的政治地位特别是雄厚的经济实力决定的。1999年，南非的经济总量为1643.69亿美元，占到整个大陆近三分之一，是尼日利亚的5.31倍（1999年尼日利亚的经济总量为309.58亿美元）；2009年，南非的经济总量为2821.6亿美元，尼日利亚为1579亿美元，两国差距虽然有所收窄，但南非的经济总量依然是尼日利亚的1.79倍。[①] 但进入21世纪第二个10年后，南非失去了非洲第一大经济体的尊位，取而代之的正是其在非洲地主要竞争对手尼日利亚。2014年4月6日，尼日利亚国家统计局发布公告，经重新确定基准年后尼日利亚2013年的国内生产总值达5099亿美元，大幅超过南非的3703亿美元，跃居非洲第一大经济体。"屋漏偏逢连夜雨"，南非"老二"位置也未能坐稳，很快便于2015年被埃及超越。反观尼日利亚，不仅已稳居非洲第一大经济体，而且还在2015年和2016年与南非的距离有所拉大。[②]

尼日利亚与南非经济实力的此长彼消不仅会引发两国对彼此的看法的变化，而且也将对各自的心态产生影响，特别是将提高后来居上的尼日利亚的战略预期，进而加剧两国在非洲地缘政治竞争的烈度。这种研判并非空穴来风，日本经济总量在2010年被中国超越后的强烈反应，以及日本同中国在东亚乃至整个亚太地缘政治竞争烈度的高升便是突出的例证。相关的例证还有，随着中国与美国相对实力的此长彼消，两国的战略博弈的频率和烈度同样也在增加。事实上，尼日利亚和南非这两个

---

① 资料来源：EIU，*Country Report*，2009年12月相关各期。
② 资料来源：EIU，*Country Report*，2015年12月、2016年12月相关各期。

非洲最大经济体的战略关系走向业已引发非洲域内外人士的关切甚或不安，因为近年来两国围绕非洲事务主导权竞争有所加剧，两国关系也因南非排外暴力事件及尼日利亚的反制行为而趋于紧张。

2. 非洲地缘政治短期内发生"权力转移"的可能性不大

尼日利亚和南非之间是一种"竞合"关系，[①] 两国在地缘政治竞争中各具优势，但亦有各自的问题或短板。诚然，随着经济实力的此消彼长，南非和尼日利亚在非洲地缘政治中各自的角色定位或许会发生一些变化，但短期内非洲地缘政治发生"权力转移"或非洲权力天平的重心发生位移的可能性不大。原因在于，一国在地缘政治中所处的地位取决于其综合实力，后者是由地理位置、疆域面积、人口规模、资源禀赋、经济总量、科技水平、工业化程度、军事力量，及以本国的国际凝聚力、文化价值的国际认同度、参与国际机构的程度、提供国际公共产品的能力著称的软实力等多种因素构成的，而不仅仅取决于经济总量这一单项指标。

原因还在于，尼日利亚的经济总量虽然后来居上，但其人均 GDP 还不到南非的三分之一；另则，较之南非，尼日利亚在文化教育、基础设施、创新能力等方面明显滞后，尼日利亚所能提供的"地区公共产品"更难与南非比肩；加之，尼日利亚还受到国内民族、宗教矛盾的持续困扰，面临非传统安全严峻挑战等；此外，随着尼日利亚在西部非洲的一家独大，也会引起周边国家特别是法语非洲国家的疑虑和不安。凡此种种，均将掣肘尼日利亚在地区事务中的作为。反观南非，其经济总量虽然位居尼日利亚之后，但两国经济实力的差距并未被拉大，2017 年两国的经济总量甚至在拉近，加之，南非在军事实力、工业化程度、科技研发能力等硬指标，以及国际认同度、参与国际机构的程度、"地区公共产品"的供给能力等软实力方面均大大领先于尼日利亚。综合上述考量，短期内尼日利亚尚难以取代南非的地位，非洲地缘政治发生"权力转移"的可能性也不大。

诚然，作为非洲地缘政治的主要竞争对手，南非和尼日利亚两国经

[①] 关于这部分内容，参见周玉渊《南非与尼日利亚关系：从合作到竞争》，《西亚非洲》2015 年第 1 期，第 107—127 页；卓振伟《从非洲协调进程看尼日利亚与南非的地区领导权之争》，《国际关系研究》2017 年第 3 期，第 64—80 页。

济实力的此长彼消必将引发两国战略关系的变化,而后者又将不可避免地对非洲地缘政治的演化产生影响。但是,战略竞争仅仅只是南非和尼日利亚"竞合"关系中的一部分,两国除了是竞争对手之外,还是合作伙伴,这既是作为"非洲大国"的责任,同时也是两国各自的利益所在;另则,两国所处的地理位置也决定了各自在非洲发展的空间足够大。当然,随着经济实力的此长彼消,过去那种南非一家独大的局面肯定会有所改观,南非在非洲事务中的主导地位也会相应地受到削弱,但目前谈论非洲地缘政治"权力转移"为时过早,更难以对今后一个时期非洲地缘政治格局的总体走势构成冲击。

结语:非洲地缘政治格局的演化趋势

非洲地缘政治格局基本反映了各种地缘政治行为体在现阶段的力量对比状况。非洲政治秩序的主要协调平台是非洲联盟,它所依托的是东、西、南、北、中五个地缘特征明确的"国家集团",它们构成了非洲地缘政治格局的支撑点,是维系非洲地缘政治秩序稳定的重要力量。在各类地缘政治行为体中,作为"力量中心"的地区大国、强国仍将是非洲权力政治游戏中的角色国家,其中"主角国家"经济总量的消长变化在影响各自战略预期的同时,也会影响彼此之间的战略关系。不过,鉴于主要地区大国综合实力对比在短期内不会发生实质性的变化,用以维系非洲地缘政治秩序的支撑力量也不会发生结构性的变化,因而,从趋势上看,至少在未来五年,非洲地缘政治格局仍将维系"五方鼎立""三强并存""两强争雄"的格局或态势。

在这一结构性特征之下,基于对今后一个时期影响非洲地缘政治走势重大因素的综合考量,处于动态之中的非洲地缘政治或将呈现如下变化或特点:其一,北非国家经济虽复苏较快,但由于"濒海欧洲"国家特别是法国加紧拉拢马格里布国家,加之中东局势存在不确定性,北非国家难以形成合力,其在大陆事务中的影响力将继续受到限制,不过,北非仍将是非洲地缘政治版图中重要的"一方"。其二,南非与尼日利亚仍将是主导非洲事务演化的两大地缘政治力量,竞争、妥协与合作或将成为两国战略关系之常态;实力的提升将增强尼日利亚在非洲事务中的话语权，进而激发其主导非洲事务的欲望，随之，两国对地区事务主导权的竞争或将升温。其三，东部非洲国家经济得益于环印度洋经济圈的活力将继续保持快速增长势头，这将强化东部非洲在非洲地缘政治中的地位，使之成为制约西部、南部和北部非洲的重要平衡力量，进而促使非洲地缘政治力量的分布朝着相互制约、相对均衡的方向演化。其四，在权力政治的游戏中从来就没有"虚位以待"的先例，中部非洲如欲增强其在大陆事务中的话语权，还有赖于"中央帝国"刚果（金）的复兴；虽然目前刚果（金）局势仍存在不确定性，但中部非洲的暂时"缺席"无碍非洲地缘政治结构的稳定性。其五，"合作中的竞争"与"竞争中的合作"仍有望继续成为非洲地区大国地缘战略关系之常态，不过，鉴于资源的稀缺性，加之发展不平衡所引发的主要地区大国实力的变化，基于权力和利益竞争的烈度或将有所提升，竞争的持续时间或将延长。其六，外部因素对非洲地缘政治的影响仍将存在，但随着新兴国家在非洲活动的增加，特别是中国在非洲的强势存在，外部因素不仅在构成上将更趋多元化，而且其影响的方式、范围、时间和强度也将发生变化，这意味着"西方因素"不再是唯一主导因素。

综上所述，由于非洲国家发展不平衡，在 21 世纪第二个 10 年余下的年份甚或更长时间，非洲地缘政治格局或将在既有权力分配基础上发生一些变化，但这种变化或许只是少数几个地区大国在"非洲权力天平"中位置的动态变化而已，非洲地缘政治格局的结构性特征不会轻易发生变化。

（本文原刊发于《非洲发展报告（2017~2018）》）

共筑紧密"中非命运共同体"：
历史基础、现实条件和发展方向

贺文萍[*]

摘　要：在2018年9月初召开的中非合作论坛北京峰会上，中非领导人围绕"合作共赢，携手构建更加紧密的中非命运共同体"这一峰会主题共叙友情，共商合作，共话未来。打造紧密的"中非命运共同体"不仅有利于中非之间的团结与合作，而且可以为更广阔范围的人类命运共同体的构建发挥带头和标杆作用。构建中非命运共同体具有坚实的历史基础，主要体现在反帝、反殖和反种族主义斗争中的中非相互同情、相互声援和支持，中国援建了以坦赞铁路和非盟会议中心为代表的中非友谊丰碑，以及在抗震救灾及抗击埃博拉行动中的中非相互支持和患难与共。构建中非命运共同体的现实条件主要体现在中非合作可以推动非洲经济增长及有效释放非洲发展潜力、基础设施建设与工业化发展成为推动非洲经济增长的一体两翼，以及"中非合作论坛"与"一带一路"倡议为中非互利共赢搭建了有效平台。展望未来，中非将携手以更大的战略定力、更足的发展底气、更坚强的毅力决心和更多的发展举措，从责任共担、合作共赢、幸福共享、文化共兴、安全共筑以及和谐共生六个维度来打造紧密的"中非命运共同体"。

---

[*] 贺文萍，中国社会科学院西亚非洲研究所研究员、博士生导师。

>> 国际格局、地缘政治变化与中非关系

关键词： "中非命运共同体"　中非合作论坛北京峰会　历史基础　现实条件　发展方向

9月3—4日金秋北京迎来了2018年中国"非洲年"的最华美盛章——中非合作论坛北京峰会。这次盛会是中非领导人继2006年北京中非峰会之后，时隔12年再次齐聚北京。围绕"合作共赢，携手构建更加紧密的中非命运共同体"这一峰会主题，中非领导人共叙友情，共商合作，共话未来。在9月3日中非峰会开幕式上，中国国家主席习近平发表了"携手共命运，同心促发展"的主旨讲话，提出："中非人民要心往一处想、劲往一处使，共筑更加紧密的中非命运共同体，为推动构建人类命运共同体树立典范。"[①] 可见，打造紧密的"中非命运共同体"不仅有利于中非之间的团结与合作，而且可以为更广阔范围的人类命运共同体的构建发挥带头和标杆作用。之所以如此，又是由于构建中非命运共同体具有更坚实的历史基础、现实条件以及明确的发展方向。

一　历史基础：风雨同舟相互支持的"中非命运共同体"

"中非命运共同体"的概念是习近平主席在2013年3月两会甫一结束就立即出访南非、坦桑尼亚和刚果（布）非洲三国时提出的。习主席在访非时指出，中非有着共同的历史遭遇、共同的发展任务、共同的战略利益，是风雨同舟、患难与共的"命运共同体"。的确，中国和非洲国家都是发展中国家，同属第三世界，有过类似的历史遭遇和共同命运，都曾饱尝了殖民主义和外来列强的侵略。因此，中非间的相互声援与相互支持经受了国际风云的考验，并在共同政治和发展诉求的基础上历久弥坚，构成了打造"中非命运共同体"的最坚实基础。

---

① 参见新华社北京2018年9月3日电，《习近平在2018年中非合作论坛北京峰会开幕式上的主旨讲话》，http://www.xinhuanet.com/world/2018-09/03/c_129946128.htm。

（一）反帝、反殖和反种族主义斗争中的相互同情、相互声援和支持

近代中国与非洲各国均遭受了西方殖民主义和帝国主义的侵略和奴役，因此，争取民族解放和国家独立的中非人民不仅在反帝反殖的斗争中相互支持，而且对彼此取得的斗争胜利都会感到由衷的欢欣鼓舞。1949年10月，当中华人民共和国成立的消息传来，后成为坦桑尼亚开国总统的尼雷尔曾评价说："四万万受奴役受压迫的中国人民当家作主，在亚洲的东方站起来了，对非洲民族独立解放运动是很大的鼓舞。"[①] 在20世纪50至60年代，对非洲发生的埃及人民反对英、法侵略的苏伊士运河战争、阿尔及利亚反对法国殖民统治的民族解放战争和有联合国军卷入的刚果事件，中国始终站在非洲人民一边，在自己经济处于极端困难的情况下，不仅从道义上、物质上和财力上对非洲民族解放运动给以支持，而且对阿尔及利亚民族解放战争提供军事援助，帮助阿方训练军事人员。当阿尔及利亚共和国临时政府在1958年9月宣布成立时，中国很快成为第一批承认该政府的国家。据悉，法国政府曾表示愿同我国建立外交关系，以换取我国停止对阿尔及利亚武装斗争的支持。但中国政府明确指出，我们决不能为改善同法国的关系而不支持阿尔及利亚人民的正义斗争。中国坚持反帝、反殖的原则立场，赢得了非洲国家的好评。20世纪60至70年代，中国对葡属殖民地安哥拉和莫桑比克的民族独立运动给予了积极支持，向安哥拉的三个民族解放组织提供了大量军事援助，派出教官帮助训练莫桑比克解放阵线的游击战士。另外，中国一直从道义、舆论和行动上积极支持南非和南部非洲其他国家人民反对白人种族主义的正义斗争。早在20世纪60年代初，中国就与南非非洲人国民大会和阿扎尼亚泛非主义者大会建立了正式关系，向它们提供经济援助和培训干部，为促成南非种族隔离制度的最终崩溃发挥了积极作用。

同样，非洲国家和人民对中国维护国家主权和统一的正义事业也给予深切同情和积极支援，并为中国恢复在联合国的合法席位做出了重要贡献。1958年8月，中国炮轰金门，惩罚蒋介石对我东南沿海的骚扰。对此，非洲国家和人民表示了充分的理解和支持。埃及总统纳赛尔不仅

---

① 陈敦德：《探路之行：周恩来飞往非洲》，世界知识出版社1999年版，第4页。

公开表态支持，埃及《共和国报》还发表了坚决支持的评论文章。由于非洲友好国家的支持，1963年2月，在坦桑尼亚举行的第三届亚非人民团结大会上通过了一项决议："强烈谴责美帝国主义占据中国领土台湾、积极支持蒋介石集团在中国东南沿海地区进行骚乱和破坏。"[①] 为了支持中国的统一大业，并在台湾问题上坚持一个中国的立场，一些非洲国家（如赞比亚、马里和乌干达等）在获得独立后，对前来游说的台湾当局的"外交代表"都采取了不欢迎的态度，并决定只同中国建交而不与台湾建交。另外，在恢复中国在联合国的合法席位问题上，广大新独立的非洲国家不畏美帝的强权和阻挠，在联大会议上数次提出恢复中国合法权利的提案，并最终在1971年10月的第26届联大会议上以78票赞成（其中非洲国家为26票）、35票反对、17票弃权、2票缺席的压倒多数获得通过。毛主席因而形象地称为："是非洲黑人兄弟把我们抬进去（联合国）的。"

（二）中国树立了以援建坦赞铁路和非盟会议中心为代表的中非友谊丰碑

中国的对非援助始于1956年对埃及的援助。在自身经济还比较困难的情况下，中国在力所能及的范围内向非洲国家提供不附加任何条件的经济援助，以支援非洲国家发展民族经济，巩固政治独立。在众多的援非项目中，最大也是最有影响和意义的当属坦赞铁路。坦桑尼亚和赞比亚在20世纪60年代前半期相继独立后，为了维护政治独立和发展经济，冲破南部非洲白人种族主义政权对赞比亚铜矿外运的封锁，解决可靠的出海口，迫切需要建造一条从坦桑尼亚至赞比亚的铁路。为此，坦、赞两国曾向世界银行、联合国组织和苏联、英国、加拿大分别提出修路的请求，均被以"缺乏经济价值"为由拒绝。当它们转向中国提出请求时，则得到了肯定的答复。毛主席在接见坦桑尼亚尼雷尔总统时曾说，即使我们自己不修铁路也要帮助非洲修建这条铁路。表达了中国真诚帮助非洲的坚定决心。坦赞铁路全程1860公里，所经地区地形、地质条件十分复杂。为修建坦赞铁路，中国共发运各种设备材料近100万吨，先后派出

---

① 《第三届亚非人民团结大会文件汇编》，世界知识出版社1963年版，第9页。

工程技术人员近 5 万人次，坦赞两国参加施工的人员先后有 10 多万人。从 1970 年 10 月动工，到 1976 年 7 月竣工，历时 5 年零 8 个月，耗资 4.55 亿美元。有百余名中国人为此献出了宝贵的生命，长眠在异国的土地上。铁路的建成极大地支持了南部非洲人民的解放事业，提高了中国的国际地位，巩固了中非友谊。坦赞铁路本身已成为中国对非外交史中的一座丰碑。

坐落在埃塞俄比亚首都亚的斯亚贝巴非盟总部所在地的地标性建筑"非盟会议中心"，则是新时期中国援助非洲并且支持非洲一体化进程的又一标志性丰碑，也是中国政府继坦赞铁路后对非洲最大的援建项目。援建非盟会议中心是 2006 年中非合作论坛北京峰会上宣布的推动中非关系发展的八项政策措施之一。该项目于 2009 年 2 月开工，2011 年 12 月竣工，耗资 2 亿美元。它的建成和投入使用有效地改善了非盟的会议举办条件，提高了非盟工作的效率。另外，为体现非洲团结和发展的精神，会议大楼在建筑设计中包含了很多具有非洲象征意义的元素，例如办公楼设计的高度为 99.9 米，象征着 1999 年 9 月 9 日 "非盟日"；环形的会议中心则象征着非洲团结等。2012 年 1 月 28 日，时任全国政协主席贾庆林在亚的斯亚贝巴与非洲国家领导人共同出席了非洲联盟会议中心落成典礼。贾庆林在致辞中说："非盟会议中心是中国政府和人民赠送给非洲国家和人民的又一珍贵礼物，体现了中国对非洲国家联合自强和一体化进程的支持，它是新世纪中非关系深入发展的标志和缩影，必将在中非务实合作道路上写下壮丽的一曲。"[①] 时任非盟委员会主席让·平、埃塞俄比亚总理梅莱斯和非盟轮值主席、赤道几内亚总统奥比昂在典礼致辞时也共同表示："这座雄伟、现代化的建筑寓意深远，它既是非中友好合作新的典范，也是非洲复兴崛起的标志，它重新点燃了非洲人民对非洲未来的希望，使非洲国家更加自信、团结，沿着自主选择的发展道路，在这块大陆上

---

① 新华社亚的斯亚贝巴 2009 年 1 月 28 日电（记者魏建华、王晨曦），《贾庆林与非洲领导人共同出席非盟会议中心落成典礼》，http：//www.gov.cn/ldhd/2012 - 01/29/content_ 2053242.htm。

争取持久和平、稳定和繁荣。"①

（三）在抗震救灾及抗击埃博拉行动中的相互支持、患难与共

同呼吸、共患难的"中非命运共同体"不仅体现在双方在国家独立与主权以及政治经济发展方面的相互支持，而且还突出表现在艰难时刻的患难与共。虽然非洲国家经济发展相对滞后、国力并不强大，但当 2008 年 5 月及 2010 年 4 月中国汶川、玉树等地先后发生严重地震灾害后却踊跃向中方捐款。如 2008 年四川汶川地震后，赤道几内亚、利比里亚、马里等非洲国家共向中国捐赠了 6400 万元人民币赈灾。长期贫困落后，仅有 101 万人口的非洲中西部小国赤道几内亚捐款 100 万欧元，虽总额不多，但却相当于每位国民捐出 1 欧元。除了捐款，赤道几内亚还提出帮中国贫困地区建设学校。2015 年 4 月，赤道几内亚总统奥比昂应习近平主席邀请访华期间，代表本国政府宣布捐资 490 万元人民币，为中国扶贫地区援建一所爱心小学。如今经这笔捐款改建的云南金平县第一小学已改名为"中国—赤道几内亚友谊小学"。2010 年青海玉树地震后，人口仅 300 多万、当时尚为"重债穷国"的非洲国家刚果共和国总统萨苏不仅第一时间发来慰问电，而且刚果政府捐款 1600 万元人民币在青海玉树藏族自治州称多县重建了面积为震前 4 倍多的"称多县中刚友谊小学"。

同样，当非洲国家遭遇饥荒和疫情的冲击，中国也火速伸出援手，与非洲兄弟携手渡过难关。2011 年夏，索马里等非洲之角国家和地区遭受严重旱灾，引发大面积饥荒，引起国际社会高度关注。中国政府急人所难，在短时间内两次宣布向受灾国家提供总计 4.432 亿元人民币的紧急粮食和现汇援助。时间之快、数额之大，在我国对非的紧急人道主义援助历史上都是空前的。2016 年初，由于"厄尔尼诺现象"导致埃塞俄比亚以及马拉维、津巴布韦等国经历 30 年来最严重的干旱，逾 1000 万人面临饥荒，中国启动对非紧急粮食援助，第一时间送去了救命粮，仅向埃塞俄比亚就提供了总量为 10535 吨的紧急粮食援助，合计价值 5000 万元

---

① 新华社亚的斯亚贝巴 2009 年 1 月 28 日电（记者魏建华、王晨曦），《贾庆林与非洲领导人共同出席非盟会议中心落成典礼》，http://www.gov.cn/ldhd/2012-01/29/content_2053242.htm。

人民币。埃塞俄比亚等国均感谢中国政府和人民在关键时刻雪中送炭，与非洲受灾国并肩抵抗旱灾。[①]

2014年3月以来，西非地区的埃博拉疫情从几内亚暴发后，短短几个月内就蔓延至周边的利比里亚、塞拉利昂、尼日利亚以及马里、塞内加尔等国家，导致近7000人死亡，感染病例高达1.6万多人，被世界卫生组织定性为"人类现代史上最严重和最急性的紧急卫生事件"。在抗击埃博拉的全球战役中，中国率先行动，引领国际社会援非抗疫。中国在医疗物资援助、资金援助以及更宝贵和更急需的人力资源（即中国援非医疗队以及中国的防疫和公共卫生专家）等方面做出的贡献均可圈可点。中国在2014年4月疫情暴发后，先后分四批提供了总计达7.5亿元人民币的援助物资和援助资金。特别值得称道的是，当危险的疫情来临，中国驻疫区国家的医疗队不仅没有抽身逃离，而是选择坚守、与非洲朋友共患难和共同抗击疫情，而且更多的中国医疗专家从国内陆续慨然奔赴非洲抗疫第一线。在疫情肆虐的高峰时期，在疫区工作的中国专家和医护人员多达700人次，超过古巴成为全世界派出人员最多的国家。"一方有难，八方支援"，"病魔无情人有情"，当非洲国家遭遇疫情阻击，他们知道中国兄弟会站在他们身边同患难、共战斗。这既是中非友谊的真实体现和中国大国责任的必然担当，更是"中非共同体"的真实写照。塞拉利昂外交部长为此高度赞扬中国的帮助是在灾难时期显示出的"真正友谊"。他说："中国慷慨的援助表明，中国是塞拉利昂和非洲国家的真正战略伙伴。中国的形象变得更加高大和正直。"[②]

二 现实条件：合作发展共赢的"中非命运共同体"

中国与非洲同属发展中国家，在20世纪完成了国家独立和民族解放

[①] 参见《人民日报》记者李志伟、王欲然《中国启动对非紧急粮食援助》，《人民日报》2016年2月20日，第3版，（http://world.people.com.cn/n1/2016/0220/c1002-28136195.html）。

[②] 参见《外媒：中国援非抗埃收获外交红利，被赞形象高大》（2014年10月22日），参考消息网（http://china.cankaoxiaoxi.com/2014/1022/536350.shtml）。

的伟业后，21世纪都面临经济发展和提高人民幸福福祉的发展诉求和"复兴之梦"。从经济发展的要素构成看，中非双方具有优势互补、合作互利共赢的强大基础及资源禀赋。非洲有54个国家和10亿多人口，自然和人力资源丰富，市场广阔，发展潜力巨大。但因长期的殖民掠夺和局部冲突动荡，经济仍比较落后，缺乏发展资金、技术和经验。中国经过40年的改革开放，经济规模和实力有了显著增长，拥有各个阶梯层次的适用技术、设备、人才以及40年来改革开放和经济建设的成功经验（当然也包括一些教训），但同时也面临着资源短缺、国内市场竞争加剧等新的问题。因此，中非关系的加强一方面可为中国经济的可持续发展提供原料、市场和投资场所的后续保证；另一方面，非洲也可通过大力发展中非关系得到发展资金、技术和经验，并使其原料出口多元化，同时在开发自有资源的过程中增加更多自主选择的权利。

（一）中非合作推动非洲经济增长，有效释放非洲发展潜力

长期以来，处于世界经济链条中最薄弱一环的非洲，由于其在金字塔般的国际分工体系中位居底层、经济发展滞后（表现在单一产品结构、金融市场脆弱、信息技术落后以及管理不善等方面）以及政治稳定性差等，一直不被国际投资界看好，被认为是一个"失去的大陆"和"没有希望的大陆"。但自20世纪90年代中期以来，非洲国家的经济开始出现企稳向好的发展趋势，年均经济增长接近6%，通货膨胀得到抑制，财政状况逐年改善。对非洲经济取得的可喜进步，就连10年前发表非洲悲观论文章的英国著名《经济学家》周刊也在2011年12月发表题为《非洲崛起》的封面文章，认为在过去10年里，世界上发展最快的10个国家中，有6个是非洲国家。在过去10年中的8年里，非洲的增长速度要快于东亚。世界银行非洲地区首席经济学家尚塔亚南·德瓦拉詹2011年底在接受媒体采访时也表示，凭借着农业、基础设施建设两大领域的强劲增长，以及海外资金持续加速流入，非洲经济有望迎来长达20年的增长期，上升态势堪比亚洲大国印度在过去20年里的表现。[①]

[①] 新华网内罗毕2010年12月21日电（记者郈背平），《世行经济学家认为非洲经济将迎来20年稳定增长期》，http://news.cntv.cn/world/20101222/107904.shtml。

非洲经济增长还推动了非洲中产阶级队伍的扩大和民众收入及购买力的提高。2013年6月,非洲开发银行在摩洛哥举行的第48届年会上宣布,非洲国家的人均国内生产总值(GDP)首次突破了1000美元关口。虽然"人均GDP达到1000美元"在世界很多国家和地区似乎已是几十年前的记忆,但对非洲来说,却十分令人振奋,是非洲国家整体上摆脱低收入国家群体的标志性事件。这不仅打破了所谓"非洲经济悲观论"的预言,而且进一步彰显了非洲经济向上发展的潜力。

事实上,非洲经济自20世纪90年代中期以来的稳定增长是与亚洲,特别是中国等新兴国家开展的对非经贸合作密不可分的。长期以来,由于历史上的殖民附属关系,非洲经济与欧美市场的联系非常紧密,往往是"欧美经济打喷嚏,非洲经济就会重感冒"。如今,虽然非洲经济因2008年国际金融危机的影响在2009年受到重挫,经济增长率下降到2%以下,但得益于中国等新兴经济体的强劲带动,非洲经济在2010年很快触底回升。非洲经济的可持续增长与中国等新兴经济体的经济发展正日益呈现出一种互利的共生共赢局面。自2000年中非合作论坛成立以来,中非贸易额在近10多年来以年均35%的速度增长,从2000年的100亿美元上升到2013年的2100多亿美元。据有关方面测算,仅中非贸易一项,对非洲经济增长的贡献率就达到20%。中国对非投资存量也从2001年的5000万美元提高到2016年的1000多亿美元,多达3100多家中国企业目前在非洲投资兴业。非洲目前已是中国第三大海外投资市场和第二大海外工程承包市场。

中非间蓬勃发展的经济合作还推动了非洲国家改变了长期以来依附能源原材料出口的单一经济结构转型。如世界银行2017年4月发布的研究报告《非洲脉搏》(Africa's Pulse)认为,2017年非洲有望实现2.6%的增长,2018年增速有望达到3.2%,2019年的经济增速则有望继续提升到3.5%,均好于全球平均水平。而且,值得关注的一个重要现象是,近年来非洲的非资源型国家的经济表现要好于资源型国家。比如埃塞俄比亚、坦桑尼亚等,虽然不像尼日利亚那样有石油,或者像南非那样有金矿,但是这些年的发展却蒸蒸日上。埃塞俄比亚近15年来的GDP年均增长均维持在10%以上。埃塞俄比亚、坦桑尼亚都是中国政府近年选定进行中非产能合作的第一批示范国家,已经取得不错的早期示范效应。

这份世界银行《非洲脉搏》报告就专门提到埃塞俄比亚、坦桑尼亚、科特迪瓦、肯尼亚、马里、卢旺达和塞内加尔 7 个近年来保持经济持续增长的国家。这些国家都不是石油等资源富集国，但均在工业化、城市化和多元经济发展方面走出了发挥自身特长和比较优势的成功之路。国际货币基金组织最新发布的世界经济展望报告中也预测，2017 年埃塞俄比亚经济增长仍将高达 7.5%、科特迪瓦将为 6.9%、坦桑尼亚将为 6.8%、塞内加尔将为 6.8%。[①]

（二）基础设施建设与工业化发展成为推动非洲经济增长的一体两翼

众所周知，基础设施是支撑一国经济发展的基础，也反映了一国经济发展的水平和潜力。基础设施落后是制约非洲经济发展的一大瓶颈。交通运输业的不发达、糟糕的路况不仅使非洲国家间的区域贸易以及一国内的国内贸易成本高昂，而且阻碍了外资投资非洲的步伐。电力供应不足和供应不稳更是许多非洲国家面临的常态。许多非洲国家电力供应短缺，入夜则一片漆黑，因而被西方媒体描绘成"黑暗的大陆"。因自身财力不足，非洲基础设施建设每年至少面临 200 亿美元的资金缺口，而这恰好与中国的"走出去"战略和具有全球性竞争力的基础设施建筑领域优势互补。另外，作为世界上经济发展相对滞后的地区，非洲大多数国家工业化程度相对较低，工业在非洲国家经济中所占的比重仍较小。但非洲拥有丰富的资源、较为廉价的劳动力和广阔的市场潜力，而中国拥有发展资金、适用技术和设备以及从农业国成长为"世界工厂"的丰富发展经验。加之中国当下正在深化经济转型升级，大量优质富余产能和先进装备技术有待向外转移，这些产能和装备技术亦完全符合非洲发展的需要，渴望实现经济多元化和工业化的非洲也因此成为中国产能和装备技术转移的重要承接地之一。

和中国人民拥有实现民族复兴的"中国梦"一样，非洲人民也希望实现减贫和发展的"非洲梦"。而实现非洲基础设施的互联互通和工业化发展即是实现"非洲梦"的必要条件和必经道路。为此，非洲国家以及

[①] 转引自《世界银行：撒哈拉以南非洲国家经济增速回升》，中国商务部网站（http://www.mofcom.gov.cn/article/i/jyjl/k/201704/20170402562799.shtml）。

非洲联盟已先后出台了包括《非洲发展新伙伴计划》(the New Partnership for Africa's Development，NEPAD，2001 年发布)、《加速非洲工业化发展行动计划》(2008 年发布)、《非洲基础设施发展规划宣言》(2013 年发布)，以及《非洲2063愿景》(Agenda 2063，2013 年发布) 等重要发展战略文件，希望通过工业化、经济融合和一体化将 21 世纪打造为非洲发展的世纪。2015 年 1 月 27 日，中国与非盟签署了中非关于基础设施建设合作的谅解备忘录。根据备忘录，中国将在"非洲2063愿景"战略框架内，加强与非洲国家在铁路、公路、区域航空及工业化领域的合作，促进非洲国家一体化进程。如今，中国企业已经在埃塞俄比亚、吉布提、肯尼亚和尼日利亚等国开展了大量铁路、机场、工业园区和港口等项目的建设，用行动在谱写和实践中非发展合作与共赢的蓝图。

作为中非产能合作的"一体两翼"，基础设施建设和工业园区建设如今在非洲正红红火火地展开，中国已帮助非洲建成了多条铁路，包括连接肯尼亚港口城市蒙巴萨到首都内罗毕的"蒙内铁路"、连接埃塞俄比亚首都亚的斯亚贝巴到吉布提的"亚吉铁路"，以及在安哥拉和尼日利亚建设的铁路。正如肯尼亚总统肯雅塔在 2017 年 5 月 31 日"蒙内铁路"开通之日所说，"铁路的开通为肯尼亚新的工业化篇章打下了基础"。而一些与中国率先开展产能合作先行先试的国家也已经在工业化发展的道路上迅跑。如被国际舆论誉为"非洲版的中国"的埃塞俄比亚，以打造"非洲制造业强国"为目标，努力抢占非洲产业链高地。自 2006 年以来，在中国的融资支持下，该国已建成并运营首条收费高速公路、首个风电项目、首条城市轻轨、首条现代化铁路以及埃塞俄比亚—吉布提跨境供水项目等一系列重要基础设施项目，并在中国积极协助下规划和建设东方工业园、阿瓦萨工业园、孔博查工业园等产业园区；坦桑尼亚自 2009 年起启动其出口加工区建设，通过发展出口导向型工业达到吸引外资、扩大出口、增加就业、提高生产技术和经济管理水平的目的。目前已有来自中国的 12 家企业入驻其出口加工区。2015 年 4 月，坦中草签了关于产能合作的框架协议；刚果共和国也在积极借鉴中国深圳特区发展经验，打造其位于大西洋沿岸的港口城市黑角市，邀请了中国（深圳）综合开发研究院承担刚果经济特区法制定的研究工作，并全面开展黑角经济特区的产业规划、空间规划、投资可行性研究和法规政策建议方案等相关规划工作，希望在非洲大西洋沿岸建设一个"令人惊叹"的非洲版经济特区。

位于埃及"苏伊士运河走廊"开发区的"中埃苏伊士经贸合作区"对于促进中埃两国战略合作和中埃产业转移更是具有得天独厚的区位发展优势。截至2017年6月，入驻该经贸合作区的企业共有65家（其中制造类企业32家，配套服务机构33家），吸引合作投资额近10亿美元，产值已经达到7亿美元，为当地政府缴纳税费5800万美元，解决当地就业3100多个。[①] 其中有世界上规模最大的玻璃纤维生产商中国巨石集团2012年入驻合作区。该集团一期项目总投资2.23亿美元，设计年产能8万吨玻璃纤维，是目前中国在埃及投资金额最大、技术装备最先进、建设速度最快的工业项目。该项目的投产，不仅有利于培育和带动埃及国内复合材料工业的技术进步和快速发展，还将对当地扩大就业、提升管理水平、增加外汇收入、促进埃及经济发展做出贡献。可见，由中国大力推动的"基础设施建设+工业园区产业发展"的"双轮驱动"模式正在拉升非洲的经济发展，把非洲的资源能源禀赋转化为可持续发展和惠及民生的成果。

（三）"中非合作论坛"与"一带一路"倡议为中非互利共赢搭建平台

中非合作论坛自2000年10月成立以来，用18年的实践和行动表明，它不是奢谈非洲发展的空谈俱乐部，而是一个实实在在的中国同非洲国家之间开展集体对话和进行务实合作的重要平台和有效机制，是推动中非互利共赢合作的重要引擎和发动机，也是中国对非关系以及中国特色大国外交的一个响亮品牌。

"中非合作论坛"自建立之日起，就秉承脚踏实地和求真务实的理念，本着为非洲国家和人民办实事、减贫和促发展的精神，不搞空泛的政策宣示，而是在减债、大幅增加对非援助、促进对非投资以及大规模

[①] 中评社北京2018年3月11日（中评社报道组），《商务部谈中非合作：绝大部分项目已提前完成》，http://www.crntt.com/doc/1050/0/4/0/105004075.html?coluid=7&kindid=0&docid=105004075&mdate=0311115840。

扩大非洲零关税进口商品的种类等方面推出实实在在的、具体的实施计划和推进措施。从每三年召开一次的论坛行动纲领看，每届论坛提出的促进中非关系发展的举措均体现出急非洲之所急以及针对非洲国家提出的关切来规划合作重点及领域。如 2000 年第一届论坛重点是对非减免债务，为非洲关注的巨额债务减免问题发挥我们的作用。2003 年第二届论坛会议强化对非人力资源培训。2006 年北京峰会则大幅度、全方位在减债、投资、援助、民生等方面提出了对非合作的"八项举措"，使中非关系迈上了一个新台阶。2009 年第四届论坛提出的"新八项举措"则回应国际社会和非洲提出的新关切，在延续和提高以往各项领域的支持力度之外，又在环境保护、清洁能源、科技合作以及支持非洲中小企业融资等方面提出了新的政策措施。

2015 年 12 月，中非合作论坛在南非约翰内斯堡召开首次在非洲大陆举行的峰会。中国国家主席习近平在峰会上提出了总额 600 亿美元的"中非合作十大计划"，将推动中非间开展工业化、农业现代化、基础设施、金融合作、绿色发展、贸易和投资便利化、减贫惠民合作、公共卫生合作、人文合作、和平与安全合作十个领域的全方位合作。"十大合作计划"中摆在首要和突出位置的就是"中非工业化合作"，并为此专门设立了首批 100 亿美元资金的"中非产能合作基金"，还为中非发展基金和非洲中小企业发展专项贷款各增资 50 亿美元。2018 年 3 月 11 日，商务部副部长钱克明在"两会"记者会上回答中外记者提问时介绍说，"中非十大合作计划提出两年多来，商务部会同国内相关部门和非洲国家，一个国家一个国家磋商，一项任务一项任务分解，一个项目一个项目实施。到目前为止，绝大部分任务已经落实，绝大部分项目已经提前完成，而且收到了非常好的效果。如免除了 20 多个非洲国家 2015 年底到期的无息贷款债务，为非洲国家提供了 15 万人次的专业技术人才培训等等"。"总体看，十大合作计划项目进展很顺利，效果也非常明显，我们的非洲朋友也非常满意。"[①]

---

① 中评社北京 2018 年 3 月 11 日（中评社报道组），《商务部谈中非合作：绝大部分项目已提前完成》，http://www.crntt.com/doc/1050/0/4/0/105004075.html? coluid = 7&kindid = 0&docid = 105004075&mdate = 0311115840。

2013年中国政府提出"一带一路"倡议后，拥有丰富资源和巨大市场潜力以及强劲基础设施建设需求的非洲大陆和沿线国家一样，也积极参与到"一带一路"建设之中，并在参与的过程中感受并抓住重要的历史发展机遇，以期实现其经济从前工业化社会到全面工业化的跨越性发展。正如王毅外长2018年初访非时所说，"在共建'一带一路'进程中，非洲不能缺席。中国与世界共同发展进程中，非洲也不能落下"。事实上，在"一带一路"建设过程中，非洲不但能够发挥参与以及桥梁作用，更能够发挥示范和引领作用。早在2000年10月就已成立的中非合作论坛不仅比"一带一路"的提出要早了13年，而且中非合作论坛17年历程里所推出和实践的很多理念和内容都已体现在了"一带一路"目前所倡导的理念、路径和内容之中。如中非合作论坛提出的共同发展、集约发展、绿色发展、安全发展、开放发展五大合作发展理念与"一带一路"倡议所倡导的创新发展、协调发展、绿色发展、开放发展、共享发展五大发展理念高度契合。"一带一路"倡议所提出的政策沟通、设施联通、贸易畅通、资金融通、民心相通五通维度则更是早已在非洲大陆如火如荼地开展。中非合作论坛18年的成功品牌打造过程可以为"一带一路"在多地区和多领域的建设提供宝贵的经验分享和借鉴。

三 发展方向：六个维度打造紧密"中非命运共同体"

近年来，中非领导人之间的互访非常频密。2018年7月，中国国家主席习近平在开启其第二个五年任期不久即第4次踏上了非洲大陆，访问了塞内加尔、卢旺达、南非及毛里求斯等非洲4国。3月，全国两会闭幕后的短短半个月内，也先后有喀麦隆、纳米比亚和津巴布韦3个非洲国家的领导人访问中国。9月的中非北京峰会更是50多个非洲国家领导人齐聚北京。走亲戚般的中非领导人互访表明，面对深刻变化中的国际形势，中非间均希望不断加强合作，通过打造更紧密的命运共同体来共同应对国际挑战。

（一）以更大的战略定力构建"中非命运共同体"

9月3—4日举行的中非合作论坛北京峰会一致通过了《关于构建更加紧密的中非命运共同体的北京宣言》以及《中非合作论坛——北京行动计划（2019—2021年）》这两个重要的峰会成果文件，为中非关系未来发展指明了方向。《北京宣言》全面体现了中非对当今世界重大问题的共识，彰显了中非团结友好、共享机遇、共迎挑战的决心。《北京行动计划》则对未来3年和今后一段时间中非各领域务实合作进行了规划，描绘了中非合作共赢、共同发展的新蓝图。

在此次中非北京峰会的开幕式上，中国国家主席习近平发表了"携手共命运，同心促发展"的主旨讲话。虽然讲话时间并不算太长，但却明确无误地表达了中国将以更大的战略定力、更足的发展底气、更坚强的毅力决心和更多的发展举措来进一步推动中非合作和推动构建"中非命运共同体"。

首先，中国要坚持既有的对非政策原则不动摇。习主席把长期以来中国对非政策原则概括为"五不"，即：不干预非洲国家探索符合国情的发展道路，不干涉非洲内政，不把自己的意志强加于人，不在对非援助中附加任何政治条件，不在对非投资融资中谋取政治私利。近年来，在国际对非发展援助中，西方常常自诩其推行的"有条件对非援助"有利于推动非洲的民主和自由化进程，认为中国的"无条件援助"原则是在非洲助纣为虐，无助于非洲的良治及政治进步；西方也打着"人道主义干预"以及"人权高于主权"等旗号发动了利比亚战争及各种军事干涉。但时至今日的利比亚政治无序化乱局却是这种强权军事干预失败的最有力注脚。因此，习主席发出呼吁，在对非合作中，不但中国自己要继续坚持"五不"，而且希望各国都能在处理非洲事务时做到这"五不"。

另外，针对近年来一些西方舆论对中非关系的抹黑和攻讦，习主席在讲话中铿锵有力地指出，任何人都不能破坏中非人民的大团结！任何人都不能阻挡中非人民振兴的步伐！任何人都不能以想象和臆测否定中非合作的显著成就！任何人都不能阻止和干扰国际社会支持非洲发展的积极行动！这连续四次使用的"任何人都不能"的排比句充分表明了中国在应对西方舆论抹黑中非关系时的底气和硬气。因为中非关系好不好，只有中非人民最能够真切感受,那些自己不作为却喜欢站在一边说风凉话的人是阻挡不了更破坏不了中非合作的历史进程的。

(二) 从六个维度打造紧密"中非命运共同体"

习主席在中非合作论坛北京峰会的开幕式讲话中还深刻阐述了构建中非命运共同体的六大内涵。一是携手打造责任共担的中非命运共同体,即使命上的责任共担。中非之间不仅要加强彼此间的政治对话和政策沟通,还要在地区及国际事务上加强协作配合,维护中非及广大发展中国家的共同利益。二是携手打造合作共赢的中非命运共同体,即发展共赢和发展战略上的合作对接。"一带一路"倡议与非洲的对接也需要从"大写意"进入"工笔画"阶段,要开展好三个层面的对接,即"一带一路"建设与联合国 2030 年可持续发展议程的对接、同落实非洲联盟《2063 年议程》的对接以及与非洲各国发展战略的相互对接。特别是与每个非洲国家发展战略的对接要做到精准化,使我们的发展优势与每个非洲国家的发展优先领域对接好,这样才能做到合作共赢。三是打造幸福共享的中非命运共同体。中非合作的项目要更多地着眼于改善和提高人民的生活水平,而不是一些高大上的"面子工程",要把增进民生福祉作为发展中非关系的出发点和落脚点。中非合作只有给中非人民带来看得见、摸得着的成果和实惠,才能保证中非合作的可持续发展和夯实中非命运共同体最强大的民意基础。四是携手打造文化共兴的中非命运共同体。"国之交在于民相亲",而"民相亲又在于心相知"。中国和非洲都是人类文明的发源地,有着璀璨的文明和文化遗产,这使中非文化交流具有丰富的底蕴和内涵。要促进中非文明的交流互鉴、交融共存,不仅为彼此的文明复兴、文化进步和文艺繁荣提供持久助力,也为世界文明的多样化做出更大贡献。五是携手打造安全共筑的中非命运共同体。在中非经贸合作与人员往来日益密切的今天,非洲的和平与安全已经与中国在非洲的投资及在非洲的中国人的安全密不可分、息息相关了。支持非洲的和平安全建设、打造一个"消弭枪声的非洲",不仅可以为中非经贸合作创造一个和平安宁的环境,也是维护世界和平的重要内容。六是携手打造和谐共生的中非命运共同体。习主席常说,"绿水青山就是金山银山"。不仅中国国内的发展要注重绿色、环保和可持续发展理念,在中非合作中更要秉持环境保护、野生动物保护以及"天人合一"的思想，实现经济发展与环境保护的有机结合。

最后，中非北京峰会以及习主席的开幕式讲话还充分释放出中国将以更大的决心推动中非合作的信号。尽管国际上出现了某些"只扫自家门前雪，不管别人瓦上霜"的自我中心主义、单边主义和保护主义等倾向，但中国却要以负责任大国的历史担当，同世界各国携手构建人类命运共同体，发展全球伙伴关系，拓展友好合作，走出一条相互尊重、公平正义、合作共赢的国与国交往新路。无论是未来三年中非合作在产业促进、设施联通、贸易便利、绿色发展、能力建设、健康卫生、人文交流、和平安全八大领域将要开展的"八大行动"，还是中方为推动这些领域发展所做出的 600 亿美元资金支持的承诺，无不体现出在当前国际形势发生深刻变化的背景下，中国将以最大的诚意、更大的勇气和更坚强的决心来进一步加强中非友好团结合作，通过携手构建中非更加紧密的命运共同体来共同应对国际挑战。

展望未来，打造"中非命运共同体"还需要从政治与经济两方面做足功课。在政治层面，中非之间需要不断凝聚政治共识，加强治国理政经验交流。要加强中非相互间对彼此政治发展道路及模式的理解和了解，并在了解的基础上相互学习、借鉴和吸取营养；在经济层面，则需进一步加强经济合作，共建"一带一路"。由于非洲的经济发展仍相对滞后，在资金、技术及人才等方面既需要"输血"，更需要"造血"能力的提高。因此特别需要注重在中非工业化合作的过程中关注对非洲的技术转移、人才培养以及创造就业；在中非金融合作的过程中注重加强对非洲中小企业的融资支持，用开发性金融等创新金融工具解决融资以及债务问题；在加强互联互通的基础设施建设过程中需要注重项目的可持续发展。只有帮助非洲实现其减贫和发展的"非洲梦"，"中非命运共同体"才能打造得坚不可摧。

（本文原刊发于《统一战线研究》2018 年第 5 期）

中国的维和外交：基于国家身份视角的分析

何 银[*]

摘 要：中华人民共和国成立 70 年来，中国的国家发展及其间国际格局和国际体系的变迁，促使中国的国家身份发生了三次演变：1949 年到实行改革开放以前是游离于西方主导的国际社会之外的革命型国家；20 世纪 80 年代到 2012 年是逐渐回归国际社会的融入者；2013 年以来，开始在国际制度体系中发挥引领者的作用。基于国家身份的分析为观察中国维和外交提供了一个独特的视角。中国在不同时期不同的国家身份对应的是不同的国家利益，以及不同的维和外交行为。当前，已经成为"引领者"的中国对联合国行动的贡献超越了政治和物质层面，开始成为一名规范供应者。一些国内和国际因素制约中国有效地在维和事务中发挥"引领"作用，是当前和今后一个时期中国的维和外交需要认真应对的挑战。中国需要对自身的能力、利益诉求和国际形势有正确的判断，在发挥引领作用时科学决策、量力而行，避免无谓的冒进和资源浪费。

关键词：全球安全治理 维和外交 中国的角色 国家身份 "引领者"

通过维持和平行动（维和行动）维护国际和平与安全，是联合国这

---

[*] 何银，中国人民警察大学中国维和警察培训中心副教授。

个全球最大的政府间国际组织工作中分量最重的部分和最大亮点。今天的中国与世界分享和平发展的红利,执行的是积极参与联合国维和事务(维和事务)的外交政策:在承担了超过15%维和经费摊款的同时,向位于西亚和非洲的8项联合国维和行动任务区派出了2500余名军、警维和人员。中国为饱受冲突和战乱之祸的发展中国家和地区恢复、建设和平做出了重要贡献,由此,维和外交是中国参与全球安全治理的重要路径。回顾中华人民共和国成立70年来的发展历程,我们发现:随着中国国家身份的变化,中国参与联合国维和行动从旁观者到参与者、推动者乃至引领者,中国的角色、地位发生了显著变化,表明中国在维护世界和平等方面发挥着越来越重要的作用,维和外交成为观察中国参与维护世界和平、履行中国负责任大国国际责任的重要视角。

一 中国对维和事务的态度与国家身份的变迁

纵观中华人民共和国成立以来70年的发展史,中国对联合国维和事务的态度变得越来越积极:从坚决的反对者变成了坚定的支持者。[1] 这样的变化引起了国内外学术界的兴趣,许多人尝试探究个中原因。[2] 根据现

---

[1] He Yin, "China's Doctrine on UN Peacekeeping", in *UN Peacekeeping Doctrine in a New Era*, edited by Cedric de Coning, Chiyuki Aoi and John Karlsrud, London: Routledge, 2017, pp.109 – 131.

[2] 李东燕:《中国国际维和:概念与模式》,《世界经济与政治》2018年第4期,第90—105、158页;胡二杰:《联合国为何行动与中国国家形象建设》,《公共外交季刊》2017年第3期,第92—98、138页;牛仲君:《中国参与东帝汶维和的原因及立场分析》,《外交评论》2007年第2期,第48—53页;唐永胜:《中国与联合国维和》,《世界经济与政治》2002年第9期,第39—44页。Bates Gill and James Reilly, "Sovereignty, Intervention and Peacekeeping: The View from Beijing", *Survival*, Vol.42, No.3, Autumn 2000, pp.41 – 59; Yeshi Choedon, "China's Stand on UN Peacekeeping Operations: Changing Priorities of Foreign Policy", *China Report* 41, No.1, 2005, pp.39 – 57; Yin He, *China's Changing Policy on UN Peacekeeping Operations*, Asia Paper, Stockholm: Institute for Security and Development Policy, July 2007; International Crisis Group, "China's Growing Role in UN Peacekeeping", *Asia Report*, No.166, 2009; Courtney Fung, "What Explains China's Deployment to UN Peacekeeping Operations?", *International Relations of the Asia-Pacific*, Vol.16, No.3, 2016; Songying Fang, Xiaojun Li and Fanglu Sun, "Changing Motivations in China's UN Peacekeeping", *International Journal*, Vol.73, No.3, 2018, pp.464 – 473; Christoph Zürcher, *30 Years of Chinese Peacekeeping*, CIPS Report, January 2019.

有的研究，中国积极参与维和事务的原因可以列出一个很长的清单，其中既包括获取石油资源和保护海外利益等经济利益因素，也包括支持联合国和多边主义、展现负责任大国形象和反制"台独"势力等政治利益因素。然而，不同的研究者所持的观点往往各不相同，难以在某一个最重要的原因上达成一致。

不可否认，任何一个会员国在参与维和事务时，都需要从实用主义出发考虑一些近期或远期的现实利益。但是，作为国际体系中的大国和联合国核心会员，中国在联合国这个全球最重要的国际制度平台上的行为，并非现实主义的分析所能够充分解释。实际上，许多基于政策分析的研究很容易被证伪。比如，有人以南苏丹为例，指出中国更愿意参与石油等资源丰富国家的维和行动。[1] 但是，中国也向海地、黎巴嫩、利比里亚和苏丹达尔富尔等资源贫乏的国家和地区派出了大量维和人员。挪威国际事务研究所研究员马克·兰泰尼（Mac Lanteigne）指出，尽管马里并不是中国的重要贸易伙伴，但是中国仍然向这个安全风险很高的维和任务区派出了维和力量。[2]

也有一些学者使用国际关系理论的分析方法解读中国的维和行为。外交学院冯继承副教授研究指出，中国参与维和行动的学习实践重塑了中国对联合国维和行动的认知，进而建构和重构了中国对维和行动的身份认同。[3] 这类研究的核心问题是中国在西方主导的国际社会中的社会化（Socialization）进程。[4] 也就是说，中国在很大程度上被看作国际规范的学习者和接受者；中国积极参与维和事务的根本原因，是为了融入西方主导的国际社会。[5]

---

[1] Colum Lynch, "UN Peacekeepers to Protect China's Oil Interests in South Sudan", *The Cable*, 16 June 2014, http://foreignpolicy.com/posts/2014/06/16/u-n-peacekeepers-to-protect-chinas-oil-interests-in-south-sudan, 2019 – 04 – 15.

[2] Mac Lanteigne, "China's UN Peacekeeping in Mali and Comprehensive Diplomacy", *The China Quarterly*, Vol. 236, 4 March, 2019, pp. 1 – 21.

[3] 冯继承：《中国参与联合国维和行动：学习实践与身份承认》，《外交评论》2012年第1期，第59—71页。

[4] 关于中国的社会化进程研究，参见：Alastair Iain Johnston, *Social State: China in International Institutions: 1980—2000*, Princeton: Princeton University Press, 2008。

[5] 何银：《发展和平：联合国维和建和中的中国方案》，《国际政治研究》2016年第4期，第15页。

中国自1971年重返联合国以来，很长一段时间里的确都在认识并逐步接受联合国及维和事务相关规范，这也是中国融入国际社会整体进程的重要组成部分。但是，不断发展、强大的中国，与国际社会的互动并非仅仅是单向的。特别是进入21世纪的第二个十年以来，中国的国内外形势出现了新变化：在国际上，2010年中国的国内生产总值排名超越日本而上升至第二位，之后不断缩小与排名第一的美国之间的差距。物质实力的增长不但成为中国深入参与全球事务的权力和资源保障，而且也激发起国际社会对中国承担更多国际责任的期待；在国内，随着以习近平总书记为核心的新一代领导集体上台，中国对自身的国家实力和国家身份等问题的认知发生了改变，提出要积极参与国际制度体系的变革，提升在国际秩序和国际体系长远制度性安排中的地位和作用。[①] 在此背景下，中国在包括维和事务在内的全球事务中，不再仅仅是一名积极的参与者，还开始展现出了引领者的势头（参见图1）。

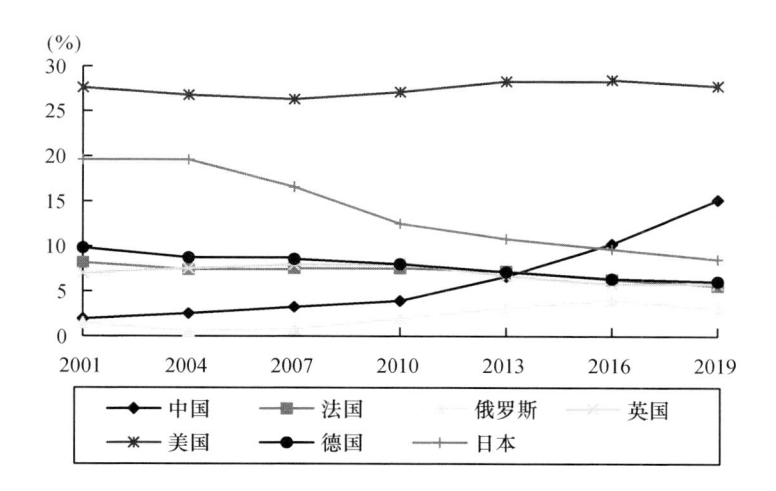

图1 2001—2019年联合国维和行动的主要捐资国出资额占比

资料来源：笔者根据联合国统计司资料制作，2019年5月20日，http://www.unstats.com。

从中国参与联合国维和行动范围看，如表1所示，中国于1990年首

[①] 《习近平：推动全球治理体制更加公正更加合理》，2019年5月5日，新华网（http://news.xinhuanet.com/politics/2015-10/13/c_1116812159.htm）。

次派出人员参加维和行动，迄 2019 年初总共参与了 23 项维和行动、2 项政治特派团和 1 项联合国授权的武器核查行动，派出了近 4 万名军、警维和人员，[①] 涵盖非洲、中东、东南亚、南美和南欧等发展中地区。2000 年以来，中国承担的维和经费摊款比额和派出维和人员的数量都经历了一个持续快速的增长过程。如图 1 所示，2016 年中国超过日本排名第二位。2019 年在 2016 年的基础上增加了约 50%，进一步缩小了与第一名美国之间的差距。并且，最近十多年，中国一直是维和行动的主要出兵/警国，派出维和人员数量经常是其余 4 个常任理事国总和的 2 倍多。[②]

表 1　　　　　1990—2019 年中国参与的维和行动

维和行动特派团	国家/地区	牺牲人数（人）	行动情况
联合国驻塞浦路斯维持和平部队	塞浦路斯		正在参与
联合国西撒哈拉全民投票特派团	西撒哈拉		正在参与
联合国停战监督组织	中东		正在参与
联合国达尔富尔混合行动	苏丹达尔富尔		正在参与
联合国南苏丹共和国特派团	南苏丹	2	正在参与
联合国刚果民主共和国稳定特派团	刚果（金）		正在参与
联合国中非稳定特派团	中非		正在参与
联合国马里多层面稳定特派团	马里	1	正在参与
联合国伊拉克—科威特观察团	伊拉克、科威特	1	已结束
联合国驻黎巴嫩临时部队	黎巴嫩	1	已结束
联合国刚果民主共和国特派团	刚果（金）	1	已结束
联合国苏丹特派团	苏丹（南苏丹地区）		已结束
联合国利比里亚特派团	利比里亚	3	已结束
联合国埃塞俄比亚和厄立特里亚特派团	埃塞俄比亚、厄立特里亚		已结束
联合国塞拉利昂特派团	塞拉利昂		已结束
联合国科索沃临时行政当局特派团	塞尔维亚（科索沃）		已结束
联合国波斯尼亚—黑塞哥维那特派团	波黑		已结束

---

① 郭媛丹：《中国晒维和成绩单　迄今已派出近 4 万名维和人员》，《环球时报》2019 年 2 月 19 日。

② Christoph Zürcher, "30 Years of Chinese Peacekeeping", *CIPS Report*, January 2019.

续表

维和行动特派团	国家/地区	牺牲人数（人）	行动情况
柬埔寨过渡时期联合国权力机构	柬埔寨	3	已结束
联合国东帝汶过渡行政当局	东帝汶		已结束
联合国东帝汶支助团	东帝汶		已结束
联合国东帝汶综合特派团	东帝汶		已结束
联合国海地稳定特派团	海地	4	已结束
联合国布隆迪行动	布隆迪		已结束
联合国东帝汶办公室*	东帝汶		已结束
联合国阿富汗援助团*	阿富汗		已结束
联合国伊拉克武器核查组*	伊拉克	1	已结束

注：联合国东帝汶办公室和联合国阿富汗援助团是政治特派团。联合国伊拉克武器核查组是安理会授权的特别行动。

资料来源：笔者根据联合国网站（http：//www.un.org）相关资料制作。

在过去几十年间，中国对联合国维和事务的态度从坚决反对转变为大力支持。[1] 为什么会有这样明显的变化？对于这个问题，无论是基于现实利益的政策分析，还是基于社会化需要的理论分析，都没能给出具有说服力的答案。其中一个原因是，研究者将国家作为一个静态的概念来看待，来认识中国参与维和事务时动态的行为。国际关系理论的建构主义学派认为，国家在国际社会中有三项基本特征：身份、利益和行为，其中身份决定国家利益，进而影响对外行为；国家身份本质上是社会化互动过程产生的一种国家间共有观念。[2] 秦亚青教授研究指出，改革开放以来中国经历着对国家身份的再定义：从一个革命性的国家向现状性国家转化，并引起对战略文化的再定义和对安全利益的再思考。[3] 本文在建

---

[1] 何银：《中国是支持联合国维和行动的中坚力量》，2015年9月30日，中国网（http：//opinion.china.com.cn/opinion_50_138350.html）。

[2] See Alexander Wendt, *Social Theory of International Politics*, Cambridge：Cambridge University Press, 1999；Martha Finnemore, *National Interests in International Society*, New York：Cornell University Press, 1996.

[3] 秦亚青：《国家身份、战略文化和安全利益——关于中国与国际社会关系的三个假设》，载秦亚青《权力·制度·文化——国际关系理论与方法研究文集》，北京大学出版社2005年版，第348—352页。

构主义理论的基础上，拓展对国家身份的理解，提出一个主权国家的国家身份并不仅仅是由社会化互动过程赋予的；国家作为国际关系的主体，能够且有必要结合对自身的国家实力、国家利益和国际格局等考量，主动定位并采取行动塑造在国际社会中的国家身份。

据此，本文基于中国对维和事务政策的演变与中国在崛起过程中的国家身份的演变相关性，立足中华人民共和国成立70年来国家发展历程以及其间国际制度体系和国际格局的变迁，分析中国的国家身份变化与在维和事务上的外交行为之间的关系。在此基础上，本文还进一步回答：当前和今后一个时期中国维和外交面临什么样的机遇和挑战？中国又应如何应对？以期更好地实现中国在维和事务中的国家利益，并为世界和平做出更大贡献。从广义上讲，一个会员国的维和外交往往既包括在联合国多边维和制度框架内的行为，也包括通过维和的平台与其他国际行为体进行的双边互动。本文所论的是狭义上的中国维和外交，即中国在联合国大会和安理会等高级政治层面以及维和行动层面的外交行为态度。

二 基于革命者和融入者身份的维和外交（1949—2012年）

过去数十年里，中国的国家发展及其间国际体系和国际格局的变迁促成了中国不断和平崛起，并引起了国家身份的三次变化：从中华人民共和国成立后到实行改革开放以前，中国大体上是一个存在于西方主导的国际体系之外的国家；从20世纪80年代到2012年，中国大体上完成了融入国际社会的过程，成了体系内的一员；2013年第五代中央领导集体上台以来，中国开始在国际制度体系中发挥引领者的作用。在联合国维和事务领域，中国在不同时期不同的国家身份对应的是不同的国家利益，以及不同的维和外交行为。

（一）革命者的反对（1949—1977年）

中国军民在第二次世界大战中英勇作战并付出了巨大牺牲，为反法西斯战争的胜利做出了重要贡献，参与了联合国的创建并成为安理会五个常任理事国之一。然而，1949年中华人民共和国成立后，在以美国为首的西方国家操纵下，中国在联合国的合法席位长期被台湾当局非法占据。1951年抗美援朝战争爆发后，中国人民志愿军与以美国为首的所谓"联合国军"作战。直到1971年10月25日，中华人民共和国才恢复了在联合国的合法席位。

自中华人民共和国成立之后到开始实行改革开放之前的30年间，受到国内外各种因素的影响，中国在很大程度上是一个孤立于西方主导的国际制度体系之外的革命型国家。由于这一时期中国在国内和国外都还在进行着意识形态革命，与超级大国处于对立状态，国家安全环境恶劣，所以坚守传统的国家主权观念，为拓展国际空间而积极支持广大亚非拉国家的独立斗争。这一时期，中国在维和事务中没有重大的国家利益，执行的是坚决反对维和行动的政策，因为当时中国将自身定位为国际体系的革命者，将国家利益界定为反对霸权主义和强权政治，认为维和是帝国主义干涉他国内政的工具。

重返联合国之前，中国由于不在联合国体系之中而不能直接参与维和事务，所以只是措辞严厉地进行谴责，但是单方面的政治立场宣示并不能对联合国维和事务产生影响。重返联合国以后，中国对联合国维和行动继续持反对态度。在1972年美国总统尼克松访华后的几年里，中国的国际安全环境并没有发生根本改变，对可能违反和平共处五项原则的国际行为保持一贯的警惕。1974年，邓小平副总理在联合国大会上代表中国政府阐述了"三个世界"的理论，表明这一时期中国继续孤立于西方主导的国际体系之外，需要通过团结广大第三世界国家以应对来自超级大国的压力，没有利益和意愿积极参与包括联合国在内国际制度平台上的事务。此间，中国在联合国履行会员国义务缴纳会费，但拒绝承担维和行动经费摊款，并且除非涉及非常重大利益关切，一般都不参加安理会磋商和投票。[①] 在很多时候，中国采取了"第五种投票方式"（即列席安理会会议，但是不发言也不参与投票），表明自己的态度和立场。[②] 通过这种特殊的表态方式，中国一方面避免了与其他大国发生不必要的

---

① 1972年中国投出两张否决票，先后否决了关于孟加拉国加入联合国的决议草案，以及英国等西欧国家提出的关于中东问题修正案草案。

② 朱雨晨：《中国重返联合国之初》，《中国新闻周刊》2005年第35期，第46页。

冲突，同时也照顾到了一些希望安理会能够通过某些决议的第三世界国家的利益，为自己在外交上留有了回旋余地。①

（二）融入者的参与（1978—2012年）

从20世纪70年代末开始，中国实行改革开放政策，国家的战略重心从生存安全转向了经济发展。要实行改革开放，就需要参与国际事务并成为国际社会中的一名成员，因此中国对国家身份的定位从革命者变成了融入者。作为原本为体系外的国家，中国融入国际社会的过程受到自身国家发展进程及国际形势变化等因素的影响，充满了曲折。在维和事务参与方面，从20世纪80年代到21世纪第一个十年间的30多年中，中国融入维和制度体系的外交经历了三个阶段。

1. 政策调整（20世纪80年代）

中国与美国于1979年1月建立正式外交关系之后，中国的国际安全环境得到明显改善，中国认为"和平与发展"是时代主题，提出了实行独立自主的和平外交政策。在此背景下，中国开始调整有关维和行动政策，为改革开放营造有利的国际环境。1981年，中国在安理会表决同意延长联合国驻塞浦路斯维持和平部队期限。次年，中国开始缴纳维和行动经费摊款。尽管如此，由于中国刚刚走上改革开放之路，还是参与国际多边事务的初学者，所以遵循了大国超脱于具体事务之外的国际惯例，在随后的几年里并没有派人参加维和行动。直到1988年，中国才申请加入联合国维和行动特别委员会。

2. 开始参与（20世纪90年代）

1989年"政治风波"之后，以美国为首的西方国家开始孤立中国，加之随后发生东欧剧变、苏联解体，进入20世纪90年代后，国际形势出现了对中国不利的局面，中国深化改革和继续融入国际社会的战略遭遇巨大挑战。与此同时，随着冷战结束，在民主化浪潮中，基于民族、种族和宗教等身份认同问题的国家内部冲突（Intra-state Conflict）取代了国家间冲突（Inter-state Conflict），成为影响国际和平与安全最主要的冲突。

---

① Yin He, *China's Changing Policy on UN Peacekeeping Operations*, Asia Paper, Stockholm: Institute for Security and Development Policy, July 2007, pp. 19 – 20.

与冷战时代相比，后冷战时代维和行动的性质和遵循的原则都发生了变化：在冷战时代，联合国是在得到冲突各方同意的情况下，在它们之间部署携带轻武器或者不带武器的维和人员，本着绝对中立的原则建立缓冲地带并监督停火协议的实施，为冲突的最终政治解决赢得时间；而到了后冷战时代，一些国家内部冲突不但造成大量无辜平民伤亡，还导致一系列政治、社会和人道主义灾难，在客观上需要联合国通过集体安全机制进行干预。以美国为首的西方国家为推行自身的利益和价值理念，开始强势推动联合国深度介入管理全球范围内此起彼伏的国家内部冲突。在邓小平"二十四字方针"的指引下，[①] 中国积极利用维和外交缓和与西方的关系，展示坚持改革开放并继续融入国际社会的决心。

1990年4月，中国向联合国停战监督组织派出5名军事观察员，开启了派人参加维和行动的序幕。从1992年至1993年，中国向柬埔寨过渡时期联合国权力机构派出了两支400人规模的工程兵大队。但是，在整个90年代中国仅仅向5项维和行动派出了总共不到500名军事观察员和800名维和部队官兵。考虑到90年代联合国维和行动的数量出现了一个高峰期，在一些年份维和人员的数量超过了5万人，并且这个时期安理会其他常任理事国都比较积极地派人参与维和行动（参见图2），中国派出少量维和人员的做法更具有象征意义。

这一时期，中国参与安理会事宜面临考验：需要在坚守国家主权和不干涉原则的同时，避免与美国等西方国家发生严重的政治冲突。中国投票支持了原有维和行动的延期，以及绝大部分旨在建立新的维和行动的决议草案。当美国等西方国家在安理会积极推动根据《联合国宪章》第七章授权使用武力时，中国往往选择了弃权投票形式。比如，1990年伊拉克入侵科威特之后，西方大国在安理会推动下授权干涉，中国投了弃权票，表明对决议中的一些内容严重保留。1992年，当北约国家推动安理会授权在前南联盟地区建立联合国保护部队（UNPROFOR）时，中国对这项后冷战时代第一项具有强制和平性质的维和行动也投下了弃权

[①] 邓小平对外战略策略的24字方针是：冷静观察、稳住阵脚、沉着应对、韬光养晦、绝不当头和有所作为，参见刘旭东《邓小平的治国理念与治国政策》，2013年9月18日，人民网—理论频道（http://theory.people.com.cn/n/2013/0918/c40537-22961471.html）。

票。1993年,联合国安理会讨论将原本执行人道主义救援行动的联合国索马里行动一期(UNOSOM I)变更为联合国索马里行动二期(UNOSOM II),采取强制和平行动在索马里恢复和平。中国对此投下了赞成票,主要是考虑到索马里严峻的安全状况。

中国为改善与西方国家关系和继续融入国际社会的同时,但在涉及中国国家核心利益的维和决议上则彰显中国的国家利益观。20世纪90年代,台湾地区分裂势力开始抬头,美国等西方国家通过军售和炫耀武力等手段企图为台独势力背书,而部分台湾当局的所谓"邦交国家"更是在"金元外交"的诱惑下,挑衅中国的国家主权和尊严。对此,中国利用在安理会的地位表明了严正立场和捍卫领土与主权完整的决心。1997年1月9日,中国在安理会行使了否决权,反对通过关于向危地马拉派遣联合国军事观察员的决议草案。危地马拉长期与"台湾当局"维持所谓的"外交关系",并且每年都在联合国大会上推动要求台湾地区"加入"联合国的草案。并且,在安理会投票前,危地马拉还不顾中方的一再警告,邀请台湾当局对外事务管理机构负责人出席和平协议签字仪式。中国代表解释指出,危地马拉的和平不能以损害中国的主权和领土完整为代价。1999年2月25日,安理会就关于延长联合国维和部队驻守马其顿期限的决议草案进行表决,中国代表投下了否决票。外交部发言人章启月在记者招待会上表示,马其顿国内局势已基本稳定,联预部队已经完成安理会赋予的使命,加之联合国正面临严重的财政危机,因此已无继续延期的必要。① 事实上,马其顿1993年从南联盟独立后与中国建交,但是1999年2月在安理会投票表决前,与台湾当局建立了所谓"外交关系"。

3. 积极参与(2000—2012年)

中国在20世纪90年代继续坚持以经济建设为中心的改革开放和实行"韬光养晦"的务实外交战略成效得以显现:到世纪之交,中国国内政治和社会稳定,经济继续高速增长,与西方国家的关系也得到了改善,中国以充满自信的姿态进入21世纪并加入了世界贸易组织。经过长期改革开放,中国已经积累起了参与国际多边事务的知识,相信可以从中实现

---

① 《外交部发言人表示:中国反对联预部队再次延期》,《人民日报》1999年2月26日。

国家利益和提升国际影响力。此外，中国还需要展现"负责任大国"的形象以消除国际社会对中国崛起的疑虑，并更加深入地融入国际制度体系。在此背景下，积极参与维和事务就成为进入 21 世纪后中国外交的一项重要工作。

这一时期中国对维和事务的积极参与主要体现在两个方面。一是在人员和经费上对维和行动的贡献持续、快速增加。2000 年 1 月，中国向联合国东帝汶过渡行政当局派出 15 名维和民事警察，拉开了中国积极派人参加维和行动的序幕。2003 年 3 月，中国向联合国刚果民主共和国特派团派出一支 178 人的工兵连和一个 43 人的三级医院。这是自 1992—1993 年之后中国再次向联合国维和行动派出维和部队。2004 年 9 月，中国向联合国海地稳定特派团派出一个 125 人的维和警察防暴队。同年 12 月，向联合国利比里亚特派团派出工程、运输和医疗分队以及军事观察员和参谋军官共计 558 人。2006 年 3 月，中国向联合国黎巴嫩部队派出一个 182 人的工兵分队参与排雷行动；3 个月后，又向联合国南苏丹特派团派出工程、运输和医疗分队共计 416 人。如图 2 所示，到 2009 年，中国在维和行动中的军、警维和人员超过 2000 人，开始成为安理会 5 个常任理事国中派出维和人员最多的国家。二是更加灵活地接受了一些维和

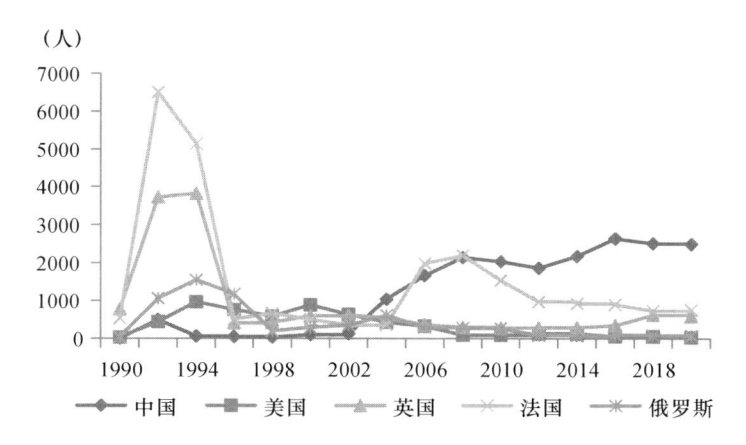

图 2　1990—2018 年安理会各常任理事国派出维和人员数量

资料来源：笔者根据联合国网站（http://www.un.org）相关资料制作。

相关的规范。这一时期，中国维和行动的理念和规范发生了重要变化：1999年联合国先后在科索沃和东帝汶建立了过渡权力机构之后，维和行动在经历了20世纪90年代后半期的低迷之后又迎来一个高峰期，并且真正意义上进入了复合任务时代。在日渐成熟的联合国维和事务官僚部门的推动下，一些新建立的维和行动开始采用将维持和平与建设和平有效结合的方法，以期消除国家内部冲突的根源，建设可持续和平。2000年的《联合国和平行动问题小组报告》（简称《卜拉希米报告》）对维和机制存在的缺陷进行全面审查并提出了改革建议，成为之后十多年里指导维和行动的重要文件，特别是其中强调了强势维和（robust peacekeeping）理念，对维和行动中的武力使用原则产生重大影响：从非自卫不得使用扩展到自卫、保护同事和捍卫任务授权都可以使用。

这时候的中国已经能够适应这样的变化，弃权已经不再是中国在安理会的主要态度。当建立新的维和行动时，只要经安理会讨论通过并且得到冲突各方的同意，即便是援引《宪章》第七章授权，中国一般也会表示赞同。中国的主要政策考量之一，是维护联合国在维和事务上的权威。2006年，中国帮助说服苏丹政府同意联合国在达尔富尔地区建立维和行动。不仅如此，在武力使用问题上，中国也显示了灵活务实的态度，但反对滥用武力行为。中国自进入21世纪后，开始积极派人参加维和行动，但是相当长一段时间里一直都没有派维和安全部队，而只是派出了勤务支援部队。但是2000年、2004年中国向东帝汶和科索沃这两个执法任务区派遣了携带轻武器的维和警察，特别是2004年向尚未建立外交关系的海地派出一支全副武装的维和警察防暴队，表明中国对于在维和框架内按照原则使用武力并不抗拒。

中国在更加积极支持联合国维和行动的同时，仍然对破坏国际干涉主义理念和行为保持警惕。2005年，联合国峰会通过《世界首脑会议成果文件》，提出了"保护的责任"（responsibility to protect，R2P）的理念。[1] 较之于保护范畴宽泛的人道主义干涉理念，"保护的责任"将国际干涉的条件限定为发生种族灭绝、反人类罪、战争罪行和种族清洗四种

---

[1] UN General Assembly, "2005 World Summit Outcome", A/60/L.1, 20 September 2005, 2019-05-15.

具体情况。① 中国签署了这份文件，但是对责任的主体和保护的方式持有保留态度。2009 年 7 月 24 日，中国常驻联合国代表刘振民在联合国大会上就"保护的责任"相关问题发言时指出："各国政府负有保护本国公民的首要责任。国际社会可以提供协助，但保护其民众归根结底还要靠有关国家政府……履行'保护的责任'需要考虑三个条件：其一，干涉是万不得已的手段；其二，应当有安理会的授权；其三，当履行保护的一方不是联合国自己时，应当定期向安理会通报情况。"②

随着国家实力和参与国际事务的意识增强，中国反对新干涉主义的态度也变得更加坚决。2007 年 1 月 12 日，中国以不应干涉缅甸内政为由，在安理会否决了美国和英国提出的有关缅甸问题的决议草案。缅甸是中国的邻国，中国有理由担心国际干涉行为导致缅甸陷入动乱并祸及中国西南边疆。2008 年 7 月 11 日，中国以反对干涉内政为由，否决了美国和英国提出的关于津巴布韦问题的决议草案。2011 年 3 月 17 日，英国、法国和美国等国以保护利比亚平民为由，在安理会共同提交了在利比亚设立"禁飞区"的决议草案。③ 中国投了弃权票。然而，随后以部分北约国家为首的国际干涉势力滥用安理会第 1973 号决议授权，对利比亚发动空袭，加剧了利比亚国内危机。中国在利比亚的投资和工程合同等利益遭受重大损失，被迫开展大规模撤侨行动。卡扎菲政权倒台后，利比亚陷入无政府状态，引发难民危机和武器扩散，严重影响地区和平与安全。利比亚战争后该国的安全态势坚定了中国反对不负责任的国际干涉行为的决心。从 2011 年至 2012 年，中国在两年时间里三次动用否决权，反对美、英等国提出的关于叙利亚问题的决议草案。

总之，中国在和平崛起的过程中逐渐积极支持维和行动并接受相关规范，更加深入地融入了国际社会。然而，一个国家在国际社会中的社会化过程不可能是单向的，在接受国际规范的同时，也必然反过来会对

---

① 刘铁娃：《"保护的责任"作为国际规范的发展：中国国内的争论》，《联合国研究》2014 年第 11 期，第 48—68 页。

② Permanent Mission of the People's Republic of China to the UN, "Statement by Ambassador Liu Zhenmin at the Plenary Session of the General Assembly on the Question of Responsibility to Protect", 24 July 2009, http://www.china-un.org/eng/hyyfy/t575682.htm, 2019-05-12.

③ Security Council Resolution 1973, UN doc., S/Res/1973, 17 March 2011.

国际制度体系产生影响。中国这样的崛起大国尤其如此。在一定的历史节点，中国的国家身份将发生改变，在继续积极接受维和规范的同时，对维和事务的影响也必然逐渐凸显。

三 引领者的维和外交（2013 年以来）

作为一个正在崛起的大国，中国的国家身份一方面在不断融入国际社会的过程中被塑造，另一方面也受到基于国家实力等因素变化而对国家身份进行主动定位的政治意愿的影响。据此，以 2012 年 11 月召开的中国共产党第十八次全国代表大会选出以习近平为核心的第五代领导集体为历史节点，中国在国际制度体系中的国家身份开始从融入者转变为引领者。

关于国家实力的认识有两种角度：一种是从综合的角度考虑多个变量，以图得到翔实、准确的理解；[1] 另一种是将某个单一要素，比如经济实力、税收、电力或者军事能力作为分析的核心变量以求简约。[2] 本文则从以国内生产总值为衡量的经济实力来评价国家实力。2010 年中国的国内生产总值跃居世界第二位，之后不断缩小与美国之间的差距，到 2013 年首次超过美国的一半。经济实力显著提升意味着国家有充裕的资源参与国际事务，进而促进国际地位的提高。当然，国家实力仅仅是国家身份再定义的基础。只有当国家具有了正确认识并调整参与国际事务的战略，国家身份才会发生实质性的变化。比如，早在 20 世纪初，美国的国内生产总值就已经超过英国位居世界第一，但是由于国内"孤立主义"

---

[1] 参见 [美] 汉斯·J. 摩根索《国家间的政治：为权力与和平而斗争》，杨岐鸣等译，商务印书馆 1993 年版，第 151—197 页；Kenneth N. Waltz, *Theory of International Politics*, Oxford: Basil Blackwell, 1990, p.131; Gregory F. Treverton and Seth G. Jones, "Measuring National Power", Santa Monica: Rand Corporation, 2005.

[2] See Paul Kennedy, *The Rise and Fall of Great Powers: Economic Change and Military Conflict from 1500 to 2000 STBZ*, New York: Random House, 1987; A. F. K. Organski, *The War Ledger*, Chicago: University of Chicago Press, 1981; Inis L. Claude, *Power and International Relations*, New York: Random House, 1962; Karl W. Deutsch, *The Analysis of International Relations*, Englewood Cliffs: Prentice Hall, 1968.

势力阻挠，美国选择了置身于战后的"凡尔赛体系"之外，国家身份并没有发生明显变化。

随着以习近平为核心的中国新一代领导集体上台执政以来，中国立足对国家实力和国际形势的判断，对国家身份的认识发生了明显改变。2012年11月29日，习近平在国家博物馆参观"复兴之路"展览时，阐释了实现中华民族伟大复兴之"中国梦"的概念。①"中国梦"的提出，显示了新一代领导集体处理国内和国际事务时的自信。此后，习近平在多个重要场合发表讲话，表达了中国深度参与全球治理的政治意愿。2014年3月，习近平在德国柏林发表演讲时，提出并阐释了"中国方案"的概念。习近平表示，中国将从世界和平与发展的大义出发，贡献处理当代国际关系的中国智慧，为人类社会应对21世纪的各种挑战做出自己的贡献。② 2015年10月12日，习近平主持中央政治局第27次集体学习时指出，要推动全球治理体制朝着更加公正合理方向发展，为中国和平发展和世界和平创造更加有利的条件。③ 2016年9月27日，在中央政治局第35次集体学习会上，习近平指出，要提高中国参与全球治理的能力，着力增强规则制定和议程设置等方面的能力。④ 上述政治话语则表明，中国的国家身份定位开始从"参与者"蜕变为"引领者"。⑤ 作为"引领者"，中国维和外交的利益和行为都发生了相应改变，这主要体现在政治支持、经费和人员贡献，以及规范供应三方面。

---

① 《习近平：实现中华民族复兴就是近代最伟大的中国梦》，2019年5月18日，中国广播网（http://china.cnr.cn/yaowen/201211/t20121130_5111448849.shtml）。

② 习近平：《历史是最好老师，给每一个国家未来的发展提供启示》，2019年5月16日，新华网（http://news.xinhuanet.com/world/2014-03/29/c_1110007614.htm）。

③ 《习近平：推动全球治理体制更加公正更加合理》，2019年5月16日，新华网（http://www.xinhuanet.com/politics/2015-10/13/c_1116812159.htm）。

④ 《习近平：加强合作推动全球治理体系变革，共同促进人类和平与发展崇高事业》，2019年5月16日，新华网（http://www.xinhuanet.com/politics/2016-09/28/c_1119641652.htm）。

⑤ 《2015：习近平以中国理念和实践引领全球治理新格局》，2019年5月12日，国际在线（http://big5.cri.cn）；《【中国@2016】从"参与者"到"引领者"——2016中国的全球治理之路》，2019年5月12日，国际在线（http://news.cri.cn/20161229/a823fb67-366c-8b68-31b4-f4069a10436e.heml）。

（一）"引领者"的政治支持

在政治上，中国开始更加积极地支持维和行动。习近平于 2015 年 9 月 28 日在纽约参加联合国峰会期间宣布支持联合国改进和加强维和行动的六项承诺[①]，对于亟须支持的联合国来说具有重大的政治意义。西方国家从 20 世纪 90 年代中期开始失去派人参加维和行动的政治兴趣。进入 21 世纪后，随着联合国维和任务日趋繁重，维和资源的需求急剧增加，包括中国在内的一些发展中国家成了参加维和行动的主力。中国在出兵/警数量排名长期位居前列的情况下，加大了对联合国维和事务支持的力度，起到了示范带头作用。比如，在中国的引领下，新的维和待命机制得以顺利建立。尽管早在 2000 年的《卜拉希米报告》中就提出了建立维和待命机制，但是之后十多年里具体的落实工作进展缓慢。2015 年，《联合国和平行动问题高级别小组报告》提出建立新的维和待命机制后，[②] 中国率先以实际行动表示支持，提出组建常备成建制维和警队并建设规模庞大的维和待命部队。中国的做法得到许多会员国的响应。以新的维和警察待命机制为例，截至 2019 年 5 月已经有 32 个国家参加。[③]

中国以"引领者"的姿态从政治上支持维和事务，还表现在对多边主义制度体系的大力支持方面。特别是自 2017 年初特朗普就任美国总统以来，单边主义和保护主义的势头持续上升，国际多边主义秩序和全球

---

① 具体内容是：第一，中国将加入新的联合国维和能力待命机制，率先组建常备成建制维和警队，并建设 8000 人规模的维和待命部队；第二，中国将积极考虑，应联合国要求，派更多工程、运输、医疗人员参加联合国维和行动；第三，今后五年中国将为各国培训 2000 名维和人员，开展 10 个扫雷援助项目，包括提供培训和器材；第四，今后五年向非盟提供总额为 1 亿美元的无偿军事援助，以支持非洲常备军和危机应对快速反应部队建设；第五，向联合国在非洲的维和行动部署首支直升机分队；第六，中国将设立为期 10 年、总额为 10 亿美元的"中国—联合国和平与发展基金"，并将其中部分资金用于支持联合国维和行动。习近平：《携手构建合作共赢新伙伴　同心打造人类命运共同体：在第 70 届联合国大会一般性辩论时的讲话》，2019 年 5 月 7 日，http://www.gmw.cn/sixing/2015-09/content_17208042.htm，2019-05-09；Xi Jinping, "China Is Here for Peace", http://www.fmprc.gov.cn/mfa_eng/topics_665678/xjpdmgjxgsfwbcxlhgcl70znxlfh/t1302562.shtml。

② United Nations, "Report of High-Level Independent Panel on Peace Operations on Uniting Our Strength for Peace: Politics, Partnership and People", A/70/95, S/2015/466, pp. 63-68, 2019-05-16.

③ 该数据源于作者 2019 年 5 月 9 日在北京对联合国和平行动部警察司官员的访谈。

治理体制受到挑战。对此，中国则高调宣布支持和践行多边主义，坚持联合国是多边主义的旗帜，主张以联合国为中心的国际多边架构是国际合作的主要平台。① 中国支持多边主义的坚定态度，是当前和今后在联合国维和事务中发挥"引领者"作用的政治保障。

（二）"引领者"的财力和人力支持

维和事务的实施需要有充裕的经费和人力资源作为保障，但长期以来联合国一直饱受资金、人员短缺之困。自 2013 年以来，中国进一步加大了在这两方面对联合国维和的支持力度，在众多会员国特别是大国中起到了表率作用。如图 1 所示，近些年来大多数安理会出资国承担的维和经费占比逐年减少，而中国的比额却在逐年快速增长。实际上，2019 年中国承担的维和经费超过了英国、法国和俄罗斯 3 个常任理事国之和。并且，有的国家经常以各种理由拖欠应缴费用，而中国则总是能够及时、足额缴纳。②

中国还以间接的方式出资支持维和行动。习近平承诺的中国—联合国和平与发展基金于 2016 年 6 月签署设立，下设两个子基金，其中一个是"秘书长和平与安全基金"。这个由联合国秘书长办公室托管的子基金每年得到的资金多达数千万美元，对于在经费上捉襟见肘的维和事务官僚部门来说可谓雪中送炭。该基金有了经费流入，就可以开展很多具体的工作，包括政策评估、理念讨论、行动指南和培训课程开发以及人员培训等。2017 年，该子基金全额资助了联合国秘书长任命的专家小组对和平行动中的安全管理工作进行审查。③ 2018 年，中国政府资助了第二届联合国警长峰会，目前正在与联合国方面就支持将于 2020 年举办的第三届峰会进行协商。

---

① 杨洁篪：《倡导国际合作，维护多边主义，推动构建人类命运共同体》，《国际问题研究》2019 年第 2 期，第 1 页。
② 此观点源于笔者 2019 年 3 月 5 日在纽约对联合国官员和中国外交官的采访。
③ Carlos Alberto dos Santos Cruz, William R. Phillips and Salvator Cusimano, "Improving Security of United Nations Peacekeepers: We Need to Change the Way We Are Doing Business", https://peacekeeping.un.org/sites/default/files/improving_security_of_united_nations_peacekeepers_report.pdf, 2019 - 05 - 17.

中国还出资支持联合国的维和伙伴。进入 21 世纪以来,非洲开始成为联合国维和行动的重地。联合国等国际机构非常重视非盟在非洲维和事务中的作用,但由于经费短缺等原因,非盟的维和能力建设工作进展缓慢,在非洲的东、南、西、北、中 5 个地区各建设一支快速反应旅的计划一直未能顺利实施。[①] 中国于 2015 年承诺向非盟提供总额为 1 亿美元的无偿军事援助,以支持非洲常备军和危机应对快速反应部队建设,连同中国通过其他形式给予非盟及其成员国的维和能力建设的援助,必然有助于提升非洲本土区域组织和次区域组织分担联合国维和负担的能力。

作为"引领者",中国继续向维和行动贡献大量维和人员。如图 2 所示,尽管与高峰时期相比,2015 年以后中国派出维和人员的数量有所回落,但在过去几年里仍然保持在 2000 人以上,在安理会常任理事国中遥遥领先。并且,中国在继续派出勤务保障部队的同时,开始派出安全部队。2013 年 12 月,中国向联合国马里稳定特派团派出一支 170 人的警卫分队,这是中国首次向联合国维和行动派出安全部队。2015 年初,中国向联合国南苏丹特派团派出了一个 700 人的加强步兵营,首次将派出维和部队的建制从连级提升到营级。2016 年 10 月,中国向非盟—联合国达尔富尔混合行动派出四架多用途直升机和 140 名陆军航空兵。至此,中国成为当前少数几个派出维和人员种类最齐全的出兵/警国之一。

后冷战时代维和行动中的安全部队在一般情况下只携带轻型武器,主要职责是为维和行动维护一个安全的大环境,在自卫和捍卫任务授权时可以使用武力。中国向宗教极端主义肆虐的马里和内战不休的南苏丹派出维和安全部队,体现了新时期中国在维和行动武力使用问题上的务实态度。2016 年 6 月 1 日,宗教极端分子袭击了位于马里北部的联合国营地,造成中国维和警卫分队 1 名官兵牺牲,另有 4 人受伤;7 月 10 日,南苏丹政府军与反对派武装在联合国南苏团特派团总部营地外交火时,一发炮弹击中中国维和步兵营的巡逻车,造成 2 名官兵牺牲,另有 5 人受伤。但是,这两起重大伤亡事件并没有动摇中国继续积极派人参加维和行动的决心。

---

① 此观点源于作者 2018 年 12 月 8 日在南苏丹朱巴对联合国官员和非洲外交官的访谈。

在派遣维和人员的同时，中国还大力帮助其他会员国培训维和人员。一国的军人和警察到国外特殊的环境中执行维和任务，从事的工作与他们国内的工作有很大的不同，需要具备相关的行动能力，并遵循一套特殊的规范。因此，联合国要求出兵/警国对维和人员进行培训。然而，一些出兵/警国并没有足够的培训能力。据此，联合国总部官员指出，大部分维和人员接受派遣前培训没有达到联合国的要求，甚至有的根本就没有接受任何培训。① 如前所述，习近平主席在 2015 年联合国峰会上承诺用 5 年时间为其他国家培训 2000 名维和人员。到 2019 年 5 月，中国已经完成了大部分培训任务。中国在严格按照联合国的要求大力培训自己的维和人员的同时，积极向其他出兵/警国提供培训援助，这是对联合国维和培训工作"引领者"式的支持。

（三）"引领者"的规范供应

更能体现新时期中国在联合国维和事务中身份变化的，是中国在维和规范体系中的身份变化。如前文所述，自 20 世纪 80 年代以后的 30 多年里，中国在国际制度体系中是融入者，在维和事务中主要是规范的接受者（Norm Taker）。学术界在这一时期的重要关注点是中国在联合国维和事务中的社会化进程：中国为什么接受或者不接受维和规范，尤其是那些突破了传统的国家主权和不干涉原则的后威斯特伐利亚规范。正如渥太华大学克里斯托夫·齐歇尔（Christoph Zürcher）教授所言，许多西方学者和机构期望以此了解中国在全球舞台上的真实意图。②

新时期中国作为全球治理的"引领者"，继续支持联合国行动并与时俱进地接受维和规范。最近几年来，平民保护（Protection of Civilians）成为一些维和行动的重要任务。中国在马里和中非共和国等国实施的维和行动，其重要内容是执行平民保护任务，以实际行动践行了平民保护的规范。然而，作为参与维和事务的"引领者"，中国与国际上其他力量在维和舞台上的社会化互动已经不再仅仅是接受规范，而是也开始主动供应规范，或者说是为维和行动提供"中国方案"。新时期中国为维和行动

---

① 此观点源于 2019 年 3 月 7 日笔者在纽约对联合国和平行动部官员的访谈。
② Christoph Zürcher, *30 Years of Chinese Peacekeeping*, *CIPS Report*, January 2019, p. 15.

供应规范表现在战略和行动两个层面。

中国在战略层面为维和行动供应的规范是"发展和平"①。正如亨利·基辛格（Henry Kissinger）指出，近代以来建立的国际体制是以英、美制度为基础的。② 后冷战时代长期以来的多层面维和行动，践行的是西方世界宣扬的自由理想主义价值理念，传播的是一个称作"自由和平"的规范。"自由和平"包含了一个封闭式的假设：只有通过政治和市场的自由化才可以实现自我维系的和平（Self-sustaining Peace）。"自由和平"的具体操作方法是：在政治上倡导普选式民主，在经济上推行新自由主义市场模式。③ 在"自由和平"的影响下，许多维和行动特派团的任务重心都落到了从制度层面建立韦伯式的现代国家。④ 然而，西式民主并非冲突后国家重建的灵丹妙药；相反，激进地推行政治和经济自由化会加剧社会紧张，并不利于建立稳定的和平。⑤ 一些学者由此指出，"自由和平"造就的是"虚幻的和平"（Virtual Peace）。⑥

中国的和平崛起呈现了一套不同于西方的国家现代化实践和理念。

---

① 何银：《发展和平：联合国维和建和中的中国方案》，《国际政治研究》2017 年第 4 期，第 10—32 页。

② ［美］亨利·基辛格：《论中国》，胡利平等译，中信出版社 2012 年版，第 39 页。

③ Roland Paris, *At War's End: Building Peace after Civil Conflict*, Cambridge: Cambridge University Press, 2004.

④ Benjamin Reilly, "Elections in Post-Conflict Society", in Edward Newman and Roland Rich, eds., *The UN Role in Promoting Democracy: Between Ideas and Reality*, Tokyo: United Nations Press, 2006, p. 11; Oliver P. Richmond and Jason Franks, *Liberal Peace Transitions: Between Statebuilding and Peacebuilding*, p. 1.

⑤ Roland Paris, *At War's End: Building Peace after Civil Conflict*, Cambridge: Cambridge University Press, 2004, p. ix.

⑥ 有关"自由和平"批判的文献，see Roland Paris, *At War's End: Building Peace after Civil Conflict*, Cambridge: Cambridge University Press, 2004; Tobias Denskus, "Peacebuilding Does Not Build Peace", *Development in Practice*, Vol. 17, No. 4/5, Aug. 2007, pp. 656 – 662; Mohamed Salih, "A Critique of the Political Economy of the Liberal Peace: Elements of an African Experience", in Edward Newman, et al., *Perspectives on Liberal Peacebuilding*, Edinburgh: Edinburgh University Press, 2009, pp. 133 – 158; Oliver P. Richmond and Jason Franks, *Liberal Peace Transitions: Between Statebuilding and Peacebuilding*; Roger Mac Ginty and Oliver Richmond, *The Liberal Peace and Post-War Reconstruction: Myth or Reality?*, London: Routledge, 2009; Susanna Campbell, et al., *A Liberal Peace? The Problems and Practices of Peacebuilding*, London: Zed Books, 2011.

这些实践和理念上升为一个可以称作"发展和平"的规范在国际上传播。① "发展和平"包含一个开放式的假设：在保持国内政治和社会稳定的前提下，无论一国实行什么样的政治和经济制度，只要能够以经济建设为中心，解决好发展问题，都有利于实现和平，即以发展促和平。"发展和平"并不是替代"自由和平"的方案，而仅仅是为陷入困境的维和行动提供了一种参考方案。中国的和平崛起发生在现有的国际制度秩序之中，"发展和平"并不反对自由和平所承载的自由与民主精神，反对的仅仅是从"西方中心主义"出发的"终结论"式的排他性制度霸权。

尽管"发展和平"还没有进入维和行动的制度设计，但是已经随着中国日益增长的国际政治和经济活动在国际上传播，而对维和行动的理念和实践产生了影响。"发展和平"重视基础设施建设，主张避免无谓的政治纷争造成资源浪费。中国长期以来坚持为维和行动贡献勤务保障力量，在为维和特派团提供优质服务的同时，为东道国基础设施和生活环境改善做出了贡献。2014 年，中国石油天然气集团有限公司（中国石油）南苏丹分公司高效地援建完成朱巴平民保护营，为南苏丹的和平做出贡献。② 特别是中国维和力量在艰苦卓绝的环境中执行任务时展现出的"中国速度"，与官僚主义严重、效率低下的维和行动运行模式形成了鲜明对比。而在更广范围的对外援助和国际经济活动中，中国的发展经验被广泛关注，"发展和平"在潜移默化中得到传播，为一些冲突后国家建设可持续和平做出贡献。③

在行动层面为维和行动供应的规范，是指中国维和部队及警队在对队伍管理、营区建设、装备管理以及行动勤务等方面的先进做法和理念，被某一任务区或者整个维和行动层面推广的最佳实践。例如，中国维和警察防暴队在利比里亚实践的装备核查标准被联合国利比里亚特派团在

---

① 何银：《发展和平：联合国维和建和中的中国方案》，《国际政治研究》2017 年第 4 期，第 10—32 页。
② 此信息源于笔者 2018 年 12 月在南苏丹调研时对中国石油南苏丹分公司人员的访谈。
③ 何银：《规范竞争：以建设和平为例》，《世界经济与政治》2014 年第 5 期，第 105—121 页。

全任务区推广,并得到维和行动部警察司的认可,"以信息驱动的维和警务"① 得到维和行动部的关注。尽管宣介中国维和经验的努力还有待加强,但最为值得期待的,是成为维和事务"引领者"的中国已经有了充分的信心和意识与他方交流分享维和经验,并开始积极推动具有中国特色的做法并上升为联合国的标准或规范。

四 新时期中国维和外交的挑战及其应对

2013年以后中国的维和外交进入了一个新时期。然而,迄今中国在维和事务中的引领行为主要局限于政治态度、人力和物力贡献及有限的规范供应,并非是在维和事务的所有领域,而物质资源贡献并不能确保中国在维和行动中有效地发挥引领作用并实现国家利益。在参与维和议程设置和理念探讨上,中国展现出的引领能力还不明显。一些源于国内和国际上的因素制约了中国有效地在维和事务中发挥引领作用,是当前和今后一个时期中国的维和外交需认真应对的挑战。

(一) 国内层面

中国的维和外交来自国内的挑战主要有三方面。第一,中国与维和工作相关的制度机制建设还有待加强。尽管中国已经有了发挥核心会员国作用、在维和事务中担当"引领者"角色的政治意愿,但是由于还没有建立起配套的制度机制,导致维和工作在投入和收益上出现了严重不平衡,② 由此建议由主管外事工作的国务院领导挂帅,成立由外交部、国防部、公安部、人力资源和社会保障部以及国际发展合作署等部门参加的国家维和工作领导小组,加强顶层设计,统筹、协调各相关部门的工作。国家维和工作领导小组应当对国家维和外交政策、维和人员派遣、民事岗位竞聘、国际合作、人才培养及学术研究等方面的工作进行宏观

---

① 此信息源于作者2015年和2018年在廊坊、南宁对中国赴利比里亚维和警察防暴队的访谈。

② 何银:《联合国维和事务与中国维和话语权建设》,《世界经济与政治》2016年第11期,第40—62页。

指导。各相关部门共同参与，打破长期以来大体上由各部门各自为战的局面，通过整合资源、统筹安排和科学决策，更有效地落实新时期国家的外交战略，最大限度地实现在维和事务中的国家利益。

第二，维和工作相关的观念和知识体系薄弱。联合国维和机制的核心是制度和规则，在世界政治话语中表现为一个观念和知识体系。长期以来，西方的价值理念和知识生产在这个体系中占据了主导地位。之所以如此，其中一个重要原因是它们有强大的学术研究能力和话语能力。维和行动受到国际安全形势和全球安全治理议程变化的影响，而地区或国家安全形势发展变化非常快，需要研究人员长期持续的关注才可能把握住前沿的研究问题；加之，维和问题的实践性很强，要提供具有一定深度和价值的研究成果，往往需要研究者有亲身实践经验或者深入实地开展调研，以及通过学术交流开阔研究视野。西方国家有许多研究机构和智库都长期开展与维和相关的研究。由于在资金、话语平台和人脉网络等方面占有优势，西方国家的学者更容易深入开展研究，确保了相关成果处于国际领先的水平。他们的研究成果更容易被联合国维和事务决策部门作为参考，提出的概念更有可能发展成为影响维和实践的理念。最终的结果是，西方国家在维和行动议程设置和规则制定中占据了主导地位。

中国还没有建立起成熟的维和学术研究机制，维和研究主要依靠少数学者的学术自觉。由于长期坚持该领域研究的学者数量稀少且分散在全国各地，中国的维和学术氛围淡薄，研究网络机制建设滞后，研究的深度和广度与西方国家都存在巨大差距。加之，学界与政策部门之间的沟通渠道还不够畅通，维和学术研究难以有效地为国家维和外交决策提供咨询参考，相关学者也很少有机会"走出去"参与联合国维和事务的政策咨询。比如，2015年"中国—联合国和平与发展基金"全额资助了联合国专家小组对和平行动中的安全管理工作进行审查，这本应是中国维和研究学术界深度参与联合国维和问题咨询事务的一次锻炼机会，但遗憾的是，中国既没有派人参加这个专家小组，也没有要求该机构来中国调研。该专家小组去了美国、德国和南非等国家调研，最后完成了名为《改善联合国维和人员的安全：改变行事方法势在必行》的报告（《克鲁兹小组报告》），建议通过主动出击和预防式打击消除对维和人员的安全威胁。这样的政策建议不但与中国长期以来坚持的外交原则相悖，而且可能将维和行动引向更加强势的模式，让包括中国军、警维和人员在内的各国维和人员承受更大的安全风险。

中国要成为维和事务中真正意义上的"引领者"，还需要加强相关观念和知识体系建设，加大政策和资金投入支持维和学术研究，打通并拓展政策界与学术界之间的沟通渠道，确保维和相关的外交决策、人员培训以及行动实践等能够得到有力的智力支持。中国应积极向联合国官僚机构中的政策研究部门推荐国际职员，并拿出资金在这些部门设置指定国籍的岗位。为此，中国需要建立起专业、公正的举荐机制，确保入选的人员能够胜任工作，进而切实提升中国在联合国维和政策部门的影响力。此外，我们还需要大力支持中方研究机构和智库，与联合国维和事务官僚机构建立起合作关系，派学者到维和研究领域知名的国际研究机构和智库访问交流，以及到维和行动任务区开展实地调研，提升中国在维和学术研究上的水平。此外，中国政府相关部门还要支持维和学术界积极参与联合国维和事务咨询活动，提升中国在相关政策和规则制定方面的话语权。在外交层面，中国应当积极地为国内的维和研究学术界参与联合国的各种专家小组争取机会。

第三，人才缺乏也是新时期维和外交的一大障碍。中国要以"引领者"的身份深度参与维和事务，就需要有各个领域的专家型人才。比如，参与维和政策咨询，就需要既懂维和相关的理论、政策和实践，又能够在联合国政策咨询和报告撰写中担任"笔杆子"（Pen Holder）的人才。王学贤大使2015年参加了"联合国和平行动问题高级别专家小组"，就是很好的例子。此外，中国选派人员要在维和行动中担任高级指挥官，就需要他们既有丰富的行动经验，又有领导能力和国际视野。实际上，中国政府已经认识到了这方面的问题。2016年9月27日，在中央政治局第35次集体学习会上，习近平主席就指出：要加强全球治理人才队伍建设，突破人才瓶颈，做好人才储备，为中国参与全球治理提供有力人才支撑。[①] 中国政府相关部门需要开展深入调研，并拿出更加得力的措施，

[①] 《习近平：加强合作推动全球治理体系变革 共同促进人类和平与发展崇高事业》，2019年5月20日，新华网（http://www.xinhuanet.com//politics/2016-09/28/c_1119641652.htm）。

落实中央的战略决策。

最近几年，我们已经采取了一系列政策措施推动国际组织人才建设。比如，教育部、人力资源和社会保障部，以及国家留学基金委等，都鼓励支持高校培养并推送学生到国际组织实践实习。以国家留学基金委为例，2018 年设立了 500 个专门针对国际组织人才培养的资助名额。[1] 中国联合国协会通过主办模拟联合国和国际公务员培训班等活动，在国内的国际组织人才培养方面起到"引领者"的作用。此外，北京大学、北京外国语大学和浙江大学等高校率先开设了国际组织人才教育专业。这些工作都有利于国家的全球治理人才建设。然而，要改善参与维和事务急需的人才特别是中高级专家型人才短缺的状况，还需要从中国的实际情况出发并借鉴国外的经验，从两个方面着手开展工作：一是在高等教育中建设与维和相关的学科，夯实维和领域人才培养的基础。目前，中国高校在和平学以及和平与冲突研究等学科领域的建设还处于起步阶段，远远落后于西方国家甚至其他一些发展中国家。我们可以在国家安全学的一级学科之下，通过扶持建设国际安全学的二级学科观照维和相关学科的建设。中国维和警察培训中心依托中国人民警察大学开展维和学硕士研究生教育，就是很好的尝试。二是改革人才选拔和举荐制度，充分使用好现有的人才储备，确保优秀的人才能够为国家深度参与联合国维和事务所用。

（二）国际层面

在国际政治的现实面前，中国在维和事务中发挥"引领"作用的努力面临诸多方面的挑战。国际上一些国家不愿意看到中国的"引领"，在很大程度上缘于对中国和平崛起的担忧甚至恐惧。在不断和平崛起的过程中，中国因国家身份的变化而更加积极、广泛和深入地参与维和事务，力所能及地承担全球安全治理责任，与世界分享和平发展的红利。中国的"引领"行为必然推动业已陷入困境的维和机制从制度安排到行动实践的各个层面都发生渐进的变革。然而，长期以来联合国事务一直深受

---

[1] 国家留学基金委：《2019 年国家留学基金资助出国留学人员选派简章》，2019 年 5 月 20 日，国家留学网（https://www.csc.edu.cn/article/1474）。

西方政治制度和价值理念的影响,是西方主导的国际制度体系的重要组成部分。在西方的一些人看来,非西方国家在维和事务上的积极行为,都可能对西方制度霸权构成所谓的"挑战"。普林斯顿大学教授约翰·伊肯伯里(John Ikenberry)提出,美国等西方国家可以接受一个崛起的中国在物质实力方面超过美国,但是决不能容忍中国推翻现有由西方主导的自由主义国际制度体系。[1]

西方在维和事务上的制度霸权最直接的表现是话语权优势。无论是在安理会常任理事国席位数量上,还是从联合国总部到维和行动任务区各级官僚机构中,抑或占据关键职位的层级和数量上,西方国家都占有绝对的优势。[2] 比如,美国、法国和英国分别占据了政治与建设和平事务部、和平行动部,以及人道主义事务厅的主官职位。中国要在维和事务上发挥"引领者"的作用,话语权的提升既是前提条件,也是必然结果。

西方国家并不乐见他国提升国际影响力。比如,在2019年联合国大会维和行动特委会年届会磋商中,一些西方国家的代表提出将能力作为联合国人事征聘的唯一标准,[3] 背后的目的显然是维护西方国家的既得利益。然而,鉴于以能力为标准的人事征聘可能受到主观因素的影响,出于公平的原则,《联合国宪章》第101条规定,"于可能范围内,应充分注意地域上之普及"[4]。联合国秘书处长期以来也一直在人事征聘中践行了这一精神。因此,要切实提升在联合国维和事务中的话语权,中国就必须继续敦促联合国遵守人事征聘的相关文件精神。在众多因素的影响下,中国在参与维和事务时出现了付出与得到、贡献与口碑之间的不平衡。作为联合国的核心会员国和维和事务的"引领者",中国有权利利用在物质贡献方面的优势,在维和事务官僚机构中获得足够

---

[1] John Ikenberry, "The Rise of China and the Future of the West: Can the Liberal System Survive?", *Foreign Affairs*, Vol. 87, No. 1, January/February 2008, pp. 23 – 37.

[2] 何银:《联合国维和事务与中国维和话语权建设》,《世界经济与政治》2016年第11期,第40—42页。

[3] 笔者参加了此次会议磋商,并提请与会代表注意联合国在职员选拔上的现有正式文件规定和精神,得到会议主席以及一些与会代表的响应。

[4] 《联合国宪章》第101款,参见2019年5月21日,联合国网站(https://www.un.org/zh/sections/un-charter/chapter-xv/indec.html)。

数量和层次的职位。

此外，对中国"引领者"话语和行为的误解，也容易加深国际上对中国的猜忌和疑虑。新时期中国开始在维和事务中发挥"引领者"作用，只是从维护国际和平的大义出发，在部分领域利用自身在政治意愿和人力物力资源上的优势发挥表率作用，促进联合国维和事务相关制度安排的变革，提高联合国维和的权威性和有效性，进而提高中国在联合国维和事务平台乃至整个多边国际制度体制中的地位，并非是要取代西方的领导地位或者推翻现有的制度安排。由于中国和平崛起发端于现有的国际制度体系之中，所以无论中国和平崛起如何深入，对现有国际制度安排进行颠覆式的修正既不现实，也不符合中国的国家利益。"中国—联合国和平与发展基金"由中方独立出资，但是在运作机制的建立上借鉴了国际规则，实现中国与联合国共商共管，[①] 充分表明了中国是一名理性、务实的"引领者"。

结　论

在国际体系中，身份是决定国家对外政策行为的基本因素。国家作为国际体系中的基本单位，是一个动态的概念，其身份随着国家自身发展和国际体系的变迁而发生改变，并引起其在国际体系中的利益和行为发生变化。2013年以来的新时期，中国成为联合国维和事务的"引领者"，既是中国和平崛起这一历史发展的必然，同时也是联合国维和机制乃至世界和平的福音。中国以"引领者"的姿态参与联合国维和事务，体现了和平崛起大国支持和捍卫国际多边主义制度体系的负责任态度。与一些西方国家相比，中国在深度参与维和事务上还是一个初学者。当前和今后一个时期，中国需要采取措施，应对好来自国内外的各种挑战，有效地发挥好"引领者"的作用。近些年由于安理会其他大国对维和事务热情继续消减和对中国支持的不断增加，国际上开始出现期望中国承担更多责任的声音。为此，中国需要对自身的能力、利益诉求和国际形

[①] 《中国与联合国签署设立中国—联合国和平与发展基金协议》，2019年5月21日，新华网（http://www.xinhuanet.com/world/2016-05/07/c_128965151.htm）。

势有正确的判断，在"引领"时科学决策、量力而行，避免不切实际的冒进和资源浪费。随着中国的进一步崛起，中国对维和事务的引领将进入"深水区"：在继续大量给予人力和财力支持的同时，将越来越积极地参与维和制度变革，为维和行动贡献"中国方案"。如何成为联合国维和的规范供应者？这是一个有待深入研究的问题。

（本文原刊发于《西亚非洲》2019 年第 4 期）

中非合作论坛 15 年：成就、挑战与展望

周玉渊[*]

摘 要：中非合作论坛成立15年来，在促进非洲发展和中非关系的快速发展、推动和重塑南南合作、构建中国主导的跨区域合作机制、提升国际对非合作的水平等方面发挥了重要作用。中非合作论坛的成功来源于其凝聚了中非合作的核心原则和共识、为非洲国家提供了可以借鉴的国家建设经验、重视务实合作、尊重和支持非洲国家的自主发展战略。中非合作论坛和中非关系在发展过程中也累积了诸多问题：粗放式发展合作造成的中非关系的环境压力；不平衡发展造成的中非关系的社会压力；国际竞争越来越激烈、面临国际规范和标准的压力，以及非洲国家本土意识和发展战略的形成进一步缩小了中国对非政策空间等因素形成的国际压力，这些问题也构成了中非合作论坛未来发展的压力和动力。展望2015后的中非关系，在为中国外交提供实践案例、中非合作机制建设、带动地方政府的对外合作以及和平安全、卫生医疗等具体领域合作上，中非合作论坛仍能发挥重要的引领和示范作用，这也是中非合作论坛未来可以努力的方向。

关键词：非洲发展　中非关系　中非合作论坛　"非盟2063

---

[*] 周玉渊，上海国际问题研究院西亚非洲研究中心副研究员。

议程"

从2000年中非合作论坛成立至2015年南非约翰内斯堡峰会的召开,中非合作论坛已然走过15年的发展历程。中非合作论坛推动了中非合作关系的快速发展,为南南合作树立了合作典范,为全球治理提供了中国方案。[1] 当前,中非合作关系进入全新阶段,中非合作论坛正开始面临转型升级的压力。在国际层面,联合国2030可持续发展目标和议程的制定为未来的非洲发展提供了方向。然而,全球经济形势依然不明朗,发达国家的增长动能在不断减弱,新兴经济体的增长和转型压力开始增大,这对于严重依赖外部的非洲国家而言不是利好。在地区层面,"非盟2063议程"的制定和第一个十年计划的出台为未来的国际对非合作提供了政策框架,非洲国家希望通过自主议程、自主融资和自主治理来真正实现非洲的复兴。在国内层面,中国经济增长和转型升级面临着空前压力,但压力中也孕育着新动力。"一带一路"倡议的提出反映了当前中国全球经济战略的一个发展方向:加快向发展中国家转移优质产能、推动产业对接、巩固中国在基础设施和互联互通建设上的优势、提高中国在全球产业价值中的位置。面对如此复杂的国际和国内形势,中非合作论坛如何调整并适应新形势,如何为中非关系发展提供新动力,如何维护和提升其在中国对外关系中的特殊引领作用,是当前中非合作论坛面临的重大现实问题。

一 中非合作论坛的特殊价值

中非合作论坛为新时期的中非关系提供了方向和平台。论坛为非洲的发展提供了新的动力和选择,是2000年以来非洲经济快速发展的重要

---

[1] 中非合作论坛研究是中非关系研究中的一个重要内容。代表性的著述如李安山、刘海方《论中非合作论坛的运作机制及其与非洲一体化的关系》,《教学与研究》2012年第6期,第57—65页;李安山《论中非合作论坛的起源——兼谈对中国非洲战略的思考》,《外交评论》2012年第3期,第15—32页;张忠祥《中非合作论坛研究》,世界知识出版社2012年版;Garth Shelton, *The Forum on China-Africa Cooperation: A Strategic Opportunity*, Pretoria: Institute for Security Studies, 2008; Ian Taylor, *The Forum on China-Africa Cooperation (FOCAC)*, Routledge, 2010。

外部力量。论坛推动南南合作从象征性合作转向实质性合作，带动了发展中国家地位的上升。论坛引领着发展中国家国际机制的构建，为发展中国家更好地参与全球治理和国际合作提供了制度经验。论坛的另外一个特殊贡献在于其促使西方国家开始反思和改进传统的对非合作，从而推动一个更加公平、合理、完整的国际对非合作框架的形成。

（一）中非合作论坛为非洲发展带来新动力

20 世纪 80 年代西方主导的结构调整计划的失败使非洲经历了"失去的十年"，2000 年非洲仍被西方媒体描述为"没有希望的大陆"。然而，正是从 2000 年中非合作论坛成立开始，中非关系的快速发展开始成为非洲发展的重要动力。2014 年，中非贸易额达到 2200 亿美元，比 2000 年增加了 22 倍，中国对非投资存量超过 300 亿美元，比 2000 年增加了 60 倍。[①] 自 2009 年起，中国已连续 5 年成为非洲第一大贸易伙伴国，同时也是非洲重要的发展合作伙伴和新兴投资来源地。非洲则成为中国重要的进口来源地、第二大海外承包工程市场和新兴的投资目的地。[②] 2013 年，对华出口占非洲总出口的 27%，这使中国超过了欧洲（23%）和美国（21%），成为非洲最大的出口市场。[③] 中国对非投资的多元化、包容性和社会功能也开始增强，中国投资几乎遍及所有非洲国家，中国私营企业进入非洲的步伐也开始加快，已经成为很多非洲国家扩大就业和提高收入的重要来源。[④] 与中非经贸关系增长对应的是，非洲经济在过去 15 年获得了巨大增长。非洲是世界经济增长第二快的地区，世界上经济增长最快的国家主要是非洲国家，非洲正成为"充满希望的大陆"。对此，即使西方国家也坦言中国是非洲经济发展的重要推动力。美国兰德公司

---

① 《杨洁篪国务委员接受南非独立传媒专访》，2015 年 10 月 20 日，外交部网站（http://www.fmprc.gov.cn/web/zyxw/t1304816.shtml）。

② 《续写中非非同一般的传统友谊》，2015 年 10 月 20 日，新华网（http://news.xinhuanet.com/mrdx/2014 – 05/01/c_133303098.htm）。

③ Miria Pigato & Wenxia Tang, "China and Africa: Expanding Economic Ties in an Evolving Global Context", http://www.worldbank.org/content/dam/Worldbank/Event/Africa/Investing% 20in% 20Africa% 20Forum/2015/investing-in-africa-forum-china-and-africa-expanding-economic-ties-in-an-evolving-global-context.pdf, 2015 – 10 – 20.

④ Miria Pigato & Wenxia Tang, op. cit.

援引世界银行的报告指出，非洲经济的改善一半归因于基础设施的发展，而中国在非基础设施建设中的比重达到 1/8，这一潜力在未来会更大，毫无疑问，中国是非洲发展的重要推动力。[1]

（二）中非合作论坛为南南合作提供标杆

经过 15 年的实践，中非合作论坛已经建立了以中非命运共同体为目标，以"真诚友好、平等相待、相互支持、共同发展"为原则，[2] 以"真、实、亲、诚"和正确义利观为道义规范的认同基础。[3] 这为南南合作提供了重要标杆。第一，中非合作论坛向外界表达了中国与非洲国家构建命运共同体的强烈意愿。同属于发展中国家，共同的历史遭遇和共同的发展任务使中国与非洲国家之间存在着天然的共同体意识。第二，中非合作论坛明确传递了中国与发展中国家合作的原则和道义规范。共同发展是中国与非洲国家进行合作的核心目标，相互尊重和平等相待是基本前提。虽然这看起来只是国际合作的基本规范，但是在现实中发展中国家往往由于自身力量弱小而并不能真正实现平等。因此，中国的承诺和切实履行确实能得到发展中国家的认同。同时，正确义利观为解决中国与发展中国家合作中出现的问题提供了重要的指导原则。[4] 第三，中非合作论坛坚持求同存异、和而不同。非洲国家众多，国家政治经济结构多元、宗教民族等社会因素复杂、发展进程各不相同，因此，很难强加某一套国家治理体系或发展道路到非洲国家。中国提供不附加政治条件的援助、尊重各国发展道路正是考虑到非洲这一现实。由此而言，中

---

[1] Larry Hanauer, Lyle J. Morris, "Chinese Engagement in Africa: Drivers, Reactions, and Implications for U. S. Policy", Rand Corporation, 2014, http://www.rand.org/content/dam/rand/pubs/research_reports/RR500/RR521/RAND_RR521.pdf, 2015-10-20.

[2] 《胡锦涛主席在中非合作论坛北京峰会开幕式上的讲话》，2015 年 10 月 8 日，外交部网站（http://www.focac.org/chn/ltda/bjfhbzjhy/zyjh32009/t584768.htm）。

[3] 《习近平在坦桑尼亚尼雷尔国际会议中心的演讲》，2015 年 10 月 8 日，新华网（http://news.xinhuanet.com/politics/2013-03/25/c_124501703.htm）。

[4] 王毅部长将正确的义利观解释为，中国在同非洲国家交往时应道义为先，坚持与非洲兄弟平等相待，真诚友好，重诺守信，更要为维护非洲的正当权利和合理诉求仗义执言。利是指互利，中国不会像有的国家只是实现自己的一己私利，而是愿与非洲兄弟共同发展，共同繁荣。在需要的时候，我们更要重义让利，甚至舍利取义。

非合作论坛中凝聚的原则共识以及在此指导下的中非合作实践为南南合作和发展中国家间的合作提供了重要参照。

(三) 中非合作论坛构建了跨区域合作的机制范例

作为一个南南合作、新兴国家与发展中国家合作以及跨地区的国家间合作平台,中非合作论坛所构建的跨区域合作机制对于中国构建与其他地区发展中国家间的合作平台具有重要的开拓意义。第一是机制建设的非强制性。作为发展中国家间的国际合作制度,中非合作论坛具有自愿性和灵活性的特征。这种安排极大地提升了论坛的多元性、开放性和包容性。任何一种机制只有在有行为体积极参与的情况下才能使机制对行为体施加影响。中非合作论坛正是通过这一形式培育合作意识、推广发展理念、构建共有规范和共识,通过务实合作加强中非彼此的相互依赖。第二是合作互动的多层次性。中非合作论坛推动了中非各个层面对话合作平台的建立,包括政府层面的中国与非洲国家双边委员会、战略对话、外交部政治磋商、经贸联(混)合委员会、中国与非盟战略对话机制、中非地方政府合作论坛、中非合作论坛—法律论坛、中非民间论坛、中非智库论坛等不同领域的对话合作平台。这些平台为中非关系的全面发展提供了重要的沟通机制。第三是建设性而非破坏性。中非合作论坛以发展为导向,强调国家间的合作,尊重和支持彼此的自主权和发展战略,如中国对非洲国家发展战略和地区一体化战略的支持。[①] 因此,在很大程度上,中非合作能够取得建设性的成果。反观欧美国家的对非合作,往往由于各种政治政策"标准",以及国家间或者国内的利益博弈,对非洲的经济和发展造成破坏。最典型的是欧盟与非洲国家开展的《经济伙伴协定》(EPA)谈判,虽然欧盟一直坚称是非洲一体化的支持者,然而,在经贸协定谈判中,欧盟一方面与各地区组织谈判,另一方面还单独与非洲国家谈判,这在很多非洲国家看来,不仅没有推动非洲

---

① 郑先武将中非合作论坛的机制特征归纳为政府主导、发展导向、协商解决、注重开放性和主权原则,这些特征共同构成了独特的区域间合作的"中国模式",参见郑先武《构建区域间合作"中国模式——中非合作论坛进程评析"》,《社会科学》2010 年第 6 期,第 20—27 页。

的一体化，反而是一体化的破坏者。①

（四）中非合作论坛促使国际社会反思和加强对非合作

中非合作对国际社会同非洲国家的合作带来了积极影响。第一，为新兴国家开展与非洲国家的合作提供了一套可供参考的合作模式。印度、韩国、土耳其等国已经与非洲国家建立了合作平台，巴西、马来西亚、沙特阿拉伯等国加大了进入非洲的步伐，马来西亚甚至成为仅次于法、美的非洲第三大投资国。② 这些国家的对非合作很大程度上是实践了中国对非合作中所坚持的原则，即不干涉内政、不附加政治条件、坚持发展合作优先。③ 第二，为主流国际社会对非合作提供了一套可以优势互补的替代方案。中国在非洲的基础设施建设、灵活性的援助与合作对西方国家的对非合作形成了良性的互动，中国与西方国家在非正在形成"自然分工的合作格局"。④ 第三，促进传统大国开始反思其对非合作。一些学者直言不讳地指出，"中国在非洲的成就促使非洲人民和西方大国开始醒悟"。⑤ 布罗蒂加姆更是将中国的经验总结为：中国的对非援助正在促使传统援助者转变其观念和行动。西方大国和跨国公司正在改变"非洲是黑暗大陆"的认识，中非之间的平等互利合作使西方援助者不得不开始真正重视自主权和伙伴关系，西方国家也为此正在反思和改进过分强调在援助中附加政治和经济条件的做法。⑥

---

① 周玉渊：《地区间主义的两种形式：基于欧盟与中国对非地区间合作经验的分析》，《世界经济与政治》2011 年第 7 期，第 35 页。

② 《BBC：马来西亚对非直接投资赶超中国》，2015 年 10 月 23 日，新华网（http：//news.xinhuanet. com/cankao/2013 - 03/27/c_ 132266205. htm）。

③ See Office of the Special Adviser on Africa, "Africa's Cooperation with New and Emerging Development Partners: Options for Africa's Development", United Nations, New York, 2010, pp. 37 - 38.

④ Daniel Fiott, "The EU and China in Africa: The Case of Kenya", *Madariaga Paper*, Vol. 3, No. 5, 2010, p. 12.

⑤ Paulo Fagundes Visentini, "Africa and the Emerging Powers: The South and the Unholy Cooperation", *Brazilian Journal of Strategy & International Relations*, Vol. 3, No. 5, 2014, pp. 45 - 49.

⑥ Deborah Brautigam, "China in Africa: What Can Western Donors Learn?", Working Paper of Norwegian Investment Fund for Developing Countries, August 2011, pp. 13 - 16.

二 中非合作论坛成功的经验

中非合作论坛成功的经验集中表现在以下三个层面。

（一）中非合作论坛凝聚了中非关系的核心原则和共识

中国与发展中国家合作机制建构的核心原则是双向互动性、自愿性和动态性。双向互动意味着相互尊重、平等互利、合作共赢，中国与其他发展中国家都能在这一合作平台上获得认同，对机制的发展提供动力来源，且能借助这一平台实现各自的利益而获发展。因此，这不同于西方对非合作平台中隐藏的单向性、强制性和干涉主义。自愿性意味着这一合作机制是开放的，它为成员国自主选择和自愿决定参与这一合作平台提供了前提，确保能够实现最大程度的共识和公平。动态性是指中非合作机制的构建是一个动态的变化过程，机制参与者根据现实的需要不断地学习、调整和推动机制向更加合理有效的方向发展。中非合作论坛并不是一个机制化的决策程序，而是一个渐进的过程。在这一过程中，发展中国家的需求、中国的供给能力、合作中出现的新问题和挑战构成了推动合作机制持续变化的动力。也就是说，中非合作机制建设更应该被理解为是一个培养合作习惯、塑造合作模式的过程。

（二）理解非洲国家的发展阶段并紧跟非洲要发展的核心目标

发展优先是中国基于自身实践总结出的国家建设的核心理念，也是中国关于发展中国家国家建设的基本主张。正如习近平主席在联合国发展峰会上所讲到的："唯有发展，才能消除冲突的根源。唯有发展，才能保障人民的基本权利。唯有发展，才能满足人民对美好生活的热切向往。"[1] 然而，西方国家的政治设计使非洲的国家建设过于强调政治制度建设优先。在非洲国家争取独立的过程中，西方殖民者就试图通过政治制度安排来换取非洲国家的独立。冷战时期，美、苏基于争霸和反共的

---

[1] 《谋共同永续发展 做合作共赢伙伴——习近平在联合国发展峰会上的讲话》，2015年10月23日，人民网（http://world.people.com.cn/n/2015/0928/c1002-27641305.html）。

需要，又使西方国家支持有助于自身战略利益的非洲强权乃至独裁国家，战略和军事优先导致了非洲国家发展进程的扭曲。冷战结束后，亟待发展的非洲国家虽然提出了"非洲发展新伙伴计划"，但这个计划本质上就是通过政治制度建设优先（即民主和良治）来换取西方国家的援助和支持。[1] 政治制度建设固然重要，但是更重要的是，政治制度建设必须与国家经济和社会的发展保持一致性。西方国家用西方经过几百年建立起来的民主来指导非洲的国家建设，这显然忽略了非洲国家所处发展阶段的现实，不尊重经济水平以及民族、宗教和社会结构现实的民主将会削弱国家建设进程中政府的能力，在一些非洲国家，多党民主建设伴随的是更为严重的民族冲突、国家和社会的分裂。[2] 相比之下，中非之间的发展导向型合作更大程度上为非洲国家提供了一套符合非洲实际的发展顺序。中非合作从经济建设和发展合作着手，通过经济的发展和财富的积累提高非洲国家的自主权和国家治理能力。这种合作并不意味着中国只关注经济发展合作，而是将合作视为一个循序渐进或渐进主义的过程。近些年来，中国也开始加大与非洲在治国理政成功经验交流、[3] 和平安全建设上的合作。这种理念不同于西方先入为主式的行为方式，而是在确保国家稳定的前提下，通过经济的发展来带动社会的和谐以及政治制度的改善。

（三）中非合作论坛尊重和支持非洲国家的核心战略

与国际金融机构和西方国家长期在非洲推行"经济结构调整"的经济模式和多党选举的民主政治模式不一样，中国与非洲国家的合作并不

---

[1] Ian Taylor, "NEPAD: Towards Africa's Development or Another False Start?", *African Affairs*, Vol. 107, No. 426, 2008, pp. 126 – 128.

[2] 参见张宏明《黑非洲国家政治民主化进程的理论思考——论民主政治与商品经济的关系》，《西亚非洲》1995 年第 1 期，第 8—14 页；杨光斌《发展中国家搞"党争民主"祸害无穷》，《人民论坛》2014 年 11 月 24 日，2015 年 10 月 24 日，http://theory.people.com.cn/n/2014/1124/c40531 – 26080989.html；贺文萍《西式民主维和在非洲"玩不转"》，《时事报告》（大学生版）2012—2013 年第 2 期；David Kwasi Banash, "The Role of Western Democratic System of Governance in Exacerbating Ethnic Conflicts in Africa: The Case of Ghana's Democratic Dispensation, 1992 – 2012", *Peace and Conflict Management Working Paper*, No. 2, 2015, pp. 1 – 11。

[3] 罗建波：《非洲国家的治理难题与中非治国理政经验交流》，《西亚非洲》2015 年第 3 期，第 74—97 页。

是给非洲提供一套经济发展和国家治理的方案，而是尊重非洲国家的需要和自身选择。因此，无论是资源出口型国家还是资源匮乏型国家，无论是沿海国家还是内陆国家，无论是战略地位重要的国家还是实力相对弱小的国家，中国总能找到与之合作的领域。

中非合作的一个重要特征是中国对非洲核心战略的支持。在地区和洲际层面，地区一体化是非洲国家谋求联合自强的核心战略，为此，中国积极支持非洲的地区合作。2012 年，非盟成为中非合作论坛成员。2014 年 5 月，李克强总理访问非洲时提出了新时期的对非合作框架，尤其是加强与非洲国家工业化和基础设施建设上的合作，即"三网一化"。为落实这一合作，2015 年 1 月，中国外交部副部长张明与非盟委员会主席祖马签订了几乎覆盖非洲全境的交通运输开发备忘录，涉及高铁、高速公路、航空和工业化基建等所有相关设施。① 这一协议标志着中国对非合作战略将与非盟自身的发展战略"非盟 2063 议程"建立机制化的对接与合作框架。第六届中非合作论坛的核心目的正是推动形成在国际上支持非洲国家主张、在地区层面支持非盟及次地区组织的核心战略、在国家层面支持非洲国家发展战略和议程的系统性合作框架。正如中国外交部王毅部长在 2015 年外交部蓝厅论坛上的讲话："非洲正根据'非盟2063年议程'描绘的'非洲梦'，联合自强、发展振兴。'中国梦'和'非洲梦'完全可以实现对接。中国在发展经验和生产要素方面的相对优势，与非洲在自然人力资源和巨大市场方面的比较优势结合起来，将形成巨大合力，产生'1＋1 大于 2'的强大效应。中非双方完全有条件、有能力、有信心在共同发展的伟大进程中携手同行，共创繁荣、富强、文明、进步的美好未来。"②

三 中非合作论坛机制下中非合作可持续发展的压力和动力

中非关系所处的政治、经济和社会文化环境与 15 年前大不相同，新

---

① 《中国将助非洲"世纪大开发"签署 48 年备忘录》，2015 年 11 月 10 日，中国网（http://news.china.com/finance/11155042/20150128/19256969.html）。
② 《外交部长王毅在第十五届"蓝厅论坛"上的演讲》，2015 年 11 月 28 日，新华网（http://news.xinhuanet.com/2015-11/26/c_128473034_2.htm）。

的问题、压力和挑战开始出现。当前，中非关系正处在从量的积累到质的提升、从拓展合作到巩固合作、从建立机制到改革机制的历史性阶段。外部的环境变化和内部的机制发展共同构成了中非合作论坛改革和升级的重要动力。

（一）粗放式发展合作的后果：中非关系的环境压力

环境保护已经成为发展中国家实现包容性和可持续发展的核心标准之一，也是中国在发展非洲等发展中国家关系时必须正视的重要问题之一。中非关系的快速发展带来了在非中国企业和公民数量的不断增加。然而，在一段时间内，部分中国企业在非洲的经营处于一种粗放、无序、不注意环境问题的增长方式。随着包容性和可持续发展理念的深入人心，环保非政府组织的积极干预，非洲国家对环境问题的日益重视，环境问题已经成为中非关系无法回避的重大问题。第一，非洲国家在环保问题上的法律和强制力不断提升，各行业的国际环保倡议和标准正在形成。这一变化对目前在环保意识仍不强烈、环保举措仍不健全和规范的中国企业而言将会是巨大的压力。例如，2012年，中国石油公司因为严重触犯了当地环保法，乍得政府暂停了该公司在乍得的所有经营活动，随后又撤销了中国公司在乍得的开采权。[①] 在西方国家主导下，在采掘业、林业、基础设施建设等行业分别形成了各种国际倡议和标准，如"采掘业国际透明倡议"（EITI）、"森林执法、治理和贸易倡议"（FLEGT）。由于自身能力有限，所以非洲国家对这些国际倡议和规范（比如"采掘业国际透明倡议"）的态度非常积极。在满足"采掘业国际透明倡议"所有条件的31个国家中，16个是非洲国家。[②] 相比之下，大多中国企业对这些倡议和规范持排斥态度，这种认识差别是非洲国家对中国企业在环保问题上的负面认识的重要来源。第二，非洲环保非政府组织更加积极地关注和干预中国公司在非洲的活动。在环境比较敏感的项目上，如矿产、

[①] 《乍得暂停中石油开采活动 称其违反环境法规》，2013年8月15日，新华网（http://news.xinhuanet.com/world/2013-08/15/c_125173518.htm）；《乍得再度因环保违规 叫停中石油当地作业》，2015年11月12日，凤凰网（http://finance.ifeng.com/a/20140523/12397359_0.shtml）。

[②] See EITI website, https://eiti.org/countries, 2015-11-12.

水坝、伐木、道路等，中国公司占有相当大比重。中国在非项目已经成为非政府组织关注的重点。其中"国际河流"（international rivers）非政府组织是一个典型的代表，这一组织紧盯中国在非承建的水电项目，其关于中国水电项目的负面评价给项目建设和中国形象带来了严重影响。如在一篇报告中，这一组织就直言中国在非建设的大坝并没有给非洲带来电力，相反带来的是贫穷。① 这些非政府组织通过舆论引导、抗议、施压乃至组织反对等形式形成了对中国在非的群体性压力。

（二）不平衡发展的后果：中非关系的社会压力

政府和社会的割裂是发展中国家普遍存在的一个问题，在非洲表现得尤其明显。这一结构导致非洲国家内部形成不同的发展观。非洲国家还处于发展中阶段，但是非洲社会尤其是非政府组织等可能已经进入了"后发展"阶段，即用发达国家的社会行动来对抗当前的发展政策。中非合作面临的现实问题是，双方主要集中于政府间的合作，忽视了对非洲社会的投入；更希望依仗政府的权力推动合作，却忽视借助非洲市场的潜力；重视标志性工程，却没能给予地方和微观层面的民生项目支持。上述情况产生的结果是，中国与非洲国家政府间的关系发展良好，但是社会层面的认识分化比较明显。一方面，中国与非洲国家的深度合作使中国对非洲国家的政治经济发展的影响指数上升；另一方面，中国影响力的上升并没有导致对中国认可度的上升，反而持负面认识的比例在上升。② 一方面，民众对中国在非合作项目的直接认识和体验没那么明显；另一方面，一些对中国的负面评价则因为社会和群众基础的薄弱而被无限放大。笔者曾经对非洲媒体对中国的报道和评论进行过简单分析，其

---

① International Rivers, "Big Dams: Bring Poverty, not Power to Africa", https://www.international-rivers.org/resources/big-dams-bringing-poverty-not-power-to-africa-2006, 2015-11-12.

② 问卷调研工具包括皮尤、非洲晴雨表关于非洲国家对中国认识的问卷得出的结论基本一致：非洲国家对中国在非的影响主要持积极态度，但是在发展援助、商品质量、促进就业等关系普通民众的具体问题上，认同度并不高。如非洲晴雨表在坦桑尼亚的调查显示，对中国的经济政治影响持正面态度的比例达到70%，相比之下，只有大约51%的受采访者认为中国的发展援助发挥了正面作用，类似的，津巴布韦和马拉维的比例则只有45%、43%，但值得注意的是，后两者的负面认识也达到了30%和38%，http://afrobarometer.org/search/node/china, 2015-11-13。

结果让人堪忧。①

(三) 中非关系的国际压力

相比于21世纪初中非合作论坛刚成立时中国在非面临的宽松的国际环境，当前中非关系发展所面临的国际压力越来越大。第一，国际竞争越来越激烈。美国、日本和欧盟等传统强国更加重视非洲，加剧了与中国的竞争。同时，印度、巴西等新兴国家也将非洲作为商业拓展和地位提升的重要市场，这对中国也构成很大的外部压力。第二，面临国际规范和标准的压力。国际对非合作尤其是西方国家在长期的对非合作中形成了一系列国际合作规范，这些规范很大程度上已经内化为非洲国际组织和非洲国家治理、发展和对外战略制定的重要依据。如非洲国家对"采掘业国际透明倡议"的强烈支持。第三，非洲国家本土意识和发展战略的形成进一步缩小了中国对非的政策空间。② 一方面，非洲国家的战略空间越来越明确。从联合国2015后发展议程、"非盟2063议程"，以及非洲国家自身的发展战略等的交集中基本可以明确非洲国家的中长期战略，这客观上已经给中国设定了未来合作的重点领域，这也意味着中国较之前相对自主和灵活的政策空间在缩小。另一方面，非洲国家对国际伙伴利用能力的提升增加了非洲国家的灵活性，却给中非关系的发展带来了不确定性。

四 2015年后中非合作论坛展望

2015年12月4—5日，中非合作论坛峰会首次在非洲大陆举办，这与"非盟2063议程"及第一个十年计划、联合国非洲融资大会、联合国2030议程等一道构成了影响非洲未来发展的重要议程。在此次峰会上，习近平主席提议将中非战略伙伴关系提升为全面战略合作伙伴关系，并

---

① 参见周玉渊《非洲媒体对中非关系的报道：影响与反思》，《国际新闻界》2012年第11期，第86—95页。

② 张春：《中非合作的政策空间变化与应对战略》，《西亚非洲》2015年第3期，第33—50页。

提出了支撑全面战略合作伙伴关系的五大支柱：政治上平等互信、经济上合作共赢、文明上交流互鉴、安全上守望相助、国际事务中团结合作。为此，中国提出了未来三年与非洲国家重点实施的"十大合作计划"。[①] 这十大计划体现了中国对非战略全局性、战略性和针对性的特征，无疑将为未来三年的中非关系发展提供战略框架和行动指南。如何落实这次峰会的承诺、如何持续提升中非合作论坛在中国与发展中国家关系上的引领作用、如何提炼中非合作论坛的经验从而更好地为中国对外战略服务，是中非合作论坛接下来需要思考和总结的现实问题。中非合作论坛应以当前的战略框架为指导，着力从以下几个方面开展工作。

（一）推动中非产业和战略对接，为"一带一路"建设提供最佳实践

从 2013 年习近平主席提出"一带一路"倡议到 2015 年中国政府相关部门发布《推动共建丝绸之路经济带和 21 世纪海上丝绸之路的愿景与行动》，"一带一路"已经成为当前中国对外尤其是与发展中国家发展关系的重要战略设想。虽然《愿景与行动》已经发布，但"一带一路"的实质性推进却非常缓慢。一个非常重要的原因是来自"一带一路"沿线国家的猜疑。除了对中国的军事和安全目的猜疑之外，对于"一带一路"设想的成效和收益也存在很大的顾虑。"一带一路"被视为中国商品出口、输出落后产能、谋求自身经济利益的工具。[②] 导致这一疑虑的重要原因在于中国经济和发展行为的社会化程度太低，即中国缺乏可以推广的成功实践，这些国家对中国的经济目的、行为方式及具体效果缺乏足够认识。从这一角度看，中非合作其实可以为这些国家提供实践。当前，中国与非洲国家的产业战略对接正面临重要机遇。"非盟 2063 议程"第

[①] 习近平：《开启中非合作共赢、共同发展的新时代——在中非合作论坛约翰内斯堡峰会开幕式上的致辞》，2015 年 12 月 5 日，新华网（http：//news. xinhuanet. com/fortune/2015 - 12/04/c_ 1117363197. htm）。

[②] Jiayi Zhou, Karl Hallding and Guoyi Han, "The Trouble with China's 'One Belt One Road' Strategy", *The Diplomat*, June 26, 2015, http：//thediplomat. com/2015/06/the-trouble-with-the-chinese-marshall-plan-strategy; David Dollar, "China's Rise as a Regional and Global Power", *Horizons*, No. 4, 2015, pp. 162 – 172, http：//www. brookings. edu/ ~ /media/research/files/papers/2015/07/15 - china-rise-as-regional-and-global-power-dollar/china-rise-as-regional-and-global-power. pdf, 2015 - 11 - 13.

一个十年计划在洲际层面确立了20个目标和35个优先领域，在国家和地区层面确立了12个近期目标和10个旗舰项目。2014年，李克强总理访非时提出了"461"对非合作框架。2015年1月，中国与非盟签订了未来48年的交运合作备忘录，非盟欢迎中国在"非盟2063议程"中发挥积极作用，明确表示支持中国与非洲国家的产业和战略对接。在非盟看来，这种战略性对接对于非洲国家的团结和一体化进程具有历史性的意义。① 在约翰内斯堡峰会上，习近平主席提出了中非工业化合作计划、中非农业现代化合作计划和中非基础设施合作计划，加强中国与非洲国家的产业对接和产能合作，推动中国对非战略与非洲发展战略全面对接。产业转移、产能对接、互联互通是"一带一路"的核心工程，这说明"一带一路"的设想事实上首先在非洲开始了大规模的试验。与其他地区相比，无论是从政治互信、安全认同、经济结构还是社会基础等各种因素看，非洲确实具备更有利的先行实施条件。由此，中非合作对于中国的"一带一路"建设将具有重要的示范价值。一方面，中非产业、产能和基础设施合作的早期实践有助于其他地区国家更好地理解和认识中国的作用和目的。另一方面，中非合作中的问题将能够使中国不断认识、总结和改进"一带一路"建设中可能出现的问题。

（二）推动中非合作论坛机制发展，为中非关系发展提供新动力

国际压力、非洲脆弱市场培育、社会问题、环境问题组成了中非关系全面深入发展的重要阻力，这事实上也成为中非合作论坛机制发展和改革的核心动力。第一，正视和及时应对环境问题是中非关系可持续发展的核心要素。环境政治一方面折射了中国发展模式在非洲所面临的问题，中方理应反思。"十三五"规划建议提出了"创新、协调、绿色、开放、共享"的发展理念，这既是对中国经济发展模式的重塑，其实也对中国的对非合作提供了方向。另一方面，环境问题极易成为各行为体包括西方国家、非政府组织、非洲国家党派和社区民众攻击中国的工具和

---

① Douglas Degroot, "AU-China Infrastructure Deal Makes African Unity Possible", *EIR*, Feb. 27, 2015, http://www.larouchepub.com/eiw/public/2015/eirv42n09-20150227/21-23_4209.pdf, 2015-11-12.

导火索。目前，中国政府层面已经出台了《对外投资合作环境保护指南》，更多的中国企业开始加入《联合国全球指南》，但是，由于其自愿性和非约束力特征，加上大多数非洲国家的环保能力较弱，很多中国企业在现实中的环保意识和环保行动仍处于较低层次。为了改善中国所背负的环保不良形象、推动中国企业真正实现绿色"走出去"，避免非洲国家重走中国的老路，中国应该将环保问题作为未来中国与非洲国家合作的重点领域。中非合作论坛应该成为中非双方环保对话的主要平台，中国应主动与非洲国家和非盟共商共建非洲地区与自身发展现状相适应的环保标准。第二，构建中国企业和公民融入非洲社会机制。社会融入是中国企业和公民在海外活动普遍面临的问题。其主要表现为：在市场层面，相对孤立于非洲国家市场之外，没能有效融入或者参与培育非洲市场，最突出的一个表现是企业项目的包容性发展和产业链建设还比较落后；在社会责任层面，中国企业的道德意识和社会责任观还亟待提高；在社会融入方面，由于语言、文化、风俗习惯、心理等方面的原因，与当地隔离仍是中国人在非采取的基本生存方式。这非常不利于与当地建立和谐的社会关系。中非合作论坛作为一个政府间合作框架，应该充分发挥其导向作用。比如，大力增强中国在非项目的包容性，充分挖掘和重视项目的社会价值，以项目为依托推动小市场和产业链建设，从点到面，而不是只种树却不见森林。在企业社会责任培育方面，中非合作论坛应该为这种需求搭建平台，比如建立在非企业社会责任基金，奖励和鼓励有社会责任的企业，利用驻外使领馆、中国商会和华人社团等加强与非洲当地的社会文化交流。第三，随着国际社会对非洲新兴市场更加重视，中国将面临更大的竞争压力，也将面临更为严峻的规范和舆论压力环境。其中，中国在非的经济影响力与政治安全影响力之间的不对称性将是争论的焦点，如何将经济发展收益与非洲国家的政治发展和安全建设结合起来，中国的角色将备受关注。事实上，第六届中非合作论坛体现的中非全面合作框架正是对这一现实的回应，但中国相关部门还必须尽早实现从政策设计到落地实践的转化。

（三）加大中非地方合作，引领建立多元化的中国对非合作框架

当前，中非关系快速全面发展的现实凸显了中非合作论坛机制安排

的不平衡性。其中中央政府与地方政府对非合作上的不平衡性是一个突出问题。中非合作论坛开创了中央政府与地方政府共同参与对非合作的机制框架，在这一框架下，地方政府被纳入了中国对非合作的总体框架。然而，与中央积极的对非政策相比，在现实中，地方政府更多是执行中央的政治安排，如派遣医疗队、建立文化中心、建立友好省份和城市等，真正利用非洲的机遇、加强与非洲联系的主动性并不高。[①] 在当前中国经济面临转型升级的巨大压力、地方产业和企业面临严峻的生存问题的背景下，地方政府对非经济合作其实蕴含巨大的潜力。例如，中国相对比较落后的贵州省的经济总量就相当于埃塞俄比亚以及几个刚果（金）的经济总量，因此，在非洲经济形势改善和大力推行工业化的大背景下，中国地方政府应该更加积极地利用这一机遇，充分挖掘地方政府对外合作的巨大潜能。这不仅对于中非合作具有重要意义，同时对于中国地方参与"一带一路"及其他地区的国际合作具有重要的引领作用。

（四）探索中非和平安全合作新常态，为中国的海外利益保护和全球安全治理提供经验

从2012年中国提出"中非和平安全合作伙伴倡议"到约翰内斯堡峰会的"中非和平安全合作计划"，中非和平安全已经成为中非合作的一个重要领域。中非安全合作在中国成长为全球大国的过程中发挥着重要的引领和示范作用。第一，中非和平安全合作将能够为中国海外利益保护提供重要经验。随着中国全球经济影响力的提升，海外利益保护问题日益突出，然而，当前的海外利益保护主要是被动性、应急性的保护。从索马里护航到向马里、苏丹和南苏丹派遣维和作战部队再到支持非盟的和平安全能力建设，中国正开始更加主动地通过安全合作来维护国家利益。中非安全合作的经验对于中国整体海外利益保护具有重要试验意义。第二，中非和平安全合作能够为发展中国的不干涉内政政策提供经验启示。不干涉内政政策固化的一个结果是：虽然中国已经成为一个全球经济大国，但在政治和安全上的影响力则很弱。如何将经济影响力转化为

---

① 作者访问埃塞俄比亚期间，据中国大使馆工作人员介绍，埃塞俄比亚地方省份与中国地方加强合作的愿望非常强烈。然而，中国地方政府的意愿并不高。

政治安全影响力,反过来如何通过政治和安全合作来保障和提升经济合作是当今中国面临的重要问题。中非和平安全合作一定程度上是对不干涉内政的发展。这主要表现在几个赋权上：一是国际社会赋权,例如中国参与的联合国维和行动、护航行动；二是地区组织赋权,如对非盟和伊加特的支持；三是国家赋权,即以非洲国家同意为前提,如中国与吉布提在海军基地上的合作。这种灵活性对于理解和发展不干涉内政是重要启示。第三,中非和平安全合作能够为非洲安全治理提供案例经验。长期以来,非洲的安全治理是由西方国家的"自由和平"(liberal peace)范式主导的。① 然而,这种带有强烈政治目的和结果导向的治理范式并没有反映非洲国家的现实,在操作中也往往忽视了非洲安全问题的根源。② 因此,在利比亚、苏丹、南苏丹、刚果（金）等国家,西方国家的和平范式很难称得上成功。中国的和平与安全建设理念其实与非洲国家的和平哲学存在很大的共通性。比如尊重和支持非洲国家以及地区组织的自主权和主导权,主张从根源（发展、资源争夺、收益分配等）而非过于重视军事行动、重视和平建设过程而不是以强烈的政治目的和结果导向为指导。③ 长期以来,在西方主导的安全结构下,非洲国家很难将自身的

---

① 自由和平范式是指将西方国家的自由主义、法治、民主、自由市场经济以及人权理念融入和平建设的路径选择。和平安全的实现伴随的是民主、良治和自由主义的实现。See Oliver Richmond, "The Problem of Peace: Understanding the 'Liberal Peace'", Conflict, Security and Development, Vol. 6, No. 3, 2006, pp. 291 – 314; Ian Taylor, "What Fit for the Liberal Peace in Africa?", Global Society, Vol. 21, Issue 4, 2007, pp. 553 – 566; Patrick Tom, "The Liberal Peace and Post-Conflict Peacebuilding in Africa: Sierra Leone", A Thesis Submitted for the Degree of PhD at the University of St. Andrews, 2011。

② 从非洲和平哲学的角度,非洲战争和冲突根源于对权力和财富（稀缺资源）的争夺,以及被外部利益破坏了的社会和民族结构。国际社会的干预和维和行动虽然能暂时阻止冲突扩大,但不能从根源上解决非洲冲突问题。因此,非洲国家本质上希望能从根源上解决冲突。如非洲大湖地区国际会议机制尝试从资源管理的角度来解决地区内的冲突。但由于非洲国家自身的实力很弱,很难主导甚至影响由国际社会主要是西方国家主导的非洲安全治理。See Africa Union, "Report of the Chairperson of the Commission on the Partnership between the African Union and the United Nations on Peace and Security: Towards Greater Strategic and Political Coherence", AU doc. PSC/PR/2. (CCCVII), January 9, 2012, p. 19, http://www.peaceau.org/uploads/report-au-un-jan2012 - eng. pdf, 2015 - 11 - 13。

③ 例如,在对刚果（金）东部反政府武装组织的打击问题上,美国虽然与刚果（金）政府取得了共识,但是动辄以人权为由向刚果（金）政府施压,要求更换政府军领导者。

设想上升为非洲安全的主流话语。为此,未来中国基于共有理念与非洲国家开展的安全合作将是对当前非洲安全治理的重要补充。

(五) 以公共卫生体系建设为契机,加强与非洲国家的系统性合作

过去,中国主要通过援助医疗队、援建医院和疟疾防治中心、提供药品援助等形式开展对非医疗援助,这种援助并没有将非洲国家的卫生体系作为一个主要援助对象;相反,虽然在硬件基础设施上投入很多,但往往项目比较分散,因此在提升非洲国家整体医疗卫生水平上的作用相对有限。"非洲发展新伙伴计划"的卫生顾问埃里克·布奇(Eric Buch)就指出:"我们强烈建议,国际发展伙伴不仅仅增加卫生援助,不应该只集中于短期分散的项目,而是应该从系统性、长远性的角度进行规划。"[1] 埃博拉疫情爆发后,非洲国家公共卫生体系的脆弱性暴露无遗,这也导致国际社会对非洲卫生体系的重视。埃博拉危机后,中非卫生合作的一个重要变化正是系统性的合作开始加强,中国在不同场合表示将帮助非洲国家建设公共卫生体系。2015年10月6日,第二届中非部长级卫生合作发展会议通过了《开普敦宣言》和实施框架,根据这两个文件,中国将改善后埃博拉时期非洲国家的卫生系统,加强国家和区域传染病监测和流行病体系建设,协助非洲国家开始人力资源培训工作,通过新建、维修以及配置设备等方式增强非洲基础设施建设,强化实验室能力和诊断系统,改善卫生信息系统,在提高卫生服务可及性方面开展合作,提高有质量的药物、疫苗、诊断试剂盒卫生相关产品的可及性。[2] 在约翰内斯堡峰会上,中国提出的"中非公共卫生合作计划"则标志着中非系统性卫生合作开始进入实质性运作阶段。这一转变不仅对于非洲卫生医疗领域本身,而且对于中非在其他领域的合作也具有重要意义。中非卫生领域的合作在中国对非合作中具有特殊的地位,这一特殊性主要表现在:第一,从项目援助升级到政策援助。项目援助固然重要,但非洲国

---

[1] Benita Nsabua, "Africa's Health-a Burden", NEPAD, September 9, 2010, http://www.nepad.org/humancapitaldevelopment/news/1585/africa%E2%80%99s-health-%E2%80%93-burden, 2015-11-14.

[2] 《第二届中非部长级卫生合作发展会议通过〈开普敦宣言〉和实施框架》,2015年11月14日, http://www.nhfpc.gov.cn/zhuzhan/gjjl/201510/c26d9b276f714e3c9386c80250fe3b0c.shtml。

家的政策制定和能力建设才是保证这些项目和领域取得积极效果的根本。帮助改善非洲国家的卫生体系本质上就是要提高其政府的能力建设。事实上，这对于中国在其他领域的合作同样重要。第二，从分散管理转变为战略管理。公共卫生体系建设能够将中国在非援建的医院、疟疾中心、医疗队等分散的工作在一个系统的体系下进行整合，从而形成整体的效果。同样，在其他领域，如何将不同分散的项目进行整合，从而使这些分散的合作真正转化为对某一行业的影响力是中国需要考虑的重要现实问题。因此，可以说，中非公共卫生合作计划是中国对非合作模式转型的重要先例，卫生领域的体系性合作对于研判新时期中非合作的模式和成效具有重要启示意义。[①]

综上，中非合作论坛紧跟国际、国内和中非关系发展的现实，正在通过巩固生长点、拓展增长点、开辟新亮点来保持论坛在中非关系和中国外交中的相关性和引领作用。从中非合作论坛约翰内斯堡峰会来看，2015年后的中非关系正迎来全面合作的时代。作为中非关系的核心机制，中非合作论坛必须根据形势变化和现实需要积极推动自我机制的改革和发展。当前，一个突出的现实是，每届中非合作论坛是一个三年期的合作安排，这种安排在早期有助于提出、跟进和评估中国对非的承诺和举措，然而这也使中国对非合作过于专注短期收益，缺乏中长期的合作设计。这显然不能适应当今中国、非洲和国际发展的现实，尤其是中非合作论坛的三年行动计划与非盟的5个十年行动计划的对接问题。因此，中非合作论坛接下来的一个重要任务是从长远和战略的高度规划中非合作的中长期战略。这不仅是当前中非关系全面发展的现实需要，也是保持中非合作论坛引领中非关系可持续发展的重要动力。

（本文原刊发于《西亚非洲》2016年第1期）

---

① 作者近日参加了中国全球卫生网络的成立仪式和研讨会，在这次会上的一个重要认识是，中国作为一个全球大国正积极参与各领域的全球治理，在全球卫生领域上中国角色的快速变化已经大大超出了与会专家之前的认识。中非合作论坛所包含的中国经验的传播，尤其是中国作为发展中国家公共卫生体系"构建者"的倡议，对中国传统合作战略来说是一个重要创新。虽然具体操作上还面临着很大问题，但这确实反映了中国理念的变化。

"一带一路"与非洲

中非关系与"一带一路"建设

李新烽[*]

摘　要：中非交往源远流长，友谊根深蒂固。郑和下西洋曾四次到访非洲，把古代中非关系推向高峰，谱写了海上丝绸之路的壮丽篇章。1956年新中国与埃及正式建交，开启了中非关系新纪元。中国援建坦赞铁路、蒙内铁路和中非合作论坛成立成为当代中非关系的新高峰。当前，中非关系进入全面发展的快车道，"一带一路"倡议和新时代中非关系同步启航，中非之间正开展更高质量、更高水平、更宽领域的合作，努力构建更加紧密的中非命运共同体。

关键词：中非关系　"一带一路"　中非命运共同体

中国和非洲都是人类文明的发祥地，中非交往源远流长，友谊根深蒂固，合作方兴未艾。近代以来，中国与非洲各国都遭受了殖民侵略，相继沦为帝国主义的半殖民地和殖民地，共同的苦难经历把中非人民紧紧联系在一起，在反帝反殖民斗争中互相同情、互相支援，结下了深厚友谊。中华人民共和国成立后，我国高度重视和非洲国家发展友好关系，对非洲国家和人民争取、维护民族独立的斗争给予深切同情和热情支持，中非关系取得长足发展，友好合作和传统友谊不断加深。现在，中非关系进入全面发展快车道，"一带一路"倡议和新时代中非关系同步启航、

---

[*] 李新烽，中国社会科学院西亚非洲研究所所长、研究员。

并肩前行。2018年9月中非合作论坛北京峰会的成功举办，彰显了中非关系在"一带一路"建设中的重要地位，促进了中非之间开展更高质量、更高水平、更宽领域的合作。

一 源远流长的中非关系与"一带一路"倡议紧密相连

非洲是"一带一路"建设的重要方向之一。郑和下西洋曾四次到访非洲，把古代中非关系推向高峰，谱写了海上丝绸之路的壮丽篇章。以最远访问东非沿海国家为标志，郑和下西洋分为两个阶段：前一阶段以古里为限，航迹不出东南亚和南亚范围；后一阶段横渡印度洋，抵达东非沿岸诸国。以当时的世界地理知识水平，这无疑是一次空前的壮举。宣德六年（1431），郑和等人立起了《天妃灵应之记》碑，碑文开宗明义道出下西洋的宗旨："皇明混一海宇，超三代而轶汉唐，际天极地，罔不臣妾。其西域之西，迤北之北，固远矣，而程途可计。若海外诸番，实为遐壤，皆捧琛执贽，重译来朝。皇上嘉其忠诚，命和等统率官校、旗军数万人，乘巨舶百余艘，赉币往赉之，所以宣德化而柔远人也。"由此可见，郑和下西洋的主要目的之一，就是要把明朝的影响远播到当时航海所能及的"际天极地"的国家和地区，而这可以说是"超三代而轶汉唐"，为以往任何盛世所不及。

郑和船队将随船携带的大量金银、丝绸、瓷器和茶叶等，与非洲诸国进行公平、平等的贸易，换取龙涎香、象牙等当地特产，公平和互补促进了中非航海贸易的发展。依托海洋交通中心站、航海贸易基地和贸易大本营所构成的贸易网络，郑和远航非洲将东非一带纳入海上丝绸之路的贸易体系，加强了东非沿岸各国在海上丝绸之路的地位与作用，促进了亚非之间海洋交通运输和贸易事业的发展，显示出海上丝绸之路重要的国际意义与影响。可以说，中非之间的直接贸易很早就开始了，今天的中非贸易与合作，以及非洲出现的"向东看"，延续和发展了历史悠久的中非贸易。肯尼亚总统肯雅塔指出："习近平主席用'一带一路'倡议提升中国与古代海上丝绸之路沿线国家的联系，这条海上丝绸之路通过西太平洋和印度洋把中国与东南亚、南亚次大陆、地中海以及非洲东海岸连接起来。600多年前在访问海上丝绸之路沿线国家的过程中,中国著名航海家郑和数次造访肯尼亚古代麻林国,这具有特别重要的意义。"今天,我们深入挖掘郑和船队远航非洲的历史意义,有助于世界正确认识中国的和平外交政策,推动"一带一路"建设行稳致远,深入人心。

郑和船队四访非洲,"云帆高张,昼夜星驰,涉彼狂澜,若履通衢",这是何等的雄壮气势,完全拥有"耀兵异域"的实力。然而,郑和船队没有侵占非洲一寸土地,没有掠夺非洲一分钱财,没有贩卖非洲一名奴隶,没有威胁非洲任何一个国家。以中国当时的经济和军事实力,"是不为也,非不能也",中华民族是一个热爱和平、崇尚和谐、践行和善的民族,以和为贵,以和为美,和和与共。基于此,出访的目的不是抢掠土地、索取财物、奴役他人和恫吓别国,而是为了开展交流、发展友谊、拓展贸易。这使我们想起习近平总书记在推进"一带一路"建设工作5周年座谈会上的一段话:"以共建'一带一路'为实践平台推动构建人类命运共同体,这是从我国改革开放和长远发展出发提出来的,也符合中华民族历来秉持的天下大同理念,符合中国人怀柔远人、和谐万邦的天下观,占据了国际道义制高点。"郑和下西洋四访非洲与目前中非共建"一带一路"具有异曲同工之效,彰显了中华文化和平理念的一脉相承与发扬光大。南非前总统姆贝基曾深情地说:"历史告诉我们,在几百年以前,不论是非洲人,还是亚洲人,都没有把对方看作是野蛮人。虽然远隔重洋,但双方却都认为自己的福祉依赖于另一方的幸福生活。这一意愿所反映的基本理念闪耀着全人类的人性光辉。正是基于这一意愿,15—16世纪的中国船队到访非洲港口所带来的是互惠互利的合作,而不是随着阿拉伯人和欧洲人而来的奴隶贸易和殖民主义所带来的毁灭和绝望。"

郑和下西洋,极大地促进了中国与沿途国家和地区的友好往来,它们纷纷派使者随郑和船队数次来华访问。在此期间,有过两次"风云会"。第一次发生在永乐十一年(1413)五月端午节,明成祖朱棣至东苑观击球射柳,邀请文武群臣和各国使节前往参观。在击射活动进入高潮时,朱棣感奋于各国使节多至的盛况,称为"万方玉帛风云会"。明朝廷对来访国王、酋长和使臣一视同仁,按照相应规格隆重接待。第二次"风云会"发生在永乐二十一年(1423),郑和邀请亚非千余名使臣随船来华参观访问，使他们感受到了中国典章文物之美、军容威仪之盛。当年两次"风云会"的盛况给后来的明宣宗朱瞻基留下深刻印象，他登基后，于宣德五年（1430）再派郑和第七次下西洋。需要指出的是，封建时代的"风云会"只能局限于小范围，无法持续，这与中华人民共和国成立以来中非关系的性质有着根本区别。如今，中非合作的人民性、普惠性、务实性日益彰显，给双方人民带来了实实在在的利益。

纵观源远流长的中非关系，从郑和下西洋四访非洲到今天的中非友好往来，贯穿其中的一根红线就是中华民族血脉中流淌的和平基因。习近平主席深刻地指出，中非友好历久弥坚、永葆活力，其根本原因就在于双方始终坚持平等相待、真诚友好、合作共赢、共同发展。这深刻揭示了中非合作的核心要义。

二 中非合作升级转型，"一带一路"建设喜结硕果

继郑和下西洋之后，西方殖民者称霸世界海洋，中非之间的直接往来被阻断。1956年新中国与埃及正式建交，开启了中非关系的新纪元。一直以来，中国无私援助非洲，从援建各项工程、派遣医疗队员和维和官兵，到培训各类人才，都体现了中国人民对非洲人民的情谊。正如曾任中国亚非团结委员会主席的廖承志所指出的："中国人民过去、现在、将来始终是非洲人民最可靠的朋友。"同样，中国人民也不会忘记，当年非洲国家无私支持中国重返联合国。在双方友好往来的历史长河中，如果说郑和下西洋四访非洲是古代中非关系的高峰，那么中国援建坦赞铁路、蒙内铁路和中非合作论坛成立就是当代中非关系的新高峰。

坦赞铁路是一条贯通东非和中南非的大干线，东起坦桑尼亚港口城市达累斯萨拉姆，西至赞比亚的卡皮里姆波希，全长1860.5公里。这条举世闻名的铁路由中国提供财政和技术援助，中坦赞三方合作建成。坦赞铁路1970年10月开工，并于1975年6月全线铺通并投入试运行，1976年7月正式移交坦赞两国政府。期间，中方与坦赞两国人民战天斗

地、并肩作战，提前高质量完成了这一西方人认为不可能完成的工程。坦赞铁路有力支持了南部非洲人民的解放运动，促进了新独立的非洲国家民族经济的发展，被誉为"友谊之路""自由之路""争气之路""发展之路"，其影响和意义早已超出这条铁路本身。

改革开放以来，中非关系不断健康发展，投资、建设、运营蒙内铁路（蒙巴萨至内罗毕）就是一个典型例证。

早在19世纪末，英国修建了从蒙巴萨经内罗毕通往大湖地区的窄轨铁路（轨距1.067米）——乌干达铁路。这条铁路是为全面加强对东非的殖民统治、攫取更多的资源与财富而修建的，2400多名当地工人在施工过程中失去了生命，平均每公里死亡1人，可以说是一条名副其实的血泪之路。肯尼亚独立后，受制于前殖民宗主国的技术封锁和自身的有限财力，窄轨铁路每况愈下，近年来更是疲态尽显，运力甚至不及与之平行的国道公路，无法适应肯尼亚经济社会的快速发展，更遑论东非一体化的深入推进。有鉴于此，肯尼亚在制定"2030年愿景"时，确定将修建一条现代化标准轨铁路（轨距1.435米）作为破解交通运输瓶颈的切入点和突破点。

蒙内铁路是全面采用中国资金、设计、建设、装备、运营管理模式的现代化标准轨铁路，全长约480公里，设计客运时速120公里、货运时速80公里。铁路于2014年12月开始动工建设，2017年5月正式通车。自开通运营以来，客货运输维持在高位水平，货运列车的开行班次持续加密，配套投运的内罗毕内陆集装箱码头满负荷运转。肯尼亚总统肯雅塔曾在视察铁路建设时说，蒙内铁路对肯尼亚经济增长的贡献将达到1.5%，带领肯尼亚实现经济转型。蒙内铁路项目已为当地直接创造工作岗位超过4.6万个，项目累计培训当地员工超过4.5万人次，大批肯尼亚青年赴中国学习铁路运营。根据远期规划，该铁路将连接乌干达、卢旺达、布隆迪、南苏丹等东非国家，成为东非一条铁路大动脉。作为蒙内铁路西北延长线的内马铁路（内罗毕至马拉巴）也已动工。一张以蒙内铁路为开端，连通东非各国的现代化铁路网正呼之欲出，铁轨上的东非一体化必将为非洲地区的经济社会发展注入全新活力。

蒙内铁路是中国"一带一路"倡议精准对接肯尼亚"2030年愿景"和非洲联盟《2063年议程》的旗舰型工程。中肯共建"一带一路"必将大幅提升东非地区的贸易投资自由化、便利化水平,推动东非地区的经济社会发展从沿海向内陆延伸、从沿湖向四周扩散,形成陆海内外联动、东西双向互济的发展新格局。

三 中非关系促进"一带一路"建设走深走实,造福人民

中国是最大的发展中国家,非洲是发展中国家最集中的大陆,中非合作具有深厚基础和广阔前景。当前,世界正面临百年未有之大变局,全球治理体系和国际秩序变革加速推进,世界各国人民的命运从未像今天这样紧紧相连。同时,霸权主义、强权政治依然存在,战乱恐袭、饥荒疫情此伏彼现。在这样的新形势下,中非共同利益在扩大,相互需求在增加,发展中非关系意义重大。

中非合作论坛是发展中非关系的重要平台。2000年中非合作论坛第一届部长级会议在北京召开,使中非关系走上机制化的发展轨道,为中非发展长期稳定、平等互利的新型伙伴关系确定了方向。它是我国同发展中国家创建的第一个机制性对话平台,是面向一个大洲成立的第一个合作机制。论坛秉持平等磋商、增进了解、扩大共识、加强友谊、促进合作的宗旨,已成功举办了3次峰会和7次部长级会议,有力促进了中非关系合作机制不断完善、合作层次不断加深、合作力度不断增强,有力提升了中非关系整体水平。中非贸易额从2000年的106亿美元跃升至2018年的2041.9亿美元,我国已连续多年保持非洲最大贸易伙伴地位。

2015年,在中非合作论坛约翰内斯堡峰会开幕式上致辞时,习近平主席强调指出,中方将秉持真实亲诚对非政策理念和正确义利观,同非洲朋友携手迈向合作共赢、共同发展的新时代。为此提议,将中非新型战略伙伴关系提升为全面战略合作伙伴关系,并做强和夯实"五大支柱":坚持政治上平等互信,坚持经济上合作共赢,坚持文明上交流互鉴,坚持安全上守望相助,坚持国际事务中团结协作。习近平主席进一步表示,为推进中非全面战略合作伙伴关系建设,中方愿在未来3年同非方重点实施"十大合作计划",涉及中非工业化、农业现代化、基础设

施、金融、绿色发展、贸易和投资便利化、减贫惠民、公共卫生、人文、和平与安全十大合作领域。自论坛约翰内斯堡峰会以来，中国全面落实中非"十大合作计划"，着力支持非洲破解基础设施滞后、人才不足、资金短缺的发展瓶颈，以加快非洲工业化和农业现代化进程，从而实现非洲自主可持续发展。

2018年9月，中非合作论坛北京峰会成功举办，中非领导人围绕"合作共赢，携手构建更加紧密的中非命运共同体"这一主题，共叙友情，共商合作，共话未来。这是中非友好大家庭的又一次大团圆，也是中非合作论坛继2006年北京峰会和2015年约翰内斯堡峰会后举办的又一次盛会。峰会有三大鲜明特点：规格高、规模大、成果丰硕。出席这次峰会的非方领导人和代表团数量均创下历次中非峰会的纪录。此外，联合国秘书长以及26个国际和非洲地区的组织代表应邀出席，中外参会人员超过3200人。习近平主席一共主持和出席了近70场双多边活动，创造了中国领导人主场外交会见外方领导人的纪录。峰会取得丰硕成果：一是习近平主席在开幕式上发表了主旨讲话，为中非全面战略合作伙伴关系的发展确立了目标，指明了方向；二是通过了《关于构建更加紧密的中非命运共同体的北京宣言》和《中非合作论坛——北京行动计划（2019—2021年）》两个成果文件，宣示了中非双方在战略性、全球性问题上的重要共识和未来3年中非合作的具体规划；三是我国同28个国家和非盟委员会签署了共建"一带一路"合作文件，掀起了又一波支持参与"一带一路"建设的热潮，扩展了"一带一路"朋友圈；四是为中非关系发展注入了正能量和新活力，营造了良好的国际舆论环境。

中非合作不但需要在广度上继续开拓，而且需要在深度上精耕细作，积极主动迎接新挑战，解决新问题。具体而言，中非经贸合作要实现转型升级，做大做强"蛋糕"，不断提高含金量；其他领域要发挥优势，挖掘潜力，补齐短板，实现中非关系全面协调、更好更快发展。

在全面总结中非"十大合作计划"成功经验的基础上，此次峰会围绕以人民为中心的合作理念，更加注重非洲各国的发展需求和非洲人民的普遍愿望，提出未来3年和今后一段时间，中非共同实施"八大行动"：产业促进行动、设施联通行动、贸易便利行动、绿色发展行动、能力建设行动、健康卫生行动、人文交流行动、和平安全行动,进一步推动中非合作换挡提速,全面协调可持续发展。"八大行动"既涵盖了中非合作传统优势领域,又拓展了中非合作新的发展空间,构成了一个完整的合作体系。为推动"八大行动"顺利实施,中国向非洲提供了600亿美元支持,这笔资金分别以政府援助、金融机构和企业投融资等方式进行。

习近平主席在致中国非洲研究院成立的贺信中指出,新形势下,中非深化传统友谊,密切交流合作,促进文明互鉴,不仅造福中非人民,而且将为世界和平与发展事业做出更大贡献。植根于古代丝绸之路的历史土壤,开拓合作共赢、共同发展的人间正道,中非共建"一带一路"把亚非大陆更紧密地联系在一起。非洲有句谚语:"一只手无法将葫芦罐子放在头上。"只有两只手共同用力才能举起重物,只有双方一起合作才能实现共赢。随着"一带一路"建设同非洲联盟《2063年议程》和非洲各国发展战略的精准对接,中非友好合作必将在新时代展现勃勃生机,充满无限活力。

四 中非关系特点鲜明,推动"一带一路"建设行稳致远

回顾中非关系的漫长发展史,双方基于相似遭遇和共同使命,在过去的岁月里风雨同舟、患难与共,在实现中华民族伟大复兴的中国梦和非洲人民团结振兴的非洲梦的征程上同心同向、守望相助,走出了一条合作共赢之路。

中非关系呈渐进式曲折发展的总趋势。中非关系源远流长,这一过程在明朝初期和中华人民共和国成立以来出现了几次高峰。这一发展过程受到内外因双重影响,内因是中非各自内部情况的变化,外因是世界形势的演变。尽管中非关系历经曲折,但发展中非关系符合双方人民的根本利益,中非人民友谊不断加深的总趋势没有变。

中国人民和非洲人民具有天然的亲近感。中非双方具有内在的默契和共性,这种默契与共性蕴含中非双方相互尊重、平等相待的感情基石,这一点在中非交往的数次高峰中反映得相当清晰。在唐朝,杜环作

为俘虏阴差阳错远赴非洲，留下中国人亲历非洲的早期记录；非洲人同期来华，西安唐墓中发掘出土的黑人陶俑可以佐证。到元代，中国大旅行家汪大渊游历非洲多个地方，著有《岛夷志略》；几乎同时代，非洲大旅行家伊本·白图泰来华，留下一部《伊本·白图泰游记》。在近代反帝反殖民的正义斗争中，休戚相关、患难与共的中非人民相互支持、互相帮助，有力说明了"中非虽然远隔重洋，但我们的心是相通的"。一旦时机来临，这种默契和期许将化为中非关系快速发展的推力和动力。中华人民共和国成立以来，中非关系快速、全面、健康发展就诠释了这一点："联结我们的不仅是深厚的传统友谊、密切的利益纽带，还有我们各自的梦想。"

与时俱进和开拓创新是中非关系不断发展的重要法宝。半个多世纪以来，中国不断调整对非政策，在中非关系发展的每一个关键时期，双方都能高瞻远瞩，开拓进取，找到中非合作新的契合点和增长点，推动中非关系不断向前。习近平主席在中非合作论坛北京峰会开幕式上的主旨讲话气势磅礴、高屋建瓴，提出"共筑更加紧密的中非命运共同体"主张，强调指出，中非双方应携手打造责任共担、合作共赢、幸福共享、文化共兴、安全共筑、和谐共生的命运共同体。这指明了中非关系发展的前进方向，明确了构建更加紧密的中非命运共同体的时代内涵和前进路径，展示了中非合作更加美好的前景。

中非关系的正常发展受到西方帝国主义国家的严重干扰和破坏。比如，中非交往对世界历史做出过重大贡献，然而这些贡献被掩盖、忽视甚至遗忘；中非之间历史上的直接交往被闯入印度洋的西方殖民者中断，形成长达几个世纪的历史低谷，以致中非之间现在仍需要不断加强相互了解。特别是，当代中非关系不断受到西方国家一些势力的干扰和影响，说三道四的各种杂音不绝于耳，明知故犯的破坏行径接二连三。

一部中非关系史折射出世界历史的发展潮流。郑和船队四访非洲把中国的和平外交政策传播到"去中华绝远"之地，留下了中非传统友谊的佳话。中国和非洲的国家独立和民族解放标志着西方殖民时代终结，广大发展中国家从此登上世界历史舞台，世界历史翻开了崭新一页。当代中非关系充满活力，蓬勃向前，堪称发展中国家团结合作的典范。"根之茂者其实遂,膏之沃者其光晔。"源远流长、根深叶茂的中非关系,平等尊重、互利共赢的中非合作,携手共建"一带一路",构建更加紧密的中非命运共同体,所有这些都必将为构建人类命运共同体积累经验、树立典范!

(本文原刊发于《求是》2019年第8期)

中非合作与"一带一路"建设战略对接：现状与前景分析

姚桂梅[*]

摘　要：非洲是"一带一路"倡议的重要参与方。2000年创立的中非合作论坛是"一带一路"建设的重要理论沃土和主要实践平台。2018年中非合作论坛北京峰会宣言强调，要将"一带一路"同非洲各个层面的发展战略全面对接，推动中非共建"一带一路"再升级。展望未来，中非共建"一带一路"将在习近平主席"真、实、亲、诚"合作理念和正确义利观引领下，逐渐落实以构建更紧密的中非命运共同体为方向的"八大行动"，推动中非全面战略合作伙伴关系迈向历史新高。期间，需要中非携手解决中非合作中存在的难以持续、失衡和不对称的三大问题，补齐各种投资"短板"、创新合作模式、平衡产业布局和各种利益关系、力求共同发展。

关键词：中非合作论坛　"一带一路"倡议　进展　问题　前景　平衡

非洲是共建"一带一路"不可或缺的参与方。2018年9月召开的中非合作论坛北京峰会强调支持非洲国家参与"一带一路"建设，将

---

[*] 姚桂梅，中国社会科学院西亚非洲研究所研究员、南非研究中心主任，中国社会科学院创新工程《中国与非洲产能合作重点国家研究》项目首席研究员。

加强与非洲各层面的发展战略的对接，推动双方在更高层次展开全方位互利合作。对此，非洲国家反响热烈，并高度期待参与"一带一路"建设。

一 中非合作论坛为"一带一路"倡议提供理论贡献并成为区域实践平台

"一带一路"倡议出台于2013年，其核心内容是"政策沟通、设施联通、贸易畅通、资金融通、民心相通"（简称"五通"）；其战略目标是通过更广泛国家的合作，创新增长和发展模式，为世界发展提供多元发展选择和发展动力，打造人类命运共同体的普惠发展。而中非合作论坛（FOCAC）创立于2000年，至今已经走过18年发展历程，中方始终秉承"真诚友好、平等互利、团结合作、共同发展"的原则和精神，高效务实地与非洲国家合作落实历届《行动计划》，使得"五通"项目在非洲遍地开花，中国在非洲的影响力与日俱增。事实上，中非合作论坛发挥着"一带一路"倡议先行"试水区"的作用；一带一路"倡议下的对外合作是中非合作共赢发展经验的推广。

（一）中非合作论坛的理论贡献

中国与非洲的合作源远流长、根深叶茂。20世纪中叶，中国与非洲在争取国家独立和民族解放进程中相互支持，铸就了以万隆会议、坦赞铁路为代表的诸多历史丰碑。随着时代的发展，中非合作的广度与深度日益升级。进入21世纪，反对霸权主义、建立公正合理的国际政治经济新秩序成为中国与非洲国家的共同诉求。如何应对挑战，维护各自合法权益，是中国与非洲共同应对的时代命题。面对非洲国家"中非之间也应建立类似欧非首脑会议那样的大规模、高层级的联系机制，通过集体对话就共同关心的问题加强交流与磋商"的提议，中国政府积极回应。1999年10月，时任国家主席江泽民亲自致函非统秘书长和有关国家首脑，正式发出举办中非合作论坛的倡议，得到非洲国家的热烈响应。2000年10月10—12日，中非合作论坛第一届部长级会议在北京举行。

根据中非双方达成的共识，中非合作论坛部长级会议每三年举行一次，并轮流在中国和非洲国家举行。中非合作论坛的创立是中非关系史和中国外交史上的一次新创举，是中国政府进一步巩固和深化与非洲国家友好关系、迎接 21 世纪的一次重要的和有益的探索。此后，2003 年 12 月在埃塞俄比亚首都亚的斯亚贝巴召开了第二届部长级会议，2006 年 11 月召开了北京峰会暨第三届部长级会议，2009 年 11 月在埃及沙姆沙伊赫举行了第四届部长级会议，2012 年 7 月在北京举行了第五届部长级会议，2015 年 12 月在南非约翰内斯堡举办峰会暨第六届部长级会议，2018 年 9 月举办北京峰会暨第七届部长级会议。

中非合作论坛成立 18 年以来，始终秉承平等协商、增进了解、扩大共识、加强友谊、促进合作的宗旨，合作范围从最初的以意识形态为基础的政治合作逐步拓展到囊括政治、经济、文化、社会、安全等多领域的全面合作，早已结成休戚与共的命运共同体，成为南南合作的典范。中非合作不断跃上新台阶的根本原因，就是中国政府在合作中始终遵循平等互利、相互尊重的原则。平等为互利指明了发展方向，互利为平等夯实了合作的基础，二者的辩证统一构成了中非合作的本质特征，也是中非合作深化发展的最大优势。尤为重要的是，2013 年 3 月，习近平主席访问坦桑尼亚时发表的"真、实、亲、诚"对非合作理念和正确的义利观的讲话，成为推动中非命运共同体更紧密构建的根本遵循。可见，中非合作论坛的许多政策主张与 2013 年出台的"一带一路"倡议的合作共赢的理念——共商、共建、共享的原则是一脉相承的。中非合作论坛这个区域性的合作平台为"一带一路"全球倡议的多边合作机制提供了坚实的理论支撑，具有重要的引领作用。

（二）中非合作论坛成为构建人类命运共同体的典范

经贸合作是中非合作论坛的压舱石与助推器。18 年来，中非经贸合作规模由小到大，合作领域不断拓展，合作项目中不难发现中国理念、中国经验的分享与传承。

中国在对非经贸合作中坚持"真"字。中非货物贸易总额从 2000 年的106亿美元增长到2018年的2042亿美元,[①] 连续10年成为非洲的第一大贸易伙伴；中国对非直接投资存量从2003年底的4.91亿美元增长到2017年底的433亿美元,[②] 非洲已经成为中国3400家企业投资兴业的目的地；中国对非洲的工程承包签约合同额从2000年的22.9亿美元增长到2017年的765亿美元,同期工程承包完成营业额从10.96亿美元增长到512亿美元；累计签约合同额从2000年底的163.8亿美元增长到2017年底的7097亿美元,同期累计完成营业额从122.8亿美元增长到4580.4亿美元。[③] 中非合作论坛成立以来,中国在非洲共参与了200个基础设施项目,为非洲新增和升级诸多基础设施：高速公路总里程约3万公里,铁路总里程约2000公里,港口吞吐量约8500万吨/年,净水处理能力超过900万吨/日,发电量约2万兆瓦,输变电线路长度逾3万公里。[④] 这些实打实的数据不是一蹴而就的,而是中非双方风雨同舟,携手拼搏奋斗结出的硕果。

中非经贸合作中坚持"实"字。中国在与非洲的合作中一直坚持义利并举,紧扣非洲发展实际需要,力争使非洲受益,与中国共同发展。为缩小贸易逆差,实现中非贸易健康、平稳发展,中国向非洲最不发达国家输华产品实施零关税待遇；为提高非洲国家工业化水平,中国设立中非发展基金、中非产能合作基金、非洲中小企业发展专项贷款,鼓励有实力和信誉的中国企业到非洲投资兴业,积极推进经贸合作区,筑巢引凤抱团发展；为推动非洲地区经济一体化,整合碎片化的非洲市场,中国将基础设施列为重点合作领域,来自中国的大量投资兴建了非洲许多关键性的基建项目,许多非洲城市面貌焕然一新,提升了非洲国家自主发展的信心。

中非经贸合作中坚持"亲"字。中非虽然远隔万水千山,但隔不断

[①] 《2018年中非贸易额2041.9亿美元,同比增长19.7%》,《中国日报》2019年1月24日。

[②] 中国商务部、国家统计局、国家外汇管理局：《2017年度中国对外直接投资统计公报》,中国统计出版社2018年版,第46、51页。

[③] 作者根据历年《中国商务年鉴》及商务部网站相关数据汇总得出。

[④] 《中国连续9年成非洲第一大贸易伙伴,未来合作更注重从输血转向造血》,2018年10月13日,每经网（www.nbd.com.cn/articles/2018-08-28/1249988.html）。

天然的亲近感，中非合作始终在高位运行。中国在与非洲的交往中珍视兄弟般的友谊。在非洲经济边缘化时，中国热情拥抱非洲大陆，欢迎非洲搭乘中国发展快车，减免非洲穷国债务，分享中国减贫、基础设施建设、工业园与经济特区发展经验，为推进非洲社会经济发展提供了有益的参考。

中非经贸合作中坚持"诚"字。中国对非洲朋友讲信用，重承诺，实打实地将对非洲国家的承诺落实到位。当合作中出现新情况、新问题时，中非双方共同协商，妥善处理，共同应对国际经济形势变化和保护主义挑战，推动中非经贸合作更加开放包容。[1]

总之，中非合作论坛成立18年来，中国始终在促进广大非洲国家工业化和基础设施发展，促进包容性增长和创造就业机会方面提供动力。中非合作论坛无论从理论层面还是实践层面都可称得上"小型版的'一带一路'"，成为构建人类命运共同体的典范。中国不仅为非洲带去了市场、资金、技术，也带去了中国合作理念与中国共产党的治国理政的发展经验。中非经贸合作既助力了中国的发展，也促进了非洲的进步，拉紧了中非共建命运共同体的利益纽带。

二 2018年北京峰会推动中非共建"一带一路"再升级

客观上讲，并非所有的中非合作项目都属于"一带一路"建设的范畴。根据非洲国家与地区多样化发展的特点，中国采取了自东向西、点线面相结合的渐进方式推进"一带一路"建设。除埃及与南非两个重点国家外，中国选择了对华长期友好、政局相对稳定、经济增速快且一体化进展顺利的东部非洲国家肯尼亚、埃塞俄比亚、坦桑尼亚以及中部非洲的刚果（布）为产能合作的先行先试国家，然后顺势再向其他国家推进。截至2018年8月底，共有埃及、南非、苏丹、马达加斯加、摩洛哥、突尼斯、利比亚、塞内加尔、卢旺达9个非洲国家先后与中国签署了共

---

[1] 钟山：《携手开启新时代中非经贸合作新征程》，《人民日报》2018年8月31日。

建"一带一路"合作谅解备忘录;[①] 还有埃及、阿尔及利亚、苏丹、埃塞俄比亚、肯尼亚、坦桑尼亚、南非、莫桑比克、刚果（布）、安哥拉、尼日利亚、加纳、喀麦隆 13 个国家与中国签署了国际产能合作框架协议。中国公司在上述 19 个国家大多有代表性合作项目实施对接，并已取得良好的阶段性成果，实现了合作成果的利益共享。

（一）以基础设施、园区建设为主的产能合作初见成效

非洲国家对基础设施有着巨大的发展需求。非盟、非洲区域组织、非洲各国都将基础设施的新建和升级改造列为发展优先议程。中国公司凭借资金、技术、施工队伍和管理经验等方面的竞争优势，积极参与非洲的公路、铁路、港口、电力等基建领域的建设，深入对接中国的"一带一路"，成为非洲基建领域中最令人瞩目的生力军。2000 年 10 月至 2018 年 6 月，中国共参与了非洲逾 200 个基础设施项目，其中高速公路总里程约 3 万公里，铁路总里程约 2000 公里，港口吞吐量约 8500 万吨/年，净水处理能力超过 900 万吨/日，发电量约 2 万兆瓦，输变电线路长度逾 3 万公里。[②]

从地域分布来看，目前"一带一路"建设项目侧重于东部非洲地区，占建设项目的 54.7% 和融资项目的 25.9%（详见图 1）。例如，具有战略意义的连接东非腹地和沿海港口的亚吉铁路（亚的斯亚贝巴—吉布提）、蒙内铁路（蒙巴萨—内罗毕）。尤其是蒙内铁路是东部非洲铁路整体规划的大动脉，未来还将连接乌干达的坎帕拉、卢旺达的基加利、布隆迪的布琼布拉以及南苏丹的朱巴这 4 个内陆国的城市，蒙内铁路的通车不仅带动了沿线经济发展和蒙巴萨港年货物吞吐量的上升，实现了东非地区的互联互通，而且缓解了连通蒙巴萨和内罗毕两地的公路运输压力，降低了物流成本，带动了当地就业，提高了当地人民的生活水平。而蒙巴萨港、拉姆港、巴加莫约港、马普托港等诸多港口项目几乎与重要的铁

---

① 舒展：《安全和发展这两条恐怕是分不开的》，2018 年 8 月 10 日，参见中安华盾网站，https://mp.weixin.qq.com/s?__biz=MzA5MzE2NTQ2Mg%3D%3D&chksm=8b9455b4bce3dca26b87f275d81ca68632bbbd9860f2025c4a7563b0d0e1e82021038b512dda&idx=1&mid=2650994509&scene=21&sn=418b0e9a89d19564871009e363485b01。

② 德勤：《2018 年非洲基础设施建设市场动态》，网络版第 21 页。

路或公路联通,且在周边布局临港工业园,提振了这些国家的互联互通、物流效率和出口能力。而中国在吉布提建设集装箱码头的基础上又投资建设新码头,为将吉布提建设成为东非地区物流中心创造了有利条件,尤其是中国军港的建设将起到震慑海盗,维持非洲稳定发展的重要作用。此外,苏丹上阿特巴拉水利枢纽项目、埃塞俄比亚复兴大坝水电站、肯尼亚拉姆燃煤电站项目、肯尼亚加里萨50兆瓦并网光伏发电站工程、乌干达卡鲁玛水电站等项目不仅弥补了电力短缺的问题,还丰富了这些国家能源结构,经济社会效益巨大。

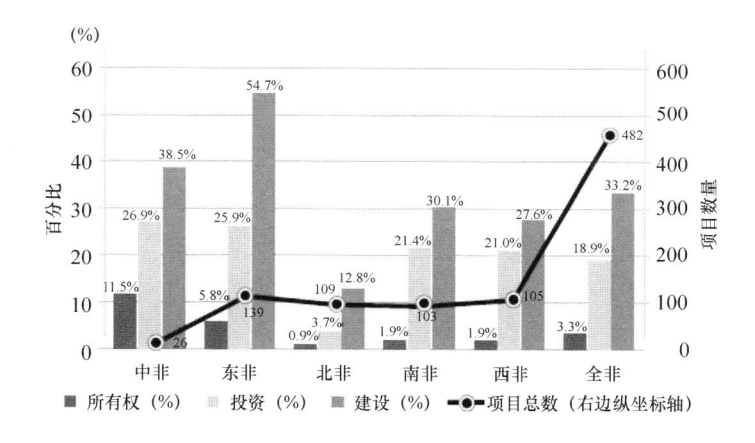

图1 中国在非洲各地区基建项目活动占比

资料来源:德勤:《2018年非洲基础设施建设市场动态》,网络版第22页。

随着中非共建"一带一路"向纵深的发展,中国在非洲的基建重点领域已经呈现向西部非洲和中部非洲推移的势头。例如,2018年7月,习近平主席访问塞内加尔,塞内加尔与中国正式签订"一带一路"合作协议,成为西非地区首个签约的国家。同样,亚吉铁路承建方中国土木工程集团有限公司(CCECC)已在尼日利亚境内建设了阿卡铁路,并着手建设新增铁路;吉布提港主要投资商招商局港口控股有限公司也已投资建设多哥洛美港以及尼日利亚拉各斯港。此外,2018年2月,中国公司在尼日利亚东部的玛姆比拉(Mambila)地区启动建设一个价值58亿美元的水电站,另外由中企承建的尼日利亚最大水电工程——宗格鲁水电站项目即将进入建设高峰期,这两座水电站的竣工将大大增强尼日利

>> "一带一路"与非洲

亚电网的稳定性和持续供电能力，对改善尼日利亚电力紧缺的局面，满足国民经济发展对电力的需求，以及改善人民生活水平，具有十分重要的意义。同年，中国港湾工程有限公司与海洋石油工程股份有限公司在尼日利亚拿下非洲在建的最大石化项目——丹格特公司的栈桥和海底管线石化项目，为深化与尼日利亚的能源合作，保障我国的石油供应来源发挥了重要作用。

中国在非洲的基础设施建设不仅融资与建设双管齐下，而且与境外园区的建设相辅相成，为其提供硬件支持。自2006年10月中非合作论坛北京峰会出台"为进一步扩大对非投资，将在有条件的非洲国家建立3—5个境外经贸合作区"的具体举措以来，中国在非洲的园区建设快速发展。截至2016年底，中国共在15个非洲国家建设了20个工业园区，累计投资53.8亿美元，吸引入园企业435家，累计产值193.5亿美元，上缴东道国税费16.2亿美元，创造就业岗位33534个，[①] 在当地形成产业聚集和辐射影响。

赞比亚经贸合作区是中国在非洲设立的第一个境外经贸合作区和赞比亚第一个多功能经济区。园区建设以铜矿资源开发为纽带，形成完整的采选冶、贸易、物流等全产业链条。目前，合作区有50余家中外企业入驻，区内企业完成投资超过19亿美元，实现销售收入超过145亿美元，向当地纳税超过4亿美元，创造就业机会超过8000个，开创了中赞包容式集群发展的新模式。而作为非洲园区建设的领头羊——埃及苏伊士经贸区已经发展成为中埃产能合作的平台。起步区由巨石公司、西电公司、牧羊公司、IDM等龙头企业引领，初步形成了新型建材、石油装备、高低压设备、机械制造四大主导产业，起步区的入园企业共有76家，实际投资额超10亿美元，销售额约10亿美元，实现年销售额1.8亿美元，进出口额2.4亿美元。向埃及上缴税收10亿埃镑，直接解决就业3500余人，产业带动就业约3万人。尼日利亚莱基自贸区是中国在非洲建设的占地面积最大的经贸区。截至2018年底，园区共有68家企业已签署入园投资协议或已投产运营，其中，中资企业40家，外资企业28家，协议投

---

① 商务部国际贸易经济合作研究院：《中国与非洲经贸关系报告》，2017年1月19日，www.caite.org.cn。

资金额近 7 亿美元，产业涵盖生产制造、石油天然气仓储、工程承包、设计咨询、商贸物流、清关服务、房地产等。运营方面，2018 年莱基自贸区各项运营指标较上一年度均实现跳跃式增长。其中，实现年度总产值 9833 万美元，是 2017 年的 2573 万美元的 382%；进口额 11247 万美元，是 2017 年的 3987 万美元的 282%；出口额 9915 万美元，是 2017 年 2555 万美元的 388%；管理费收入 82 万美元，是 2017 年 30 万美元的 275%；缴纳所在国关税 703583 万奈拉，是 2017 年 158626 万奈拉的 443%；直接解决当地就业 1500 余人，是 2017 年 1100 余人的 135%。[①]埃塞俄比亚东方工业园是埃塞俄比亚境内首个由外资建成且已正式运营的工业园区。自 2008 年开始规模性开发，一期建设已全部完成，吸引入区企业 96 家，主要包括建材、鞋帽、纺织服装、汽车组装和金属加工等行业，企业总投资 6.4 亿美元，总产值 10 亿美元，上缴东道国税费总额 8200 万美元，为东道国解决就业 16400 人。二期建设即将开工，拟用 2 年时间，完成投资总额约 5 亿美元，引进生产性企业 150 家，产品销售总额达到 15 亿美元，创汇总额达到 5 亿至 8 亿美元，员工人数达到 50000 名左右，创造就业岗位 45000 个以上。上述 4 个国家级的达标园区均在进行二期园区建设，为中非产能合作搭建更大的平台。更为重要的是，2016—2018 年，为推进中非产业对接和产能合作，中国政府与埃及、摩洛哥、莫桑比克、南非、埃塞俄比亚等国签署了经贸合作区建设合作文件，为园区建设、运营、发展提供服务和指导。为此，中国在非洲的园区建设方兴未艾，中国必将助力非洲东道国更快走上产业发展的快车道。但相较于基础设施项目的巨大效能，以扩大直接投资和助推非洲工业化为目的的园区建设成就与知名度亟待同步跟进、做大做强。

（二）北京峰会开启中非共建"一带一路"新篇章

2018 年 9 月 3 日，习近平主席在中非合作论坛北京峰会开幕式致辞中强调，要把"一带一路"建设与非盟《2063 年议程》、联合国 2030 年可持续发展议程以及非洲各国发展战略相互对接；9 月 4 日习主席宣布的《关于构建更加紧密的中非命运共同体的北京宣言》和《中非合作论

[①] 中非莱基投资有限公司：《莱基采风》2018 年第 6 期（总第 40 期），内部电子版。

坛——北京行动计划（2019—2021）》指出，中非将携手实施"产业促动行动、设施联通行动、贸易便利行动、绿色发展、能力建设行动、健康卫生行动、人文交流行动、和平安全行动"（简称"八大行动"），来建设"责任共担、合作共赢、幸福共享、文化共兴、安全共筑、和谐共生"（简称"六个共"）的中非命运共同体。习主席的讲话提升了非洲在中国外交上的地位与信心，受到了非洲国家领导人的热烈响应。北京峰会期间，共有非盟和27个非洲国家与中国签署了共建"一带一路"合作文件，掀起了中非共建"一带一路"建设的热潮，至此"一带一路"大家庭里的非洲成员已经达到37个。

此外，北京峰会期间，非洲工商界600多家企业的逾千人工商代表参加了中非企业家大会，积极开展合作对接，签署了诸多大单。在基建领域，中铁十六局集团签下了非洲大陆最重要的战略规划项目之一苏丹至乍得铁路项目的核心路段——全长2407公里的苏丹港经尼亚拉至阿德里铁路项目。中水电与加纳签署20亿美元的基础设施协议，用铝土矿作为交换，用于改善加纳的道路状况和开展铁路建设。中国建筑签下了埃及96亿美元的建设合同，其中包括35亿美元的埃及新首都中央商务区二期项目总承包合同和61亿美元的苏伊士炼油及石化厂总承包商务合同。招商局签下了吉布提老港改造项目合作谅解备忘录，拟通过"前港—中区—后城"模式，推动吉布提经济社会发展。中铁国际签署了科特迪瓦首都阿比让FHB国际机场扩建项目框架协议。在能源领域，中国铁建签署了埃及阿塔卡抽水蓄能电站项目框架性合作文件；东方电气签署了埃及汉纳维 6×1100 兆瓦清洁煤燃烧项目总承包合同。在海洋领域，中船集团签下了几内亚海洋领域一揽子合作项目协议。诸多项目的签署与实施将增强非洲国家社会经济持续发展能力，也将促进中非经贸合作的提速升级。

三 中非共建"一带一路"前景分析

展望未来，中非共建"一带一路"前景广阔。因为，"一带一路"建设不仅为中国拓展更为广阔的国际市场空间，而且将继续为非洲发展提供更多的资源与手段。尤其在全球单边主义、保护主义抬头，世界经济下行压力加大背景下，非洲在中国的"一带一路"建设中的战略价值越发凸显，地位上升；中非双方若能携手同心共同应对发展挑战、联合维护多边体系、共同推动全球治理体系建设，那么"龙狮共舞"不可阻挡。

（一）非洲国家经济社会发展的巨大需求为"一带一路"建设提供广阔空间

首先，非洲开发银行在《2018年非洲经济展望》指出，2016—2025年，非洲每年的基础设施投资需求约1300亿—1700亿美元，面临约1080亿美元的巨额缺口，非洲国家必须根据自身发展水平，采取新战略来吸引外资，以完善基础设施、释放经济增长潜力。其次，2019年7月，非洲自贸区的即将落地不仅将提高非洲整体的货物流通的便捷性，而且有助于加快非洲的工业化进程，使得非洲的投资价值会变得更为巨大，由此吸引更多的外资投资建厂。最后，非洲与中国发展合作的动力持续增强。产能合作先行先试的国家受益于与中国的合作，拉动其经济社会发展的实效性对其他非洲国家起到了示范与吸引的作用。利比里亚总统乔治·维阿接受中国媒体专访时表示，利比里亚希望积极参与"一带一路"建设，期待该国"减贫议程"与"一带一路"建设对接。[①] 可以预见，未来将有越来越多的非洲国家主动对接中国"一带一路"倡议，紧抓中非产能合作和"三网一化"建设等有利契机，全面深化与中国的合作关系。

（二）2018年北京峰会"八大行动"引领中非合作前行方向

发展与非洲国家全方位的友好合作是中国政府长期而坚定的战略抉择。中非关系不但不会因外界环境的变化而出现方向性的改变，而且非洲在中国外交上的地位还将不断提升。尤其是在中美贸易战背景下，非洲丰富的自然资源、潜在而巨大的市场价值更加凸显，未来一定程度上或许能替代美国部分市场的作用，中国一些企业将转战到非洲大陆建设

---

① 新华社：《利比里亚总统乔治·维阿：期待国家"减贫议程"与"一带一路"建设对接》，2018年8月31日，http://world.xinhua08.com/a/20180831/1775956.shtml。

制造业基地。尤为重要的是,习主席在2018年中非合作论坛北京峰会上宣布,中国将同非洲共同实施产业促动、设施联通、贸易便利、绿色发展、能力建设、健康卫生、人文交流、和平安全"八大行动"描绘了新时代中非构建更紧密的合作路线图,开启了新时代中非构建更紧密共同体的宏伟篇章。众多中国企业将在600亿美元配套资金及政策杠杆的撬动下,跻身落实贸易惠非、产业兴非、设施联非、人才强非等举措的大军中,必将奏响中非合作的新乐章。

(三) 中国在非洲推进"一带一路"过程中需要解决的三大问题

中非共建"一带一路"虽然取得良好的成效,未来前景可期,但由于非洲经济结构单一畸形,缺乏造血机能,发展倚重外部资金,债务危机重现,导致中非产能合作中存在难以持续、失衡和不对称的三大问题。

1. 以中国国家贷款为支撑的基础设施承包建设模式难以持续

2013年以来,中国建筑公司在中国进出口银行和国家开发银行的贷款支持下,在非洲承揽了许多大型的基础设施建设项目,虽然推动了非洲工业化与城市化发展,但并没有给东道国带来直接的财政收入,创造的就业岗位也都随着工程的完工而消失。更重要的是,国际工程承包市场已经出现EPC规模萎缩势头,一些非洲国家政府在债务高企的压力下,已经开始发生停建或缓建与中国签署的基建项目工程,拖欠工程承包商营收账款,引发中国政策性银行大量坏账的案例。所以,面对新形势,中国建筑企业必须改变传统的以"EPC + F"为主的国际工程承包采购模式,开拓创新,探索国际化、市场化合作道路。

2. 中非投融资合作中存在投资行业间、投资主体间失衡的问题

中国企业走进非洲离不开两家政策性银行、中非发展基金及中非产能合作基金的支持,但是上述金融机构的贷款大多用于基础设施和能源业,而用于制造业的贷款相对较少。例如,2000—2014年,中国对非贷款的28%用于交通运输业、20%的贷款用于能源业、10%的贷款用于采矿业、8%的贷款用于通信业,[①] 投放给制造业的贷款比例较低。而制造

---

① 刘青海:《中国投资有助于促进非洲可持续发展》,《人民日报》2018年5月28日。

业在所有行业中产生的营收最高，2015年达到36.3%，[①]是最能提高非洲造血能力的行业。为此，必须加大对制造业，特别是劳动密集型制造业的投融资力度。从投融资主体来看，中国对非投资民企数量占绝对优势，但由于它们大多数在境外投资设立的实体经营年限短，缺少可抵押的资产，很难达到中国金融机构的信贷门槛。而中国政策性银行历来与大型央企和国企来往密切，具有较好的信用记录，自然就容易获得大规模融资。为解决民营企业融资难问题，可尝试采取"内保外贷"的方式，同时拓宽融资渠道，考虑建立民营企业对非投资专项基金，加以引导和支持。

3. 中非投融资合作存在资金与项目、资金需求与存量不对称问题

首先表现在资金与项目的不对称。由于非洲国家投资环境欠佳，面临政局动荡、恐怖袭击、外汇贬值、债务违约以及国际竞争加剧等风险，再加上2014年下半年以来大宗商品价格下跌使得中国在非部分投资项目停产或搁浅，中国政府又加大了对境外投资用汇项目审批和监管力度，使得一些原本有意到非洲投资的企业更加谨慎，停在观望状态，进而导致中非发展基金、中非产能合作基金的配套资金落实情况并不理想。其次，在非企业间也存在资金需求与资金存量的不对称。一方面，在非运营的中资企业面临融资不足的问题，很难获得非洲东道国金融机构的贷款，要么就是成本利息太高；而中国商业银行对非洲的渗透率太低，又不接受"外保外贷"，使得中资企业在境外投资又难以获得中资银行的贷款。另一方面，部分工程承包企业在非经过多年经营积累了大量的资金，又不懂在当地投资兴业；而非洲东道国往往对外汇管制严格，资金难以汇回国内，且存量资金大量为当地货币，贬值风险很高。为此，亟须在境内外设立专门机构，着力打通在非企业间的资金循环通道，让存量资金与需求资金快速对接，在解决境外企业融资难的同时，也实现了资金的周转。

---

① McKinsey Global Institute, *Dance of the Lions and Dragons: How are Africa and China Engaging, and How Will the Partnership Evolve?*, 2017. To see http://www.mckinsey.com/~/media/McKinsey/Global%20Themes/Middle%20East%20and%20Africa/The%20closest%20look%20yet%20at%20Chinese%20economic%20engagement%20in%20Africa/Dance-of-the-lions-and-dragons.ashx.

（四）中国在非建设"一带一路"时应关注的五个平衡

中非共建"一带一路"处于初始阶段，许多方面存在较大的提升空间。为此，中国与非洲应继续携手合作，补齐短板、创新发展是中非双方共同的历史担当。

第一，必须加大对非洲的直接投资力度，平衡投资与贸易、基建承包的关系，推动中非经贸合作转型升级。中国近年来向非洲国家注入了大量的资本，但是直接投资（FDI）的433亿美元的存量明显少于中非贸易规模和以贷款驱动的基础设施建设规模，也就是说，对非直接投资已经成为中非经贸合作中的短板。为此，加大对非直接投资力度势在必行。从平衡贸易的角度看，加大对非投资力度，到非洲投资建厂，使其有更多的商品出口，是解决中非贸易逆差、实现均衡发展的治本之道。从工程承包的角度来看，尽管中国在非洲的工程承包屡创佳绩，但多年来中国公司都是以乙方承包的方式来中标承建基建项目，属于服务贸易的范畴，而且在一些非洲国家逼近债务上限的背景下，EPC+F的债务驱动型承包模式存在较高的还贷风险。为此，中国在非洲的工程承包需要尝试PPP、EPC+F+I+O+T模式、基础设施投资+资源开发、基础设施建设+园区+城市开发等不同模式，合作模式应从传统的国企+国企，向国企+民企、国企+外企等不同合作形式转变。尤其是中美贸易战带来的启示，加大在非洲国家投资建设制造业基地或制造业园区，可起到分散、缓解中国在欧美市场遭受巨大围堵的挑战压力。而且，加大对非洲国家直接投资不仅不会增加非洲的债务负担，而且有助于提高非洲国家的还债能力，有力回击"债务帝国主义"的指责。

第二，必须加大对非农业合作的投入，助力非洲解决粮食安全和农业发展问题，使中国对非投资的相关产业平衡发展。2019年2月，联合国粮农组织《2018年非洲粮食安全和营养区域概况》显示，非洲频现粮食危机，非盟发展农业政策遭遇挑战，亟须国际社会驰援。而2015年中国对非农业直接投资仅占对非直接投资存量的8%，位于采矿业、建筑业、金融业、制造业以及商务服务业之后。中国对非农业投资存量低的现实与众多非洲国家急需资金发展农业及解决粮食安全的迫切需求极不对称，为此中国政府必须采取措施来逐渐改变中非农业合作中资金供给与需求严重错位问题。只有照顾非洲关切，帮助非洲国家民众解决最基本的吃饭问题，才能取信于民，才能真正树立起负责任大国的形象。

第三，必须创新投资合作新模式，力求近期收效与远期利益、中国企业与非洲本土企业均获利发展的平衡关系。互利共赢是中非合作的生命力。非洲国家和非洲企业由于自身实力不足，在中非合作中处于弱势。当前，中国的对非投资大多以绿地投资为主，合资企业只占到12%，这种"一国资金独大"的投资方式不仅不利于非洲本土企业的快速成长，而且具有较高的投资风险。对此，中国在非洲的直接投资应努力实施多元化战略，积极寻求合资合作等多元合作模式，向本土化经营发展。尤其在遇有本土同业竞争的情况，中国企业要考虑产品差异化经营策略，与当地同行产品有所区隔，为本土企业留出生存发展的空间。与此同时，非洲国家企业也要不断进行自我提升，大幅提升生产率，争取跟上中国企业的效率和速度。

第四，必须加强中非之间跨文化交流与互动，以此平抑重经贸、轻人文交流所带来的不利影响。近年来，中非经贸合作发展迅猛，但中非之间的价值观、文化领域的交往并没有同步跟进。中非之间的文化差异成为中非经贸合作存在问题的根源之一。为此，应大力加强中非之间以尊重和平等为前提的文化交流，尤其是中资企业在非洲投资的过程中不仅要了解所在国的种族、宗教等风俗习惯，更要尊重非洲人爱护动物、保护环境、与自然和谐共处的宇宙观、人本主义思想、群体意识等文化特性，以实际行动来昭示中国文化的平和与包容。总之，到非洲大陆去投资，跨文化差异的碰撞在所难免，但加强双向的交流应成为长期的必然趋势。长此以往，中非文化才能更好地交融，中国和非洲才能结为经济利益深度交织的命运共同体。

第五，解放思想，积极探索国际对非合作新方式，以此平衡大国在非洲的关系。尽管中非共建"一带一路"取得初步成效，但来自英、法、美等欧美大国的商业竞争和干扰阻力不小。为巩固中国在非洲这个多边舞台的影响，中国必须要对接非洲国家外交多元的发展战略，即非洲国家与中国和其他大国的关系不是非此即彼的，应该是和平共处的。为此，中国应以更加开放的心态，努力探讨与世界其他大国在非合作的新领域、新项目、新方式,在具体的合作项目中实现利益共享、风险共担。

四 结语

  非洲虽然距中国万里之遥,但一直是中国的外交重点区域。随着这些年中非关系的发展,休戚与共的命运共同体早已存在,影响范围远远超出亚非大陆。中非合作论坛开创了一个国家同一个大陆所有国家合作的典范,为在全球推行更加公平、合理、完善的经贸合作框架——"一带一路"倡议提供了理论和实践层面的坚实支撑。2018年中非合作论坛北京峰会强调将"一带一路"与非洲发展战略全方位对接,致力将中非合作论坛建设成为中非团结合作的品牌、国际对非合作的旗帜。习近平主席围绕中非共建"一带一路"阐述的"真、实、亲、诚"合作理念和正确的义利观,对非合作中的"五不"和"四不能"的主张,[①] 以及通过"八大行动"实现"五通",打造更紧密的中非命运共同体的"六个共"特点,形成了习近平关于新时期中国对非洲外交思想,成为中国特色大国外交系列理念的重要组成部分。这不仅为中非共建"一带一路"提供了理论支撑和行动指南,推动中非全面战略合作伙伴关系向更高水平迈进,而且将为国际对非合作注入更多的正能量,为提升全球对非合作水平指明了方向。

  展望未来,中非共建"一带一路"前景广阔。中方将和非洲国家继续依托中非合作论坛平台,不断加强论坛后续行动机制建设。同时进一步发挥好经贸联委会、高级别指导委员会、联合工作组等中非政府间经贸合作机制对落实"八大行动"的主渠道作用,同非方加强协调配合,

---

[①] 2018年9月3日,习近平主席在中非合作论坛北京峰会开幕式上指出,中国希望各国都能在处理非洲事务时做到"五不",即不干涉非洲国家探索符合国情的发展道路,不干涉非洲内政,不把自己的意志强加于人,不在对非洲援助中附加任何政治条件,不在对非投融资中谋取政治私利。习主席同时提出"四不能",即任何人都不能破坏中非人民的大团结;任何人都不能阻止中非人民振兴的步伐;任何人都不能以想象和臆测否定中非合作的显著成就;任何人都不能阻止和干扰国际社会支持非洲发展的积极行动。详见《环球时报》社评《"五不""四不能",世界应这样拥抱非洲》,2018年9月5日,海外网。

抓紧制定落实方案，确定合作清单，落实合作项目，让落实成果早日惠及中非人民，推动中非经贸合作不断迈上新的台阶，为中非全面战略合作伙伴关系增添新的内涵，为构建更加紧密的中非命运共同体注入新动能，为推动构建新型国际关系和人类命运共同体做出新贡献。然而，中非共建"一带一路"之征程并不平坦，尤其在全球单边主义、保护主义抬头，世界经济下行压力加大背景下，中非合作各种利益缠绕交织，中国必须有大国担当，与时俱进的创新投融资模式，引领国际对非合作方向，实现包容性发展，在构建更加紧密的中非命运共同体的征程上不断前行。

（本文原刊发于《国际经济合作》2019年第3期）

非洲工业化战略与中非工业化合作战略思考[*]

李智彪

摘　要：中非工业化合作目前正成为中非合作的新突破口和着力点，但中国要想真正帮助非洲推进工业化，首先应了解非洲对自身工业化战略的构想。近期面世的此类构想主要有非盟公布的《2063年议程》，联合国非经委公布的《转型中的非洲工业政策》，埃塞俄比亚学者阿尔卡贝发表的学术专著《非洲制造：埃塞俄比亚的产业政策》。中国还应理解非洲推进工业化面临的一系列难题，如工业化中的产业布局问题，生产规模化与市场碎片化难题，经济多元化与资源依赖症难题，工业化模式与路径选择难题。这些难题首先要靠非洲国家自己破解，同时也需要中国在启动中非工业化合作计划时高度重视。中国政府提出的中非"十大合作计划"是一项系统工程，中非工业化合作计划只是其中比较重要的组成部分，这一计划能否顺利推进，还有赖于其他九项计划能否同步顺利推进。中国现将非洲作为国际产能合作的优先对象，但不应指望通过向非洲转移中国过剩产能实现去产能任务，还应防止中国企业扎堆进入少数几个产能合作示范国。中国也应注重中非产能合作进程中融资渠道的拓展，特别是挖掘非洲自身融资潜力。非洲工业化说到底是非洲人自己的工业化，非洲能不能实现工业化，

---

[*] 李智彪，中国社会科学院西亚非洲研究所研究员。

关键还要看非洲人自己的努力。

关键词： 工业化　非洲工业化战略　中非工业化合作　产能合作

工业通常是现代国家的支柱产业，它不仅为国民经济的各个部门提供生产工具、技术装备和物品，而且为人类物质文化生活提供日用工业品。工业化则会促使一个国家的工业部门特别是制造业部门持续扩张，农业部门净产值和劳动力比重持续下降，并最终使工业部门在国民经济中占支配地位。[①] 也因此，自近代以来，世界各国无不把实现工业化作为国家经济发展的主体战略。曾长期遭受西方殖民主义剥削和压迫的非洲国家，更是自20世纪60年代独立以来就开启了工业化探索征程。然而，遗憾的是，几十年过去了，非洲大陆迄今仍旧是全世界工业化最落后的地区。联合国工业发展组织最新公布的统计数据显示，在非洲大陆55个经济体中，目前尚无一个国家完成工业化，仅3个国家跨入"新兴工业经济体"行列，20个国家属于"发展中工业经济体"，32个国家属于"工业最不发达国家"。[②] 非洲工业化落后突出表现在制造业产值低、制造

---

① 参见何传启《中国现代化报告2014—2015——工业现代化研究》，北京大学出版社2015年版，第128页。

② 从1983年至2012年，联合国工业发展组织将世界各国按工业化发展阶段划分为两组，即工业化国家和工业发展中国家，划分标准主要基于对相关国家的政治经济认知。2013年该机构修订了原先的分类法，主要依据相关统计数据指标，将世界各国从两组细分为四组：第一组是工业化经济体，划入这一组的国家人均制造业增加值≥2500国际元，或人均国内生产总值按购买力平价计算≥20000国际元（按2005年时价计算，下同）；第二组是新兴工业经济体，划入这一组的国家人均制造业增加值≥1000国际元、<2500国际元，或人均国内生产总值按购买力平价计算≥10000国际元、<20000国际元，或制造业增加值占全球比重≥0.5%；第三组是发展中工业经济体，划入这一组的国家介于新兴工业经济体和工业最不发达国家之间；第四组是工业最不发达国家，包括上述3组之外的所有国家。See UNIDO, "Country Grouping in UNIDO Statistics", Working Paper 01/2013, Vienna: United Nations Industrial Development Organization, 2013, p. 8. 根据上述标准，非洲大陆3个"新兴工业经济体"分别是：毛里求斯、南非和突尼斯；20个"发展中工业经济体"分别是：阿尔及利亚、安哥拉、博茨瓦纳、喀麦隆、佛得角、刚果（布）、科特迪瓦、埃及、赤道几内亚、加蓬、加纳、肯尼亚、利比亚、摩洛哥、纳米比亚、尼日利亚、留尼汪、塞舌尔、斯威士兰、津巴布韦；32个"工业最不发达国家"分别是：贝宁、布基纳法索、布隆迪、中非共和国、乍得、科摩罗、刚果（金）、吉布提、厄立特里亚、埃塞俄比亚、冈比亚、几内亚、几内亚比绍、莱索托、利比里亚、马达加斯加、马拉维、马里、毛里塔尼亚、莫桑比克、尼日尔、卢旺达、圣多美和普林西比、塞内加尔、塞拉利昂、索马里、南苏丹、苏丹、坦桑尼亚、多哥、乌干达、赞比亚。See UNIDO, *Industrial Development Report* 2016, Vienna: United Nations Industrial Development Organization, 2015, pp. 221 – 222。

业就业人口少和中高技术制成品出口量少方面。据统计，2014年非洲制造业增加值仅占非洲国内生产总值的10.1%和全球制造业总产值的1.6%；2013年非洲制造业就业人口仅占非洲就业总人口的10.7%，制成品出口占非洲商品出口总额的47%，占全球制成品出口总额的2%，且所出口的制成品主要是资源型和低技术产品。[①] 如果单看数据，今日非洲工业化程度与20世纪70年代初相比还呈下降态势。

20世纪90年代中后期至2008年国际金融危机爆发前的10余年间，非洲经济曾出现一段持续加速增长的黄金期。但2008年以来非洲内外出现的接二连三的经济和政治危机，尤其是2014年下半年起以石油为主的国际大宗商品价格持续暴跌对非洲经济产生巨大冲击，使得非洲经济结构的脆弱性再次显露无遗。正是在这种背景下，非洲国家和非洲各层级区域一体化组织纷纷调整经济发展战略与政策，加大工业化推进力度，期望通过快速工业化改变非洲对外依附性强的脆弱经济结构，为各国的减贫和就业提供强劲支撑。非洲第一大贸易伙伴中国因国内劳动力成本上升、众多工业部门产能过剩而掀起的国际产业合作热潮，也为非洲推进工业化进程提供了新机遇。

一 非洲工业化战略相关方案或构想

2015年至今的一年多时间内，先后有4个比较重要的有关如何推进非洲工业化进程的方案或设想面世，并引起非洲大陆内外决策层和学术界的密切关注。按公布时间次序，这4个方案或设想分别来自：2015年7月埃塞俄比亚总理经济顾问阿尔卡贝·梅蒂库博士发表的学术专著《非洲制造：埃塞俄比亚的产业政策》（以下简称"阿尔卡贝的《非洲制造》"）、2015年9月非洲联盟委员会公布的《2063年议程：我们想要的非洲——框架文件》（以下简称"非盟的《框架文件》"）和《2063年议程：我们想要的非洲——第一个10年实施计划（2014—2023年）》（以

[①] 联合国工业发展组织有关非洲制成品出口占比较高，主要源于它将非洲经简单加工的资源产品也纳入制成品类。See UNIDO, *Industrial Development Report 2016*, pp. 35, 181 – 182, 229 – 234.

下简称"非盟的《实施计划》")、2016年2月美国布鲁金斯学会发表的学术专著《非洲制造：学会在工业中竞争》(以下简称"布鲁金斯学会的《非洲制造》")，以及2016年4月联合国非洲经济委员会公布的《转型中的非洲工业政策》(以下简称"非经委的《工业政策》")。考虑到非盟的《框架文件》和《实施方案》更具政策指导性，下面首先介绍这两份文件。

（一）非洲联盟有关非洲工业化战略的构想

1. 非盟的《框架文件》提出非洲工业化长远战略[①]

第一是2063年工业化战略目标。总目标是通过工业化尤其是制造业的发展促进非洲经济转型，提升非洲资源附加值，创造高薪岗位，增加民众收入，扩大非洲制造业在全球价值链的份额，最终在2063年让非洲成为一个宏观经济稳定、经济结构多样化、经济实现加速与包容性增长的大陆。具体目标包括：到2063年，非洲年均国内生产总值增长率不低于7%，投资率和储蓄率超过25%，制造业增加值在现有基础上至少增长5倍，制造业产值占国内生产总值的比重达到50%以上，制造业部门吸纳50%以上的新增劳动力人口，技术驱动的制造业占非洲制造业产出的50%以上；非洲将有效参与全球价值链，既包括低端价值链，也包括高端价值链；在非洲各个矿产资源和其他自然资源富集地区，将涌现出一批区域制造业中心，将出现非洲人控股的全球500强企业；非洲将继续在全球自然资源市场占主导地位，并通过建立一批大型大宗商品交易所，增加非洲人对相关矿产资源企业的控股比例，扩大对采掘业的控制权和所有权，逐渐增加对矿产资源开采的控制，避免资源产品价格的剧烈波动；建立一批世界级的科技研究中心，促进工业、制造业、自然资源开采业的转型。

第二是实现2063年目标的政策措施建议。为确保非洲工业发展尤其是制造业部门的增长，非盟敦促成员国大力支持私营部门的发展，重点是纠正市场和制度缺陷，营造私营企业运营的良好环境，提升私营企业

[①] See African Union Commission, *Agenda 2063*: *The Africa We Want—Framework Document*, Addis Ababa: The African Union, September, 2015.

的创新能力和竞争能力；鼓励私营企业积极参与公共项目投资，如信息通信、交通和电力等基础设施建设项目的投资；各国应通过实施适宜的政策，组建适宜的机构，积极参与全球价值链特别是价值链的高端部分，而无须创建本国完整的工业体系；非盟还将大力加强与各种外部伙伴关系的合作，推进非洲的工业化与基础设施建设。

2. 非盟的《实施计划》提出非洲工业化近期战略[①]

第一是2023年工业化战略目标。总目标是通过工业化促进非洲经济转型与就业增加。具体目标包括：到2023年，非洲年均国内生产总值增长率至少达到7%，制造业产值占国内生产总值的比重比2013年增长50%以上，非采掘业工业产值至少有30%为非洲本土企业创造，采掘业工业产值至少有20%为本土企业创造，每年有20%的非正规部门企业转化为正规部门企业，其中由妇女拥有的此类企业的转化率不少于50%；成立至少5个大宗商品交易所，每个区域经济一体化组织内部至少有一个制造业中心开始运作。实现目标的时间表：2015年前由非盟出台指导成员国制定产业政策的方针；2017年前非洲各区域经济一体化组织出台各自的共同产业政策和建立区域制造业中心或工业发展特区的相关计划；2019年首个地区制造业中心开始运作。

第二是实现2023年目标的政策措施建议。非盟希望各成员国致力于实施促进宏观经济稳定的政策，实施非盟《加速非洲工业发展计划》，实施能促进国内储蓄和投资的政策，实施能增加中小微企业融资机会的政策；制定基于价值链概念的产业政策，创造能促进制造业增长与发展的必要环境，提升国内企业特别是中小微企业参与地区、大陆或全球价值链的能力；增加制造业、采掘业和服务业领域的科技与研发投入；制定和实施成立地区制造业中心、地区商品交易所的战略。

第三是实现2023年目标的融资建议。可持续和可预见的融资是成功实现10年计划的关键，应发展综合性融资手段，包括内部融资和外部战略伙伴融资，但应尽可能实现内部融资。内部融资主要有两个渠道：一是利用现有的商业金融中介机构如商业银行、小额信贷机

[①] See African Union Commission, *Agenda* 2063: *The Africa We Want—First Ten-Year Implementation Plan* 2014 – 2023, Addis Ababa: The African Union, September 2015.

构、开发性金融机构和保险公司进行融资；二是通过发展股票市场和债券市场以及创建新的金融中介机构进行融资。外部战略伙伴融资应重点关注技术转让、促进非洲内部贸易与出口、促进非洲中小微企业发展。在利用外部融资的同时，非洲国家必须采取一切措施减少对援助的依赖。

（二）联合国非经委有关非洲工业化战略的政策建议[①]

非经委的《工业政策》是在系统梳理非洲工业化历史以及发展中国家工业化经验的基础上提出的非洲如何在新的国际经济环境中加速推进工业化的产业政策建议。

1. 发展制造业的重要性

经济发展的本质是生产能力的提高，而生产能力提高的最有效途径是制造业部门的扩张。理论上，一个国家的经济发展可以基于任何产业——制造业、服务业或农业，但资本主义的发展史表明，鲜有国家能够在没有强大制造业的基础上发展其经济。这是因为，制造业部门——尤其是在发展中国家，比农业部门和服务业部门拥有更强更广的生产力增长潜能和空间，能够作为经济活动学习中心发挥扩散技术的作用，能够提供更多有偿就业岗位。通过发展制造业、促进经济多元化，能有效降低过于依赖初级产品产业的宏观经济波动风险，尤其是在国际初级产品贸易条件总体呈不断恶化的情况下，依靠初级产品产业的国家发展前景越来越黯淡。长期依赖初级产品产业发展的非洲国家事实上也有发展制造业、实现经济多元化的优势。非洲也只有通过发展制造业将其丰富的自然资源转化为资本，才能实现经济转型，才能在未来的全球经济体系中占有一席之地。

2. 实施积极产业政策的重要性

不同的经济理论和历史经验表明，如果没有灵活连贯的产业政策，制造业不可能在一个经济落后的国家发展起来。经济落后的发展中国家只有制定和实施以发展制造业为主的产业政策，才能实现经济

[①] See UNECA, *Transformative Industrial Policy for Africa*, Addis Ababa: United Nations Economic Commission for Africa, 2016.

转型。非洲的未来发展前景同样取决于非洲国家能否制定和实施推进制造业发展的产业政策。当然，一个国家的产业政策能否成功，能否真正推动本国工业化发展，还取决于一系列因素，包括这个国家的总体政治经济环境，政府与资本的关系，政府的行政管理能力，政府的相关激励制度，乃至该国的意识形态取向。但无论如何，政府必须发挥推动者的作用。

3. 实施积极产业政策面临的新挑战

当今，国际经济环境发生了两大明显变化：一是伴随世贸组织的建立以及国与国之间双多边贸易与投资协议安排的扩散，工业落后国家实施积极产业政策的空间在不断萎缩；二是由大型跨国公司控制的全球价值链呈不断扩散与强化态势，导致工业落后国家实施积极产业政策的效率大大降低。不过，国际经济环境的变化并不意味着产业政策已无关紧要，相反，它对工业水平落后的非洲国家而言更为重要，只是各国在设计工业发展战略和产业政策时必须更加灵活和机智。有些产业政策属于国内政策范畴，通常不会受全球规则变化的影响。即使在新的全球规则覆盖的领域，也有灵活应对的空间。

4. 应对新挑战的产业政策建议

非经委认为，非洲应大力推进地区一体化进程，没有强劲的地区一体化，就不会有工业部门的强劲增长。就国家层面而言，各国必须依据国情制定明智的产业政策，既要积极融入全球价值链，建立与大型跨国公司的密切商业关系，又要千方百计保护国内幼稚产业的发展，缓解廉价进口制成品对本国制造业的冲击。融入全球价值链一方面有利于非洲国家获取必要的技术，另一方面也可能影响非洲国家自我发展战略的选择，因此非洲国家在加入某个全球价值链之前，应明晰其长远发展战略，并尽可能选择最能发挥其潜力的产业，引导控制全球价值链的外国企业加强与本国经济的前后关联度，鼓励外国企业加强与本国供应商的联系，必要时可制定相关产业的合资经营条款、外企向东道国转移技术的条款等。在现行环境下，非洲国家还可采用如下一些产业政策工具：出口补贴政策，政府主导下的行业整合型企业合并，鼓励投资的税收减免政策，成立政府资助的研发中心，低价向私营企业转让技术，政府采购政策，利用国有企业启动或发展私人部门不愿介入的幼稚产业，限制某些产品如原材料的出口等。

（三）埃塞俄比亚工业化实践的政策启示[①]

阿尔卡贝的《非洲制造》以埃塞俄比亚过去 20 多年工业化实践的案例研究为基础，以其他发展中国家的工业化经验教训为参照，并结合作者参与埃塞俄比亚高层决策 20 多年的丰富经验，提出了非洲低收入国家实现工业化的最优路径。

1. 顶层设计至关重要

低收入国家不应简单地遵循传统的比较优势理论所倡导的产业发展路径，而应制定和实施积极的产业政策，特别应注重中央政府对工业化战略的短期、中期和长期规划。只有这样，才能促进工业发展。早在 1994 年，埃塞俄比亚执政党埃塞俄比亚人民革命民主阵线（简称"埃革阵"）就制定了《埃塞俄比亚工业发展战略》（Industrial Development Strategy of Ethiopia），提出出口导向型、农业主导型、劳动密集型工业发展战略，作为该党的指导性文件。1995 年该文件指导思想被纳入政府制定的工业化战略文件——《农业发展导向型工业化战略》（Agricultural Development-led Industrialization）。2010 年，埃塞俄比亚政府又制定了新的工业化战略——《增长与转型计划（2010—2015）》（Growth and Transformation Plan），把制造业增长和经济转型设为中心目标，并提出制造业年均增长 20%、出口额 5 年内增长 5 倍的具体指标。[②]

2. 聚焦劳动密集型和出口导向型产业

产业政策是一个国家工业化成功的中心环节，产业发展尤其是制造业的发展是实现经济转型和增长的主要驱动力。近 20 年间，埃塞俄比亚政府重点发展劳动密集型和出口导向型产业，如纺织工业、皮革工业和花卉工业，但同时也关注某些国内消费需求旺盛的进口替代型工业，如水泥工业、食品工业、药品制造业。为了推进政府工业化战略与各项产

[①] See Arkebe Oqubay, *Made in Africa: Industrial Policy in Ethiopia*, Oxford: Oxford University Press, 2015.

[②] MOFED, *Growth and Transformation Plan 2010–2015*, Addis Ababa: Ministry of Finance and Economic Development, 2010.

业政策的顺利实施，解决工业化融资难题，埃塞俄比亚政府倾向于支持国有企业直接参与相关经济活动，或者是利用政府控制银行业的便利，让国有政策性银行以长期贴息贷款的方式支持政府优先发展项目，尤其是一些具有战略意义的项目。例如，面向欧洲出口的花卉工业一直由埃塞俄比亚开发银行提供融资支持，且贷款基本不用担保。2010年8月，埃塞俄比亚政府还采取本币贬值政策，促进花卉出口。

3. 设立专门机构强劲推动产业政策的实施

为了推动产业政策实施，埃塞俄比亚政府先后支持成立了许多专门机构，如皮革工业发展研究所（Leather Industry Development Institute）、纺织工业发展研究所（Textile Industry Development Institute）、金属工业发展研究所（Metal Industry Development Institute）、皮革工业协会（Ethiopian Leather Industry Association）、园艺开发署（Ethiopian Horticulture Development Agency）、园艺生产与出口商协会（Ethiopian Horticulture Producers and Exporters Association），等等。一些机构还由政府首脑担任领导。如2003年成立的国家出口协调委员会（National Export Coordination Committee），就由总理担任该委员会主任，且该委员会每月至少召开一次会议，每次会议至少持续一天。也正是该委员会的努力，埃塞俄比亚的商品出口额在2006—2012年间从10亿美元增至32亿美元，年均增长约22%。[①] 2011年埃塞俄比亚政府又新成立了国家进口替代、建设和创造就业委员会（National Committee of Import Substitution, Construction, and Employment Creation），也是由总理担任该委员会主任。

4. 保证各项战略和政策决策的自主性

无论是宏观的工业化战略，还是中观的产业政策，后发国家在决策过程中必须保持自主性、独立性，不屈从于任何利益群体的压力，尤其是不屈从于国际金融机构和国际援助方的压力。比如，埃塞俄比亚政府就坚决顶住外部压力，没有向外国银行开放金融部门，没有对公用事业和电信部门实行私有化，没有改变土地公有制度，没有停止修建复兴大坝。许多非洲国家独立数十年来一直做不到自主决策，现在必须重视这一问题了。

[①] Arkebe Oqubay, op. cit., p. 100.

(四) 美国布鲁金斯学会有关非洲工业化战略的政策建议[①]

布鲁金斯学会的《非洲制造》在系统梳理非洲国家独立以来工业化经验教训的基础上，提出未来非洲国家如何发展制造业、非洲国家企业如何提高国际竞争力的4点政策建议。

第一是继续改善企业生存、发展的基本环境。非洲国家应加大基础设施投资力度，解决基础设施短缺问题，尤其是电力基础设施、交通基础设施和高速数据传输基础设施领域的短缺问题；应加大中学和职业技术教育投入力度，提升教育质量，解决工业化技能人才严重不足的问题；应改革企业运营的体制机制，降低企业运营成本。

第二是大力推动工业制成品出口。非洲国家应大刀阔斧改革影响出口的各种规制，降低关税壁垒和非关税壁垒，简化出口程序尤其是来料加工贸易的出口程序，减少海关公职人员低效腐败的检查环节；大力改进来料加工贸易的物流服务，提升物流配送时效；打通国与国之间的交通瓶颈、规章制度瓶颈，方便出口制成品的跨境流动，特别是方便众多内陆国家的制成品出口。

第三是通过引进外资提升本国企业能力建设。非洲国家应加大吸引外国直接投资力度，把吸引外资流入作为提高本国企业能力建设的一个主要工具。建议非洲国家政府把招商引资机构置于总统或总理直接领导之下，且要重视外资招募、筛选、培育、维护等各个环节，尤其是后两个环节，同时要注重拓展本国企业与外国企业之间的产业链关联度。

第四是完善经济特区运行机制。非洲国家应通过设计特殊的地域产业政策，创建企业和产业分布相对集中的产业群，这种模式有利于大规模地吸引投资者。非洲国家过去经历的类似的经济特区试验大多不成功，吸引的投资少，产品出口少，创造的就业岗位有限，主因在于这些经济特区与东道国国内经济联系不密切，东道国政府未重视对园区提供应有的公共与商业服务。建议将经济特区主管机构置于总统或总理直接领导之下，以提高经济特区运行效率。还可通过特殊的政策设计，消除外国

[①] Carol Newman, John Page, John Rand, Abebe Shimeles, Måns Söderbom and Fin Tarp, *Made in Africa: Learning to Compete in Industry*, Washington D. C.: Brookings Institution Press, 2016.

企业和本国企业联系的壁垒。

（五）非洲工业化战略相关方案或构想比较

上述四个方案或构想可以说代表了近期非洲大陆内外决策层和学术界对非洲工业化战略的主流思想，这些思想既有共同点也有不同点。四个方案或构想的共同点主要体现为以下几点：第一，一致认可工业化尤其是制造业对非洲经济发展、经济转型、脱贫和就业具有重要意义；第二，一致强调非洲国家政府应在工业化进程中发挥积极作用，尤其应重视产业政策的制定和实施；第三，一致提出非洲国家应加强制成品出口，倾向于支持出口导向型工业；第四，普遍重视吸引外国直接投资，以促进非洲工业化。

尽管如此，笔者感觉4个方案或构想的不同点还是要多于共同点，或者说，这些方案或构想各自的特点更鲜明。非盟的《框架文件》和《实施计划》是具有政策指导意义的官方文件，其中《实施计划》如何在成员国执行已被纳入非盟第26届首脑会议决议。[①] 然而，必须注意的是，非盟的官方文件虽具指导性甚至一定的权威性，但成员国是否执行非盟的文件和决议是未知数，因为非盟缺乏能够强制约束成员国的行政权力。这也是尽管历史上非盟及其前身非统组织不乏各种宏伟规划，但真正得到贯彻落实的却少而又少的原因。而且，非盟这两份文件中有关非洲工业化战略的构想仅是其《2063年议程》七大愿景（Aspirations）[②] 的组成部分之一，愿景说到底是一种期盼、是一种梦想，旨在激励非洲国家政府和人民为美好未来而去奋斗。

---

① See African Union, *Decision on the Domestication of the First Ten-Year Implementation Plan of Agenda 2063*, Assembly/AU/Dec. 588 (ⅩⅩⅥ) Assembly of the African Union, 26th Ordinary Session, 30–31 January 2016, Addis Ababa, Ethiopia.

② 《2063年议程》七大愿景包括：以包容性增长和可持续发展为基础的繁荣的非洲，以泛非主义思想和非洲复兴愿景为基础、实现政治团结与经济融合的非洲，良治、民主、尊重人权、正义和法治的非洲，和平与安全的非洲，具有强烈文化认同与共同遗产、共同价值观、共同道德观的非洲，致力于以人为本的发展并能发挥非洲人民特别是妇女和青年潜力、关爱儿童的非洲，强大、团结、充满生机并且是有影响的全球事务参与者的非洲。有关非洲工业化战略的构想主要包含在第一大愿景中。See African Union Commission, *Agenda 2063: The Africa We Want—Framework Document*, pp. 2–19.

非经委的《工业政策》、阿尔卡贝的《非洲制造》和布鲁金斯学会的《非洲制造》是立足于理论与实证研究基础之上、学术思辨色彩比较浓厚的政策建议类方案。其中非经委的《工业政策》由韩国发展经济学泰斗、剑桥大学经济学院发展政治经济学高级讲师张夏准（Ha-Joon Chang）主笔撰写。该书的主题是探讨非洲国家在工业化进程中应该采取的产业政策，主旨是为了"帮助非洲产业政策制定者发挥政策想象空间"[1]，因而全书对产业政策理论及其实施效果、不同地区不同国家产业政策实践的成败案例有细致入微的研究，对非洲国家、非洲不同层级的一体化组织制定实施适合国情的产业政策极具借鉴参考意义。

阿尔卡贝的《非洲制造》是近年来少有的由非洲本土经济学家撰写的研究非洲经济问题的学术精品。初闻此书相关信息并得知作者是一名政府高官时，笔者曾误以为这是一本非洲国家政府宣介本国投资环境的书，但受书名及牛津大学出版社金字招牌吸引细读此书，立刻被作者深厚的经济学功底、对本国国情及非洲洲情的深刻洞察所折服，作者对埃塞俄比亚产业政策及这种政策实践对其他非洲国家的借鉴意义的精辟分析，自然也显得非常有说服力。不可否认，埃塞俄比亚政府干预型的工业化经验是否能在其他非洲国家推广，该国工业化进程近年来所保持的快速发展势头是否能持续，都有待学术界进一步观察和研究，但埃塞俄比亚领导人大胆果敢的探索精神，埃塞俄比亚学者一丝不苟的分析总结，是值得所有非洲国家领导人和学者认真学习的。当然，非洲国家领导人在学习别国经验时，一定要结合本国国情，就像阿尔卡贝在总结埃塞俄比亚工业化经验时所分析的那样，埃塞俄比亚政府之所以能够在制定实施产业政策时发挥巨大作用，很可能与埃塞俄比亚独特的联邦制政体和埃革阵长时间执政有关，这种体制保证了埃塞俄比亚的政治稳定性和政策延续性。[2]

布鲁金斯学会的《非洲制造》是非洲开发银行等机构资助的一个研究项目的结晶，由爱尔兰、美国、丹麦、埃塞俄比亚、瑞典等国多位知名经济学家共同参与完成。该书对非洲工业化所提政策建议重点聚焦微

---

[1] UNECA, op. cit., p. 162.
[2] Arkebe Oqubay, op. cit., pp. 242–244.

观层面,即如何提高非洲国家企业的国际竞争力。由于该书作者主要来自西方国家,他们的许多政策建议实际上既有利于非洲国家企业的发展,也有利于西方跨国公司在非洲的发展。比如通过引进外资提升本国企业能力建设这一政策主张,就特别强调要重视对外资的培育和维护,这显然主要是为了保护西方跨国公司的利益。

二 非洲工业化面临的主要难题及破解路径

上述非洲工业化战略方案或构想只是众多类似方案或构想中有代表性的几项。事实上,几乎每个非洲国家、每个次区域一体化组织都有自己的工业化战略方案或构想。但非洲过去几十年工业化实践的历史表明,有了方案或构想,只是迈出工业化万里征途的第一步,各种方案或构想是否符合非洲发展现状、能否满足非洲工业化需求,还有待实践检验。就现状而言,非洲工业化至少有以下几方面的难题需要率先破解。

(一)非洲工业化的产业布局问题

工业涵盖的产业门类众多,而且随着工业化在全球范围内不断向广度和深度推进,工业与农业和服务业的渗透与融合不断强化,工业门类有越分越细的趋势。[①] 这就意味着一个国家的工业化战略必须有清晰的产业布局。非洲工业化事实上可分成3个层面的工业化:非洲大陆层面的工业化;非洲次区域层面的工业化;非洲国别层面的工业化。上述3个层面的工业化对产业布局的要求显然不完全相同。现有的各种非洲工业化战略方案或构想大多是基于国别层面,其目标侧重于单一经济结构的改造或经济转型,强调发展制造业特别是劳动密集型或出口导向型制造业,缺乏对大陆层面和次地区层面工业化战略的整体规划,尤其缺乏对产业布局的谋划,而这应该是设计非洲工业化战略不可或缺的环节。

---

① 传统的产业分类通常将工业按生产结构分为轻工业和重工业两大类,或按工业在国民经济中的地位分为基础工业和支柱工业等类。新的产业分类一般将工业分为采掘业、制造业和水电气供应三大类,或者按生产要素集约程度分为劳动密集型工业、资本密集型工业、技术密集型工业和知识密集型工业,等等。参见石奇《产业经济学》(第二版),中国人民大学出版社2011年版,第6—14页。

非洲工业化战略方案或构想之所以缺乏大陆层面的产业布局谋划，一方面与非洲一体化进程发展滞后有关，另一方面也与新的工业分类法逐渐取代传统的工业分类法有关。此处重点分析后一方面的问题。传统的工业分类法强调不同的工业部门在国民经济中所发挥的不同作用，实际上这种分类法对工业化起步国家更具指导意义，尤其是在产业布局方面。新分类法中的制造业完全取消了轻重工业的划分，更侧重于从专业层面或技术层面区分不同的工业门类，这极有可能让工业化起步国家抓不住发展重点。西方主流经济学舍弃传统的工业分类法而力推新的工业分类法，是因为这种新的分类法更有利于西方发达国家跨国公司构建全球产业链。非洲要想在全非层面推进工业化，并通过工业化实现经济转型、经济独立，一定不能满足于单纯地融入全球产业链，而应构建立足非洲自身经济发展的产业布局，应尽可能建立相对完整的工业体系。对于非洲众多小国而言，建立完整的工业体系可能既没有基础也没有必要，但对非洲人民期盼的非洲联邦国或联盟国①而言，完整的工业体系是这个非洲统一国家实现真正的政治独立与经济独立的前提条件。

　　传统的轻重工业分类理论或许可为非洲工业化战略提供思想资源。按照轻重工业分类理论，轻工业是生产消费资料的工业部门，包括食品工业、纺织工业、皮革工业和家具工业等；重工业是生产生产资料的工业部门，包括能源工业、钢铁工业、石化工业、机械工业等。工业化的核心应该是重工业，因为重工业各部门的发展水平通常是衡量一个国家工业化程度的重要标志，重工业还是轻工业以及现代化农业的基础。从这一点来看，非洲的工业化必须瞄准重工业，没有重工业的发展，非洲就不可能实现真正的工业化。就生产要素特别是生产资料条件看，非洲各种重工业原材料最丰富，具有发展重工业的资源优势。中国产能过剩严重、希望向外转移的工业产能也主要集中在重工业部门，因此非洲也具有发展重工业的外部良机。然而，重工业通常是资本、技术密集型产业，处于工业化起步阶段的非洲国家普遍面临资金不足和技术短缺问题，因此，现阶段非洲国家更重视轻工业部门的工业化，尤其是劳动密集型

---

① See African Union Commission, *Agenda 2063：The Africa We Want—Framework Document*, Addis Ababa：The African Union, September 2015, p. 10.

轻工业，因为此类轻工业技术门槛低，投资规模可大可小，而且是对民生和就业有较大影响的工业部门，又非常有助于工业化进程中的资本积累。在这种情况下，如何平衡轻、重工业的比重，就成为非洲国家必须高度重视的问题。

中华人民共和国成立初期工业化实践中轻重工业发展的经验教训尤其值得非洲借鉴，对此毛泽东主席在其经典著作《论十大关系》中有很好的总结。《论十大关系》首先论述的一大关系就是重工业和轻工业、农业的关系。毛泽东指出，重工业是经济建设的重点，必须优先发展，但也不能片面发展重工业，忽视农业和轻工业；在把重工业作为投资重点的情况下，适当增加农业和轻工业投资的比例，这样可以更好地供给人民生活的需要，更快地增加资金的积累，更好地发展重工业。[①] 中国在经济建设过程中走过不少弯路，但它能在短短几十年内几乎是从无到有建立起系统完整、门类齐全的工业体系，应该主要归功于优先发展重工业的战略决策。目前流行的产业分类法已将原属轻、重工业项下的产业部门均纳入了制造业体系中，非洲工业化战略决策者一定不能被烦琐复杂的新分类法蒙蔽双眼，要认清哪些工业部门是重型的、核心的，哪些工业部门是轻型的、外围的，要重点推进重型、核心工业部门的工业化。这对制定全非工业化战略的非盟来说尤为重要。

（二）生产规模化与市场碎片化冲突难题

工业化或现代工业生产最大的特点是有组织的大规模生产，通常是以大规模工业企业为主要载体，以机器为主要工具进行大批量、标准化产品的生产，且这些企业在地域上相对集中。工业生产之所以追求规模化生产，是由于规模化生产有利于提高劳动生产率，扩大产品市场占有率；有利于降低单位生产成本，提高产品竞争能力；有利于提高企业的抗风险能力。随着科学技术尤其是信息科技的飞速发展，传统的规模化、标准化的工业生产模式正在受到越来越大的冲击，小批量、定制式的工业生产模式正在快速萌芽与形成之中。但鉴于非洲国家的工业化大多处

[①] 毛泽东：《论十大关系》，载《毛泽东文集》第7卷，人民出版社1999年版，第23—44页。

于起步阶段，起步阶段的工业化主要是实现从传统工业向现代工业、从手工业向机械化大工业的转型，包括从手工生产向机械化、电气化和自动化生产，从手工产品向标准化产品，从传统工艺向现代技术的转型。加上非洲市场对标准化工业产品有巨大需求，因而规模化、标准化的工业生产模式预计将在较长时间内主导非洲的工业化进程。然而，非洲严重缺乏现代工业规模化生产的环境和条件。

众所周知，非洲国家和人民自独立以来就一直在泛非主义思想指引下致力于实现非洲的联合与统一，致力于建立一个联邦式的统一国家。但几十年过去了，非统和非盟虽然也在维护非洲和平与安全、推进非洲大陆经济融合等方面取得了很大进步，但建立统一国家的目标却一直未能实现。今日非洲仍然是民族主权国家占据政治舞台中心，在人口约12亿、面积约3000万平方公里的土地上，分布着54个各自为政的国家。除少数国家外，绝大多数非洲国家国土面积小、人口总量少，国与国之间的经济交往非常有限，一些相邻国家还常因各种原因关系紧张或互为敌手。非洲区域内货物贸易水平低可以很直观地反映这种情况。据统计，2014年，欧洲、亚洲和美洲三大洲区域内货物贸易额占其货物贸易总额的比例分别约为69%、61%和56%，而非洲的相应比例只有约16%，其中南部非洲发展共同体约为19%，东非共同体约为18%，东部和南部非洲共同市场约为11%，西非国家经济共同体约为9%，北非约为5%，中部非洲经济与货币共同体约为2%。[①] 从上述数据可以看出，非洲一体化进程不仅在大陆层面进展缓慢，在次地区层面同样进展缓慢，而各层级一体化进程缓慢的主要原因在于非洲各国间跨境交通基础设施落后，且存在各种非关税壁垒和技术壁垒，严重影响国与国之间货物、资本和人员的自由流动。这种状况自然极不利于工业化时代的规模化生产。

尤其应注意到，由于非洲国家普遍缺乏资金、技术和管理经验，各国在工业化起步阶段更注重吸引外国直接投资，希望外国投资者带给它们资金、技术和管理经验，进而推进本国的工业化。但外国投资者不是

---

① African Development Bank, Organization for Economic Cooperation and Development, and United Nations Development Program, *African Economic Outlook 2016*, Paris: OECD Publishing, 2016, p. 83.

> "一带一路"与非洲

慈善家,他们的投资行为主要受利益驱动。就流入非洲的外国直接投资现状看,绝大多数属于资源寻求型、市场寻求型和环境污染转移型投资。非洲资源和市场之所以对外国投资者有吸引力,主要源于外国投资者通常把非洲视为没有国界分割的统一实体或统一市场,或者以为他们可以整合非洲市场。然而,事实上非洲市场碎片化很难被整合,很难满足外国投资者生产规模化、利益最大化的期望。当然,也有非洲学者认为,如果外国直接投资属于市场寻求型投资,那么这类投资不一定会帮助非洲实现工业化。①

非洲市场碎片化窘境已在一些大力推进工业化的非洲国家显现。例如,埃塞俄比亚自2004年以来因建筑热潮导致水泥需求量大增,国内水泥供不应求,政府开始大力扶持水泥工业的发展,国内企业、外资企业蜂拥而入,创建了众多水泥厂。截至2016年第一季度,埃塞俄比亚的水泥厂已超过20家,合计总产能接近1500万吨。埃塞俄比亚已从一个水泥生产小国迅速成长为撒哈拉以南非洲仅次于南非和尼日利亚的第三大水泥生产国。遗憾的是,水泥产能和产量的快速增加却未能与消费需求同步发展。埃塞俄比亚政府原先预计到2015年,国内水泥消费量将达到2700万吨,实际上当年消费量仅547万吨。水泥供大于求的局面事实上在前几年已显露端倪,近年来已有一些埃塞俄比亚水泥生产厂家试图将水泥出口到南苏丹、吉布提和肯尼亚等周边国家,可这些国家的市场容量也有限,加上长途运输缺乏价格竞争优势,出口外销似乎也不能解决问题。在这种情况下,埃塞俄比亚政府只好采取禁止新投资、取消投资贷款等办法来缓解水泥产能过剩问题。② 这种情况值得非洲国家政府以及外国直接投资者在实施大规模工业化项目时深思和警觉。

为了破解生产规模化与市场碎片化冲突难题,非洲工业化与非洲一体化必须同步发力、同步推进。就这一点而言,非洲领导人似乎已形成共识。非盟的《框架文件》和《实施计划》已制定了比较清晰的路线图,

---

① James Shikwati,"Why Africa's Industrialization Is Still a Mirage", https://africanexecutive.com/article.php?section_id=56%20&&%20article_id=8980,2016-05-03.

② 《埃塞俄比亚:水泥行业走在十字路口》,2016年3月31日,中国水泥网(http://www.ccement.com/news/content/8400706620020.html)。

特别是非洲大陆自由贸易区建设正在有条不紊的推进之中。2015年6月，非洲三大区域经济组织东部和南部非洲共同市场、南部非洲发展共同体和东非共同体已正式签署"三方自由贸易区协议"。之后，非盟启动了非洲大陆自由贸易区谈判进程，预计2017年将达成相关协议。必须注意的是，根据非洲的惯例和经验，各种协议只有经签署国议会批准方可实施，但这个批准过程有可能相当漫长甚至不了了之。所以，外国投资者对非洲的一体化进程既要有信心也要有耐心。因为面对全球化的挑战，非洲领导人一方面高度认同团结合作对非洲未来发展和复兴的重要性，渴望早日实现一体化，另一方面在统一国家未建立之前又不能不高度重视本国利益和眼前利益的维护，如何在两者之间平衡推进并不容易。即使在经济发展水平较高、一体化程度较高的欧洲，也常会因这样那样的问题引发成员国的离心倾向，在经济发展水平较低、一体化程度较低的非洲，一体化进程肯定会充满困难和挑战。

（三）经济多元化与资源依赖症破解难题

长期以来，经济结构单一一直是制约非洲国家经济发展的核心因素，[①] 也因此，非洲各国的工业化战略诉求基本上是以实现经济多元化为主要目标。然而，非洲国家几十年来的经济多元化实践表明，当各种各样的单一经济历经时间变迁已演变为各国国民经济的支柱产业，且这种支柱产业被深深卷入由西方发达国家所掌控的全球产业链之后，任何改变单一经济结构、实现经济多元化的努力都会异乎寻常的艰难。最主要的难点在于：第一，作为非洲各国支柱产业的单一经济常常也是各国外汇收入乃至经济发展资金甚至财政收入的主要来源，相关国家的经济发展、社会发展乃至政治发展和对外交往都会不同程度地被这种畸形经济结构所左右，对其进行改革或调整极易引发财政危机或经济危机，进而危及政权稳定。第二，非洲国家的各种单一经济主要是采掘业或经济作物种植业，而此类产业大多被西方跨国公司或直接、或间接地操控，非洲国家很难对这类产业进行真正的改造。第三，非洲市场碎片化状态不

---

① 参见刘金源《单一经济及其依附性后果——以加纳为例》，《西亚非洲》2002年第4期，第30—34页。

仅体现在国与国之间，也体现在一个国家内部，如地区分割、城乡分割、族际分割、宗教分割等，这意味着本来就十分有限的资源更难被集中起来统筹使用。正是这三大难点导致非洲国家几十年来改造单一经济结构、追求经济多元化的实践未取得明显成效。生产和出口少数几种初级农矿产品、进口绝大多数工业制成品，至今仍是大多数非洲国家的基本经济结构和产业布局。

进入21世纪以来的头10余年间，以原油为主的国际大宗商品价格经历了一轮快速增长周期，非洲资源型国家普遍享受到了国际初级产品价格上涨带来的红利，经济出现持续加速增长的态势。但红利背后似乎隐藏着巨大陷阱，那就是不少非洲国家进一步丧失了改造单一经济结构的动力，导致单一经济结构在这一时期不同程度地得到强化，最明显的表征就是一些国家出现了"去工业化"或"去制造业化"的奇特现象，即工业尤其是制造业在国民经济中所占的比重持续下降，出口产品中初级产品的比重增加，制成品出口的比重下降。据联合国工业发展组织统计，1995—1999年间，非洲制造业增加值占国内生产总值的年均比例尚达13.3%，到2010—2013年间，已降至年均9.6%；2000—2014年亚太地区制造业增加值占全球制造业增加值的比重从31.8%增至44.6%，增加了近13个百分点，而非洲则几乎是原地踏步，仅从1.5%增至1.6%；2008—2013年间，不少非洲国家的制成品出口额占出口总额的比重出现下滑，如中非共和国从62.2%降至47.2%，喀麦隆从54.6%降至33%，马达加斯加从79.6%降至55.6%，冈比亚从28.8%降至10.3%，塞内加尔从81.5%降至62.5%，南非从69.1%降至67%，赞比亚从30.9%降至25%。[1]

单一经济结构危害巨大不得不改造，改造单一经济结构又如此艰难，面对这样的境况，非洲国家究竟该怎么办？第一，不管单一经济结构改造起来有多难，非洲国家必须得下定决心进行改造，不能知难而退。第二，改造单一经济结构的目标有必要重新思考、重新定位。过去，非洲国家大多把实现经济多元化作为改造单一经济结构的目标，甚至不乏一些小国提出建立本国完整的工业体系的目标。事实上，上面分析过的市场碎片化状况使绝大多数非洲国家缺少工业化和经济多元化的基础，所

---

[1] See UNIDO, *Industrial Development Report 2016*, pp. 33, 182, 224-227.

以，就国别层面尤其是人口小国的工业化战略、经济转型战略而言，不应过分强调经济多元化，而应思考如何做大做强本国已有一定规模和优势的单一经济，让原先的单一经济尽可能向上下游两端延伸，促使单一经济树干生出茂盛的枝叶和花朵。经济多元化构想应主要立足于非洲大陆层面和次地区层面思考，由非盟和非洲各区域经济一体化组织通盘考虑、全面协调。非洲国家有不同特色的单一经济，如果从全非或地区层面设计、规划，各式各样的单一经济完全有可能发展成丰富多彩的多元经济体系。[①] 第三，改造单一经济结构的着力点应主要放在增加出口产品的附加值上面。目前非洲国家单一经济结构最大的缺陷是以生产和出口初级产品为主，所出口产品的附加值增加少，限制了非洲参与全球产业链的水平。例如，2012年，非洲棉产品出口额为39亿美元，其中主要是棉花出口，棉织品出口比重很小，而当年非洲进口的棉织品却高达40亿美元。[②] 增加出口产品的附加值，主要取决于恰当的产业政策，这要求非洲国家必须具有国际视野，了解相关产业的国际发展大势。

（四）工业化模式与路径选择难题

进口替代工业化战略和出口导向工业化战略是工业落后国家在推进工业化进程中惯常采用的两种工业化模式，这两种模式各有其优缺点。进口替代战略主要是利用高关税和外汇管制等手段限制基本消费品的进口，鼓励本国民族工业的发展，实现基本消费品的进口替代。这种模式的优点是可以充分发挥本国在资源等方面的优势，更有效地利用紧缺外汇资源；缺点是排斥竞争，忽视非进口替代工业部门的发展，阻碍出口发展。出口导向战略主要是利用出口补贴和引进外资等手段鼓励本国工业生产面向世界市场，以制成品出口替代初级产品出口，从中获得贸易利益并推动本国经济发展。这种模式的优点是引入竞争机制，大力促进出口，有利于积累发展资金；缺点是国内经济易受外部经济波动的影响，同类国家之间有可能出现恶性竞争。

[①] 参见李智彪《中国、非洲与世界工厂》，《西亚非洲》2012年第3期，第62—68页。
[②] United Nations, *World Economic Situation and Prospects 2016*, New York: United Nations, 2016, p. 134.

非洲国家在独立初期的工业化探索中普遍实行了进口替代战略。之所以选择这一战略，一是因为刚刚摆脱殖民主义统治、获得政治独立的非洲国家，同样渴望获得经济独立，摆脱前殖民宗主国对其经济的控制；二是长期统治非洲的西方殖民主义者基本上没有在非洲建立像样的工业，非洲国家独立时普遍缺乏可满足新独立国家广大民众基本消费需求的工业。通过实行进口替代战略，非洲国家也的确在开启工业化的征途上迈出了可喜的一步。据统计，1960—1970年间撒哈拉以南非洲（不含南非在内）制造业产值年均增长率高达8.3%，相当于同期国内生产总值增长率的2倍；制造业产值占国内生产总值的比重也由1960年的6.3%增至1970年的约11%。[①] 总之，非洲国家的制造业在这一时期获得了不同程度的发展，对基本消费品的进口依赖有所减轻。只可惜好景不长，进入20世纪70年代以后，大多数非洲国家的制造业生产开始走下坡路，进口替代战略难以为继。究其原因，不外乎以下4点：其一，非洲国家国内市场普遍狭小，建立进口替代制造业的成本过高，制成品缺乏竞争力；其二，进口替代制造业严重依赖资本产品和中间产品的进口，而非洲国家外汇短缺，无法支撑此类产品的进口；其三，非洲国家在实行进口替代战略的过程中偏重发挥国家的作用，创建了大量国有企业，投资了不少大型工业项目，而国有企业和国有项目的运营效率又很低，成为引发债务危机的导火索；其四，20世纪70年代的两次石油危机导致国际油价大幅上涨，对能源消费严重依赖进口石油的非洲影响较大，对快速发展中的工业化更构成致命打击。

面对进口替代战略实施过程中出现的问题，少数非洲国家及时调整政策，保证了工业化的稳步推进。如毛里求斯和突尼斯在20世纪70年代开始从进口替代战略向出口导向战略或进出口混合型战略转化，从而成为非洲大陆工业化相对成功的范例。据统计，1970—1980年间毛里求斯制造业增加值年均增长约17%，同期该国制成品出口额占出口总额的比重从零增至约25%；同一时期突尼斯制造业增加值的年均增长率也超过

[①] Carol Newman, John Page, John Rand, Abebe Shimeles, Måns Söderbom and Fin Tarp, op. cit., p. 35.

15%，制造业新创造的就业岗位仅 1972—1977 年间就高达 8.55 万个。[①] 遗憾的是，大多数非洲国家并没有像毛里求斯和突尼斯那样及时调整工业化战略，而是在不断深化的危机中逐渐放弃了经济发展战略的主导权，听命于世界银行和国际货币基金组织等外部机构的新自由主义指令，并最终导致今日非洲成为世界工业化最不发达地区。

进口替代战略是一种内向型经济发展战略，出口导向战略是一种外向型经济发展战略，这两种战略本无优劣好坏之分，而且严格地说，进口替代战略是一个主权国家发展民族工业、实现工业化的最根本途径。因为这一战略能够帮助一个国家减少经济对外依赖程度，提高独立发展经济的能力。世界工业化发展的历史也表明，现如今的工业经济强国如英国、美国、德国等国，在工业化初期都曾实施进口替代战略。但当全球市场逐渐形成以后，特别是这一市场被西方工业发达国家控制以后，西方国家不愿意再有新的竞争对手进入全球市场，而只希望工业落后国家成为其全球产业链的棋子，因而对进口替代战略采取打压态度。当日本以及亚洲"四小龙"等少数国家和地区利用冷战时期的特殊国际经济环境，通过实施出口导向战略实现经济腾飞后，出口导向战略随即被西方主流经济学追捧为唯一正确的经济发展道路，进口替代战略则被看作错误的经济发展道路。其实，出口导向战略的鼓吹者主要是为西方跨国公司的利益服务，目的是帮助西方跨国公司把世界各国的产业发展纳入其全球产业链。事实上，工业落后国家如果过于倚重出口，极易使本国经济产生对外依赖性，丧失自主发展的能力。1997 年亚洲金融危机的爆发已给这种战略敲响了警钟。

基于以上经验和理论分析后可以看出，无论是进口替代战略还是出口导向战略，似乎都可在非洲推行。一方面，非洲国家要想改变出口初级产品、进口制成品的单一经济格局，有必要大力发展进口替代制造业，以满足各国人民日常生活对工业产品的消费需求，满足各行各业的经济活动对工业产品的消费需求；另一方面，非洲国家经济发展资金严重短缺，依靠出口初级产品创汇来解决资金短缺问题又无异于饮鸩止渴，这

---

① Carol Newman, John Page, John Rand, Abebe Shimeles, Måns Söderbom and Fin Tarp, op. cit., p. 43.

样看来大力发展出口创汇型制造业又是比较合理的选择，尤其是这种战略似乎更适合市场处于碎片化状态的非洲。但如果考虑到非洲工业化现状，尤其是审视非洲工业化所处的国际经济环境，非洲无论实施哪种战略都面临巨大困难和挑战。

第一，从前文分析可知，进口替代战略需要有规模化生产的环境和条件，但短期内非洲似乎还看不到一体化能有效整合非洲市场碎片化的局面出现，进口替代战略缺乏大规模实施的土壤。此外，进口替代战略的实施一般会伴随一系列贸易保护政策的推行，比如对进口日常消费品征收高关税，对进口资本产品和中间产品征收低关税甚至免关税，以进口配额限制各类商品的进口数量，使本国货币升值以降低进口商品的成本等。但面对跨国公司主导的全球产业链对世界产业格局的控制，面对国际上国与国之间双边或多边贸易与投资协议安排的不断扩散，处于弱势地位的非洲国家恐怕很难依照自身需求和愿望制定相关政策。

第二，出口导向战略可能比较符合小国林立、市场严重碎片化的非洲，但眼下实施这一战略将会面临空前白热化的竞争。因为自20世纪90年代以来，世界上有越来越多的工业落后国家走上出口导向型工业化之路，尤其是在一些技术含量较低的制造业部门，如纺织工业、服装工业、鞋类工业等部门，由于产业进入门槛低，生产工艺易被模仿和替代，进入者更多。在竞争日趋激烈的情况下，已出现低端制成品出口价格不断下降的趋势。发展中国家之间的相互竞争还大大增强了发达国家跨国公司讨价还价的能力，使它们可以随意转移生产地点，这有可能对参与全球产业链的相关国家的产业发展造成灾难性影响。如果非洲50多个国家都往这条道上挤，可能会引发恶性竞争。当然，实施出口导向战略需要一定的工业化基础，通常还需要引入外资，并不是所有非洲国家都适合参与、都能吸引到外资。

第三，当前的国际贸易环境不利于非洲国家推行出口导向战略。这主要体现在两方面：一是自2008年国际金融危机爆发以来，西方发达国家经济复苏乏力，失业率居高不下，世界总需求低迷，导致国际商品贸易呈萎缩状态，出口导向越来越难以找到出口方向。二是在经济复苏乏力的形势下，各国纷纷祭出贸易保护主义大旗，用各种非关税手段抵制外国产品进口，如通过设置技术壁垒、环保标准壁垒、劳动标准壁垒抬高产品进口门槛，保护本国工业和企业。此外，西方发达国家近年来纷纷出台"再工业化"战略，企图重振它们的制造业，创造更多就业岗位，帮助其经济走出低谷。机器人和"3D"打印等现代科学技术在制造业领域的广泛应用，也为包括劳动密集型工业在内的制造业生产线重回发达国家创造了条件。这种工业化发展新趋势会对非洲的工业化产生何种影响目前还不好判断，但有一点是肯定的，那就是非洲的工业化融资将面临更多挑战。

为应对上述困难和挑战，非盟、非洲各区域合作组织和非洲各国必须团结起来，齐心协力推动非洲一体化快速向前迈进，力争早日实现非盟提出的非洲一体化各项目标，尤其是正在建设中的非洲大陆自由贸易区。这是任何一种工业化战略能够有效推进的前提条件。在此基础上，非洲领导人应解放思想，大胆创新工业化模式与路径。为发挥上述两种工业化模式的优势，摒弃两种工业化模式的劣势，非洲国家可在积极参与全球产业链的同时，创建能满足非洲自身经济发展需求的非洲大陆内部互动产业链。其一，在非洲各大地区选择1—2个有一定工业基础的国家，如北部非洲的埃及和阿尔及利亚，东部非洲的肯尼亚和埃塞俄比亚，西部非洲的尼日利亚，南部非洲的南非，中部非洲的刚果（布），打造多个进口替代制造业基地。其二，与上述进口替代制造业基地相邻国家，尤其是一些人口小国，重点发展出口导向制造业，主要是承接上述制造业基地的外包业务。这种外包业务可根据不同国家的禀赋各有侧重。其三，进口替代制造业基地的工业门类初期以轻工业为主，条件成熟时逐渐向轻重工业并重发展。各基地的产业重心根据所在地区资源禀赋条件的不同可以有所不同。各基地生产的产品以地区市场为主，也可跨区乃至向全球推广。其四，在创建进口替代制造业基地的过程中应注重发挥非洲现有的跨国公司的作用，注重创建非洲自己的工业产品品牌，并力争创建世界品牌。其五，注重吸引外国直接投资参与非洲大陆内部互动产业链的建设，逐步实现非洲产业链与全球产业链的有机融合。

中国所有工业部门目前程度不同地存在产能过剩情况，希望向国外转移，并把非洲作为转移重点地区，这为非洲创建非洲大陆内部互动产业链提供了难得的机遇。非洲国家独立初期实施进口替代战略遭遇挫折的一个重要原因是严重依赖从西方发达国家进口资本产品和中间产品，并常因外汇短缺被西方国家卡脖子。现在有了中国这样的发展伙伴，"卡脖子"事件永远不会再发生了。如果非洲能把握住眼下的机遇,通过与中国开展工业化合作,建立起非洲大陆内部互动产业链,那么非洲完全有望在半个世纪内逐步摆脱由发达国家跨国公司主宰非洲制造业的命运,实现非盟《2063年议程》提出的七大愿景。

三 中非工业化合作的战略思考

在非洲把工业化视为改变其脆弱经济结构的核心战略的同时,作为非洲最重要经贸合作伙伴的中国则因国内劳动力成本上升、众多工业部门产能过剩而掀起国际产业合作热潮,并把非洲作为开展产业合作的主要目的地,这就为中非在工业化领域的合作创造了良好条件,这一领域的合作也逐渐成为中非合作的最优先领域。2014年5月,李克强总理访非时提出中国与非洲面向未来的"六大合作工程",其中产业合作工程被置于首位。2015年12月,习近平主席在出席中非合作论坛约翰内斯堡峰会时提出中非未来3年的"十大合作计划",[①] 其中中非工业化合作计划同样被置于首位,相关内容及实施计划还被写入《中非合作论坛约翰内斯堡行动计划(2016—2018年)》(以下简称"《约堡计划》")。同年12月,中国政府对外发布《中国对非洲政策文件》,更是明确提出"将优先支持非洲工业化进程作为新时期中国对非合作的突破口和着力点"。[②] 可以说,中非工业化合作已成为得到中非领导人一致认可的战略举措,并有了初步的实施路线图。但中非工业化合作的实施主体是中非企业,企业战略与政府战略不可能完全一致,加上前文提到的非洲推进工业化本身面临的诸多难题,预示着中非工业化合作会面临重重困难和挑战,中方参与者应高度重视,未雨绸缪。

[①] "中非十大合作计划"包括:中非工业化合作计划、中非农业现代化合作计划、中非基础设施合作计划、中非金融合作计划、中非绿色发展合作计划、中非贸易和投资便利化合作计划、中非减贫惠民合作计划、中非公共卫生合作计划、中非人文合作计划、中非和平与安全合作计划。参见习近平《开启中非合作共赢、共同发展的新时代——在中非合作论坛约翰内斯堡峰会开幕式上的致辞》,《人民日报》2015年12月5日。

[②] 参见《中国对非洲政策文件》,2016年3月12日,新华网(http://news.xinhuanet.com/2015-12/05/c_1117363276.htm)。

（一）工业化合作计划应与其他计划协同推进

由于工业化合作计划是在中非"十大合作计划"中置于首位的计划，推动中非经贸关系发展的主力是中国的各类企业，中国政府当下经济工作的核心任务之一是化解产能过剩，因此，如何实现与非洲国家的产业对接与产能合作，眼下不仅令有意走进非洲的中国企业广泛关注，似乎也成为中国政府相关涉非部门的头等大事。抓重点本没有问题，但如果相关资源过于向重点集中，忽视了其他与重点相关领域的投入，那么很可能重点领域也难以顺利推进。

非洲工业化水平落后涉及多方面原因，助推非洲加快工业化进程也需要多方面发力。比如，只有帮助非洲实现和平与安全，非洲的工业化建设才会有一个相对安宁的环境；只有帮助非洲改善铁路、公路、港口、电力、供水和信息通信等基础设施落后状况，特别是一些跨国跨地区交通基础设施落后状况，促进非洲基础设施互联互通和经济一体化，非洲才可能开展规模化的工业化生产，工业产品的销售市场才可以有效整合；只有帮助非洲进行教育和人力资源的开发，才可以让非洲有充足的工业化技术人才；只有帮助非洲减少贫困、改善民生，才能提高非洲人民消费工业产品的能力；等等。从这个意义上说，中非"十大合作计划"是一项系统工程，中非工业化合作计划只是其中比较重要的组成部分之一，这一计划能否顺利推进，还有赖于其他九项计划能否同步顺利推进，或者说整个系统工程能否顺利推进。还应注意到，非洲国家众多、国情不同，可能有的国家并不认同工业化合作是它们同中国合作的重点，这在《约堡计划》中有所体现。在这份吸纳了中非双方意见的文件中，中非农业合作被列为中非合作的优先领域，工业化合作特别是产业对接与产能合作则属于一般经济合作项目。[1]

即使就单纯的中非工业化合作而言，合作的内容其实也十分丰富，

---

[1] 《中非合作论坛——约翰内斯堡行动计划（2016—2018年）》除序言部分外，共包括7个方面的内容，依次分别是政治合作、经济合作、社会发展合作、人文合作、和平安全合作、国际合作、中非合作论坛机制建设。中非工业化合作内容主要体现在经济合作项下的产业对接与产能合作部分以及投资与经济合作部分。参见张明、钱克明《中非合作论坛约翰内斯堡峰会文件汇编》（下册），世界知识出版社2016年版，第36—61页。

而不仅仅限于中国企业去非洲投资建厂、转移富余产能。比如《约堡计划》提出了以下与工业化合作有关的项目：利用现有的多双边合作机制，加强中非产业对接的规划与政策协调；中方向非洲国家派遣政府高级专家顾问，提供工业化规划布局、政策设计、运营管理等方面的咨询和帮助；推动商签和落实《促进和保护投资协定》，为双方投资创造良好环境，切实保护投资者的合法权益；中方将支持非洲国家改造现有的或新建更多的职业技术培训设施，帮助非洲国家培养职业技术人才；支持中非学术界围绕中非产业对接与产能合作、非洲工业化和农业现代化等主题开展联合研究。[1] 此类合作项目属于工业化合作的辅助项目，但其重要性丝毫不亚于工业化合作本身。

（二）非洲在短期内无法承接中国大规模产能转移

当前中国政府经济工作的核心任务之一是去产能，开展国际产能合作是中国政府从国际层面完成去产能任务的重要行动。中国与非洲开展产业对接与产能合作理论上属于互有需要、互有优势、互为机遇的战略性合作，能真正促进中国与非洲的合作共赢、共同发展。但中非在产能合作方面的需要、优势和机遇，就非洲而言，只有在把非洲视为一体化的非洲时才存在，但现实中市场呈碎片化状态的非洲国家可能存在工业化需要，却不存在工业化优势或优势不明显。因为中国号称世界工厂，许多工业产品的产能和产量规模位居世界第一，不少工业部门的过剩产能规模巨大，如果把非洲视为转移过剩产能的主要目的地，是经济不发达的非洲中小国家所无法吸纳的。非洲也有一些规模比较大或工业发展水平比较高的国家，如南非、尼日利亚等国，但这些国家出于保护本国工业的目的，往往对中国转移低端产能采取抵制态度。因此，在非洲一体化未取得实质性进展的情况下，至少是非洲自由贸易区运作之前，非洲无法成为承接中国富余产能转移的主要目的地。中国化解过剩产能近期应主要立足于国内，理由如下：

首先，中国本国的工业化进程还在发展过程中，制造业存在大而不

---

[1] 《中非合作论坛——约翰内斯堡行动计划（2016—2018年）》，载张明、钱克明《中非合作论坛约翰内斯堡峰会文件汇编》（下册），世界知识出版社2016年版，第41—57页。

强的问题，许多工业技术水平的提升还需要规模性产品生产实践经验。如果过早出现"去工业化"现象，很可能不利于经济稳定增长，不利于经济结构的优化。同时还应看到，工业化在中国国内发展很不平衡，东部沿海地区的工业发展水平高，中西部地区则需要继续推进工业化。所以，中国完成去产能任务不应过分关注如何向国外转移产能，而更应关注如何通过创新和信息化来提升工业化水平，提高企业装备水平，提高劳动生产率，以维持国内经济稳定增长，保持产业结构均衡发展。中国工业化水平的地区差异实际上也有利于产业的内部梯队转移，中国政府应引导劳动密集型产业从沿海发达地区向内陆欠发达地区转移，以延长这类产业的生命周期。

其次，中国产能过剩问题既有有效供给不足的原因，也有有效需求不足的原因。比如，对城市居民而言，属于供给过剩的产品，对农村居民而言，可能是无力消费的产品。一些工业产品在东部地区可能供大于求，在中西部地区则可能是缺乏有效需求。中国是一个拥有13亿多人口的大市场，这个市场对各种低端制成品仍有巨大的消费需求，因此，如何提高普通民众的收入，增加全社会有效需求，是化解产能过剩最需要关注的问题。余永定教授提出的通过进一步增加国内基础设施领域的投资来化解过剩产能也是很中肯的主张。

最后，中国制造业尤其是劳动密集型制造业大量外流，很可能导致国内失业问题加剧，并带来国内产业空心化问题，从而削弱中国经济可持续增长的后劲。美国等西方发达国家都曾出现因产业转移导致国内产业空心化和失业率上升等问题，近年来这些国家又纷纷调整战略，把目光聚焦于再工业化。中国应吸取经验教训，避免此类危机的发生。尤其是就业问题不仅事关居民收入与家庭幸福，更是影响社会稳定的大事。中国目前每年有近1500万应届大学毕业生和中职学校毕业生、初高中后不再继续升学的学生进入劳动市场，另外还有大量农民离开农村进入城市，这对中国政府解决就业问题提出巨大挑战。中国政府不应放任企业仅仅因为劳动力成本上升就向劳动力成本低的国家和地区转移，而应采取各种措施降低企业的生产成本，改善企业的生存环境，让企业成为解决就业问题的主渠道。

（三）稳步扩展中非产能合作示范点

鉴于现阶段中非工业化合作尚不存在大陆层面和地区层面的合作机会，合作主体仍将是中国与具体的非洲国家，为期3年的《约堡计划》提出双方将优先选择几个非洲国家打造先行先试示范点，为全面、有序推进中非产业对接和产能合作积累经验，探讨有效途径，提供合作样板。经过中非双方共同努力，目前已选定埃塞俄比亚、肯尼亚、坦桑尼亚、刚果（布）作为中非产能合作先行先试示范国。这4个国家都属于政治稳定、经济发展良好、对华友好的国家，并对开展与中国的产能合作表现出强烈的政治意愿。不足之处是：4国中有3国地处东非，地域代表性不够强。面对非洲国家与中国开展产能合作的强烈愿望与需求，近期中方又决定将南非打造成引领非洲工业化的火车头，将埃及、安哥拉、莫桑比克、赞比亚、乌干达、卢旺达、多哥、塞拉利昂、几内亚、塞内加尔等国列为产能合作重点国家。

随着中非工业化合作进程逐步推进，相信会有越来越多的非洲国家将开启中非产业对接与产能合作的大门。但一个不容忽视的问题是，在非洲54个国家中，真正适合中国企业大规模转移产能的国家并不是很多。2014年下半年以来，国际大宗商品价格持续暴跌，更是对非洲国家经济造成较大影响，各国投资环境程度不同地出现恶化迹象。突出表现在：不少非洲国家越来越强调本土化政策，外汇管制越来越严厉，获得当地工作签证、将企业利润汇回国越来越难。比如，在投资环境比较好的埃塞俄比亚，按照法律规定，投资者有权以实时汇率汇出投资所得利润，但现实中因该国外汇储备不足，投资者实际上很难随意将投资利润兑换成外汇并汇出。在这种情况下，中国企业有扎堆向少数投资环境较好的非洲国家发展的倾向，这极不利于试点工作的推进。尤其值得关注的是，由于中央政府将化解过剩产能的任务分解布置到了地方，一些并不熟悉非洲市场的省市和企业也把非洲视为化解过剩产能的主要目的地。目前，国内尚缺乏省市际间"走出去"的协调机制，这种情况很可能引发中国企业在非洲的恶性竞争，并有可能让中国的产能过剩问题在非洲重演。鉴于此，建议中国政府既要调动国内各省市走进非洲开展产业对接与产能合作的积极性，又要加强省市际间的协调。国家发改委曾提出以"一省一国"机制开展国际产能合作的设想,这种合作思路或许可在非洲试验。另外,中方也不应过分期待或看重试点国家的经验总结,因为非洲国家国情差异很大,一个国家的经验并不一定适合另一个国家。参与实施中非工业化合作计划的中国政府相关部门和企业,尤其是决策部门和金融机构,更应关注在非洲不同国家的产业布局。

(四) 立足长远进行中非工业化合作的产业布局

在中非工业化合作以国别层面的合作为主的阶段,产业布局问题实际上比国别选择更重要。按照大多数非洲国家的意愿,一如《约堡计划》所表明的那样:非方欢迎中方优质劳动密集型产能向非洲有序转移,帮助非洲增加就业、税收和外汇,实现技术转让和共同发展。按照非洲国家的愿望,结合非洲国家现有的工业化水平,大多数非洲国家有发展食品制造业、饮料制造业、纺织品制造业、皮革制造业等劳动密集型制造业的基础和条件,各国也都有一定规模的这类产品的消费需求。但问题是,如果每个非洲国家都独自发展同类型产业,如果产品是面向本地市场,那本地市场很可能在短期内就达到饱和甚至过剩;如果产品是面向国际市场,则很可能因生产成本和运输成本高而缺乏国际竞争力。尤其是在全球经济不景气、产能过剩呈全球性蔓延的时代,国际市场的开拓更不容易。为了解决本国就业问题、税收问题,非洲国家有可能竞相出台各种优惠政策吸引中国的产能转移,而不会考虑未来可能出现的产品竞争问题。中国企业为了短期利益也可能会不顾一切进入非洲。中国政府高层的协调就显得至关重要,协调的重点是指导中国企业在不同的国家发展不同类型的产业,考虑相关国家的产业优势是必要的,但更要考虑产品竞争问题。

严格来说,中非工业化国别层面的合作是临时性的合作,这种合作模式迟早会伴随非洲一体化的推进而退出历史舞台,过渡到地区层面乃至大陆层面的工业化合作。地区层面或大陆层面的工业化是非洲工业化的真正起步阶段,届时如何帮助非洲建立相对完整的工业体系,特别是帮助非洲建立起能源工业、钢铁工业、石化工业、机械工业等重工业体系,必将成为中非工业化合作的重点。其实,中国过剩产能主要集中在重化工业领域,如煤炭、钢铁、水泥、石油、石化等行业,非洲的资源优势也主要体现在重工业原料方面。只是中国国内产能严重过剩的重化工业企业多以大型国企为主，这些企业通常具有某种垄断地位，并多位于内陆地区，缺少向海外转移过剩产能的积极性。劳动密集型企业则大多是民营企业，多位于沿海地区，具有向外寻求低成本投资区域的积极性。因此，现阶段在重点开展劳动密集型制造业合作的同时，应引导重化工业企业走出国门，选择具备一定条件的非洲国家开启重化工业领域的合作，为未来过渡到地区层面和大陆层面的大规模合作打好基础。比如，工业化水平较高的南非拥有良好的钢铁业发展基础，全国共有六大钢铁联合公司、130 多家钢铁企业，中国钢企可以通过与南非钢企合作，把南非打造成非洲钢铁产业中心，满足非洲大陆越来越强劲的对钢铁产品的需求。

（五）中非工业化合作融资宜挖掘非洲自身潜力

工业化需要大量的资金投入，且通常是长期性资金投入。非洲国家普遍资金短缺，又缺乏相对发达的现代金融制度和融资渠道，所以，在中非工业化合作启动阶段，绝大多数非洲国家可能主要寄希望于中国提供融资支持。中国政府和中国领导人也已在不同场合向非洲乃至世界宣布，中国拥有助力非洲实现自主可持续发展的技术、装备、人才、资金等物质优势，并已将帮助非洲推进工业化的一系列融资承诺写入《约堡计划》：其一，中方将设立首批资金为 100 亿美元的"中非产能合作基金"，支持中非产业对接与产能合作；其二，中方将向非洲国家提供 350 亿美元的优惠性质贷款及出口信贷额度，支持中非产能合作和非洲的基础设施建设、能源资源开发、农业和制造业发展；其三，中方将鼓励中国金融机构为中非在能源、矿产、农业、加工制造、航运、冶金、建材、信息通信技术、电力、铁路、公路、港口、机场等领域合作提供融资保险支持；其四，中方将逐步为中非发展基金增资 50 亿美元，使其总规模扩至 100 亿美元；其五，中方将逐步为非洲中小企业发展专项贷款增资 50 亿美元，使其总规模扩至 60 亿美元。[①] 中国的各项融资承诺正在逐步

[①]《中非合作论坛——约翰内斯堡行动计划（2016—2018 年）》，载张明、钱克明《中非合作论坛约翰内斯堡峰会文件汇编》（下册），世界知识出版社 2016 年版，第 41、48 页。

落实之中，如中非产能合作基金已经开始运行，非洲中小企业发展专项贷款增资已到位。据不完全统计，从约堡峰会结束至 2016 年 7 月底，中非之间已签署各类合作协议共计 243 项，涉及金额达 508 亿美元。①

但必须看到，与非洲工业化所需的巨额资金需求相比，中国的各项融资承诺可以说是杯水车薪，中非双方必须探索更多的融资渠道，尤其应注重挖掘非洲自身的融资潜力。其一，非洲国家应注重吸引海外侨汇资金参与中非工业化合作项目。近年来，流入非洲的海外侨汇资金每年高达 600 亿美元左右，是非洲外部资金第一大来源，超过国际官方发展援助、外国直接投资和外国间接投资流入量。而且这部分资金事实上属于非洲自有资金，非洲国家可更加自由地支配。外国直接投资曾在中国的改革开放进程中发挥过巨大作用，而外国直接投资中占比最大的一部分就是海外华人华侨资本，非洲国家应充分借鉴中国吸引侨汇资金的成功经验。其二，非洲 2/3 的国家拥有证券交易所，有的证交所历史悠久、规模较大，曾在相关国家的经济建设程中发挥过很大作用，只是由于上市企业少，导致股市流动性稍差。中非工业化合作是一个可以刺激非洲股市发展的新题材，非洲国家完全可以利用这个新题材既解决工业化融资问题，又促进股市发展，可谓"一石二鸟"。其三，中非工业化合作项目应注重吸引第三方乃至多方参与，尤其应重视吸引活跃在非洲大陆的非洲本土跨国企业和跨国金融机构的参与，这样既可充实项目资金，推进项目顺利运营，又可有效降低风险。对东道国而言，为了吸引外资参与，一定要为外资提供足够的利润空间，要舍得以本国的土地和劳动力换取资本资源。②

四　结语

工业化是近代以来全世界绝大多数民族国家从贫穷走向富裕、从落

---

① 参见《王毅外长在中非合作论坛约翰内斯堡峰会成果落实协调人全体会上的工作报告》，2016 年 7 月 30 日，中非合作论坛网站（http：//www.fmprc.gov.cn/web/zyxw/t1385939.shtml）。

② 谭崇台：《发达国家发展初期与当今发展中国家经济发展比较研究》，武汉大学出版社 2008 年版，第 478 页。

后走向发达的必经之路。中国曾经和非洲国家一样贫穷、一样落后,在 20 世纪 70 年代末开启改革开放征程时,中国的人均国内生产总值甚至比非洲好多穷国还要低。中国和非洲贫穷落后的原因很多,经济层面的原因主要就在于工业化落后。中国通过 30 多年的改革开放摆脱了贫穷落后状况,成为世界第二大经济体,应该说工业化贡献巨大。非洲国家在过去几十年间也曾尝试推进工业化,但因种种原因效果不彰,所以,非洲经济尽管也曾有过快速增长时期,非洲大陆尽管也曾出现过全球经济增长明星,但绝大多数非洲国家的经济结构至今没有实质性改变,更常表现出来的是"有增长无发展"或"有增长少发展"的尴尬局面。历史和现实让非洲领导人越来越深切感受到,没有工业化,非洲就无法实现真正的经济转型和经济独立,非洲就没有光明的未来。中国在中非关系发展新时期提出中非工业化合作计划,期望双方开展产业对接和产能合作,并公开宣称,中方将本着真实亲诚的理念为非洲提供工业化所需的技术、装备、人才和资金支持,这为非洲在新的国际经济环境下重启工业化创造了机遇、提供了动力。非洲更有世界其他地区望尘莫及的劳动力资源优势和自然资源优势,现代科学技术尤其是网络技术突飞猛进的发展还为非洲这样的后发地区实现工业化跨越式发展创造了诸多有利条件,按理说,非洲有可能在这样的背景下再创中国人曾经创造的奇迹与辉煌,把 21 世纪变成非洲世纪。但非洲工业化说到底是非洲人自己的工业化。非洲能不能实现工业化,关键还要看非洲人特别是非洲领导人有没有实现工业化的强烈政治意愿,能不能制定并实施促进工业化发展的产业政策,能不能克服困难推动非洲一体化大踏步前进。

(本文原刊发于《西亚非洲》2016 年第 5 期)

中非共建产业园的现状和政策思考

王洪一[*]

摘　要：中非产业园区合作始于20世纪末。在两次中非合作论坛北京峰会的推动下，中非产业园区从机制化发展进入规模化快速发展阶段，双方共建的产业园几乎遍布所有与中国建交的非洲国家。同时，中非产业园区建设也面临着形式多样的挑战。这需要中非双方政府在国家经济政策的主导下，合理推进共建产业园的发展，加强产能合作对话，共同理顺发展思路，协同制定产业发展政策。园区运营企业应该努力提高服务水平，入园企业则需要坚持"正确义利观"，加强能力建设，融入非洲。

关键词：中非经济合作　"一带一路"　产业园　非洲工业化

近年来，中非经济合作快速发展，合作模式发生深刻变化，其中产能合作成为中非经济合作的重点领域。为推动中非产能合作，中国与非洲共同规划、建设和运营了一批产业园。共建产业园符合中国"一带一路"倡议精神和非盟《2063年议程》的战略目标，符合中非共同利益诉求，可以更高效地利用中非发展差异形成的比较优势。

一　中非共建产业园的发展历程

2000年前后，中非共建产业园开始出现。2006年，中非合作论坛北

---

[*] 王洪一，中国社会科学院西亚非洲研究所副研究员。

京峰会大大促进了产业园的发展，大型企业纷纷加入非洲产业园建设的浪潮。2018年中非合作论坛北京峰会后，产业园进入特区建设阶段。

（一）肇始阶段

中非共建产业园最初是由贸易企业创造的新合作模式。2000年前后，随着"走出去"战略的推行，中国在非经营企业不断增加，中国贸易类企业面临激烈竞争，利润下降，只能就地建厂。同时，欧美对中国产品实行配额限制，纺织、轻工、电子产品等技术含量低、利润微薄的企业经营困难，而非洲不受西方配额限制，并享有关税减免，一些中国生产企业开始走进非洲。河南国基集团早期与西非国家开展贸易，2002年开始在塞拉利昂建设工业园，将废弃的火车站改造为生产性和组装性的工厂，陆续吸纳中国企业入驻，生产建材、电器组件、塑料制品、涂料等。虽然该工业园由于塞拉利昂内战等原因没有进一步发展，但代表了当时中国企业投资非洲的新趋势。

第二种模式是中国企业依托贸易促进中心形成工业园。20世纪80—90年代，中国商务部曾依托各省商务厅在非洲11个国家建立贸促中心，贸促中心逐渐成为所在省内企业投资非洲的桥梁。同省企业聚居一地，抱团合作建设工厂，逐渐形成工业园区。尼日利亚、乌干达、喀麦隆、坦桑尼亚、埃塞俄比亚等国的工业园或者加工区就带有鲜明的中国各地省市地域企业的特色。

第三种模式是由中国大型企业主导的工业园。大型企业进入非洲，最初从事资源开发。由于资源开发需要上下游产业链条的支持，而非洲相关产业缺失，因此服务大型企业的上下游企业随之进入非洲，自发形成工业园区。1998年，中国有色集团获得赞比亚谦比希铜矿的地表土地开发权，随后开始进行矿产冶炼工作，2003年规划建立中国第一个国外有色工业园区。除了能矿和基建行业，最早在非洲形成产业链条的行业是纺织业，如诸暨越美集团2004年在尼日利亚建设的纺织工业园，广东溢达2005年在毛里求斯投资的纺织产业园。

第四种模式是非洲政府邀请中国企业建设工业园。从20世纪90年代末开始，非洲多个国家领导人提出建设本国的深圳和苏州，得到了中国政府的积极回应。例如，1994年埃及总统穆巴拉克参观天津开发区时，提出由天津开发区与埃及共建工业园区。2003年，天津开发区的泰达集团独资购买了1平方公里土地，独立建设苏伊士工业园。

（二）机制化发展阶段

2006年，中非合作论坛北京峰会召开，推动中非经贸合作进入新的历史阶段。中非双方确定了"推动非洲工业发展、加强非洲生产和出口能力"[①]的目标。《中非合作论坛——北京行动计划》宣布"在2007—2009年支持有实力的中国企业在有条件的非洲国家建立3—5个境外经贸合作区，进一步推动扩大对非投资"。

此后，中非陆续推动签署双边促进和保护投资协定、避免双重征税协定，保护双方投资者的合法权益，为中非共建产业园制定了政策保障。同时，中非共同改善投资环境，对双方的投资企业在许可手续、物品通关、人员出入境等方面给予必要的便利，产业园区运营中的一系列问题很大程度上得到缓解。另外，中国政府成立了中非发展基金，鼓励和支持企业到非洲投资兴办促进当地经济社会可持续发展的项目。

在中非合作论坛政策的推动下，7个已有的产业园入选中国商务部境外经贸合作区项目，有些还成为所在国的重点产业项目。例如，江苏民营企业永元集团投资建设的埃塞俄比亚东方工业园于2007年11月正式中标中国商务部境外经贸合作区，2015年4月成为中国财政部和商务部确认的境外经贸合作区，埃塞俄比亚政府将工业园作为国家"持续性发展及脱贫计划"的一部分，列为工业发展计划中重要的优先项目。

中非合作论坛机制成立之后，更多中国投资者来到非洲建设产业园区。2009年初，天唐集团在乌干达注册建设天唐工业园，10多家企业陆续入驻。2009年底，山东新光集团在南非建设纺织工业园，自投资金设立了6个工厂，生产的毛毯等产品占据了南部非洲国家市场的30%。2010年，中石油在乍得开工建设阳光国际工业园，先后吸引10多家上下游企业入驻。2012年，安徽省外经建设公司在莫桑比克的贝拉投资开发贝拉经贸合作区，绍兴景瑞服饰有限公司在多哥投资建设多哥国际商贸

---

① 《中非合作论坛北京峰会通过峰会宣言和北京行动计划》（2006年11月6日），2018年11月20日，人民网（http://world.people.com.cn/GB/8212/72927/4999813.html）。

中心。2013年，招商局集团与坦桑尼亚政府签署协议，规划建设巴加莫约临港产业区，青岛瑞昌棉业有限公司在赞比亚规划建设赞比亚农产品加工合作园区。2014年初，河北钢铁等十几家企业与南非林波波省政府签约，规划建设非洲最大规模的钢铁城。① 2014年底，青岛恒顺众升等企业与津巴布韦政府签署了建设铂金锂铌冶金特区和工业园的协议。2015年初，华坚集团在埃塞俄比亚的亚的斯亚贝巴郊区建设国际轻工业城。2015年底，中国港湾工程有限责任公司与科特迪瓦政府正式签署协议，建设首都经济圈中的高科技工业园区。2015年底，中地海外集团开工建设塞内加尔综合工业园区，吸引重庆、四川、广东、河南等生产企业参与投资建厂。2016年，中国路桥公司与刚果（布）签署黑角港项目，建设物流中心、制造业中心、航空中心以及能力建设中心。② 2017年，北汽集团投资8亿美元在南非的库哈兴建工业园。

（三）建设经济特区阶段

2018年中非合作论坛北京峰会宣布了中非合作的八大行动，提出实施产业促进行动，"中方将加强对非洲加工制造业、经济特区、产业园区等产业发展的支持力度，支持中国民营企业在非洲建设工业园区、开展技术转让，提升非洲国家经济多元化程度和自主发展能力"。"中方将鼓励中国企业扩大对非投资，在非洲新建和升级一批经贸合作区，推动中国企业未来3年对非洲投资不少于100亿美元。"③

为促进中非之间产能合作，峰会还宣布"将'一带一路'同联合国2030年可持续发展议程、非盟《2063年议程》和非洲各国发展战略紧密对接"。在中非、论坛北京峰会期间，28个非洲国家加入"一带一路"朋友圈，签署共建"一带一路"备忘录的非洲国家达到了37个。

---

① 《中国人在南非造一座钢的城：南非给中企难以想象的重视》（2014年12月7日），2018年11月20日，凤凰网（http：//finance.ifeng.com/a/20141207/13335071_0.shtml）。
② 《王毅与刚果共和国外长加科索举行会谈》（2017年1月11日），2018年12月10日，外交部网站（https：//www.mfa.gov.cn/web/zyxw/t1429524.shtml）。
③ 《中非合作论坛北京峰会"八大行动"内容解读》（2018年9月19日），2018年12月10日，商务部网站（http：//www.mofcom.gov.cn/article/ae/ai/201809/20180902788421.shtml）。

同时，为解决产能合作面临的基础设施不足、贸易不够便利、公共服务不足等问题，中非双方决定实施设施联通行动、贸易便利行动、能力建设行动。为了解决中非产能合作中的金融困难，中国政府宣布"继续加强和非洲国家本币结算合作，发挥中非发展基金、中非产能基金、非洲中小企业发展专项贷款作用"。习近平主席在论坛主旨讲话中宣布再向非洲提供600亿美元的资金支持。

在各项政策利好条件的带动下，中国企业投资热情进一步高涨，中非共建产业园进入特区建设阶段。一系列工业制造园区、物流园区、临港经济园区、高技术园区等各种类型的产业园区陆续启动，丰富了中非共建产业园的类型，提升了产业园的合作规模和层级。例如，2013年中资企业在黑角建设工业园区的规划目前升级为中刚国家级合作项目的经济特区。2018年7月，中建材赞比亚工业园举行竣工投产仪式。2018年11月，中车集团在南非成立联合研发中心，助力在南非建立的轨道交通制造基地发展。2018年底，中交集团承建的埃塞俄比亚季马工业园竣工，吸引纺织、服装等企业入驻。

同时，中国民营企业建设的产业园进一步拓展到农业、旅游、医疗等领域。例如，2018年1月，中国质检总局与坦桑尼亚政府签署木薯进口检验检疫协议，一家中资民营公司（TAEPZ）开始建设木薯加工区，计划投资10亿美元，建设十多个生产型加工厂。

二 中非共建产业园的主要类型

中非共建产业园已经投入运营的超过30个，正在规划和建设中的产业园有近70个，因为所在国家的产业规划不同，赋予产业园的功能和定位不尽相同，产业园获得的政策优惠和经营内容也存在差别，主要可以从五个维度加以分类。

（一）投资主体

多数产业园由中方企业和非洲政府或企业成立联合投资公司，共同设计规划、开发建设、运营管理。虽然中国投资方在中非共建产业园中发挥主导作用，入驻企业也主要是中资企业，但非洲参与方也发挥了重要作用。

从投资主体看,产业园可分为三类。第一类产业园以地方政府、中央企业和地方国企为投资主体。比如,埃及苏伊士经贸合作区是天津市政府主导建设的产业园,谦比希经贸合作区是中央企业主导建设的产业园。第二类是民营企业主导的产业园,包括吉布提经济特区和华坚轻工业城等。第三类产业园以商业协会等为投资主体,包括喀麦隆、乌干达等国的一些产业园。有些中非共建产业园属于同一个企业建设和运营,如赞比亚的经贸合作区由谦比希铜矿区和首都的卢萨卡工业园两部分构成,二者均由中国有色集团负责建设和运营。山东新光集团已经在南非和苏丹两国投资建成了纺织工业园,中国建筑、海信集团、中建材正在规划建设的产业园也涵盖了数个国家。中交集团正在非洲规划建设的公路和铁路沿线工业园及临港产业区涵盖了五个国家,招商港口正在规划建设中的临港经济类型的产业园涵盖了六个国家。

(二) 产权性质

中非共建产业园可以划分为中国独资、中非合资、非洲国家全资所有三种类型。中非共建产业园以中非合资为主,多数非洲国家政府以土地和资金等形式获得部分股权,少量中非合资产业园则由当地政府以公私合营模式(PPP模式)投资建设,由中国公司承担设计规划、建设、招商引资工作,并吸收中国企业参与运营管理,一些中非共建产业园还成立了中非共管委员会。中资独资所有的产业园以泰达苏伊士工业园为代表,其土地产权、经营权和管理权全部归中方公司所有,而达之路集团在吉布提建设的产业园甚至拥有税收、警务等行政管理权。非洲国家全资所有的产业园中,也有中非共建性质的产业园,如塞内加尔、科特迪瓦、阿尔及利亚等国家的工业园,中资企业参与了规划、建设和招商等工作。

(三) 产业政策导向

从产业园的政策适用性来看,中非共建的产业园分为五种类型。第一类是出口自由区。企业享有税收、费用以及银行低息贷款等优惠政策,原料和半成品可免税进口,使用当地原材料可享有补贴和优惠。企业最终制成品可以自由出口，但限制或者完全禁止在当地销售。多数中非共建的工业园区属于这一类型，如埃塞俄比亚的东方工业园、埃及的泰达苏伊士工业园、塞内加尔的综合工业园等。第二类产业园为自由港或者自由贸易区。生产加工企业以及仓储、贸易、物流、旅店等园区内所有企业都享受政策优惠，产品如果在当地销售，需要缴纳进口部分材料的关税。吉布提特区、巴加莫约港特区、黑角特区属于此类型。第三类是自由转口区。过境向他国转口的产品免除关税，安哥拉、莫桑比克、坦桑尼亚等国家的港口产业园多属于此类型。第四类是经贸合作区。如赞比亚中国经贸合作区、尼日利亚广东经贸合作区、毛里求斯晋非经贸合作区等。第五类是高新技术产业开发区，如南非的产业园多数属于高新技术开发区性质。其目标是结合中国的产能合作政策，从中国引进当地需要的较新技术，培育本国的工业创新能力，提升工业制造的水平。这一类型的产业园多由两国政府共同制定规划，不接受落后产能。

（四）建设规模

中非共建产业园涵盖了多数已经建交的非洲国家，有些非洲国家的中非共建产业园不止一个，如南非、埃及、埃塞俄比亚、尼日利亚、阿尔及利亚、坦桑尼亚、肯尼亚和乌干达等。这些产业园从建设规模来说可以分为三类，第一类是被列入中国商务部境外经贸合作区项目的产业园。园区资产规模较大，入驻企业较多，经济效益较好。其中埃塞俄比亚的东方工业园、赞比亚的谦比希经贸合作区、埃及的苏伊士经贸合作区等项目成为中非产能合作的标志性项目，为当地发展工业、赚取外汇、增加税收、提振就业、改善财政发挥了重要作用。第二类是中等规模的产业园。这种产业园通常由单一企业主导，如中石油在乍得建设的产业园、海山集团在安哥拉建设的产业园等。这类产业园促进了所在国的相关产业发展，完善了所在国的相关产品自给和进口替代。第三类是民企和当地华商会建设的小型产业园，如乌干达天唐工业园，为丰富当地经济类型、活跃投资和经贸产生了积极作用。

（五）产业功能定位

中非共建产业园可以分为工业园、农产品生产加工区、物流园区、临港经济服务园区、商业园区、旅游园区等专业性园区。目前中国企业在非洲建设的产业园主要是工业园。工业园又可以细分为原材料加工园、来料加工出口工业园、终端商品加工园等类型。第一种工业园主要利用能源、矿产、木材等当地原材料，进行粗加工后销售到国际市场，如谦比希经贸区等。此类工业园中，能矿深加工类型的工业园尚不多见。第二种工业园的原材料和市场都在非洲大陆以外，是出口指向型的产业园，以华坚轻工业园为典型代表。第三种工业园是以非洲当地市场为销售目的地，多数民营企业投资的产业园属于这一类型，如天唐工业园、新光南非纺织工业园等。

三　中非共建产业园的发展机遇

中非共建产业园符合历史发展逻辑和经济发展规律，符合中非双方利益，代表着中非经济合作的发展趋势。目前，非洲具备了产业园建设的竞争性优势，符合中国提出的"一带一路"倡议和非盟的《2063年议程》的战略目标，面临着历史性发展机遇。

（一）符合国际经济合作的发展大势

长期以来，非洲虽然被纳入全球的经济链条中，但仍然扮演资源提供者角色，不是全球的主要市场。随着科技进步和全球贸易体系的完善，世界各国经济被更紧密地结合在一起，形成了一个"你中有我、我中有你"的局面。尤其是中国改革开放40年来，经济迅速崛起，带动了"发展中国家的群起性崛起"。非洲各国经济发展脉络与中国经济发展态势的关联度不断加强。从2000年以来，非洲的经济增长曲线与中国经济增长趋势呈现高度的一致性。[①]

根据新古典经济学理论，随着国际合作和彼此关系的紧密性增强，不同的经济体会出现更加专业化的产业分工。非洲传统上的原材料生产国角色，已经不符合当前国际生产关系的需求。包括中国在内的全球工

---

① 《马丁·戴维斯：中国和非洲经济增长紧密关联》（2010年6月27日），2018年12月11日，新浪财经（http://finance.sina.com.cn/hy/20100627/23208188441.shtml）。

业制造大国，正推动本国产业向更高层级转型，需要非洲提供初级技术含量的工业制成品。中非共建产业园符合国际经济合作的历史发展逻辑。

从世界经济运行规律看，弗农、刘易斯、林毅夫等主流经济学家认为，世界经济发展的一个重要规律是"经济合理性"支配下的产业循环转移。全球化浪潮出现后，全球范围内的产业转移已经发生了四次，当今产业转移的历史性趋势仍在持续。因此，随着中国产业升级进程的加快，劳动密集型等产业必然会从中国转移到包括非洲在内的广大"一带一路"国家。就"一带一路"沿线国家来看，非洲国家有其他国家所不具备的优势，是资本和劳动两种资源匹配优化效率最高的地区。因此，在中国商务部公布的前两批境外经贸合作区名单中，非洲国家占据了19个项目中的7个。目前，中材集团建设的赞比亚建材工业园、中国海外港口控股公司建设的吉布提自贸区有望被纳入国家级境外经贸合作区名单。

（二）中非合作态势有利于产业园建设

自"一带一路"倡议提出以来，加强对非投资成为中国政府各部门的共识，中国对非投资存量不断提高，开始形成产业集聚效应。截至2017年，中国对非投资已经超过了1000亿美元大关，较2010年增长了近50倍。[①] 中国已经连续多年成为非洲最大贸易合作伙伴和第三大投资来源地。[②] 中非投资的迅速增长，使产业园建设拥有了入园企业数量上的优势。中非基础设施合作模式由EPC[③]向BOOT[④]转变，大大改善了非洲基础设施条件，使中非共建产业园的建设环境大大提升。目前，中国企

---

① 《商务部：我国对非投资存量超1000亿美元》（2018年8月29日），2018年12月20日，新浪财经（http：//finance.sina.com.cn/china/gncj/2018 - 08 - 29/doc-ihikcahe9915490.shtml）。

② 《非洲FDI流入结构发生变化》（2017年1月11日），2018年5月12日，商务部网站（http：//www.mofcom.gov.cn/article/i/jyjl/k/201701/20170102499833.shtml）。

③ EPC（Engineering Procurement Construction）是指公司受业主委托，按照合同约定对工程建设项目的设计、采购、施工、试运行等实行全过程或若干阶段的承包。通常公司在总价合同条件下，对其所承包工程的质量、安全、费用和进度进行负责。

④ BOOT（Build Own Operate Transfer）是私人合伙或某国际财团融资建设基础产业项目，项目建成后，在规定的期限内拥有所有权并进行经营，期满后将项目移交给政府。

业已经为非洲建设了 5756 公里铁路、4335 公里公路、9 个港口、14 个机场、34 个电厂,还为非洲兴建了 10 多个大型水电站和上千个小型水电站。"一带一路"倡议实施以来,在"中非发展基金""中非产能合作基金""丝路基金"等主权基金的引导和带动下,民间资本大量涌入非洲。中国企业在非融资模式由国家主权担保融资向商业融资转变,增强了中非共建产业园的融资便利性,拓展了资金来源。

(三)非洲市场环境需要产业园模式

其一,在非洲投资的最佳路径是入驻产业园。由于非洲的投资风险和机遇并存,依托产业园形成"抱团出海"的集体性优势,才能更好地应对各种不利市场环境的挑战。中非共建产业园吸引了大多数在非投资生产的企业,如中国在埃及投资企业的近 80% 都集中在中埃共建的几个产业园中。其二,非洲产业链条不够完整,上下游产业只能在空间上高度集中,才能满足企业的生产需求。同时,产业园能形成产业聚合效应,产业链条的紧密结合,能最大效力地释放和提升生产力,这在欧美和东亚的工业化发展历程中都得到了验证,是工业化进程中行之有效的模式。其三,非洲市场较为破碎和割裂,基础设施较为落后,物流、电力、行政成本较高,产业园能产生强烈的吸聚效应,便于集中开拓市场、提高劳动生产率、降低工业成本、获取政策优惠。

(四)非洲拥有产业园建设的有利因素

非洲适合发展四类产业园。其一,非洲自然资源丰富,符合原料指向型产业园的发展。其二,非洲拥有全球最年轻的大批人群,适合发展劳动密集型产业园。到 2050 年,全世界 35% 的 25 岁以下年轻人将来自非洲。[①] 其三,非洲是拥有 11 亿人口的全球最大待开发市场,适合发展市场指向型产业园,如纺织、食品、电子等日常消费品。其四,非洲获得了世界发达国家和新兴经济体的免关税和免赔额待遇,适合发展出口指向型产业园。

---

① 《非洲开发银行发展报告》(https://www.afdb.org/fileadmin/uploads/afdb/Documents/Generic-Documents/Brochure_ Job_ Africa_ Fr. pdf)。

同时,非洲具有建设工业园的初步经验。在一战前后,西方殖民者在北非、东非、南非地区创建了加工业,尽管没有发展成为现代化的产业园和经济开发区,但为非洲留下了一定的工业基础。20世纪70年代,非洲各国制定了实现经济独立的政策,推动产业的工业化。埃及、利比里亚、塞内加尔、毛里求斯等国建成了一系列产业园。到20世纪90年代,非洲已有肯尼亚、埃及、毛里求斯、尼日利亚、南非、赞比亚等20多个国家兴建了出口指向型的产业园,制定了税收和劳务优惠政策。到2015年前后,非洲自己建设或者得到国际社会援助建设的产业园已经达到了200多个。

建设经济特区成为多数非洲国家的共识。在非盟、非洲开发银行、联合国非洲经济委员会的推动下,非洲国家陆续制定了《2030年可持续发展议程》《2063年议程》《非洲发展新伙伴计划》的落实方案,确定了各国不同的工业化发展政策和实施纲要。一些国家已经完成规划工作,如科特迪瓦建设4个开发区的规划、刚果(布)建设4个经济特区的规划、摩洛哥建设丹吉尔经济特区、加蓬成立恩科克经济特区的规划等。一些国家已经完成了立法工作,如坦桑尼亚2006年就颁布了《经济特区法》,南非2014年贸工部编制了《特殊经济区条例》。2015年,埃及在2002年和2013年特区法基础上,专门为苏伊士运河地区制定了《特区投资法》。肯尼亚在2015年正式签署了《经济特区法案2015》。2016年,津巴布韦颁布了《经济特区法案》,2017年宣布《本土化和经济赋权法案》不适用于经济特区注册的投资企业,特区投资者可以拥有总投资100%的股份。

四 面临的问题

中非共建产业园面临的主要挑战是非洲自身安全问题、金融问题、投资环境问题、经济政策问题,而投资运营方也存在着同质竞争、协调发展、服务能力不足等问题,入园企业则需要解决国际化、本地化和合规问题。

(一) 非洲国家存在的问题

第一，非洲国家普遍存在投资安全问题。产业园吸纳的是战略性和长期性投资，而且属于重资产投入，难以规避和防范重大风险。因此，投资安全是决定产业园发展的最根本因素，在非洲具体表现为政权更迭、部族冲突、军事冲突和恐怖袭击等风险。

第二，非洲存在金融环境问题。产业园具有不可移动的特点，且持续占用的资金量较大，因此容易面临资产贬值和资金链断裂问题。非洲的经济特征是市场小而碎，财政薄而脆，汇率不稳定，金融秩序脆弱。非洲当地市场融资成本高昂，一些国家利率高于15%，其中马拉维短期利率达到了25%。① 同时，非洲国家的信用等级低，投资者很难以非洲资产做抵押，从国际市场融资。另外，一旦出现金融动荡，非洲国家即采取外汇管制，很容易导致投资企业资金链断裂。

第三，非洲存在投资环境问题。产业园建设需要友好型的社会公共服务，看重良好的软硬件投资环境，但非洲基础条件相对薄弱，在软硬件环境方面仍然存在较大不足。海外投资的企业最迫切解决的问题是投资环境问题，其中最关键的软环境要素包括法律和建设生产标准的适应性、贸易便利化、社会治安状况、关税减免政策的落实、劳工待遇规定是否苛刻和劳动力素质等，硬环境要素主要是电力供应、交通设施、建设材料供应、社会服务、医疗覆盖等。

第四，非洲存在政策稳定性问题。非洲国家政治不稳定，政府部门缺乏长期规划。面对长期利益和短期利益、共同利益和单方利益发生冲突时，一些非洲国家政府急功近利，政策朝令夕改，对外资企业废止协议，甚至敲诈勒索。而且，非洲国家政治和经济命脉仍然受到西方控制，内外政策自主性不足，影响产业园发展的经济政策呈现多变特征。"一带一路"的实施和中非产能合作，会在很大程度上挑战西方在非洲的主导地位。因此，来自西方的阻挠和破坏，制约了中非合作共赢的平等合作，阻碍了中非共建产业园的发展。

---

① 《高利率毁掉马拉维的2015》（2015年12月30日），2018年12月10日，商务部网站（http://www.mofcom.gov.cn/article/i/dxfw/gzzd/201512/20151201222695.shtml）。

（二）投资运营方存在的问题

第一，投资运营方面临同质竞争问题。其一，产业园多数是由企业自发兴建的，企业之间缺乏沟通协调，不掌握全局信息，因此竞相进入同一行业，恶性竞争。其二，非洲国家众多，邻近国家上马相同性质的产业园，普遍面临招商引资难的问题。一个国家内部也存在地区发展竞争问题。其三，产业园的行业性质多为工业制造，发展模式单一，加剧了同质竞争问题。

第二，规划、建设、运营协调问题。首先，产业园投资方往往只考虑了规划、建设、运营、服务中的部分环节，对协调工作的难度缺乏充足认识，在进入建设和招商环节后容易出现波折。其次，园区施工单位对工业制造业缺乏专业性的深入认识，因此园区内的厂区、生活区、商业区的设计往往不符合入园企业需求。最后，中非共建产业园多数是由单一企业投资，存在重建设而轻运营问题。前期规划和建设阶段缺少专业化的运营企业参与，园区建成后陷入困境。

第三，对经营环境的认识问题。投资建设产业园的企业往往只关注生产环节上的要素，忽略了安全、市场环境、金融、商业、物流等工业生产链条之外的关键要素。一些园区投资方和运营方没有深入研究当地社会安全、司法公正性、金融自由度、投资和商业便利性、物流成本、劳工生产率等因素，给自己和入园企业都造成了巨大损失。

第四，管理和服务能力问题。多数中非共建产业园的运营方就是建设方，园区管理经验不足。同时，境外各种产业园往往直接借用中国国内的建设经验，从设计图纸到管理规则都直接复制。另外，有些园区运营方管理意识强，服务意识差，直接照搬国内经验。但在非洲，园区管委会很难获得国内地方政府赋予的部分行政权力，有的管理条例甚至违反当地法律。

（三）入园企业存在的问题

第一，国际化问题。很多中国企业缺乏符合非洲特性的国际化经验，难以解决中非经营环境差异性造成的各种问题。同时，中国企业进入非洲的时间不长，而且较多从事商贸、能矿开发、承包工程，缺乏制造业领域的经验积累。虽然"单一窗口""一站式服务"措施能化解行政管理上遇到的大部分问题，但大量非洲特殊性问题仍然难以解决。

第二，本地化问题。中国企业面临管理属地化和员工本地化的双重挑战。少数中国企业存在"急功近利""忽视信用""见利忘义"的不良行为，再加上不同程度存在的国企集权式、私企家族式管理问题，企业管理属地化尚存差距。而员工本地化是非洲国家政府和人民的要求。多数国家制定了相关法律，对外资企业雇用当地员工的比例有硬性要求。但一些中国企业对本地化认识不足，甚至出现对抗所在国签证制度、违规留用中国劳工的问题，影响了中非共建产业园的信誉。

第三，合规问题。一些非洲国家治理能力不足，使一些中资企业滋生了漠视法纪的问题。同时，中国政府各部门对境外中资企业的管理工作还跟不上中非合作快速发展的步伐。另外，一些中资企业只求短期效益，不珍惜企业品牌声誉，出现了偷漏税、签订虚假合同、使用劣质材料、生产假冒伪劣产品等问题。

五　解决思路

当前，中非产业园区合作已经进入规模化快速发展阶段，这既为中非经济的发展提供了前所未有的大好机遇，也带来了投资安全、同质竞争等各种问题和挑战。对此，中国政府和企业应积极谋划、妥善应对，从而推动双方产业园区合作向更深层次发展。

中国政府首先应对产业园加强规划和指导。面对园区之间在产业定位、招商运营等方面产生的相互竞争、形成内耗的问题，政府相关部门应对境外产业园建设进行统一规划，使产业园布局更符合中非合作的战略需求，推动产业规划更符合非洲各国的现实条件。应该集中力量，推动重点项目的实施，按照产业园和特区发展的基本规律，提前布局重点项目，加大政策扶持力度。

其次，统一协调管理工作。在对海外园区的管理工作中，各级政府和不同部门处于"政出多门，多头管理"的状态，政府应将产能合作提升到国家战略层面，由相关部门统一协调境外产业园的政策。

再次，加强与非洲国家的协调工作。非洲国家政府管理部门的理念、措施、机制方面都相对不成熟，而投资企业没有能力推动非洲政府改善和提高行政管理能力。因此，中国政府部门应主动帮助非洲国家理顺发展思路，提升管理和服务水平。

最后，帮助企业应对金融困难。相关部门应合理安排无偿援款，发挥小钱办大事的效应，重点支持园区规划、当地员工培训、改善投资环境。合理规划两优贷款项目，推动重点项目。推动金融创新，探索外保内贷的新模式。推动银行和保险等国内金融机构走进产业园。

而对于园区运营方和入园企业而言，一是合理定位产业方向。应该根据当地的资源禀赋和市场需求来确定发展的产业领域，使资源、资金、技术、劳动力有机地结合，提高劳动生产率，最终提高当地的经济发展水平。运营方在规划阶段应该慎重选择合作伙伴，在建设阶段应该认真选择专业的建设企业，在运营阶段应甄别入园企业是否符合产业方向。

二是加强能力建设。运营方应提高管理和服务水平，帮助入园企业持续改善投资、生产、销售的商业环境。入园企业应加强学习能力，熟悉当地投资环境，防范风险，与运营方一起解决在当地遇到的各种问题。两方都应该不断进行技术升级和科技发展，保持产业发展的上进态势。对产业工人进行技能培训和再培训，为企业发展做好后备储备。

三是做好与当地政府的工作对接。园区运营企业应该起到上传下达的平台作用，掌握所在国政府的政策精神，同时将企业需求顺利传达到所在国政府。入园企业应该掌握了解当地政府的产业政策，遵纪守法，配合非洲国家的发展需求。

四是认真贯彻"正确义利观"。处理好自身利益和他人利益、短期利益和长期利益，处理好与所在国政府、当地人民、商业伙伴、雇用人员的关系。

（本文原刊发于《国际问题研究》2019年第1期）

"一带一路"倡议引领下的东非现代化铁路互联互通建设

邓延庭[*]

摘　要：蒙内铁路是非洲第一条全面投入商业运营的全中国标准现代化铁路，是中国在"一带一路"倡议框架下积极对接非洲国家发展战略，通过聚合改革开放40年的发展成就，鼎力支持非洲基础设施建设的旗舰项目。它为非洲全面推进以现代化铁路为代表的交通设施互联互通，进行了可供参考的有益探索。在中非共建"一带一路"的大背景下，中国与东非共同体成员国应进一步加强合作，在不断巩固和扩大蒙内铁路示范效应的同时，共同克服推进现代化铁路建设所面临的各类现实挑战，将东非国家的自然区位、发展基础、一体化等优势转变成为落实铁路规划蓝图的强大内生动力，为非洲的现代化铁路建设做出积极的贡献。

关键词："一带一路"　中非产能合作　东非共同体　互联互通　蒙内铁路　内马铁路

　　基础设施联通是"一带一路"相关国家贸易交流与产能合作发展的基础，是2019年4月举行的第二届"一带一路"国际合作高峰论坛的重要关注点，还是落实"一带一路"倡议"五通"中取得较大收获的先行

---

[*] 邓延庭，中国社会科学院西亚非洲研究所助理研究员。

领域。的确,中国在基础设施领域积累了丰富的建设经验,资金、装备、技术优势明显,已在东南亚、非洲等地实施了一批重点项目,其中蒙巴萨—内罗毕标准轨铁路(简称"蒙内铁路")就是典型案例。该铁路于2017年6月1日正式开通运营,它是中非从次区域合作起步,共同建设非洲高速铁路、高速公路和区域航空三大网络的重大"旗舰项目"。目前,蒙内铁路已经成为一条技术先进、功能完备,兼具示范意义与实用价值的交通运输大动脉。根据肯尼亚以及东非共同体的相关铁路规划,蒙内铁路将继续向西延伸,成为构筑东共体现代化铁路网的桥头堡和骨干线路。东非地区乃至非洲实现互联互通,将对非洲国家经济发展起到重要支撑作用。因此,总结蒙内铁路建设方式和中国在东非[①]推进铁路互联互通建设的初步成效,分析中非在区域铁路建设领域面临的问题,并尝试提出双方进一步合作的建议,有助于中非在更大范围、更深层次、更高水平上开展基础设施领域卓有成效的合作。

一 东非对接"一带一路"倡议的优势

独特的地理位置、良好的现实发展基础使东非具备深度对接中国"一带一路"倡议的显著优势。当前,东非国家着力发展的重点,以现代化铁路建设为切入点,全面带动国家工业化和现代化的战略,在逻辑和实践上高度契合"一带一路"倡议的"五通"合作重点,为中国与东非共同体(简称"东共体")国家的合作提供了坚实的基础和广阔的空间。

(一)优越的地理位置

东非地处非洲大陆东海岸中部,大体沿着赤道南北两侧对称分布,向北可由陆路经非洲之角前往阿拉伯半岛,向东可经印度洋航路通达波斯湾,属于广义上的亚非交通要冲。历史上,东非与亚洲特别是西亚长期保持着密切联系,巴加莫约、拉穆、桑给巴尔等港口是双方经贸往来

---

① 本文论述的"东非"为狭义概念,即指东非共同体成员国肯尼亚、坦桑尼亚、乌干达、布隆迪、卢旺达、南苏丹共同构成的地理区域。

与文化交流的重要交会点。随着历史的发展，东非在范围更广、层次更深的亚非交流中始终扮演着桥头堡的角色。东非是明朝郑和下西洋的船队访问非洲的目的地之一，最早见证了中非关系历史大幕的开启。新航路开辟后，东非又成为连接亚、非、欧航路上的重要枢纽。即便是在苏伊士运河分流了部分航路资源的今天，东非依然是绕道好望角的大吨位海运的必经之路。

东非独特的地理位置为该地区国家深度对接"一带一路"倡议提供了必要的前提条件：其一，从东非通往亚太地区的航路是中国提出的"21世纪海上丝绸之路"的有机组成部分。相比辗转中亚、西亚通达非洲的陆上丝绸之路，海路可避免沿途国家政局不稳、海关多次查验可能带来的运输梗阻，运输效率和安全性要更胜一筹。其二，东非更适合发挥衔接中国与非洲桥梁的作用。在整个非洲印度洋沿岸，东非一方面在通往中国的海路距离上要短于南部非洲，另一方面比非洲之角拥有更为广阔的内陆腹地，是中国通往大湖地区、刚果河流域东部、赞比西河流域北部、苏丹东南部等非洲广大内陆地区的最便捷通道。其三，东非具备在中国通往非洲的国际运输通道上成为高效转换节点的条件。东非各国的交通条件相对较好，蒙巴萨、达累斯萨拉姆两港位居非洲印度洋沿岸五大港口之列，可提供包括集装箱与散货装卸、物资进出口、保税仓储等多种业务，加之拥有配套的干线国道公路与窄轨铁路，能够无缝实现海陆运输的衔接，为中非双方人员与物资的集散提供便利条件。

（二）良好的发展基础

东非是非洲整体局势较为稳定的地区。坦桑尼亚被誉为非洲最稳定的国家之一，虽历经"第三波民主化浪潮"的冲击，但迄今该国从未因领导人更迭而发生大规模社会动乱；肯尼亚、乌干达两国政局基本长期维持稳定；卢旺达、布隆迪两国的政局和安全形势不断向好。目前，除新入盟东共体的南苏丹仍困于内战之外，东非稳定发展的大局没有发生变化。

稳定的政局为东非各国的经济社会发展提供了坚实保障。东非是非洲经济发展最具活力和潜力的地区之一，其第一大经济体肯尼亚长期被外界视作支撑非洲经济发展的重要引擎，第二大经济体坦桑尼亚近些年也成为经济增速最高的非洲国家之一。2017 年，在非洲经济增长疲软的形势下，两国的经济增速仍然快于非洲平均水平，国内生产总值（GDP）总量位列撒哈拉以南非洲前十位。乌干达、卢旺达等国的经济发展成就也可圈可点。在此背景下，东非国家通过产业升级实现经济从高速增长到高质量增长的意愿进一步增强。此外，稳定的环境扫除了东非一体化深入发展的外部障碍。东共体成员国于 2005 年启动建设关税同盟，并且于 2010 年最终建成；2015 年又在东南部非洲共同市场的框架下启动东非共同市场的建设，旨在进一步促进各国间贸易的便利化程度。得益于诸多区域一体化成果，东非区域内的贸易额呈快速增长态势，2017 年已突破 130 亿美元。① 日益密切的经济联系迫切要求东非各国全面突破基础设施有效供给不足的瓶颈，尽快推进交通干线的互联互通建设。

良好的发展基础为中国与东非国家在"一带一路"倡议框架下深化合作提供了强大的内生动力。目前，中非产能合作、"三网一化"建设将东非作为重点推进区域，高度契合了以肯尼亚"2030 愿景"、坦桑尼亚"第二个五年计划"为代表的东非国家发展规划对工业化和基础设施建设的迫切需求，双方合作潜力巨大。

（三）强烈的铁路建设意愿

自殖民统治结束以来，东非一直以既有铁路网最为完善的非洲地区著称。从总里程看，东非不仅继承了殖民统治时期修建的乌干达铁路、坦噶尼喀中央铁路，而且在独立后新建了坦赞铁路，路网长度突破 6000 公里；从通达范围看，纵横交错的干线、支线铁路沟通了肯尼亚、坦桑尼亚、乌干达三国，覆盖了东非 50% 的国家、80% 的土地面积和 75% 的人口，联通了印度洋沿岸与东非内陆；从运营方式看，除坦赞铁路之外，其余铁路无论是在殖民统治时期还是东非国家独立初期，均处于统一管理下的贯通运营状态，兼具国内和国际运输的功能；从影响力看，自建成通车以来，这些铁路不仅承运了大量的乘客和货物，而且因带动产业和人口在沿线聚集而造就了诸多城镇，成为支撑国民经济和社会发展的交通动脉。

---

① 2018 - 11 - 12，https：//www.eac.int/sectors/trade。

但由于西方国家在铁路技术上的长期垄断和封锁，加之20世纪80年代以"华盛顿共识"为要义的"结构调整计划"使非洲经济发展举步维艰，自第一代东共体解体后，技术与资金的严重匮乏使东非既有铁路的发展陷入停滞，甚至是倒退。至新的东共体①成立时，既有铁路无法满足东非社会经济快速发展的矛盾已经十分突出。其一，维护和保养工作不到位导致既有铁路的实际通车里程因损坏、关停等原因而不断缩水，截至蒙内铁路开工前，仅有约1/3的路段仍在勉强维持运营。此前互联互通的东非，既有铁路网实质上已经瓦解为由肯尼亚铁路公司（KRC）、坦桑尼亚铁路公司（TRL）、乌干达铁路公司（URC）、坦赞铁路局（TAZARA）四方分别管理的局域路网。其二，既有铁路时速低、运量小、成本高、风险大的弊端逐步暴露出来，在与公路运输的竞争中毫无优势可言。以内罗毕至蒙巴萨的480公里既有铁路为例，客车走完全程需要耗时50小时以上，货车需要更久，远远落后于平行的国道（A109）上的公路运输。其三，除坦赞铁路外，东非各国自独立以来没有新建一条铁路，致使铁路的辐射范围长期裹足不前，卢旺达、布隆迪等国至今仍未摆脱路网空白。受制于上述原因，2016年既有铁路在东非陆路交通运输中的比例已经跌破10%，属于被边缘化的交通运输方式。

为重振铁路在长距离大宗运输上的速度和成本优势，全面提升现代化交通对东非各国经济社会发展以及东非一体化的促进和带动作用，东共体成员于2009年签署了《东非铁路建设方案》（East African Railway Master Plan），谋划通过改造肯尼亚、坦桑尼亚、乌干达三国的既有铁路网，构建北部、南部、拉穆三条国际铁路通道②；卢旺达、布隆迪入盟后，希望通过新建铁路尽快填补路网空白；入盟较晚的南苏丹将打通通往乌干达、肯尼亚的铁路通道作为摆脱对苏丹的依赖，有效融入东非地缘政治的首要举措。方兴未艾的铁路建设风潮为中国与东非国家在"一

---

① 肯尼亚、坦桑尼亚、乌干达三国曾于1967年组建东非共同体，后因成员国意见分歧较大，于1977年解体。为有序推动次区域国家间合作，三国于2001年重新组建全新的东非共同体。

② 北部通道的走向为：蒙巴萨—内罗毕—坎帕拉—基加利；南部通道走向为：达累斯萨拉姆—多多马—布琼布拉；拉穆通道的走向为：拉穆—加里萨（Garissa）—伊索洛（Isiolo）—纳科多克（Nakodok）。

"一带一路"倡议引领下的东非现代化铁路互联互通建设

带一路"倡议框架下全面深化合作提供了优先切入点（见表1）。

表1　肯尼亚、坦桑尼亚、乌干达三国铁路技术标准对照

	米轨	开普轨距	标准轨距
轨距	1000 毫米	1067 毫米	1435 毫米
总里程	肯尼亚 2066 公里 坦桑尼亚 2600 公里 乌干达 259 公里	— 坦桑尼亚 970 公里 —	肯尼亚 480 公里
运营方	肯尼亚铁路公司、坦桑尼亚铁路公司、乌干达铁路公司	坦赞铁路局	肯尼亚铁路公司 （中国路桥负责初期运营）
代表线路	乌干达铁路、中央铁路	坦赞铁路	蒙内铁路
通车时间	殖民统治时期	1975 年	2017 年

资料来源：作者根据肯尼亚铁路公司（http：//krc. co. ke）、坦桑尼亚铁路公司（http：//www. trl. co. tz/）、乌干达铁路公司（http：//www. works. go. ug/uganda-railways-corporation）和坦赞铁路局（https：//tazarasite. com/）发布的相关数据整理。

二　蒙内铁路助推东非铁路建设

2014 年 5 月 11 日，中国公司与肯尼亚签署了蒙内铁路相关合作协议。当年 9 月，项目开工。2017 年 5 月 31 日，这一肯尼亚独立以来的最大基础设施建设项目建成通车。蒙内铁路的顺利建成通车，标志着以现代化铁路为契机推进东非各国交通设施互联互通的宏伟蓝图，实质性地迈出了坚实的第一步。无论是在建设和运营方面所进行的诸多有益尝试，还是投运后对肯尼亚乃至东非经济社会发展初显成效，蒙内铁路的开通无疑率先佐证了中国与东非国家在"一带一路"倡议框架下开展铁路合作的可行性，为"中国方案"助推东非其他铁路建设进行了有益探索。

（一）中国思路：破解资金、技术、人才瓶颈

以肯尼亚为代表的东非国家在推进铁路建设时，面临的最大障碍是

资金、技术和人才的严重匮乏。据初步测算，落实《东非铁路建设方案》中所有项目需要350亿美元，约占2009年东共体成员国生产总值的一半，① 远远超出任何一个东非国家的实际承受能力。即便是长期运营既有铁路的肯尼亚、坦桑尼亚、乌干达三国，迄今为止不仅缺少完备的铁路装备制造产业，甚至没有培养专业铁路技术人才的技校和高校。这些客观因素成为制约东非铁路建设的主要障碍。

中国与肯尼亚合作建设蒙内铁路，为东非国家破解上述障碍进行了有益探索。改革开放40年来，中国不仅是世界上唯一持续大力推进铁路建设的国家，通过成功克服各种技术难题，建成了总里程分别位居世界第二和第一的普通铁路网与高速铁路网，而且拥有成熟的铁路运营管理经验，铁路行车密度和运输效率远超其他国家。在此基础上，中国构建起完备的铁路设备产业链，储备了大量的专业技术人才。加之，中国作为世界第二大经济体，拥有支持基础设施建设的强大经济实力。这些优势为中肯在铁路建设方面的合作奠定了坚实的基础。

在推进蒙内铁路建设的过程中，中国提出"建设+运营一体化"的思路，为肯尼亚提供了囊括资金、技术、人才支持的一揽子解决方案。在融资方面，中国进出口银行承担了总投资38.04亿美元中90%的融资，有效减轻了肯尼亚的财政压力；在建设方面，中国路桥公司作为实际承建方，充分依托中国成熟的铁路勘探设计、土建施工、车辆装备，全力推动中国铁路全产业链对接肯尼亚；在运营管理方面，中国路桥充分结合作为业主的肯尼亚国家铁路局的需求，以及中国铁路成熟的运营和管理经验，制定出以安全和高效为导向的运管方案，确保铁路实现客运先行、货运为主、客货兼顾、安全畅通的基本目标；在人才培养方面，中国路桥设立各类培训机制，充分利用中国师傅同肯尼亚学员的"帮传带"对子以及中国国内高校的宣讲和进修平台，在铁路建设和运管的各个岗位上，为肯尼亚培养和储备了大量的专业技术人才。在"建营一体化"思路的有力支撑下，2014年底全面开工的蒙内铁路仅用了两年半时间就顺利建成通车，且投运后一直维持着安全、高效的运营纪录，创造了肯

---

① 《东非铁路总体规划》的评估方曾初步估算，全部铁路项目落实需要耗资350亿美元，约占2016年东非共同体六国生产总值的1/4。

尼亚乃至非洲铁路建设史上的奇迹。①

（二）中国智慧：构筑黄金、绿色运输大动脉

自蒙内铁路立项以来，肯尼亚国内外的质疑和反对声音就开始围绕三大议题抹黑和攻击中肯铁路建设合作：其一，认为中国不如西方国家铁路技术可靠，无法从根本上满足肯尼亚的发展需求；其二，中国参与铁路项目的融资，将使肯尼亚陷入中国设置的"债务陷阱"；其三，"缺失"环保理念的中国企业将大规模破坏肯尼亚沿线的生态环境。这些杂音在很大程度上反映了在西方"新殖民主义"论、"债权帝国主义"论、"环境破坏"论的干扰下，非洲社会对中国的"一带一路"倡议存在相当程度的误解。通过设计、建设和运营蒙内铁路，蕴含在中肯合作中的"中国智慧"为肯尼亚构筑了一条黄金、绿色的运输大动脉，有力地回击了西方世界对中肯合作的无端抹黑。

从蒙内铁路的技术规格来看，中国Ⅰ级铁路标准充分融合了中国在改革开放40年来在冶金、通信、装备制造等多个方面的智慧和创新，代表着全世界普通铁路的顶级水平。在中肯铁路合作过程中，中国始终坚持以肯尼亚的现实需求为根本导向，舍弃了只能承担客运且造价异常昂贵的高速客运专线铁路，转而以技术成熟且性价比极高的中国Ⅰ级标准铁路为蓝本，推荐蒙内铁路采取兼顾客货、以货为主的普通铁路标准。根据设计规划，蒙内铁路全长480公里，线路长度较既有窄轨铁路大幅缩短；客运列车的最高时速可达120公里每小时，5小时可跑完蒙巴萨至内罗毕全程；货运列车最高时速每小时80公里，全线货运吞吐量最高可达每年2000万吨以上，完全可以满足蒙巴萨港以及沿线地区货物的集散和疏解要求；初期采用内燃机车牵引，远期预留电气化扩能改造的条件。在编制项目的可行性报告时，无论是肯尼亚政府还是第三方评估机构都认为，全面采取中国铁路Ⅰ级标准的蒙内铁路完全可以满足肯尼亚当前以及未来的社会经济发展需求。在中肯两国两年半的合作下，顺利建成通车的蒙内铁路成为整个非洲大陆时速最高、运量最大、功能最齐全、技术最

---

① 关于蒙内铁路人才培养的模式，参见李安山、贾丁《从坦赞铁路到蒙内铁路：中非合作中的技术转移》，《国际社会科学杂志》（中文版）2016年第4期，第171—187页。

先进的普通铁路。①

  从蒙内铁路正式通车后的实际状况来看,铁路运输对沿线社会经济发展的带动作用完全符合中肯两国的预期。在中国路桥科学合理的运营下,通车一年来,铁路的客货运量呈井喷式增长,其中客车累计开行1150列,平均上座率在96.2%以上,共发送旅客134.2万人次,业已成为沿线居民的出行首选;货运列车共开行924列,累计运送65568个集装箱标准箱,运输总量达到84.35万吨。客货运的高速增长彻底扭转了肯尼亚铁路的发展颓势。肯尼亚国家统计局发布的《2018年度经济调查报告》显示,2017—2018年度全国铁路客运总收入高达700万美元,较2016年增长522%,其中蒙内铁路的贡献超过590万美元。② 加之,以集装箱为主的货运服务迅猛发展,蒙内铁路在可预见时期内的盈利能力将进一步增强。此外,为推进蒙内铁路释放出的运输潜能对生产要素的优化配置作用,作为运营方的中国路桥积极与肯尼亚政府沟通,推动在铁路沿线尽快落实以内罗毕无水港为代表的保税仓储物流、以阿希河(Athi River)为代表的新型城镇、以沃伊(Voi)为代表的旅游目的地、以蒙巴萨海丝路工业园为代表的制造业园区等规划,着力打造制造业发展、旅游振兴以及城镇化提质的隆起带。显而易见,带有浓厚"中国特色"的蒙内铁路并没有让肯尼亚掉进所谓中国"挖下的陷阱";相反,蒙内铁路使沿线物流成本降低40%,创造了4.6万个就业岗位,带动国内生产总值增长1.5%,③ 为肯尼亚的经济社会发展注入了强劲的发展动力。

  无论是在建设还是运营阶段,蒙内铁路没有给沿线的生态环境带来任何不利影响。在确定铁路走向时,中方尽量确保与既有窄轨铁路和国道(A109)共用通道,不仅可最大限度减少占用未开发土地,而且可在有效串起重要城镇和居民点的同时,尽可能避开野生动物聚居区。在确实需要局部穿越保护区的路段,中方结合青藏铁路穿越藏羚羊栖息地

---

① 同期建设的亚的斯亚贝巴至吉布提铁路采取中国铁路Ⅱ级标准。
② 李新烽、邓延庭、张梦颖:《中国与肯尼亚友好合作》,中国社会科学出版社2018年版,第66页。
③ Liu Xianfa, "Initiating 'A Golden Era' for China-Kenya Cooperation", *Daily Nation*, March 11, 2018.

的经验，采取"以桥代路"方案通过内罗毕、察沃（Tsavo）等自然保护区，在高架桥下为野生动物预留充足的迁徙通道。在铁路建设和运营的各个生产环节，项目部坚持从环保理念出发，制定出严格的监督与考核机制，坚决杜绝任何作业场地或车间出现肆意排放未经处理的废水、废气、废油，以及随意摆放固体废弃物的情况。为大幅降低行驶中的列车给沿线环境带来的不利影响，中方为蒙内铁路使用的内燃机车和客运车辆分别配备了燃油效率更高、噪音更小的新型柴油机，以及避免洗手间污物沿途抛洒的集便器。此外，铁路路堤沿线安装了大量的隔离围栏，可以有效地避免因沿线居民或牲畜侵入线路而出现的伤亡。截至目前，蒙内铁路尚未发生一起破坏环境事件，是一条名副其实的绿色之路。

（三）中国标准：开启东非铁路互联互通的序幕

蒙内铁路沿线不仅是肯尼亚的经济命脉，也是东非北部国际陆路通道的咽喉。在拉穆走廊完全建成之前，蒙内铁路仍将是乌干达、南苏丹等东非内陆国家最便捷的出海通道。特殊的地理位置使蒙内铁路在东非现代化铁路建设进程中扮演了先行先试的角色，在一定意义上可率先发挥"车同轨"的优势效应，为引导日后与之连通的东非其他铁路的建设奠定了必要的基础。

无论从东非一体化的空间结构还是内在发展逻辑来看，以铁路为代表的基础设施互联互通的客观要求，将有力推动以蒙内铁路所代表的中国标准现代化铁路成为东非其他铁路建设项目所采取的标准。蒙内铁路的示范效应最先在肯尼亚境内显现。2016年10月，作为蒙内铁路的西延项目，内罗毕至马拉巴现代化标准轨铁路（简称"内马铁路"）项目全面启动。根据设计规划，内马铁路全长487.5公里，与蒙内铁路的技术标准完全一致，为中国Ⅰ级标准铁路，建成后将与蒙内铁路贯通运营。内马铁路项目共分三期实施，其中目前已经实质性开工的是一期工程（2A），由内罗毕通往奈瓦沙（Naivasha），全长120公里，由中肯两国按照蒙内铁路模式合作建设，预计2019年全面建成通车；二期工程（2B）由奈瓦沙通往基苏木（Kisumu），全长250公里，已经被肯尼亚列入近期优先实施的项目；三期工程（2C）由基苏木通往位于肯乌两国边境的马拉巴

（Malaba），并预留与乌干达标准轨铁路接轨的条件，全长120公里，为中期研究项目。蒙内铁路也在其他东非国家引发了积极的反响。乌干达结合蒙内铁路不断西延的契机，规划了以首都坎帕拉为支点，东连肯尼亚，北通南苏丹，南达卢旺达的"T"字形现代化铁路网，着力将本国打造成为大湖地区北部的铁路枢纽。南苏丹、卢旺达两国积极回应，竭力搭上东非基础设施一体化的快车。其中，南苏丹于2014年与中国港湾工程有限责任公司达成初步协议，按照中国铁路Ⅱ级标准建设首都朱巴通往乌干达边境尼穆莱（Nimule）的现代化标准轨铁路。

综上，蒙内铁路模式的实质是将肯尼亚的铁路建设的需求与中国在铁路建设方面的软硬件优势实现有机统一，且该项目初步显现出良好的经济与社会效益。它为中国和非盟正在启动编制的《中非基础设施合作规划》（落实2018年中非合作论坛北京峰会"设施联通行动"的举措之一）提供了智力支持与实践经验，有利于深化双方在铁路建设基础设施领域的务实合作。

三 中国与东非国家铁路建设合作面临的挑战

蒙内铁路为中国与东非国家在"一带一路"倡议框架下进一步强化铁路建设合作奠定了基础，指明了方向，但蒙内铁路模式能否最终成功编织出一张完整的东非现代化铁路网，仍然将在很大程度上取决于东非国家的现实政治、经济、社会发展状况，以及东非一体化的进一步发展态势。具体而言，包括蒙内、内马等建成或即将建成的铁路的中长期运营状况、未来东非国家的政策走向以及东非地缘政治等因素，都有可能成为中国深化与东非铁路建设合作面临的挑战。

（一）建成通车的线路是否能持续发挥示范效应

蒙内铁路目前虽然已初步发挥了对沿线经济社会发展的带动作用，但肯尼亚能够在多大程度上为铁路的长期稳定运营提供必要的外部支撑和保障，确保中肯两国在铁路运营管理上的合作能够稳定持续地转化为现实生产力，为其他东非国家持续发挥示范效应，仍然有待进一步观察。

第一，肯尼亚能否在国内陆路交通运输格局重新洗牌的形势下仍然坚定支持现代化铁路的正常运营。蒙内铁路通车后所释放的巨大运能已剧烈冲击了蒙巴萨至内罗毕区间的公路运输。从长期占据主导地位的公路运输来看，蒙巴萨港2016全年的货物吞吐量为2736万吨，[1] 以当前蒙内铁路2200万吨以上的初步年设计吞吐量来计算，如果能够确保高效率运营，就可在不借助公路运输的情况下满足蒙巴萨港的货物集散需求。以蒙内铁路在2018年元旦首次开行的图定货运列车为例，全列装载的104标准箱（ETU）集装箱的运输吨位已经相当于相同区间内所有卡车一天运输量的总和。[2] 蒙内铁路在客运方面同样呈现压倒性优势，每天对开的三对客运列车人均票价7美元且旅行时间不到5小时，全年将100多万旅客安全送达目的地，[3] 远超公路客运性价比。运输格局的变化已经给公路运输带来客货源流失、收入下降、人员和资产闲置等问题。在2017年的肯尼亚总统大选中，相关从业者的不满情绪成为反对派发难执政党的重要口实，而西方媒体更是借机将蒙内铁路抹黑为破坏肯尼亚社会稳定的"罪魁祸首"。[4] 随着内马铁路未来分段建成通车，铁路的巨大"虹吸效应"将进一步冲击肯尼亚乃至乌干达、卢旺达的公路运输行业。肯尼亚政府能否积极引导长期作为既得利益者存在的公路运输业，积极适应运输格局的变化，避免建成通车的现代化铁路成为不同社会集团利益纷争的焦点，对于维持铁路的长期稳定运营具有重要意义。

第二，肯尼亚能否尽快完善与已通车线路配套的相关基础设施建设。蒙内铁路目前快速增长的客货运输量主要来源于从公路运输转移而来的现有客货资源，若要进一步激发出沿线潜在的客货资源，则必须进一步完善配套的基础设施。从货运方面来看，蒙内铁路目前只开通了蒙巴萨赖茨港（Port Reitz）开往内罗毕无水港的一站直达式集装箱班列，

---

[1] Northern Corridor Transit and Transport Coordination Authority, "The Maritime Port of Mombasa", http://www.ttcanc.org/page.php?id=27, 2018-10-11.

[2] "Mombasa-Nairobi Standard Gauge Railway launched", *Railway Gazette*, January 3, 2018.

[3] Liu Xianfa, "Initiating 'A Golden Era' for China-Kenya Cooperation", *Daily Nation*, 2018.

[4] "Kenya's White Elephant", *The Economist*, March 24-30, 2018, p.53.

散货运输因沿线各车站配套建设的道路、场站、专用线尚未到位而仍未开启。即便是快速发展的集装箱运输业务,同样存在因配套设施不足而导致的发展瓶颈:一方面,由于设计吞吐量偏小,内罗毕无水港投运后仅半年就已经处于满负荷运转状态,可深挖的潜能十分有限,导致下行集装箱班列的开行数量和运输总吨位逐步接近顶板;另一方面,内罗毕无水港的功能较为单一,目前只能单向承担由蒙巴萨港运来的集装箱的清关业务,致使上行集装箱班列需要空载返回。此外,蒙内铁路沿线各个新建车站普遍位于城镇外围,距离传统商业区、居民区较远,且道路连通度较差,除了内罗毕南站、蒙巴萨西站两大始发站之外,沿线其他车站普遍存在居民乘车不方便的问题,在很大程度上制约了客流的进一步增长(见图1)。

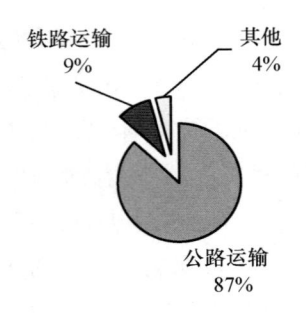

图1 蒙内铁路通车前,东非各种交通运输方式所占比重

资料来源:作者根据东非共同体以及美国国际发展局(USAID)发布的相关数据整理得出,http://pdf.usaid.gov/pdf_docs/PNACW291.pdf,2018 - 11 - 15。

第三,肯尼亚是否具备完全独立运营现代化铁路的能力。肯尼亚通过参建蒙内铁路,与中国合作培养出了相当数量的铁路专业技术人才,并且未来仍将计划以能力建设为主要抓手,为铁路运营培养和储备必要的人才。[1] 但需要指出的是,蒙内铁路由中国路桥负责初期运营,肯尼亚技术人员尽管可以承担越来越多的技术工种工作,但在机务、车务、工务、电务等关键性部门中仍然是在中方企业的管理体系中和中方人员

---

[1] Kenya Railways Corporation, "Personnel Training, Standard Gauge Railway", http://krc.co.ke/standard-gauge-railway, 2018 - 11 - 08。

的指导下开展具体业务，本质上仍然是在中国企业的海外延伸体系中承担工作。倘若中国路桥在十年运营期满后不再续约，或者因其他原因无法继续承担运营权，抑或没有获得日后通车的内马铁路的运营权，先前没有任何现代化铁路经营经验的肯尼亚，能否在没有中方人员参与的情况下，高效地组织起本国的铁路技术人员，一如既往地保障铁路的正常运转，独立支撑起中国标准现代化铁路的本土化运营，依然是一个未知数。

第四，肯尼亚能否为建成通车铁路的正常运营提供安全的外部环境。总体来看，肯尼亚政治局势稳定是大势，但基于民族国家建构长期性问题，该国大选仍会出现"逢选易乱"情势。即便是先前很多人都看好的2017年总统大选，仍然导致全国多地出现持续数月的紧张局势。包括铁路在内的公共交通设施往往成为社会动乱的牺牲品，内罗毕以西的窄轨铁路就是因为在2007年大选骚乱中遭受人为大规模破坏，至今仍然处于半关闭状态。在蒙内铁路已经成为反对派攻击政府的焦点的情况下，如果肯尼亚未来依旧"逢选易乱"，则总里程仍然不断向西延伸的现代化铁路难免会成为反对势力误导舆论和煽动部分群体不满情绪的对象。此外，作为唯一与索马里接壤的东非国家，肯尼亚防范索马里"青年党"等恐怖组织的任务要更为艰巨。自2011年以来，肯尼亚先后与索马里联邦临时政府、非洲联盟开展跨境军事合作，联合清缴索马里南部的"青年党"势力，并因此成为"青年党"的重点报复对象。截至目前，"青年党"已经先后在肯尼亚制造了多起恶性恐怖袭击事件，首都内罗毕和东北部加里萨（Garisa）地区成为重灾区。作为肯尼亚的交通运输动脉，如果蒙内铁路没有得到充分的安全保护，各个车站、重要桥梁与隧道、客货运列车都极易成为恐怖分子袭击的重点对象。特别是当内马铁路延伸到地广人稀的西部内陆时，肯尼亚政府保护铁路正常运营的成本和难度都将大大提升。

（二）东非国家是否能长期坚定地支持"中国标准"

铁路工程投资巨大、建设周期长、成本回收较慢，如果缺少所在国政府长期的强有力支持，则难以达到预期目标。诚然，从理论上讲，蒙内铁路开启的现代化铁路建设是肯尼亚乃至东非发展必然催生的产物，但如果没有以肯雅塔总统为代表的肯尼亚国家领导层的鼎力支持，特别是在立项、融资、征地、环保、用工、舆论等方面顶住来自反对派以及西方批评的巨大压力，在用不到三年时间建成蒙内铁路的同时，顺利开建内马铁路一期，只能是一个可望而不可即的神话。肯雅塔总统在通车典礼上对蒙内铁路的称赞以及对反对者的警告，充分体现出本届肯尼亚政府力挺中国标准现代化铁路建设的决心。

但2017年肯尼亚大选给蒙内铁路乃至内马铁路带来的巨大压力，也从另一种角度论证了政策的连续性之于推进中国标准现代化铁路建设的重要性。族群政治与多党竞争选举的叠加是肯尼亚政治发展的重要特征，肯雅塔与奥廷加（Raila Odinga）数次在总统大选中交锋，不仅是两者背后两大家族持续对垒的表现，同时还是基库尤族、卢奥族两大族群长期竞争的缩影。作为肯雅塔政府力推的交通工程，蒙内铁路自然无条件地成为以奥廷加为代表的反对势力的攻击焦点，先是被无端贬斥为肯雅塔总统为自己贴金的"宠物工程"（Pet Project）[1]，而后又被贴上了"官商黑幕交易""官员中饱私囊""过度超前建设"等不实的标签。奥廷加本人更是将彻查肯尼亚铁路建设中的"超支""浪费""腐败"问题鼓吹为其当选总统后的施政举措。[2] 如果反对派未来掌权，蒙内铁路以及其他照此模式推进的铁路工程极有可能成为奥廷加等反对派领导人通过否定肯雅塔政绩来论证自身执政合法性的重灾区。一旦肯尼亚因此在铁路建设政策上出现断层，则不仅蒙内铁路的正常运营会受到"全面调查""重新评估"的冲击，通往乌干达的内马铁路二期、三期也可能被无限期推迟。2017年的总统大选一波三折，肯雅塔总统险中获胜连任，[3] 足以证明这种担心并非多余。

坦桑尼亚的案例则现实演绎了领导人施政理念的变化，对于中国标

---

[1] Isaac Mwangi, "As Uhuru's Pet Project Is Launched, Questions Linger", *Citizen Digital*, June 6, 2017.

[2] Stephen Mkawale, Robert Kiplangat, "Raila Odinga: Jubilee Leaders Took Sh130 Billion SGR Bribe", *Standard Media*, 2017.

[3] 2017年8月11日，现任总统肯雅塔以57.24%的得票率赢得大选。反对派领袖奥廷加以选举存在舞弊为由上诉至最高法院。9月1日，经最高法院裁决，原大选结果无效，需在60日内重新举行选举。10月30日，肯雅塔以98.3%的得票率赢得重新举行的大选，成功连任。这种"过山车"式的总统大选，在肯尼亚现代政治发展进程中尚属首次。

准现代化铁路的全面落地构成的挑战。时任坦桑尼亚总统基奎特在任期内积极促成中坦双方加强铁路建设合作，2015 年 6 月中国铁路物资股份有限公司、中国铁路工程总公司分别以 76 亿美元、14 亿美元的报价成功竞标中央铁路扩能改造、鲁德瓦（Ludewa）矿区至姆特瓦拉（Mtwara）港两条"中国标准"铁路的建设权，中国进出口银行将为项目建设提供融资支持，[①] 坦桑尼亚由此成为东非第二个按照中国标准实质性推动现代化铁路建设的国家。但随着高举反腐、节俭大旗的马古富力于同年 11 月就任新总统，坦桑尼亚在继续高度重视以铁路为代表的基础设施建设的同时，开始逐步彻查前任政府敲定的各类基建、产能合作项目，并最终以存在"超支""腐败""暗箱操作"等问题为理由否定了两家中国公司的中标结果。在经历了两次可行性研究和重新发标后，坦桑尼亚认为"中国标准"不符合本国需求，转而全面采用美国铁路标准（AREMA），并于 2017 年 2 月授权土耳其的亚皮·莫科齐（Yapi Merkezi）与葡萄牙的莫塔-恩吉尔（Mota-Engil）两家公司建设达累斯萨拉姆至莫罗戈罗（Morogoro）207 公里（以下简称达莫铁路）、伊萨卡（Isaka）至西北部边境 400 公里两条现代化标准轨铁路，由韩国铁路公司（Korail）负责施工监理，[②] 其中前一段已经于 2017 年 4 月实质性动工。截至目前，中国标准现代化铁路仍然没有实质性进入坦桑尼亚。

同理，如果诸如乌干达、卢旺达等其他国家未来因领导人更迭而发生政策变动，在铁路的发展前景或者铁路建设标准的问题上出现动摇或反复，则会给蒙内铁路模式的拓展带来重重阻力。

（三）东非基础设施一体化的推进是否能协调好各方利益

尽管东非国家签署了《东非铁路建设方案》，但这只表明各国在战略层面认可持续加强东非铁路网建设，特别是强力推进建设现代化标准轨铁路的积极意义，而并没有就新建铁路的技术标准、具体走向等细节问题达成具有约束力的共识。在有关技术标准、线路走向等纷争名目掩盖之下的各国利益博弈，尤其是肯尼亚、坦桑尼亚两大经济体对东非一体

[①] "Tanzanian Standard Gauge Contracts Announced", *Railway Gazette*, June 7, 2015.

[②] "Tanzania Signs New Line Contract", *Railway Gazette*, February 3, 2017.

化领导权的竞争,为东非国家间建设完整的铁路网增添了不确定性。

肯尼亚与坦桑尼亚的利益博弈,首先体现在针对新建铁路标准的竞争上。早在2013年,肯尼亚、乌干达、卢旺达三国发起"三方基础设施建设倡议"(Tripartite Infrastructure Initiative),讨论合作建设从蒙巴萨港通往大湖地区的现代化陆路通道。南苏丹加入东共体后,该机制更名为"北部走廊一体化工程"(Northern Corridor Integration Project),主张以建设互联互通的现代化标准轨铁路作为通道建设的切入点。随着蒙内铁路顺利建设通车,内马铁路一期快马加鞭推进,"中国标准"不仅牢牢扎根肯尼亚,而且成为参与北部通道建设的其他国家倾向于优先考虑的技术标准。[1] 与此同时,坦桑尼亚也不甘示弱,先后联合布隆迪、卢旺达谋划建设从达累斯萨拉姆港出发,经伊萨卡至基加利以及凯萨(Keza)至穆松加迪(Musongati)的现代化标准轨铁路,即中央通道铁路(Central Corridor/DIKKM Rail),[2] 在东非南部地区全面打通以达累斯萨拉姆港为起点,通往大湖南部地区的国际陆路通道。针对新建铁路的标准,上述三国曾商讨采取中国铁路Ⅱ级标准或美国铁路标准,但随着2017年达莫铁路的开工,"中国标准"最终出局。截至目前,作为两大集团的发起人以及东非仅有的两个实质性开启现代化铁路建设的国家,肯尼亚、坦桑尼亚分别建设了技术标准完全不同的标准轨铁路。如果分别与两者对接的其他东非国家继续建设两种不同技术标准的铁路,则铁路互联互通的效果将大打折扣。

肯尼亚与坦桑尼亚的博弈还在一定程度上影响了其他东非国家规划线路的走向。当前,东非的铁路建设形势可以被概括为:肯尼亚和坦桑尼亚两个地区大国争相摇旗呐喊,积极号召其他东非国家对接自己的铁路;乌干达在两者间保持平衡,确保利益最大化;卢旺达、布隆迪、南苏丹等国持续观望。以乌干达为例,该国不仅有窄轨铁路连通肯尼亚,而且有铁路轮渡通往坦桑尼亚,同时又是南苏丹南下以及

---

[1] "Standard Gauge Railway, Northern Corridor Integration Projects (NCIP)", http://ncip-projects.org/project/standard-gauge-railway, 2018 – 10 – 23.

[2] "Traffic Projections, Dar es Salaam-Isaka-Kigali/Keza-Musongati Railway (DIKKM) Project", http://dikkmrail.com/–page_id=24.htm, 2018 – 10 – 23.

卢旺达、布隆迪北上出海的必经之路，地理位置十分关键，因此乌干达成为肯尼亚、坦桑尼亚竞相争取的合作对象。一方面，乌干达虽然是北部通道建设参与者，倾向于优先对接肯尼亚铁路，但对肯尼亚坐地起价、"绑架"其出资参与内马铁路三期的做法颇有微词；① 另一方面，乌干达对坦桑尼亚力推的中央铁路通道项目表现出浓厚兴趣，将对接坦桑尼亚铁路作为重要备选方案②以及迫使肯尼亚在内马铁路三期议题上做出让步的筹码。目前，肯尼亚、坦桑尼亚、乌干达三国在线路走向上的明争暗斗，③ 已经成为迟滞乌干达现代化铁路建设的主要障碍之一。如果乌干达优先对接坦桑尼亚中央通道铁路，则很可能在卢旺达、布隆迪、南苏丹等国引发连锁效应，使"中国标准"挺进大湖地区的进程受挫。

以上三方面的问题具有一定互动性、正相关性。蒙内铁路在运营过程中，若能不断挖掘内在潜力，持续取得良好的经济与社会效益，则可强化"中国标准"在当地铁路建设的影响力，弱化负面声音，增强中国铁路企业进一步拓展东非市场的竞争力。在这其中，不仅需要中方继续与非方加深合作，更需要东非国家理性选择合作伙伴，保持政策定力，并不断为项目可持续发展注入活力。

四　优化中国与东非国家铁路建设合作的建议

为了确保东非各国能够按照统一的技术标准尽快实现铁路的互联互通，中国与东非各国应该在"一带一路"倡议的框架下进一步加强战略对接与磋商，以蒙内铁路为蓝本，积极探索适合东非各国实际情况的现代化铁路建设与运营模式，鼎力支持东非经济社会的发展以及区域一体化进程的推进。

---

① "Uganda Refocuses On Metre Gauge Rail as Kenya Delays SGR", https：//www. trade-markea. com/news/uganda-refocuses-on-metre-gauge-rail-as-kenya-delays-sgr, 2018 – 01 – 09.

② Allan Olingo, "Uganda May Join Dar as Kenya Weighs Options of Extending SGR to Malaba", *The East African*, January 21, 2017.

③ Pascal Mayalla, "The SGR War", *Jamii Forums*, January 27, 2018.

（一）建立旨在统一规划的多边协商与合作机制

在东非铁路建设问题上，中国应在继续加强和巩固与各个东非国家的双边合作关系之外，进一步深化与东共体的对话与磋商，以此为基础建立由东共体、东非各国、中国共同参与的多边对话合作机制。各方应在充分肯定《东非铁路建设规划》积极意义的同时，不断强化构建"统一的东非铁路网"的理念，以蒙内铁路为基础，通过有效整合东非各国的铁路建设资源，尽快就铁路的标准和走向、融资方案、建营模式、风险防控等基础性问题达成具有广泛约束力的共识，全面扫除实现互联互通的障碍。

1. 明确技术标准和线路走向

对东非地区所有铁路，特别是新建铁路的技术标准和线路的具体走向做出明确规定，有利于更为便捷、高效地推动东非国家间铁路互联互通建设。

从技术标准方面来看，中国铁路标准特别是 I 级铁路标准在诸多方面优于以美国铁路标准为代表的其他铁路技术标准，能够有效兼顾东非国家社会经济发展与投资成本，有条件成为中国与东非国家合作建设的主推技术标准。其中，经济实力较强的国家以及干线国际通道可仿照蒙内铁路采取中国铁路 I 级标准，先行建设单线，预留进一步扩能改造的条件；支线以及经济实力较弱的国家可以采取中国铁路 II 级或以下标准，建设无预留的单线。通过统一采取中国标准，东非各国可加强各条新建铁路与蒙内铁路在设备、人员、技术方面的互通性，以更为经济的成本建设统一路网。

在坚持以中国标准为基础的统一技术标准的基础上，东非各国应从东非区域一体化大局着眼，全力优化线路的走向，将本国的经济走廊建设与东非国际陆路通道建设实现有机融合。具体而言，每个国家应优先按照北部通道、南部通道的走向谋划自己国内的铁路网建设，特别是在规划和建设位于国际通道内的本国干线铁路的同时，应充分考虑预留进一步向边境延伸，接轨其他国家路网的条件。在谋划不同国家铁路实现跨国接轨的问题上，相关国家可就交界地区的铁路走向进行联合勘测与设计，确定究竟采取正线贯通还是联络线联通的接轨方案，有效避免争议的出现（见表2）。

表2　　　　　　蒙内铁路与达莫铁路主要技术标准对照

	蒙内铁路	达莫铁路
技术标准	中国铁路Ⅰ级	美国铁路标准
轨距	1435毫米	1435毫米
最小曲线半径	1200米	1000米
坡度	1.2%	1.8%—2%
列车牵引质量	5000吨	4000吨以下
最高设计时速	120公里/小时	100公里/小时
年运输量	2000万—3500万吨	1800万吨

资料来源：Standard Gauge Railway Project, New Vision Printing and Publishing Co. Ltd., https://www.newvision.co.ug/digital_assets/d76bb012-a31c-452d-adad-24df4d1931e5/SGR-fp-1.pdf, 2018-10-20。

2. 创新融资途径

积极创新融资模式，可以有效缓解东非国家推进现代化铁路建设所面临的资金筹措难题和债务负担，也能有效降低中国深度参与东非铁路建设所承受的资金压力和相应风险。对于经济实力较强的国家，可以继续采取蒙内铁路的融资模式，由中国的政策性银行提供专项贷款，支持其开建第一批示范性干线。对于其他线路以及经济实力较弱国家的铁路工程，中方可在蒙内铁路模式的基础上，考虑采取多元化的融资途径。其一，加强与非洲发展银行、东南非洲开发银行等金融机构的对接，力争在投资东道国自筹资金与中国贷款之外，引入愿意支持东非建设中国标准现代化铁路的第三方；其二，可仿照亚洲基础设施投资银行机制，建立由东非各国、中国以及其他有合作意愿的各方共同组建的区域性投资开发金融机构，为东非现代化铁路建设提供专项资金支持；其三，东非各国可在仿照肯尼亚设立铁路建设基金的同时，通过"PPP"（政府和社会资本合作：Public-Private Partnership）、"BOT"（建设—经营—转让，Build-Operate-Transfer）等模式，广泛吸引社会资本参与铁路建设工程。除此之外，对于所在国短期内无力承担，但战略地位十分重要的部分路段，中国可直接考虑进行项目援建。

3. 商讨建营模式

蒙内铁路采取的建营一体化模式为东非其他现代化铁路项目提供了可供参考的样板。一方面，效仿蒙内铁路融资途径的其他新建线路可以直接继续采取这种成熟的运作模式，由相应的中国企业负责线路建设和初期运营；另一方面，采取多元化融资途径的新建线路也可全面引入中国铁路全产业链和中国企业参与线路建设，并且在线路建成通车后，由参建中国企业和相关投资方按照中国铁路标准，共同负责线路的初期运营。未来，为确保东非各国的现代化铁路在实现充分互联互通的基础上更好地发挥运输的整体优势和效应，中国可与东共体、东非各国以及有关各方在加强多边对话协商的基础上，以东非现代化铁路网为基础，有效结合东非一体化的各项成果，全面整合重组东非各国的铁路运营资源，合作或支持成立统一的东非铁路公司。新公司将负责统一运营、调度东非各国的铁路，为区域内人员、物资、技术等要素的无障碍流动提供必要的运输保障。

4. 加强风险防控

东非各国需要在多个方面加强合作，有效化解影响现代化铁路正常运营的潜在风险和威胁。其一，避免新建铁路出现大规模运能闲置与浪费的危险。为此，东非各国应一方面联合出台相应指导政策，有序引导国内、国际陆路运输客货源向铁路转移，另一方面大力做好相应的配套基础设施建设，持续扩大铁路运输在价格、时间、安全性等方面的优势，从而进一步巩固和提升现代化铁路在东非国家国民经济和社会发展中的基础地位。其二，避免因领导人、执政党的更迭阻碍或迟滞铁路建设的风险。东非各国应在本国和次区域范围内集体抵制部分西方媒体、非政府组织鼓吹的错误言论，积极引导社会舆论正确认识建设现代化铁路的积极意义，避免铁路建设成为不同政党、社会团体竞争与对抗的焦点，确保国家掌权者的更迭不会消极影响国家宏观发展战略在财政、征地、环保、用工等方面之于铁路建设的支持。其三，避免铁路运营遭受恐怖主义的威胁。东非各国在加强次区域范围内的反恐怖主义既有双边、多边合作的基础上，还可在反恐议题上加强与中国以及其他相关方面的合作，尽快完成反恐怖主义的立法，将东非集体安全体引领下的反恐怖主义行动作为支持现代化铁路建设的必要组成部分。

（二）积极推动"中国标准"铁路在东非落地生根

在继续加强与东非共同体与东非各国的多边合作之外，中国应以东非国家全面对接"一带一路"倡议为有利契机，以全面深化中非产能合作为有力抓手，通过明确线路建设次序、铁路产业转移、东非铁路建设市场共同开发等方式，持续扩大蒙内铁路的优势效应，将内马铁路以及其他后续开工的铁路项目打造成为编织东非铁路网的多条强健经脉。

1. 推动东非培育本土铁路产业链

蒙内铁路固然是"走出去"的中国铁路全产业链在东非打造的第一个项目，但其中的线路设计以及轨道和车辆制造等关键性环节仍由中国完成。目前，蒙内铁路除了由中资企业负责初期运营之外，在关键设备的维护保养方面依然离不开相应的中资企业的技术支持，诸如内燃机车维护保养业务仍需外包中车戚墅堰公司承担[①]等。中国应以中非产能合作为契机，逐步推动铁路产业链落地肯尼亚，通过生产技术转移和本土专业人才的培养，不仅可以大幅压缩铁路装备零配件的销售价格，有效降低蒙内铁路的运营管理成本，而且能够全面带动当地的装备制造业的发展，确保肯尼亚在实现产业升级的基础上加快工业化和现代化发展进程。

从实践操作层面来看，中国可以分两步走推动铁路产业落地东非。以蒙内铁路上运营的内燃机车为例，在第一阶段，中车戚墅堰可与肯尼亚铁路公司在内罗毕、蒙巴萨等铁路枢纽组建合资公司，在中方提供人员和技术指导的基础上，从初期负责本线内燃机车的维保，而后逐步开始承担部分零配件的生产，再到整车的高级修，直至实现同型机车的整车组装，完成从维保到生产的完全本土化；在第二阶段，合资公司应以肯方人员和本土化的生产技术为主导，逐步朝向兼顾生产与研发的模式转变，即除了继续承担原有的修造职能之外，还可独立设计和制造满足东非各国国内市场以及东非跨国铁路运输所需要的内燃机车，并且在条

[①] 《中车戚墅堰公司获肯尼亚蒙内铁路机车维保项目订单》，2018年11月12日，新华网（http://www.xinhuanet.com/silkroad/2017-09/29/c_1121748070.htm）。

件成熟的情况下，成为与其他东非国家开展产能合作并输出相应技术的前沿阵地。同理，中国铁路行业中的其他部门也可以借助中肯（非）产能合作的东风，尽快在肯尼亚以及其他东非国家进行相应的投资布局，逐步建成完整的本土化铁路产业链，为当地建设和运营中国标准现代化铁路提供必要的支撑。

2. 优先着力东非北部通道建设

全力推进蒙内铁路延长线建设，不仅可以扩大蒙内铁路的连通和辐射范围，也是让中国标准现代化铁路全面走向东非的必然要求。相比坦桑尼亚境内的南部通道，以肯尼亚为起点的北部通道在地形地貌、建设成本、通达范围、港口配套、经济腹地等方面都要更具优势。加之建成通车的蒙内铁路已经先行发挥了"车同轨"的占位作用，北部通道理应成为东非建设中国标准现代化铁路的前沿阵地。具体而言，中国应从以下方面着手，推动中国标准现代化铁路尽快贯通整个北部通道。

首先，加快蒙内铁路在肯尼亚境内的西向延长线的建设速度。中国应充分把握连任后的肯雅塔总统支持建设中国标准现代化铁路战略毫不动摇的政策红利期，确保内马铁路一期在2019年如期建成通车；尽快全面启动二期工程建设，力争在2022年总统大选之前，全面打通蒙巴萨、内罗毕、基苏木三大经济圈之间的铁路连接；结合乌干达铁路建设进程，适时启动三期建设。

其次，确保乌干达和肯尼亚两国在东非率先实现新建铁路的互联互通。中国应高度重视乌干达作为大湖地区十字路口的重要战略地位，加强与乌干达的对话和协商，充分阐释中国标准现代化铁路在技术、建设和运营成本方面的显著优势以及邻国肯尼亚铁路建设进度较快的事实，确保两国现代化铁路尽快接轨，将以国家间连通为特征的内马铁路，打造成为"中国标准"的又一金字招牌。

最后，适时启动卢旺达、布隆迪、南苏丹等国的铁路建设。中国可结合在可预见时期内三国的经济和社会发展情况，以蒙内铁路模式为基础，在相应的时候启动相应的铁路建设工程，为中国标准现代化铁路贯通整个北部通道画上圆满的句号。

3. 结合坦赞铁路改造，推动东非南部通道建设

尽快扭转当前中国标准现代化铁路无缘南部通道的局面，是确保东

非各国铁路实现无障碍互联互通的重要前提条件。中央铁路改建作为坦桑尼亚政府关注的一号工程，除去已经实质性动工的达累斯萨拉姆至莫罗戈罗区间采取美国铁路标准之外，其余 1000 多公里未开工路段仍为中国标准的接入提供了广阔的空间。与此同时，由坦桑尼亚负责运营的坦赞铁路效益欠佳，迫切需要与中国合作拿出切实可行的激活方案。基于这两点考虑，中国可以把激活坦赞铁路作为撬动中国标准现代化铁路进入坦桑尼亚市场的支点。就坦赞铁路而言，鉴于其轨距、运量、时速已经不能满足现代化运输的需求，继续进行局部修补的价值相对有限。因此，中国在主导坦赞铁路激活方案时，可考虑引入蒙内铁路模式，一次性将老线改造成为中国铁路Ⅰ级标准干线，一方面使中国标准现代化铁路抢先占位东非通往南部非洲的战略通道，另一方面通过在基塔都（Kitadu）预留与改建后的中央铁路贯通运营的条件，作为促使后者尽快采取中国标准的有力推手。

针对中央铁路改扩建工程，中国可以在融资多元化、控制建设成本、合作运营、技术转移、人才培养、东南部非洲铁路市场共同开发等方面加强与坦桑尼亚的对话与协商，并结合坦赞铁路的激活计划，推动中央铁路建设标准尽快与中国标准对接。具体而言，可以分为两个方面予以实施。从新开工铁路区段方面来看，中坦双方可以以蒙内铁路模式为基础展开合作，按照中国铁路Ⅰ级或Ⅱ级标准新建中央铁路其余区段，特别是优先保证莫罗戈罗至多多马区间，以及基戈马、姆万扎附近路段尽快按照中国标准开工建设，具备与改造后的坦赞铁路贯通运营的条件，确保中国标准现代化铁路能够在南部通道发挥占位优势；从非中国标准区段的改造方面来看，中国近期应推动达累斯萨拉姆至莫罗戈罗铁路在铺轨、通信、信号、机车车辆等后期线上工程尽可能对接中国标准，使其能够与其他中国标准现代化铁路贯通运营；远期可结合达莫铁路区间的复线、电气化扩能改造，按照中国铁路Ⅰ级标准改造其线下设施，最终实现中国标准现代化铁路对南部通道的全覆盖。

结　语

蒙内铁路的顺利建成通车以及内马铁路的迅速推进，开启了中国与东非国家在"一带一路"倡议框架下全面加强铁路建设合作的序幕，为东非借助中国标准现代化铁路实现互联互通奠定了坚实的基础。中国和东非国家应按照2018年中非合作论坛《北京宣言》的精神为指导，紧抓《北京行动计划》为中非共建"一带一路"倡议提供的宝贵契机，以继续支持东非一体化和全面深化中非产能合作为主抓手，不断夯实和巩固既有合作成果，携手克服困难与挑战，用提质增效的中非合作将东非打造成为中非"一带一路"合作的桥头堡，凸显现代化铁路建设作为中国与东非国家"一带一路"合作中的先导与优势领域，用"铁轨上的东非一体化"书写新时代中非命运共同体建设的新篇章。

（本文原刊发于《西亚非洲》2019年第2期）

中非人文交流

非洲留学生在中国：历史、现实与思考

李安山 著[*] 沈晓雷 译[**]

摘 要：随着中非关系的快速发展，在中国的非洲人社群不但成为一个令人印象深刻的现象，而且引起了国际学术界的关注。中国存在各种各样的非洲移民社群，如商人、留学生、艺术家和专业人士等，留学生是其中的第二大群体。尽管是否可将国际留学生视为移民仍然存在争议，但大多数学术文献认为他们是移民的一部分。通过对有关非洲留学生的研究、历史、政策及效果、来华动机及贡献等方面进行分析可以发现，非洲留学生在华经历以及中国对留学生的政策与中国的发展息息相关。非洲留学生来华学习的热情日益提高，他们成为中非关系的积极参与者，大力推动了中国的国际教育合作。非洲留学生通过他们在中国的主观能动性及他们与中国人之间的交往，不但将非洲的文化价值观带给了中国，而且为非洲大陆发展做出了巨大贡献。

关键词：中非关系 国际学生 非洲在华留学生 中国教育政策 中国政府奖学金 国际教育合作

---

[*] 李安山，北京大学国际关系学院教授。
[**] 沈晓雷，中国社会科学院西亚非洲研究所助理研究员。

一　研究、争论与观点

当前，国际社会对中非关系表现出浓厚的兴趣，不同问题、各种观点和话语争论应运而生。[①] 非洲移民也成为学术界的热门话题。人们普遍认为，非洲人社群只是近年才在中国出现，然而中国人与非洲人之间的交往可谓历史悠久。[②] 中非双边贸易额迅速增长，从2000年的108亿美元到2014年的2200多亿美元。中国的非洲人社群也在这一时期快速发展起来，商人则成为在华非洲人社群中最大的群体。相关研究集中于在华非洲商人以及在广州和义乌的经济活动，[③] 也有人对他们在香港和澳门的商贸活动进行了研究。有的研究涉及非洲移民的生活、社会或宗教活动、他们与中国人之间的隔阂、中国政府对非洲移民的管理、中国人对他们的反应、他们将自己的看法带回祖国及中国发展对全球的影响。[④] 最新的

[①] 李安山：《中非关系研究中国际话语的演变》，《世界经济与政治》2014年第2期，第19—47页。

[②] Li Anshan, "African Diaspora in China: Reality, Research and Reflection", *The Journal of Pan African Studies*, Vol. 7, No. 10, 2015, pp. 10 – 43; Li Anshan, "Contact between China and Africa before Vasco da Gama: Archeology, Document and Historiography", *World History Studies*, Vol. 2, No. 1, 2015, pp. 34 – 59.

[③] 参见［加纳］亚当斯·博多姆《非洲人在中国：研究概述》，载李安山《中国非洲研究评论（2013）》，社会科学文献出版社2014年版，第109—121页；［加纳］博艾敦《非洲人在中国：社会文化研究及其对非洲—中国关系的影响》，李安山等译，社会科学文献出版社2018年版。"Adams Bodomo" 原译为"亚当斯·博多姆"或"亚当斯·博多莫"，现译为"博艾敦"。

[④] B. Bertoncello and S. Bredeloup, "Chine-Afrique ou la Valse des Entrepreneurs-migrants", *Revueeuropéenne des Migrations Internationals*, Vol. 25, No. 1, 2009, pp. 45 – 70; Manon Diederich, "Manoeuvring through the Spaces of Everyday life. Transnational Experiences of African Women in Guangzhou, China", Dissertation, University of Cologne, 2010; A. Müller, "New Migration Processes in Contemporary China-The Constitution of African Trader Networks in Guangzhou", *Geographische Zeitschrif*, Vol. 99, No. 2, 2011, pp. 104 – 22; H. Ø. Haugen, "Nigerians in China: A Second State of Immobility", *International Migration*, Vol. 50, No. 2, 2012, pp. 65 – 80; S. Bredeloup, "African Trading Posts in Guangzhou: Emergent or Recurrent Commercial Form?", *African Diaspora*, Vol. 5, No. 1, 2012, pp. 27 – 50; Y. Yang, "African Traders in Guangzhou", in G. Mathews, G. L. Ribero and C. A. Vega, eds., Globalization from Below: The World's Other Economy, Routledge, 2012; H. Ø. Haugen, "African Pentecostal Migrants in China: Marginalization and the Alternative Geography of a Mission Theology", *African Studies Review*, Vol. 56, No. 1, 2013, pp. 81 – 102; Li Anshan, "African Diaspora in China: Reality, Research and Reflection", pp. 22 – 25.

研究重点则逐步从广东和港澳转移到其他地区。①

留学生是在华非洲人的第二大群体。20 世纪 60 年代，14 个非洲独立国家派遣留学生来中国学习，直到 1966 年底因"文化大革命"而关闭所有高校为止。加纳学生伊曼纽尔·哈维是其中一员。他撰写了第一本关于非洲留学生在中国的著作，抱怨诸种令人不愉快的现象，如政治灌输、语言困难、教育水平、社会生活、种族歧视。② 他指出有许多非洲留学生在 1961—1962 年回国，但有人对此提出了异议。③ 随后，他们对此问题的研究完全中断。"文化大革命"爆发后，非洲留学生都回国了。对中国非洲留学生的近期研究往往要回顾历史，或对中国当时的社会背景加以解释。④ 1972 年，中非教育合作重启。为支持坦赞铁路的建设，中国为坦、赞两国培训技术人员。有几部著作对坦赞铁路的文件、档案和来自非洲的受训人员等进行了研究。⑤ 吉莱斯皮是第一位对来华非洲留学生进行系统研究的学者，他的著作将非洲留学生置于南南合作的背景之下，强调中非教育交流项目具有知识转移功能。⑥ 还有学者研究了 20 世纪 80 年代非洲留学生与中国学生之间的冲突，并对中国人的"种族歧视"现

---

① Adams Bodomo, *Africans in China*：*Guangdong and Beyond*, New York：Diasporic Africa Press, 2016.

② Emmanuel Hevi, *An African Student in China*, London：Pall Mall Press, 1963.

③ Bruce D. Larkin, *China and Africa 1949 – 1970*：The Foreign Policy of People's Republic of China, Berkeley：*University of California Press*, 1971.

④ 程映虹：《一个非洲留学生的六十年代中国印象》，《凤凰周刊》2014 年第 14 期，2017 年 6 月 24 日，http：//www.ifengweekly.com/detil.php? id =4901。有关坦赞铁路建设期间的培训和技术合作，参见沈喜彭《中国援建坦赞铁路研究》，黄山书社 2018 年版，第六章。

⑤ 张铁珊：《友谊之路：援建坦赞铁路纪实》，中国对外经济贸易出版社 1999 年版；Jamie Monson, *Africa's Freedom Railway*：How a Chinese Development Project Changed Lives and Livelihoods in Tanzania, Bloomington and Indianapolis：Indiana University Press, 2009；Liu Haifang and Jamie Monson, "Railway Time：Technology Transfer and the Role of Chinese Experts in the History of TAZARA", in Ton Dietz, et al., *African Engagements*：*Africa Negotiating an Emerging Multipolar World*, Leiden and Boston：Brill, 2011, pp. 226 – 251.

⑥ Sandra Gillespie, *South-South Transfer*：*A Study of Sino-African Exchange*, New York：Routledge, 2001.

象进行了批评。[1]

　　自中非合作论坛建立以来，非洲留学生的数量急剧增加。中国学者或在中国的非洲学者对当前来华非洲留学生的研究颇感兴趣。北京大学非洲研究中心是中国最早关注这一问题的机构，通过调研和查阅教育部档案在内的资料，中心研究人员对来华非洲留学生进行了初步研究。[2] 当前，这一研究集中在4个领域，即文化适应、中非合作、教育管理以及专业教学（包括语言、数学和工程）。如果将"非洲留学生"作为关键词在中国期刊网上（2003—2014）进行搜索，共有47篇相关的期刊文章和硕士论文。关于文化适应的有5篇，教育管理6篇，汉语教学14篇，其他文章则与中非关系有关。有些报告和回忆文章也讲述了非洲留学生在中国的经历。[3] 中国奖学金制度是国际教育合作的成功，尤其在培养非洲留学生方面贡献卓著。[4]

　　有关采用跨文化研究方法探讨非洲留学生的案例值得一提。一些文章以2003年一项对非洲和西方留学生在中国的"国外学生学习压力调查"为基础，该项调查对象是中国3个城市高校的200名留学生。问卷提出了30个问题，分为人际关系、个人问题、学术问题和环境问题四类，回收156份问卷，其中非洲留学生82份（男生46份，女生36份），西方留学生74份（男生32份，女生42份）。该项调查的目的是评估不同性别群体（男生/女生）和不同文化群体（非洲人/西方人）在压力感

---

[1] Raymond Seidelman, "The Anti-African Protests: More Than Just Chinese Racism", *The Nation*, February 13, 1989; Barry Sautman, "Anti-Black Racism in Post-Mao China", *The China Quarterly*, No. 138, 1994, pp. 413 – 437; M. J. Sulliven, "The 1988 – 89 Nanjing Anti-African Protests: Racial Nationalism or National Racism?", *The China Quarterly*, No. 138, 1994, pp. 438 – 457; Li Anshan and Liu Haifang, "The Evolution of the Chinese Policy of Funding African Students and An Evaluation of the Effectiveness", Draft Report for UNDP, 2013.

[2] 参见《中非教育合作与交流》编写组《中国与非洲国家教育合作与交流》，北京大学出版社2005年版。

[3] 李保平：《关于中非教育合作的几个问题》，2017年6月2日，http://www.docin.com/p-747065460.html；李安山：《我的那些非洲学生》，载程涛、陆苗耕《中国大使讲非洲故事》，世界知识出版社2013年版；"Leading China Scholar Li Anshan Recalls his Experiences Teaching African Students", China Africa Project, 2013, http://www.chinaafricaproject.com/leading-china-scholar-li-anshan-recalls-his-experiences-teaching-african-students-translation/, 2014 – 06 – 04。

[4] 刘海方：《中国对非洲留学生奖学金政策沿革与绩效研究》，载李安山《中国非洲研究评论（2015）》，社会科学文献出版社2017年版，第141—192页。

受方面的差异性。结果显示，留学生均存在跨文化定位问题，不同群体对上述四类压力的整体感受无甚差别，但在每类压力的感受程度上有所不同。调查结果还表明，对于男生和女生而言，学术与人际关系方面的压力最为常见，日常困扰则给他们带来了最大的压力与挑战。[1] 另有一位研习心理学的非洲留学生，为研究非洲留学生在中国所经历的文化冲击与适应性，也展开过问卷调查。他分发了220份调查表，共收回181份。其研究结论是：非洲留学生在中国经常会经历文化冲击，应对这一问题的最好方法是加强与中国人的交往；学历和性别的不同影响冲击程度，本科大学生和女生经历的文化冲击要超过研究生和男生。[2] 还有的研究涉及非洲留学生的文化适应、文化差异及其影响，以及不同的时间观与家庭观等问题。[3]

至于中非教育合作所发挥的作用，科特马等人认为中国高校在双边合作中发挥了重要作用，金将在华非洲留学生作为中国软实力的一个指标，豪根分析了中国招收非洲留学生的政策及其成效。[4] 其他学者认为，中国的教育援助是中非合作的重要组成部分，为非洲提供了重要的

---

[1] Ismail Hussein Hashim, et al., "Cultural and Gender Differences in Perceiving Stressors: A Cross-cultural Investigation of African and Western Students at Chinese Colleges", *Psychological Science*, Vol. 26, No. 5, 2003, pp. 795–799; I. H. Hashim and Yang. Z. L, "Cultural and Gender Differences in Perceiving Stressors: A Cross-cultural Investigation of African and Western Students in Chinese Colleges", *Stress and Health*, Vol. 19, No. 4, 2003, pp. 217–225.

[2] 狄斯马：《外国留学生在中国的适应性》，硕士学位论文，南京师范大学，2004年。

[3] 关于文化适应，可参见易佩、熊丽君《来华非洲留学生跨文化适应水平实证研究》，《沈阳大学学报》（社会科学版）2013年第3期，第364—368页；龚苏娟《来华非洲留学生的跨文化适应研究——以义乌工商职业技术学院为例》，《开封教育学院学报》2014年第2期，第127—130页。关于文化差异及其影响，可参见龙霞、熊丽君《中非文化差异对非洲来华留学生教育的影响——以安哥拉来华留学生为例》，《重庆第二师范学院学报》2014年第1期，第133—136页；关于不同的时间观与家庭观，可参见叶帅《非洲留学生与中国学生在时间观、家庭观方面的跨文化对比研究》，《科教文汇》（上旬刊）2011年第11期，第30—31页。

[4] Meskela Ketema et al., "The Research on Educational Cooperation Between China and Africa: An African Perspective", *Studies in Foreign Education*, Vol. 36, No. 1, 2009, pp. 50–53; Kenneth King, *China's Aid and Soft Power in Africa The Case of Education and Training*, Suffolk: James Currey, 2013; H. Ø. Haugen, "China's Recruitment of African University Students: Policy Efficacy and Unintended Outcomes", *Globalisation, Societies and Education*, Vol. 11, No. 3, 2013, pp. 315–344.

支持。[1] 还有一些学者讨论了中国在大学中或社会上对非洲留学生或研究生的管理问题。[2] 从事语言教学的老师探讨了如何以更好的方式教授非洲留学生汉语的问题。[3] 非洲留学生也发表了一些关于他们在中国的经历的文章，认为他们在中国社会中的行为能够发挥自身的能动性。[4]

　　有人对教学方法提出了批评和意见，还有人对中国的非洲留学生政策的效果持不同看法。一种观点认为，获得政府奖学金的非洲学生通常都会对他们在中国的经历感到满意，这使人们感觉有望通过教育项目增进中非之间的友好关系。尽管还存在一些缺点及可改进的空间，但在促进中非合作、帮助非洲进行能力建设和改善中国形象等方面，中国的政策相对比较成功。[5] 有人认为，中国并没有实现其政策目标，因为非洲留学生对他们所获得的教育质量感到失望，"对教育经历的失望妨碍了中国

---

[1] 李保平：《关于中非教育合作的几个问题》，2017年6月2日，http://www.docin.com/p-747065460.html；徐辉：《中非合作论坛框架下的教育合作》，《教育发展研究》2007年第9期，第1—7页；贺文萍：《中非教育交流与合作概述——发展阶段及未来挑战》，《西亚非洲》2007年第3期，第13—18页；楼世洲、徐辉：《新时期中非教育合作的发展与转型》，《教育研究》2012年第10期，第28—33页。

[2] 程伟华等：《非洲来华留学研究生教育问题与对策》，《学位与研究生教育》2012年第8期，第54—58页；郑江华等：《高等院校非洲留学生校园安全管理研究》，《天津职业技术师范大学学报》2012年第4期，第72—74页；郑江华等：《高校外国留学生社区系统管理的构建——以天津职业技术师范大学非洲留学生的管理实践为例》，《职业技术教育》2013年第23期，第66—68页；郑江华：《面向非洲留学生的复合型应用人才培养模式探索》，《天津职业技术师范大学学报》2013年第4期，第64—70页；安然等：《非洲留学生需求与招生宣传模式》，《高教探索》2007年第5期，第110—113页。

[3] 宋硕：《浅谈零起点非洲留学生的汉字教学》，《长春理工大学学报》（社会科学版）2011年第3期，第165—167页；林伦伦、任梦雅：《非洲留学生汉语学习观念的社会语言学调查》，《韩山师范学院学报》2010年第5期，第32—37页。

[4] Lloyd G. Adu Amoah, "Africa in China: Affirming African Agency in Africa-China Relations at the People to People Level", in James Shikwati ed., *China-Africa Partnership The Quest for a Win-Win Relationship*, Nairobi: Inter Region Economic Network, 2012, pp. 104-15; Antoine Roger Lokongo, "My Chinese Connection", *CHINAFRIC*, No. 50, 2012.

[5] Li Anshan and Liu Haifang, "The Evolution of the Chinese Policy of Funding African Students and An Evaluation of the Effectiveness", Draft Report for UNDP, 2013；牛长松：《中国政府奖学金非洲来华留学满意度调研》，2017年6月25日，http://www.docin.com/p-1445264169.html；刘海方：《中国对非洲留学生奖学金政策沿革与绩效研究》，载李安山《中国非洲研究评论（2015）》，社会科学文献出版社2017年版，第141—192页。

推广其价值观，并因此而破坏了中非教育交流在软实力方面所具有的潜力"。①

这种采取问卷调查的方式并提出具体建议的跨文化理论研究，具有一些相同特征。它们都从留学生的个人经历收集数据，研究者可能是非洲留学生。这类研究的缺点在于，它们通常以对某地方、某大学或某个国家的非洲留学生的个案研究为基础，因此必然存在局限性。如何在个案研究中应用相关理论也是一个问题。双向移民既是机遇，也是挑战。中国文化与非洲文化具有相似性，相互学习，尤其是人文交流通常会使双方彼此受益。② 然而，我们仍然缺乏对这一问题的扎实研究。

二 历史、现实与趋势

非洲留学生在中国的历史始于1956年，当年有4位埃及留学生来到中国；2016年，中国有61594名非洲留学生，60年来变化巨大。这一历史可分为4个阶段：1956—1966年；1972—1977年；1978—1995年；1996年至今。③

非洲留学生在1956—1966年与中国进行了初步接触。1953年，在日内瓦举行的国际保卫青年权利大会上，中国青年代表团与来自埃及、阿尔及利亚、突尼斯、摩洛哥、马达加斯加和法属西非的代表团进行了广泛接触并建立了联系。中国与埃及在1956年5月30日建交前便于4月15日签署了文化合作协定。④ 中埃教育项目始于互换学者与留学生。4名埃及留学生在1956年来到中国，其中3人在中国著名画家李可染的指导

---

① H. Ø. Haugen, "China's Recruitment of African University Students: Policy Efficacy and Unintended Outcomes", *Globalisation, Societies and Education*, Vol. 11, No. 3, 2013, pp. 315–344.

② 李安山：《中非关系研究中国际话语的演变》，《世界经济与政治》2014年第2期，第19—47页。

③ 李保平：《关于中非教育合作的几个问题》，2017年6月2日，http://www.docin.com/p-747065460.html；贺文萍：《中非教育交流与合作概述——发展阶段及未来挑战》，《西亚非洲》2007年第3期，第13—18页；刘海方：《中国对非洲留学生奖学金政策沿革与绩效研究》，载李安山《中国非洲研究评论（2015）》，社会科学文献出版社2017年版，第141—192页。

④ 江淳、郭应德：《中阿关系史》，经济日报出版社2001年版，第524页。

下学习中国国画，并在中央美术学院学成归国后成为埃及著名画家。①

1957 年，11 名来自喀麦隆、肯尼亚、乌干达和马拉维（这些国家尚未独立）的留学生来到中国学习。在 50 年代，共有 24 名非洲留学生在中国政府奖学金的资助下来华学习。60 年代，中国开始与赢得独立的非洲国家开展教育合作，非洲留学生或技术人员是根据不同协议或项目来中国学习的。与此同时，中国也派遣了一些文化代表团前往非洲，学习非洲舞蹈，非洲国家也派遣青年人来中国深造。1960 年，在华非洲留学生的数量增加到 95 人。在"文化大革命"爆发的 1966 年，共有来自 14 个非洲国家的 164 名留学生。"文化大革命"期间高校关闭后，非洲留学生不得不返回各自国家。②

前文提到的加纳学生哈维对在中国经历的"种族主义"及其他不愉快的经历进行了抱怨。③ 他对中国的负面描述引起西方国家的喝彩，而加纳总统恩克鲁玛是一位社会主义者。最重要的是，西方国家当时正在寻找一些有关中国的负面资料，哈维的书可谓适逢其时。从另一个角度看，哈维的抱怨也无可厚非。首先，60 年代初中国国内遭受了经济灾难。尽管非洲留学生像所有留学生一样，在中国享受一些普通老百姓无法享受的特权和更高的生活水平，但当时正处于中华人民共和国成立后经济发展最困难的时期，无法进一步改善他们的生活条件。其次，当时的社会条件决定了教条主义、社会禁忌和法律法规在非洲留学生与中国民众尤其是非洲男性与中国女性之间建立了某种"隔离带"。最后，无处不在的特殊政治氛围创造了一个社会交往的真空，使外国留学生的生活变得非常枯燥无味。④ 然而，这也恰恰是非洲留学生观察中国的最好机会，也是他们第一次与中国人交往的时期。

70 年代，中非关系的特征是中非兄弟友谊的观念深入人心，因为这

---

① 李保平：《关于中非教育合作的几个问题》，2017 年 6 月 2 日，http：//www.docin.com/p－747065460.html；江淳、郭应德：《中阿关系史》，经济日报出版社 2001 年版，第 530 页。

② 《中非教育合作与交流》编写组：《中国与非洲国家教育合作与交流》，北京大学出版社 2005 年版。

③ Hevi, op. cit.

④ 程映虹：《一个非洲留学生的六十年代中国印象》，《凤凰周刊》2014 年第 14 期，2017 年 6 月 24 日，http：//www.ifengweekly.com/detil.php? id =4901。

一时期的许多非洲留学生与坦赞铁路有关。60—70年代的两个重大事件极大增进了中非关系：中国向非洲派遣医疗队和修建坦赞铁路。中国自1963年向阿尔及利亚派遣首批医疗队起，共向47个非洲国家派遣了医疗队。① 为打破南非白人种族隔离政府的封锁，中国政府支持坦、赞两国修建铁路。坦赞铁路的重大贡献不仅在于将赞比亚的矿产运输到达累斯萨拉姆港，从而为经济建设提供了帮助，而且提高了当地民众的生活水平。修建坦赞铁路还为中非交往提供了机会。当时，6000多名中国技术人员和工人加入了筑路劳动大军，从而促进了中国人与非洲人之间的相互了解。为了帮助坦赞铁路的运营，中国同意从1972年6月开始为两国培训工程师。坦、赞两国接受培训的200名技术人员来到中国。来华学生的目的是为将来的坦赞铁路运营服务，并在北京交通大学等院校接受培训。他们首先学习公共交通方面的基础课程，然后接受包括交通、机车、通信、信号、铁道等专业的专业培训。这些人中的179人在1975年9月学成回国。1973年，中国全面恢复招收留学生。1973—1974年分别招收了37名和61名非洲留学生。毛泽东主席在1974年会见赞比亚总统卡翁达时提出"三个世界"理论，非洲留学生在1975—1976年分别增加到113人和144人。截至1976年底，中国从21个非洲国家招收了355名留学生，中国政府提供的奖学金相应增加。这些留学生回国之后，在各自国家的交通及其他领域发挥了重要的作用。②

1978—1995年为非洲留学生在华发展的第三个阶段，中非双方交往逐步增加。改革开放后，中国恢复了与非洲国家之间的教育合作。然而，当时中国的经济状况并不好，国际留学生相对较少。1978年，中国共招收了1236名国际留学生，95%获得了中国政府奖学金。这些留学生中有121名来自非洲，约占留学生总数的10%。当时，共有400余名非洲学生在中国学习，约占在华外国留学生的1/4。相关统计数据表明，非洲留学生的数量在80年代呈上升的态势，但1989年除外，即从前一年的325名

---

① Li Anshan, *Chinese Medical Cooperation in Africa: With Special Emphasis on the Medical Teams and Anti-Malaria Campaign*, Discussion Paper 52, Uppsala: Norkiska Afrikainstitutet, 2011.

② Liu Haifang and Monson, "Railway Time: Technology Transfer and the Role of Chinese Experts in the History of TAZARA".

中非人文交流

下降到 249 名。随后,其数量一直在 200 名与 300 名之间徘徊,一直没有超过 300 名。[①] 这种情况应该与 20 世纪 80 年代末非洲留学生与中国学生的冲突尤其是 1988 年发生在河海大学的事件有关(见表1)。

表1　　　　　　　　1976—1995 年非洲来华留学生　　　　　　　单位:人

年份	奖学金生	自费生	合计
1976	144	0	144
1977	142	0	142
1978	121	0	121
1979	30	0	30
1980	43	0	43
1981	80	0	80
1982	154	0	154
1983	230	0	230
1984	247	0	247
1985	314	0	314
1986	297	0	297
1987	306	0	306
1988	325	0	325
1989	249	2	251
1990	252	6	258
1991	272	15	287
1992	267	20	287
1993	225	58	283
1994	220	246	466
1995	256	721	977
总计	4174	1068	5242

资料来源:《中非教育合作与交流》编写组:《中国与非洲国家教育合作与交流》,北京大学出版社 2005 年版。

---

① 《中非教育合作与交流》编写组:《中国与非洲国家教育合作与交流》,北京大学出版社 2005 年版。

随着留学生的增加，问题接踵而至。对许多中国人而言，他们第一次看到外国人，出于新奇原因，不免对外国留学生尤其是非洲留学生指指点点。由于诸多因素，如非洲留学生抱怨生活条件，美国与中东国家间的政治分歧，社会价值观不同，以及中国人对非洲人怀有偏见或误解等因素，双方关系一度紧张。[1] 抱怨与不满引发冲突甚至游行。20 世纪 80 年代，非洲留学生与中国学生在天津、南京、北京和上海等地爆发了冲突。非洲留学生通过各种方式表达其不满，如游行、罢课、绝食抗议和请愿等。这类事件被有些学者称为"国家种族主义"。[2] 从今天的角度来看，社会制度、价值观和文化层面的差异可能是主要原因。作为一个相对内敛的民族，中国人很不习惯男女在公共场所过于亲密，但非洲留学生在这一问题上要开放得多。引发冲突的原因通常是非洲男学生与中国女青年的亲密行为，中国老百姓颇不习惯。当然，中国在当时正经历剧烈的社会转型。中国学生通常 6 个人住一间宿舍，他们对外国留学生两人住一间宿舍的待遇感到不满。此外，外国留学生还有奖学金，在其他方面也享有更好的条件。因此，中国学生和普通民众自然而然地会抱怨外国留学生获得的特殊待遇。如果再有其他不公平的事或对社会的不满，他们便会借此发泄负面情绪，并因此引发冲突。见表 2

表 2　　　　　　　　1996—2015 年非洲来华留学生　　　　　　单位：人

年份	奖学金生	自费生	合计
1996	922	118	1040
1997	991	224	1215
1998	1128	267	1395
1999	1136	248	1384
2000	1154	234	1388
2001	1224	302	1526
2002	1256	390	1646

---

[1] Li Anshan and Liu Haifang, op. cit.
[2] Sautman, op. cit; Sulliven, "The 1988 – 1989 Nanjing Anti-African Protests: Racial Nationalism or National Racism?", *The China Quarterly*, No. 138, 1994, pp. 438 – 457.

续表

年份	奖学金生	自费生	合计
2003	1244	549	1793
2004	1317	869	2186
2005	1367	1390	2757
2006	1861	1876	3737
2007	2733	3182	5915
2008	3735	5064	8799
2009	4824	7609	12433
2010	5710	10693	16403
2011	6316	14428	20744
2012	6717	20335	27052
2013	7305	26054	33359
2014	7821	33856	41677
2015	8470	41322	49792
总计	67231	169010	236241

资料来源：《中非教育合作与交流》编写组：《中国与非洲国家教育合作与交流》，北京大学出版社2005年版；《中国教育年鉴》，2003—2015年各年；教育部国际合作与交流司：《来华留学生简明统计》（2012—2015年）。

非洲自费留学生的数量在20世纪90年代前半期持续增加。1990年只有6名非洲自费留学生，1991年达到15名。1992年和1993年分别增加到20名和58名。1994、1995两年更是大幅增加到246名和721名。越来越多的非洲青年希望到中国深造，其中的原因可能包括学费比较低和更容易获得签证。1996年之后，非洲留学生在中国的历史进入了快速发展的时期。

1996年之所以如此重要，原因在于时任中国国家主席江泽民当年5月访问了肯尼亚、埃塞俄比亚、埃及、马里、纳米比亚和津巴布韦。这是中国国家元首第一次访问撒哈拉以南非洲国家。在访问期间，江泽民提出构筑中非关系面向21世纪长期稳定、全面合作的五点建议：真诚友好、平等相待、团结合作、共同发展、面向未来。此次访问使中国政府奖学金大幅增加，从 1995 年的 256 人增加到 1996 年的 922 人。如果加上当年招收的 118 名自费生，来华非洲留学生的数量第一次超过了 1000 人。①

中非合作论坛在 2000 年举办后，中非教育合作成为一项重要议题。截至 2002 年底，共有 85800 名外国留学生在华学习，其中非洲留学生有 1646 名。② 到 2009 年，在华外国留学生的数量超过了 23 万人，其中非洲留学生为 12433 人。③ 上述数据表明，非洲留学生人数的增长与国际留学生人数的增长有密切关系。在 1996—2011 年间，共有 84361 名非洲留学生来中国学习，其中 36918 人获得了中国政府奖学金，47443 人为自费生。

2005 年也是一个转折之年，当年非洲自费留学生的数量（1390 名）超过了奖学金留学生的数量（1367 名）。这与奖学金项目的成功以及中国自 2003 年开始在埃及和南非举办教育展览会有关。然而，这一变化也与国际留学生的整体情况保持了同步的态势。④ 2011 年，非洲自费留学生达到 14428 名，这已经是中国政府奖学金生（6316 名）的两倍多。2015 年，共有 8470 名非洲留学生获得了中国政府奖学金，而自费留学生的数量则达到了 41322 名。非洲留学生大都攻读学位，其数量增长迅速。2014 年，有 84% 的非洲留学生明确表示要在中国获得学位，只有 16% 的学生选择没有学位的课程。

非洲留学生的发展趋势具有三个特征。首先，非洲留学生的人数增长迅速，且与国际留学生的总体增长趋势保持一致。其次，非洲自费生的增长速度比中国政府奖学金生的增长速度更快。最后，绝大多数非洲

---

① 《中非教育合作与交流》编写组：《中国与非洲国家教育合作与交流》，北京大学出版社 2005 年版。

② 《中国教育年鉴》编辑部：《中国教育年鉴》(2003 年)，人民教育出版社 2003 年版，第 343 页。

③ 《中国教育年鉴》编辑部：《中国教育年鉴》(2010 年)，人民教育出版社 2011 年版，第 440 页。

④ 2005 年，175 个国家的 133869 名自费生来华学习，占留学生总数的 94.88%，与 2004 年相比增长 28.56%。2009 年，238184 名留学生在 610 所中国高校和科研机构学习，其中 219939 名为自费留学生。参见《中国教育年鉴》编辑部《中国教育年鉴》(2009 年)，人民教育出版社 2009 年版，第 440 页。

留学生在攻读学位。

三 相关政策、实施与成效

中国在 20 世纪 50 年代便开始接受外国留学生。然而，直到 70 年代末，中国与非洲国家开始教育合作的政策仍以意识形态为导向，团结非洲国家，在第一个阶段反对以美国为首的资本主义阵营，在第二阶段反对美国与苏联两个霸权。改革开放后，中国步入国际教育合作的新阶段。作为一个后来者，中国政府制定了针对国际留学生的政策并逐步加以实施。中国虽然没有针对不同国家的国际学生制定具体的国际教育合作政策或法律，但其政策却是国际关系的产物，也必然与其战略紧密相关，甚至由其战略所决定。

1978 年，国务院发布了一份文件，要求国人对外国留学生更友好，允许留学生上街买东西，甚至允许他们与中国人结婚。① 20 世纪 80 年代，管理外国留学生的基本规章、条例与政策开始建立起来。1985 年，国务院批转国家教育委员会、外交部、文化部、公安部、财政部共同签发的《外国留学生管理办法》指出，中国政府认识到"接受和培养外国留学生，是我国应尽的国际主义义务……是一项具有战略意义的工作"，要求各部委和各级政府认真贯彻执行。该管理办法共有 8 章 43 款条文，内容涵盖总则、录取工作、学籍管理及教学工作等方面，还包括思想政治工作和政治活动管理、生活和社会管理及组织领导等。②

中国政府将外国留学生视为中国社会的一部分，对他们的管理非常细致。管理政策涵盖的领域相当广泛，包括课程、汉语教学、教学资料和体育锻炼等。作为一份重要文件，该管理办法实行了很多年。1999 年 7

---

① 教育部、外交部、公安部：《关于做好外国留学生社会管理工作的请示》，1978 年 4 月 29 日；刘海方：《中国对非洲留学生奖学金政策沿革与绩效研究》，载李安山《中国非洲研究评论（2015）》，社会科学文献出版社 2017 年版，第 141—192 页。

② 国务院批转国家教育委员会、外交部、文化部、公安部、财政部《外国留学生管理办法》的通知（国发〔1985〕121 号），1985 年 10 月 14 日，2017 年 6 月 5 日，http：//www.chinalawedu.com/news/1200/22598/22615/22822/2006/3/he99952431111836002357O‑0.htm。

月 21 日，教育部针对中小学接受外国留学生的管理发布了文件。① 2000 年，中国政府出台了《高等教育接受外国留学生管理规定》。该文件有 8 章，新增了"奖学金制度"与"入出境和居留手续"两章，因此更具可操作性。与此前的规定相比，这些规定要更加系统。②

2017 年 3 月，教育、外交和公安三部委针对国际留学生联合发布了新的管理办法，并自 2017 年 7 月 1 日起正式实行。该文件的宗旨是"规范学校招收、培养、管理国际学生的行为，为国际学生在中国境内学校学习提供便利，增进教育对外交流与合作，提高中国教育国际化水平"，共涵盖 4 个层面：学前教育、初等教育、中等教育和高等教育。尽管地方政府负责相关具体工作，但国务院行政管理部门统筹管理国际留学生工作，其中包括制定招收、培养国际学生的宏观政策，指导、协调地方政府的具体工作，外交、公安等行政部门按照职责分工负责相关管理工作。③

相关法律法规已涵盖所有外国留学生，此外，中国政府针对非洲留学生也出台了一些具体措施，以应对某些特殊或突发事件。例如，20 世纪 80 年代初，上海发生了当地市民与非洲留学生冲突事件。有些中国人辱骂非洲留学生，多地亦有类似冲突事件发生。1983 年 2 月，教育部部长不得不紧急约见非洲驻华使团团长及 17 国使节，解释上海市民与非洲留学生之间出现的问题。非洲使节指出，中国政府不仅要教育普通市民，也要教育警察，避免非洲留学生无故受到警察盘查及训斥情况的发生，非洲留学生很讨厌这些事情。如果这种情况继续下去，中非友好关系将遭到损害。因此，各地政府部门也针对与非洲留学生有关的具体问题发

---

① 《中小学接受外国学生管理暂行办法》（教育部第 4 号令），1999 年 7 月 21 日，2017 年 6 月 5 日，http：//www. pkulaw. cn/fulltext_ form. aspx？Gid =23504。
② 《高等教育接受外国留学生管理规定》，教育部、外交部、公安部第 9 号，2000 年 1 月 31 日，2017 年 7 月 5 日，http：//www. moe. edu. cn/s78/A20/gjs_ left/moe_ 861/tnull_ 8647. html。
③ 《学校招收和培养国际学生管理办法》（教育部、外交部、公安部令第 42 号），2017 年 3 月 20 日，2017 年 6 月 6 日，http：//www. gov. cn/xinwen/2017 – 06/02/content_ 5199249. htm。鉴于该管理办法涵盖了所有教育机构，1999 年和 2000 年发布的两份管理规定被废止。

布了一系列文件。[①]

20世纪90年代中期，一些非洲留学生在中国毕业后没有回国，而是在第三国找了工作，这并不符合中国政府最初设定的帮助非洲国家进行能力建设的目标。1996年，中国教育部发布文件，要求管理机构在非洲留学生毕业前直接与其驻华大使馆联系他们的返程票事宜，以推动他们直接回国，这已成为惯例。最近一份报道指出："基于中国的签证制度，绝大多数国际留学生在毕业后都无法滞留中国。这防止了智力流失，意味着在中国接受教育的这一代非洲留学生——与在法国、美国或英国接受教育的非洲留学生相比——更有可能带着他们获得的新知识和技能返回母国。"[②] 2005年，胡锦涛主席在参加联合国成立60周年首脑会议发展筹资高级别会议时，承诺中国将在未来3年增加对发展中国家特别是非洲国家的援助："中国将在今后3年为发展中国家培训培养3万名各类人才，帮助有关国家加快人才培养。"[③] 鉴于中国政府奖学金与中国的国际战略密切相关，因此它也反映了中国政策所关注的重点。

正如我们从统计数据所看到的那样，在2005年之前，获得中国政府奖学金的非洲留学生的数量通常要少于欧洲留学生的数量。然而，这种情况自2006年也就是国家主席胡锦涛做出上述承诺的第二年开始改变。尽管非洲留学生与欧洲留学生在2006年获得中国政府奖学金比例相同，但前者的实际数量（1861名）首次超过后者（1858名）。中国一直在持续推进相关政策。2006年中非合作论坛北京峰会决定，每年向非洲留学生提供的中国政府奖学金由2000人次增加到4000人次。在2009年举办的中非合作论坛第四届部长级会议上，中国政府奖学金的名额再次增至每年5500名，2010

[①] Li Anshan and Liu Haifang, "The Evolution of the Chinese Policy of Funding African Students and An Evaluation of the Effectiveness". 具体案例可参见刘海方《中国对非洲留学生奖学金政策沿革与绩效研究》，载李安山《中国非洲研究评论（2015）》，社会科学文献出版社2017年版，第167—171页。

[②] "China tops US and UK as Destination for Anglophone African Students", *The Conversation*, June 28, 2017, http://theconversation.com/china-tops-us-and-uk-as-destination-for-anglophone-african-students-78967, 2017-06-30.

[③] 《胡锦涛在联合国成立60周年首脑会议发展筹资高级别会议上的讲话》（2005年9月14日），2017年6月12日，http://politics.people.com.cn/GB/1024/3696504.html。

年的数量达到 5710 名。① 2012 年中非合作论坛第五届部长级会议上，中国政府宣布在未来三年提供政府奖学金名额 1.8 万个。这是非洲留学生获得中国政府奖学金的数量增长如此迅速的原因。2011 年，获得中国政府奖学金的非洲留学生的数量为 6316 人，2015 年则达到了 8470 人。②

为了实施这一政策，代理机构、高校、地方政府，以及各相关部门都采取了不同的措施。③ 就中国政府奖学金而言，一直没有相关的评估体系，直到国家教育委员会在 1997 年发布《外国留学生奖学金评审暂行办法》。该暂行办法首次明确规定，必须根据特定标准对奖学金生进行评审，评审决定为"通过"和"未通过"两种。④ 2000 年，教育部发布了两份涉及中国政府奖学金年度评审制度和评审方式的文件。⑤ 在标准日益明确及有资格招收外国留学生的高校的自主权越来越大的情况下，接受外国留学生的高校现在获得了对留学生进行评审的真正权力。同年，2342 名中国政府奖学金生参加了年度评审，2314 名（98.8%）通过，28 名没有通过。在未通过的留学生中，17 名来自亚洲，2 名来自非洲，2 名来自美洲。⑥ 就高校而言，要想获得提供中国政府奖学金的资格，需要通过严格的标准，通常只有那些拥有高水平教育、具有外语教学能力的教授以及有足够教育设施的高校才能招收国际学生。2015 年，根据"中国政府奖学金—高校自主招生项目"，只有 279 家指定的高校有权接受个人申请奖学金。⑦

中国政府希望积极参与国际教育合作。因此，各部委、省政府、市政府乃至企业都开始提供各种类型的奖学金。由于篇幅关系，本文谨以

---

① Li Anshan, et al., *FOCAC Twelve Years Later: Achievements, Challenges and the Way Forward*, Uppsala: Nordic Africa Institute, 2012.
② 《中国教育年鉴》编辑部：《中国教育年鉴》，人民教育出版社 2010—2016 年版。
③ Li Anshan and Liu Haifang, "The Evolution of the Chinese Policy of Funding African Students and an Evaluation of the Effectiveness".
④ 《外国留学生奖学金评审暂行办法》，国家教育委员会发布，1997 年 3 月 28 日，2017 年 6 月 5 日，http://www.bjfao.gov.cn/affair/oversea/wglxsfg/23801.htm。
⑤ 《教育部关于实施中国政府奖学金年度评审制度的通知》（教外来〔2000〕29 号），2000 年 4 月 26 日，2017 年 6 月 5 日，http://www.moe.edu.cn/s78/A20/gjs_left/moe_850/tnull_1183.html。
⑥ 《中国教育年鉴》编辑部：《中国教育年鉴》（2002 年），人民教育出版社 2002 年版。
⑦ 中国国家留学基金管理委员会：《中国政府奖学金申请》，2015 年 8 月 12 日，http://en.csc.edu.cn/laihua/newsdetailen.aspx?cid=66andid=3074。

上海市政府奖学金为例加以说明（见表3）。

表3　　　　　　　上海市政府奖学金——A类　　　　　单位：元

学生类型	学科分类	学费	住宿费	生活费	综合医疗保险费	合计
本科生	一类	20000	8400	30000	800	59200
	二类	23000	8400	30000	800	62200
	三类	27000	8400	30000	800	66200
硕士生	一类	25000	8400	36000	800	70200
	二类	29000	8400	36000	800	74200
	三类	34000	8400	36000	800	79200
博士生	一类	33000	12000	42000	800	87800
	二类	38000	12000	42000	800	92800
	三类	45000	12000	42000	800	99800

说明：（1）全额奖学金包括学费、住宿费、生活费和综合医疗保险费；（2）一类学科包括哲学、经济学、法学、教育学、文学、历史学、管理学；二类学科包括理学、工学、农学；三类学科包括医学、艺术学。

资料来源：中国国家留学基金管理委员会：《上海市政府奖学金——A类》，2016年3月28日，http://www.csc.edu.cn/Laihua/scholarshipdetailen.aspx?cid=105andid=1293。

20世纪90年代末，中国在国际学生教育方面的整体框架已搭建完成，且与中国文化和中国自身的教育制度实现了兼容。今后，中国需要不断改进其国际教育合作水平，以期成为最受外国留学生欢迎的留学目的地之一。与此同时，随着经济全球化的加速推进，那些能够说中文或比较了解中国的青年人才前往中国留学的需求也在不断增加。中国国际学生的数量持续快速增加，2016年增加到442773人，比2015年增加45138人（增长比例为11.35%）。其中，非洲留学生增加11802人，达到61594人，增长比例为23.7%。[1] 中国的国际教育越来越受到非洲学生的欢迎。

非洲发展的理论和实践长期受西方国家的主导。自独立以来，只有

---

[1] 教育部：《2016年年度我国来华留学生情况统计》，2018年1月26日，http://www.moe.edu.cn/jyb_xwfb/xw_fbh/moe_2069/xwfbh_2017n/xwfb_170301/170301_sjtj/201703/t20170301_297677.html。

少数非洲国家成功地实现了发展，大多数则陷入困难的境地。[1] 近年来，世界经济剧烈动荡，国际力量对比发生了巨大改变。一方面，美国金融危机和欧洲债务危机使西方经济面临困境；另一方面，新兴经济体成为世界经济的推动力量。因此，"向东看"成为一些非洲国家的趋势。[2] 那些希望寻找脱贫道路的非洲国家愿意向亚洲国家学习减贫和发展经验。中国为非洲政府提供了另外一种可资借鉴的发展模式。尼日利亚历史学家费米·阿科莫拉夫对此解释道："非洲现在可从新的世界经济大国那里学习经验，首先且最为重要的是：这完全是有可能的！不管我们承认与否，中国的经济表现都是一个奇迹。它表明只有拥有信心、决心和愿景的人才会取得这样的成就。"[3]

中国的发展经验表明，发展本国经济只能依靠本民族的努力和决心。历史上没有哪个国家的经济是靠外国人发展起来的。[4] 非洲各国向中国学习的办法之一是派遣其年轻人到中国深造。2005年，卢旺达政府与中国教育部签署协议，用卢旺达的政府奖学金为卢旺达培养大学生。同年，坦桑尼亚政府也与中国国家留学基金管理委员会签署协议，在中国高校用坦桑尼亚的奖学金培养坦桑尼亚留学生。[5]

四　原因、动机与目的

为何会有越来越多的非洲人前往中国深造？原因多种多样，如中国所提供的优惠条件、非洲青年人各种不同的动机以及个人发展的实际目

---

[1] 正如约翰霍普金斯大学发展学教授黛博拉·布罗蒂加姆所指出的那样："尽管西方国家经常改变它们对非洲的发展建议、项目和方式……中国却从未宣称知道非洲必须如何发展。中国认为不应对援助施加任何政治和经济条件，各国应自主寻找摆脱贫困的道路。当前，西方主流经济学家也对过去几十年针对援助施加的许多条件的价值产生了疑问。"See Deborah Brautigam, *The Dragon's Gift: The Real Story of China in Africa*, New York: Oxford University Press, 2009, p. 308.

[2] African Center for Economic Transformation (ACET), *Looking East: A Guide to Engaging China for Africa's Policy-Makers*, Vol. II. *Key Dimensions of Chinese Engagements in African Countries*, 2009, http://acetforafrica.org/site/wp-content, 2018-02-26.

[3] Femi Akomolafe, "No One is Laughing at the Asians Anymore", *New African*, No. 452, June 2006, pp. 48-50.

[4] 李安山：《"向东看"鼓舞非洲自主自强》，《光明日报》2013年3月28日。

[5] 《中国教育年鉴》编辑部：《中国教育年鉴》（2006年），人民教育出版社2006年版。

标等。① 其中，进一步了解中国和从中国学习更先进的技术，是非洲青年前往中国深造的主要原因。

西方国家长期主导非洲媒体，且编造了各种与中国有关的谎言甚至谣言。卡特政府时期负责人权问题的美国前助理国务卿罗伯塔·科恩1991年在《纽约时报》的发文是一个典型例子。② 她没有标明消息来源，但由于她是美国前政府高官，这则关于"中国囚犯劳工"的谣言不胫而走。③ 英国广播公司不负责任的报道《中国在安哥拉修建的"鬼城"》是另一个例子。④ 该篇报道中的住宅区在开盘后不久，便被销售一空。⑤ 非洲人过去对中国所知甚少，绝大多数青年来中国都是为了亲眼看看中国。中国的快速发展对非洲青年非常有吸引力。2008年的北京奥运会将中国风貌前所未有地展现在非洲人面前，他们吃惊地从电视上看到了一个令人印象深刻的中国。⑥ 对于那些希望进一步了解中国的发展，尤其是其现代科技的发展经验的非洲青年而言，北京奥运会成了助推剂。他们希望了解为何中国能够连续多年成为非洲最大的贸易伙伴，为何能够成为世界第二大经济体。中国的商品、电视节目、孔子学院以及在非洲工作的中国人等，使非洲青年对中国的兴趣日益增大。

---

① 刘海方：《中国对非洲留学生奖学金政策沿革与绩效研究》，载李安山《中国非洲研究评论（2015）》，社会科学文献出版社2017年版，第141—192页。

② 科恩在1991年写道："我了解到在贝宁修建公路的中国建筑公司使用囚犯。据悉，70%—75%的建筑工人是囚犯……这家企业名为江苏建设公司……该企业的报价之所以能比所有竞争者都低很多，是因为其劳动力成本非常便宜。"See Roberta Cohen, "China Has Used Prison Labor in Africa", *New York Times*, May 11, 1991.

③ Yan Hairong and Barry Sautman, "Chasing Ghosts: Rumours and Representations of the Export of Chinese Convict Labour to Developing Countries", *The China Quarterly*, No. 210, 2012, pp. 398 - 418；严海蓉、沙伯力：《中国在非洲：话语与现实》，社会科学文献出版社2017年版。

④ Louise Redvers, "Angola's Chinese-Built Ghost Town", July 2, 2012, http://www.bbc.com/news/world-africa - 18646243，2017 - 06 - 24。

⑤ 凯兰巴卫星城距安哥拉首都罗安达约30公里，是一个新建的混合性住宅项目，共有750栋8层公寓楼，十几所学校和100多家零售店，可入住50万人。该住宅区建成后不久便售罄。在没有公开出售之前就在报道中称这一尚未完工的住宅项目"没有居民"，是一个"鬼城"，即便不是恶意诋毁，也是一种严重的偏见。在2017年4月26日人民大学举办的中非医疗合作研讨会上，作者与安哥拉记者维纳西奥·罗德里格兹（Venancio Rodrigue）交换了看法，他证实英国广播公司（BBC）的报道就是在歪曲事实。

⑥ 非洲留学生告诉作者，他们在2008年奥运会期间从电视上看到一个与想象截然不同的中国，这给他们留下了深刻印象。

中国大力开展国家教育合作无疑是推动大量非洲学生前往中国的重要原因。近年来，中国政府一直在努力加强与非洲国家之间的关系，并且采取了一系列措施来鼓励非洲留学生熟悉中国，如建立孔子学院、教授汉语以及利用奖学金等优惠条件来吸引非洲留学生。① 截至 2017 年，中国共在 33 个非洲国家建立了 48 所孔子学院和 27 个孔子课堂，通过它们提供各种不同水平的汉语教学课程。②

许多非洲留学生在申请中国政府奖学金或进入中国高校就读之前都曾学习汉语。③ 例如，伊美娜（Belhadj Imen）博士先是在突尼斯的汉语桥比赛中获得第一名，然后中国政府为她提供了在北京大学中国语言文学系学习的奖学金。由于北京大学是中国最好的大学之一，该校许多国际留学生在申请入学或奖学金之前都必须学习汉语。其他有资格招收国际留学生的高校也是如此。大约有 130 名非洲留学生在上海应用技术大学土木工程和建筑学等专业学习，他们在第一学年要熟练掌握汉语并接受语言水平测试。这是包括非洲学生在内的国际学生在中国攻读学位的正常途径。在中国人民大学学习哲学与国际贸易的留学生克里斯蒂安·金（Christian King）告诉中央电视台记者："我开始是在津巴布韦学习汉语，学起来非常难。声调和汉字都极具挑战性，但在中国待了几年后，我已说得很流利了。我现在喜欢说汉语。"④

中国的奖学金也推动了非洲留学生前往中国。鉴于非洲在中国国际战略中的重要性，中国政府提供的奖学金越来越向非洲学生倾斜。就政府奖学金生而言，亚洲留学生的数量一直最多。考虑到地缘政治的因素以及许多海外华人生活在亚洲邻国，这很正常。能够获得中国政府奖学金的欧洲国家尽管比非洲少，但其奖学金生的数量一直位居第二。这种

---

① Liu Haifang, "China-Africa Relations through the Prism of Culture-The Dynamics of China's Cultural Diplomacy with Africa", *Journal of Current Chinese Affairs*（*China aktuell*），No. 3，2008，pp. 9 – 44.

② 关于中国在非洲孔子学院的发展状况，参见杨薇、翟风杰、郭红、苏娟《非洲孔子学院的语文文化传播效果研究》，《西亚非洲》2018 年第 3 期，第 140—160 页。

③ 牛长松：《中国政府奖学金非洲来华留学满意度调研》，2017 年 6 月 25 日，http：//www. docin. com/p – 1445264169. html。

④ "Africans Learning Chinese Can Boost Cooperation Channels"，March 23，2015，http：//english. cntv. cn/2016/03/23/ARTIvEEYI0kItdGxV6F2JBK0160323. shtml，2017 – 06 – 23.

情况从2006年开始改变,非洲自此成为获得中国政府奖学金第二多的地区。

如表4所示,2006年分配给非洲与欧洲的中国政府奖学金的比例基本相同。2007年,非洲人的数量上升为2733人,比欧洲人多出了626个名额。非洲的中国政府奖学金生逐年增加。目前,共有51个非洲国家的学生有资格申请中国政府奖学金(欧洲国家为39个)。2010年,共有22390名留学生获得了中国政府奖学金,其中亚洲11197名(占比50.01%),非洲5710名(占比25.5%),欧洲3238名(占比14.66%),美洲1761名(占比7.87%),大洋洲439名(占比1.96%)。[①] 很明显,非洲学生已经成为中国政府奖学金生的第二大群体。

表4　　　　　非洲与欧洲获中国政府奖学金生的对比情况
（2003—2010年）　　　　　单位：人

年份	奖学金总人数	非洲	占比（%）	欧洲	占比（%）
2003	6153	1244	20.2	1442	23.4
2004	6715	1317	19.6	1880	23.5
2005	7218	1367	18.8	1761	24.4
2006	8484	1861	21.9	1858	21.9
2007	10151	2733	26.9	2107	20.8
2008	13516	3735	27.6	2628	19.4
2009	18245	4824	26.4	3022	16.56
2010	22390	5710	25.5	3283	14.66

资料来源：《中国教育年鉴》编辑部：《中国教育年鉴（2011）》,人民教育出版社2012年版。

除了中国政府奖学金外,还有为国际留学生提供的其他类型奖学金,如省级奖学金、部委奖学金、高校奖学金以及企业和慈善机构为实现特定目标而提供的奖学金。中国政府奖学金可以免除所有留学生的各类费用,包括学费、教材费、校内住宿费、医疗保险费和一次往返国际机票。

[①] 《中国教育年鉴》编辑部：《中国教育年鉴》（2011年）,人民教育出版社2012年版。

此外，国际留学生每月还有津贴。随着中国经济的持续发展，近年来政府也多次提高奖学金的资助标准。[1] 越来越多的非洲留学生获得中国政府奖学金或其他类型的奖学金。2005 年以来，非洲自费留学生的数量已经大大超过中国政府奖学金生。2015 年，共有 49792 名非洲留学生在中国留学，其中只有 8470 名为中国政府奖学金生，41322 名则为自费生。笔者曾在北京北部的上地地区遇到了一位赞比亚留学生。他在北四环外五道口的一所语言学校学习汉语。我对此很吃惊，因为他看起来很年轻，孤身一人来到中国，且住在一个离市中心很远的居民区。他表示自己一定要学好汉语。

非洲人决定学习汉语有各种动机。例如，一些人羡慕中国高校的声望，也有一些人则希望借此攻读特定专业。[2] 中国通过先进技术推动发展的经验让非洲青年备受鼓舞。中国企业在非洲大规模修建道路、桥梁、医院、学校、大坝、炼油厂和现代铁路。华为公司在非洲取得了巨大成功，中国还在卫星领域与尼日利亚展开合作。中国企业的本地化经营吸引了非洲青年。笔者遇到过不少正在攻读研究生的非洲才俊，例如在北京科技大学留学的塞奇·穆德勒（Serge Mundele）和在大连理工大学电气工程专业做博士后的尼日利亚学者奥杜·斯蒂芬·奥基迪（Oodo Stephen Ogidi）。非洲留学生中也有一些人选择学习社会科学相关专业，如摩洛哥留学生李杉（Erfiki Hicham）在北京大学国际关系学院获得了博士学位。突尼斯学生伊美娜先是在北京大学国际关系学院获得了中国语言文学的硕士学位和国际政治的博士学位，然后又在外国语学院阿拉伯语系做博士后研究。

所有这些现象使中国成为非洲青年学生出国深造的理想国家。近年来，日益增多的非洲留学生开始从事专业研究。[3] 根据 2014 年的调查，

---

[1] 教育部：《我国提高来华留学生政府奖学金资助标准》，2015 年 1 月 22 日，2017 年 6 月 25 日，http://old.moe.gov.cn//publicfiles/business/htmlfiles/moe/s5147/201501/183255.html。

[2] Kenneth King, *China's Aid and Soft Power in Africa: The Case of Education and Training*, Suffolk: James Currey, 2013; Chak-Pong Gordon Tsui, "African University Students in China's Hong Kong: Motivations, Aspirations, and Further Exchanges", in Adams Bodomo ed., *Africans in China: Guangdong and Beyond*, New York: Cambria Press, 2016, pp. 119 – 37.

[3] Adams Bodomo, "African Students in China: A Case Study of Newly Arrived Students on FOCAC Funds at Chongqing University", PPT Outline, University of Hong Kong, 2011, p. 29.

2000位非洲留学生中有84%的人将攻读学位定为求学目标：41.61%申请医学专业，21.59%申请工程专业，13.94%选择经管类专业。[①] 一名于2007年来到中国的刚果（布）的留学生告诉笔者，他从市场上看到几款电信产品均为"中国制造"，决定来中国。他梦想成为国家的电信部长，他现在是北京邮电大学电信专业的一名本科生。

非洲青年学生选择来华留学，当然还有一些较为实际的原因，包括中国的学费及相关费用较低，比西方国家更容易得到学生签证等。此外，如果非洲青年曾学过汉语并了解中国文化，那么回国后较容易在华为等中国大公司找到一份体面的工作。诚然，由于中国人对非洲所知甚少，因此大部分人在非洲人的肤色问题上显得较为陌生。然而，中国人民的友谊与温情可能也会鼓励非洲的青年人前往中国学习。[②]

五　作用、贡献与能动性

非洲留学生在中国正在成为一个很大的群体，他们发挥着什么作用？他们为中国与非洲，或者为中非关系做出了什么样的贡献？

人类历史就是移民的历史。尽管国际留学生通常不被视为移民或移民社群的成员，但他们与移民社群的联系却显而易见。就此而言，非洲留学生发挥了中非文化沟通与交流乃至深化中非关系的桥梁作用。作为在华非洲人社群的第二大群体，他们经常会在非洲文化与中国文化之间发挥沟通的功能。一旦来到中国并开始校园生活，他们便会通过与同学的交谈、与官员和普通中国人的交往、学术讨论以及社交活动等方式开

[①] 《来华留学网、中国教育在线联合发布2014年来华留学调查报告》，2017年6月25日，http://www.eol.cn/html/lhlx/content.html。

[②] 关于在中国这是不是种族主义的问题，不同的人表达了不同的看法。一位加纳留学生讲述了她在中国的经历，说道："经常有人问我是否发现中国人是种族主义者，但他们像看'西洋景'似的对待我——给我照相，摸我头发和皮肤，盯着我看——并不意味着他们就有种族主义的心态。我的回答是我发现他们很好奇。我所经历的许多事情都源于无知，而非种族主义。尽管我经常被视为'黑人'和'非洲人'，但我从未有被歧视或敌对的感觉，相反，我觉得自己受到了热情和友好的对待。因为我会说普通话，我通常都能听懂人们在说我什么，他们很少会轻视或蔑视我们。"Zahra Baitie，"On Being African in China"，*The Atlantic*，August 28，2013，also https://www.theatlantic.com/china/archive/2013/08/on-being-african-in-china/279136，2017-07-26。

展文化交流,并在不同的文化之间发挥桥梁的作用。

在新的环境中,非洲的年轻人经常会面临新的挑战,且不得不经历文化冲击。[1] 文化交流或文化适应因此显得非常重要,因为这发生在日常生活、学习过程和社会交往中,而且有助于与中国人建立良好的关系。[2] 文化适应是对新环境的积极反应,也是一个相互学习的过程。笔者曾指导过许多非洲留学生,包括来自突尼斯、摩洛哥和刚果(金)的3位博士。他们告诉我自己所经历的各种事情,有的充满了无知和偏见,有的则满是友好和温情。莫西(Moses)来自尼日利亚,专业为汉语教学。他在2013年来华后起了一个标准的中国名字"吴文仲"。他小时候在尼日利亚学习中文,在中国学习期间爱上了中国文化。他学会了中国艺术和各种表演,包括一些高雅艺术如相声和舞狮,参加过综艺节目和才艺大赛。莫西在2014年参加了河北省"冀之光"外国留学生汉语技能暨中华才艺大赛,展示功夫本领,背诵中国古诗,还与其他留学生一起表演了自编自导的相声。凭借超群的表演和技巧,他获得"最佳创意奖""最佳口才奖"和"古诗词背诵二等奖",还因出色展示中国文化而获得了"最佳全能王"的奖项。他因流利的普通话和对中国文化的了解而被中国朋友称为"中国通"。[3]

非洲留学生关于母国的文化知识也有助于中国多元文化的发展。非洲学生与中国学生之间进行着重要的文化交流。非洲留学生正在学习中国的语言、文化和职业道德。[4] 他们同时还在传播非洲的文化、价值观和技能。[5] 中国学生也能在各种场合学习非洲文化。中国的城市里已经建立了各种非洲文化俱乐部,如非洲舞蹈俱乐部、非洲音乐俱乐部和非洲鼓

---

[1] 狄斯马:《外国留学生在中国的适应性》,硕士学位论文,南京师范大学,2004年。
[2] Hashim, et al., "Cultural and Gender Differences in Perceiving Stressors".
[3] 杨梦洁等:《"中国通"吴文仲的汉语梦》,2016年11月28日,2017年6月1日,http://www.chinanews.com/sh/2016/11-28/8076600.shtml。
[4] Kenneth King, op, cit..
[5] Lloyd G. Adu Amoah, "Africa in China: Affirming African Agency in Africa-China Relations at the People to People Level", in James Shikwati ed., *China-Africa Partnership: The Quest for a Win-Win Relationship*, Nairobi: Inter Region Economic Network, 2012, pp. 104–115.

俱乐部等，这些都是非洲留学生的功劳。[1] 喀麦隆留学生捷盖许多年前在喀麦隆获得了博士学位后，又来到了中国深造。他被喀麦隆文化与中国文化之间的相似性所吸引，因此开始学习中国艺术、文化和相声。他利用各种活动将非洲文化介绍给中国人，他甚至还用喀麦隆布料做了一件唐装。捷盖因此被称为"中非艺术交流使者"。他现在正努力将非洲电影引进到中国。[2] 北京大学每年都会举办国际文化节，非洲留学生们会在文化节上布置展台，骄傲地向中国观众介绍他们的文化。[3] 笔者的学生龙刚在国际文化节表演非洲鼓，许多中国学生想向他学习。为了将非洲文化介绍给普通中国人，北京大学非洲研究中心与《半月谈》（内部版）共同推出了"走进非洲文化"系列专栏。迄今为止，该专栏共发表了15篇以非洲文化为主题的文章，涉及非洲的世界遗产、文化、电影、酋长的作用、桑戈尔、诺贝尔奖获得者索因卡、伊本·白图泰和埃塞俄比亚文明等。有些文章的作者为非洲留学生。[4]

一些研究显示，伦敦的中国留学生在中国文化和英国文化之间以及英国华人社群与英国社会之间发挥了桥梁作用。[5] 非洲留学生也发挥了相同的作用。他们不仅成为非洲文化与中国文化之间的传播桥梁，而且还成为在华非洲人社群与对中非关系感兴趣的中国人之间的桥梁。[6] 正是在非洲留学生的努力下，中国人已经开始熟悉非洲人的价值观、想法，以

---

[1] James Shikwati ed., *China-Africa Partnership: The Quest for a Win-Win Relationship*, Nairobi: Inter Region Economic Network, 2012, pp. 93–97.

[2] 《聚焦中非合作论坛：喀麦隆人捷盖的中国生活》，2017年9月6日，http://tv.cntv.cn/video/C10616/3ce5c25b1bfc476095406544b5971b8a。

[3] 《非洲留学生代表在北京大学文化节上的发言》，2017年6月23日，http://www.fmprc.gov.cn/zflt/chn/zxxx/t1094003.htm。

[4] Shikwati ed., *China-Africa Partnership*; Li Anshan, "A Long-Time Neglected Subject: China-Africa People-to-People Contact", in Garth Shelton, Funeka Yazini April, and Li Anshan eds., *FOCAC 2015: A New Beginning of China-Africa Relations*, Pretoria: Africa Institute of South Africa, 2015, pp. 446–475.

[5] 武斌：《当代留学生与海外华人社会：关于英国诺丁汉华人社会的实证研究》，《华侨华人历史研究》2015年第2期，第1—11页；武斌：《留学生在海外华人社区建设中的作用：基于英国诺丁汉华人社会的调查》，《华人研究国际学报》2016年第8卷第2期，第13—30页。

[6] Silvye Bredeloup, "West-African Students Turned Entrepreneurs in Asian Trading Posts: A new fact of Globalization", *Urban Anthropology*, Special Issue on African Global Migration, Vol. 43, No. 1/2/3, 2014, pp. 17–56.

及舞蹈、鼓乐、绘画和雕塑。笔者的学生王涵杰的学士论文标题是《浅析非洲鼓乐在华的流行与分布》。当我问她为什么要写这个题目时，她笑着告诉我说她是北京大学金贝鼓协会的成员。① 武汉是华中的重要城市，西方品牌的广告在那里很流行。曾有人问一些当地妇女对非洲文化产品的看法，她们的回答是"很酷"。"她们的选择表明她们对时尚的品位与偏好非常前卫，很有世界性，甚至很现代。非洲文化在武汉的这种影响力在很大程度上是由武汉大学每年举行的金秋国际文化节所推动的。"②

尽管有些非洲留学生在中国高校毕业后选择去第三国工作，但许多人还是决定回国，以便为自己的国家做出贡献。③ 除了进入各行各业工作外，他们当中有些人成为公务员，有的成了政府高官。截至2005年，8位曾获得中国政府奖学金的非洲留学生在担任部长或部长以上的职位，8位担任驻华大使或参赞，6位担任国家总统或总理的秘书，3位担任对华友好协会的秘书长，其他领域的专家与精英更是不胜枚举。④ 以北京大学为例，曾在北大留学的穆拉图·特肖梅·沃图（Mulatu Teshome Wirtu）曾担任埃塞俄比亚议会联邦院议长，现为埃塞俄比亚总统（2013年10月当选）。露西（Lucy Njeri Manegene）毕业后在肯尼亚外交部工作，马尼塔（Rakotoarivony R. J. Manitra）现在马达加斯加驻华大使馆工作，丽塞博·莫西西里（Mapulumo Lisebo Mosisili）获得硕士学位后回到了莱索托，现在是莱索托劳工部的常务秘书。⑤ 北京大学的非洲留学生还在加纳和刚果（金）政府、贝宁的大学和尼日利亚、马里等国的驻华使领馆担任要职。

非洲留学生在中国的另外一个重要经历，是他们在校园里建立了与其他非洲人的联系。当回答英国广播公司为何要来中国的问题时，北京

---

① 王涵杰：《浅析非洲鼓乐在华的流行与分布》，载李安山《中国非洲研究评论（2012）》，社会科学文献出版社2013年版，第442—458页。

② Amoah, op. cit., p. 108.

③ Bodomo, "African Students in China"; Li Anshan and Liu Haifang, "The Evolution of the Chinese Policy of Funding African Students and An Evaluation of the effectiveness", Draft report for UNDP, 2013.

④ 《中非教育合作与交流》编写组编：《中国与非洲国家教育合作与交流》，第20—21页。

⑤ 丽塞博·莫西西里给李安山的邮件，2013年2月12日；李安山：《我的那些非洲学生》。

大学非洲留学生联谊会的乌干达留学生米卡·卡布果（Mikka Kabugo）表示，他是通过一名在乌干达的中医了解中国的。当他来到中国之后，他发现北京简直就是一个地球村，在这里他能够与来自其他非洲国家的留学生交流对非洲问题的看法。非洲留学生之间的这种交流有助于扩展他们的国际视野。他们在北大非洲留学生联谊会里与其他国家留学生一起，从泛非主义的视角来研究非洲问题并思考如何才能给非洲大陆带来帮助。① 此外，他们还通过上课、讨论以及非洲留学生联谊会与北京大学非洲研究中心联合举办的各种研讨会，在国际事务、非洲形势、中非关系等议题方面学到很多知识。

继北京大学的非洲留学生之后，清华大学的非洲留学生也在2017年5月25日（非洲日）建立了清华大学非洲留学生联席会，会员分别来自27个非洲国家。在成立仪式上，非洲留学生讨论了各种问题，如尼雷尔总统和恩克鲁玛总统的思想，听取了清华大学医学院留学生查巴拉拉（Chabalala）博士关于非洲大陆对知识发展共享的报告和国际关系学系副教授、清华—卡内基全球政策中心驻会研究员唐晓阳关于中非关系结构性变迁的讲话。约翰·阿考科帕瑞（John Akokpari）教授还主持了一个研讨会，就移民社群中的非洲留学生能否成为他们国家发展的创变者展开了讨论。此外，中国还有一些其他院校也成立了非洲留学生组织。②

非洲留学生通常是他们国家第一批开展对华贸易的人。来自加纳的博艾敦教授指出，非洲与中国之间的贸易进程始于在中国留学的非洲人，他们当中有人最后从事与中国的贸易。③ 尽管他们最初没有多少资本，但其优势是拥有扎实的社会与语言背景。他们会逐渐成为非洲与中国贸易的中间商，并因此而为双方的经济活动做出贡献。尼日尔政府负责兽医事务的官员阿卜杜勒（Abdul）医生是典型例证。他曾获得尼日尔—中国

---

① BBC World Service Newsday, "Why are African Students Flocking to Chinese Universities?", June 29, 2017, http://www.bbc.co.uk/programmes/p0577s49? ocid = socialflow_ facebook, 2017 - 06 - 30.

② Kenneth King, op, cit..

③ Adams Bodomo, "African Diaspora Remittances are Better Than Foreign Aid Funds", World Economic, Vol. 14, No. 4, 2013, pp. 21 - 28; Haugen, "China's Recruitment of African University students".

友好奖学金。拿到学位后,他决定改行从事不熟悉却有利于自身发展的新职业。自 2000 年起,他开始从广州向非洲和欧洲出口药品及相关的兽医用品,这些产品直接来自他在中国学习期间已熟悉的中国北方的药厂。他取得成功后,重新建立了与尼日尔政府的联系。由于能够流利地说汉语,阿卜杜勒医生现在担任尼日尔的荣誉领事,负责反映在中国高校就读的尼日尔奖学金生的需求。他认为自己的角色已经从"智力流失"变为"智力引进"。布莱德鲁普(Bredeloup)认为,这种情况得益于两方面因素:中国经济快速发展所创造的机遇和非洲公务员地位的改变乃至身份的贬值。与阿卜杜勒相似的例子还有刚果(金)的帕特里克(Patrick)和马里的阿齐兹(Aziz)等人。① 广东和浙江的一些非洲自费生甚至中国政府奖学金生在学习期间即开始了有生以来的第一次贸易活动,并最终成为在中国定居的商人。②

　　人们普遍认为,中国一直在主导中非关系的发展进程,非洲在塑造或影响不断深化的中非关系方面没有主动性。一位非洲留学生的研究推翻了这一观点。阿莫阿(Adu Amoah)曾是加纳政府的官员,后到中国留学并娶了中国妻子。作为武汉大学非洲留学生代表委员会的会长,他用自己的观察和经历展示了非洲留学生是如何把握他们在中国的生活的。他认为武汉正在浮现一个生机勃勃的非洲移民社群,"其可能有助于在当前的中国塑造一个非洲移民社群","这一非洲移民群体主要由留学生构成","包括那些求学的人和那些毕业后留下来的人,这些人都很有活力"。他以武汉为例讲述了在中国的非洲人是如何通过展示时尚元素、异族通婚和相互学习语言(非洲人可以教中国学生学习英语)等方式,通过管理非洲人的企业如非洲人经营的夜总会等,对中国的社会现实产生影响。非洲人可以用汉语解释他们自己的世界观与经历,"我们有必要去破除大众话语和学术话语中……所谓非洲'即将面临危机'的解释,尤其是要破除非洲在中非关系中只是无能的、恭顺的和乞讨的伙伴"这样

---

① Bredeloup, op. cit..
② Adams Bodomo, *Africans in China: A Sociocultural Study and Its Implications on Africa-China Relations*, New York: Cambria Press, 2012; Amoah, op. cit.; Haugen, "China's Recruitment of African University Students".

一种想法。①

  非洲留学生极大地促进了非洲与中国之间的合作并为双方的文化交流做出了重大贡献,并推动了中国高校的国际化进程。② 当然,非洲留学生也经历了文化冲击、思念故乡、社会适应、精神压力与挫折,以及日常生活中的各种困难与问题。此外,他们还会遭受少数中国学生和其他国际留学生的误解和偏见,在学习过程中会遇到语言问题。对于很多非洲留学生而言,中国教师的英语并不是都能听懂,这使他们学习起来会更加困难。③ 显然,未来在华非洲留学生的学习与生活环境还有更多改进的空间。

六 结论

  本文的主题是非洲留学生在中国与中国的国际教育合作,涉及三方面行为体:中国、非洲国家与非洲留学生。在此我们可以向中国政府、非洲国家及非洲留学生提出一些问题作为启示,以引起各方重视和思考,并寻求更好的应对之策。

  对于中国方面而言,重要的一点是需要清楚非洲并不是一个整体,而是由54个国家组成的大陆,每个国家都有不同的情况与需求。④ 非洲留学生也不是一个整体,而是不同的个体。除了奖学金之外,鉴于非洲留学生所处的是一个宗教文化、社会生活和饮食习惯截然不同的社会环境,中国政府是否为他们提供了适宜的生活条件?中国教师是否拥有足够的能力来向非洲留学生传授知识?是否有一些好的措施以便于非洲留学生向中国社会介绍他们自身的文化?非洲留学生是否有足够的机会与中国学生交换看法和交流经验?中国无疑需要更好地解决上述及其相关问题。

---

 ① Amoah, op. cit., p. 110.
 ② 刘海方:《中国对非洲留学生奖学金政策沿革与绩效研究》,载李安山《中国非洲研究评论(2015)》,社会科学文献出版社2017年版,第141—192页。
 ③ Hashim et al., op. cit.
 ④ [贝宁]塞道藏·阿皮蒂:《中非教育合作政策:非洲对中非教育合作有何期待?》,载李安山《中国非洲研究评论》,社会科学文献出版社2013年版,第326—329页。

对于非洲国家特别是非洲政府而言，它们必须牢记那些学成回国的学生都是热爱自己的祖国，希望利用他们在中国学到的知识为国家做贡献的人。非洲各国政府是否对自己国家的留学生在中国的学术、科研和生活给予了足够的关心，是否为他们的学习和日常生活需求提供了更好的条件？各国驻华使领馆是否为它们在中国的留学生提供了合适的沟通渠道，是否会照顾他们的利益，是否会有效地应对他们的合理需求？各国政府是否为非洲留学生毕业回国提供了很好的机遇？[1] 它们需要为那些愿意回国做贡献的人准备更好的条件。人才是最重要的实力，要实现国家腾飞，应该依靠他们。

对于在中国的非洲留学生而言，我们应该提醒他们，中国政府为他们提供奖学金或提供学习机会，是希望他们有朝一日有机会回国服务。他们在中国学习不仅是为了实现自己的梦想，还肩负着祖国的期望与家庭的希望。他们是否充分利用了他们的奖学金，是否尽最大努力去刻苦学习以迎接未来的挑战，进而为他们的未来做好准备？他们是否抓住了一切机会向中国老百姓或其他国家的留学生介绍非洲文化或他们国家的文化？他们是否从中国的发展和其他国家的发展中吸取了经验与教训，并因此而准备在回国实现他们梦想的时候，好好利用这些经验与教训？

2017年6月28日，"对话"网站发布了一篇名为《中国超过美国和英国成为以英语为母语的非洲留学生的首选目的国》的报道。根据联合国教科文组织的统计，"美国和英国每年约接受4万名非洲留学生。中国在2014年超过这一数量，成为非洲留学生在海外学习的第二大目的国，仅次于接受9.5万多名非洲留学生的法国"。近年来，越来越多的非洲青年来中国学习，数量持续增加。他们成为非洲文化的载体，双边商贸往来的中介以及非洲与中国之间的桥梁。但"现在谈论这些新的变化可能会对非洲大陆的地缘政治产生何种影响还为时尚早"。[2]

非洲留学生无疑正在创造一个新的世界。融入东道国社会并不意味

---

[1] 作者曾指导过好几位来自非洲的博士生。他们当中有些回国后费了好大的劲儿才找到一份体面的工作。令人不解的是，其中有个学生甚至被要求将他的博士学位论文从中文翻译成法文，以证明他的学术能力。

[2] "China Tops US and UK as Destination for Anglophone African Students", *The Conversation*, June 28, 2017.

着放弃自身文化。他们可以在两种文化之间建立联系并从一块"飞地"变成一座"桥梁"。非洲留学生在华经历以及中国对留学生的政策与中国的发展息息相关。非洲留学生来华学习的热情日益提高,他们不仅成为中非关系的积极参与者,也大力推动了中国的国际教育合作。非洲留学生通过他们在中国的主观能动性及他们与中国人之间的交往,将非洲的文化价值观介绍给了中国。中国各方面在为他们的成功和就业提供机会。[1] 他们也通过在华所学技能正在为自己的国家做出贡献。

(本文原刊发于《西亚非洲》2018年第5期)

---

[1] 参见王楠、李菁《首届中非合作创业大赛及中非双创论坛圆满收官》(2017年11月14日),2017年11月26日,http://www.chinafrica.cn/chinese/focus/201711/t20171114_800109951.html;许炀《友·工作——非洲在华留学生就业交流会》(2017年11月15日),2017年11月26日,http://ge.cri.cn/20171116/c5c7ee5f-147e-a879-c315-8114acae8e4c.html。

命运共同体视域下中非共享知识体系的建构

刘鸿武[*]

摘　要：建构人类命运共同体、建构新型国际关系的一个重要前提，是通过覆盖全球的国别区域研究创新学科建设，在广泛而充分地继承开发各国、各民族、各区域的传统知识与现代智慧的基础之上，通过平等对话、多元交流，把人类的知识、思想、文化联结汇通起来，并加以综合创新，创造出超越个别区域、个别国家范畴的真正具有普适性的人类共建、共通、共享的知识、思想与文化，从而让人类以更加理性、主动、积极的方式，采取共同行动，塑造共同利益，担当共同命运。建构有特色的"中国非洲学"和"非洲中国学"，正是这一宏大背景下，今日中非双方学术思想界应该努力的方向。跟上时代节奏，创新学科建设，返本开新，立足中国，情怀非洲，融通全球，建设有民族性和时代性的中国非洲学。

关键词：中非命运共同体　学科建设　共享知识体系　中国非洲学　创新　民族性　时代性

近年来，中国明确提出要努力建构人类命运共同体，建构新型国际关系。2018年9月3日，习近平主席在中非合作论坛北京峰会的主旨讲

---

[*] 刘鸿武，教育部长江学者特聘教授，浙江省特级专家，浙江师范大学非洲研究院院长、教授。

话中，提出了中非携手打造责任共担、合作共赢、幸福共享、文化共兴、安全共筑、和谐共生的中非命运共同体新内涵。为此，我们必须有能支撑、解释、服务这一命运共同体和新型国际关系的人类共建、共通、共享的知识体系、思想理念与行动智慧。

一 创造共同知识以助推共同行动和塑造共同利益

人类共建、共通、共享的知识体系不会凭空而降，也不能由某一区域、某一国家民族文化的知识来充当普适性的人类知识。近代以来，西方国家先行兴起并扩张于世界各地，西方知识也随之扩散于全球。这其中既有普遍意义和价值的知识创造，特别是在自然科学和技术方面，但也有许多是基于西方经历所形成的西方本土知识、地方性知识，特别是在社会科学和人文科学领域。值得注意的是，过去一段时间，一些西方本土知识被当成普适性知识推广于全球，这给人类的知识创造与相互关系带来许多矛盾与冲突。

今天，我们需要通过全球范围的国别与区域研究学科的建设，在继承和开发各国、各区域、各民族的传统知识与现代智慧的基础上，通过平等对话和合作研究，把人类的知识、思想、文化都联结起来、汇通起来，并加以综合创新，才可以创造出超越个别区域、个别国家知识范畴的真正具有普适性、全球性的人类共享、共通的知识与文化，也才能应对今日人类面临的各种挑战。从这个意义上说，通过推进"中国的非洲学"和"非洲的中国学"学科建设，从而创造、积累、传播中非双方可以共享的知识体系，对于建构中非发展共同体、利益共同体、命运共同体，具有特殊的理论价值与现实意义。

中国人素来讲究"天时、地利、人和"，这一思想传统对于今日我们建构新型的"国别与区域研究学科"和中非共享知识有着特殊的意义。所谓"天时"，是指人类普遍性的文明精神与规则原理，是人类共享、共拥的自然规则与社会规律，中国古人所谓的天道、法则、天理，大致如此。而所谓"地利"，则是因为人类生存的地域空间与生态环境的多样性而形成了各区域、国别、民族的文化个性与文明特点，它具有依时空变化而形成的差异性与多样性,而这种区域上的差异与个性的存在,正是国别与区域研究学科建立的基础所在。而所谓"人和",则是通过人类自己的主观努力,通过人类相互间主动的、平等的知识交流与思想沟通,在平等对话、相互学习、共享共建的基础上,将不同国别与地域的人类知识体系与思想智慧一步步沟通和联结起来,如群峰相连,江河入海,让地域性国别文化知识汇入人类的知识思想洪流中去,形成集"天时、地利、人和"于一体的大同理想局面。只有这样,才能最终汇聚成为全世界可以相互理解、沟通共享的知识与思想,形成普适性的人类思想与智慧财富,助推人类和谐世界的建立。

"非洲学"这门区域特色学科的建设,就是要担当这样一种时代的重任。它的开放式建设与创新发展,对于创造中非共享知识,完善当代中非学术体系,助推中非命运共同体建构,都有特殊而重要的意义。[①] 我们说,学术是时代的产物,也是时代的助推器。近代以来,中非双方都经历了曲折艰难的复兴进程。为最终完成中非双方的国家民族复兴,21 世纪的中非双方都需要以更加自尊、自信、自立的精神,去继承和发扬各自的文化传统与精神遗产,同时也要以更加开放的胸襟去拥抱世界各国、各民族的文化,共同推进人类各文明,以更为均衡、多元、平等的方式对话与合作,从而共同建构新型国际关系,建构更加紧密的中非命运共同体。

从全球范围看,当诸如非洲学、东亚学、南亚学、中东学、拉美学、欧洲学、美洲学、澳洲学等区域研究学科及中国学、印度学、尼日利亚学、巴西学、美国学、日本学等国别学科都逐渐得以建立与发展,可形成日益丰富的区域、国别、民族的研究学科与思想形态。而如果这些区域、国别、民族的研究学科所形成的各种知识、思想、智慧,拥有相互间频繁交流、平等对话、互学互鉴的开阔途径,那就可以塑造成一种真正意义上的综合吸纳了人类各区域、各国家、各民族智慧的人类共享知识体系,就能为人类建构命运共同体、建构新型国际关系、推进新型全球化提供必要的行动智慧和智力支撑。

当下,人类面临的挑战与机遇已是如此复杂,没有任何一个单一的

[①] 单敏:《刘鸿武教授出席教育部国别区域研究国际研讨会阐释建构人类共享知识问题》,2018 年 8 月 16 日,http://www.zjnu.edu.cn/2018/0728/c3997a266155/page.htm。

国家、民族、区域、文化与知识可以解决人类面临的所有问题,世界必须携起手来,同心协力,同舟共济。今天的世界正处于发展变革的关键时期,正迎来前所未有的巨大变局。从中国的角度来看,今天的中国,在经历了百年来的奋斗后,正取得历史性的发展与层次提升,即从过去主要是追求中华民族伟大复兴的中国自身发展,转向到倡导全人类命运共同体的世界共同发展;从主要通过改革、开放、跟随、学习的追赶型发展,转变为更多通过交流、互鉴、合作、共赢的结伴型发展;从主要依赖于资源、技术、人力、资金的旧发展,转变为更多立足于知识、思想、制度、文化的新发展。在此大背景下,中国需要知识与思想的自主性成长与战略引领,需要系统回顾总结中华学术传统,以中华文明演进的 5000 年智慧、国家治理的 3000 年思想、现代复兴的 200 年经验、改革开放的 40 年探索实践为基础,返本开新,继往开来,着眼于未来百年中华民族与世界发展的相互关系的高度,重新理解和确认中国在世界的位置,以及在新时代的身份、角色和抱负,进而为推进全球治理与发展贡献中国智慧。今天,中非合作关系的快速发展,客观上也要求中国必须形成自己的非洲学。[1] 这一学科有两大重点领域:一是侧重于研究非洲大陆以往历史进程的"非洲文明研究",二是侧重于研究非洲大陆现实问题的"非洲发展研究"。[2] 总体来说,"非洲文明研究"重在历史,"非洲发展研究"重在当代,前者为背景研究、基础研究,后者为实践研究、运用研究,而这两部分其实是一体之两面,互为依托,互为基础。

二 时代需要呼唤普适性的非洲知识体系

一门学科能否设立,大体看是否具备如下特征:一是有自己的研究目标与研究对象,二是有独特的研究价值与研究意义,三是有基本的研究方法与技术手段,四是有突出的社会需求与应用空间。[3] 今日非洲大陆

---

[1] 刘鸿武:《初论建构有特色之"中国非洲学"》,《西亚非洲》2010 年第 1 期,第 5—10 页。

[2] 刘鸿武:《非洲研究的"中国学派":如何可能》,《西亚非洲》2016 年第 5 期,第 3—31 页。

[3] 刘鸿武:《人文科学引论》,中国社会科学出版社 2002 年版,第 148 页。

发展问题的紧迫性、中非发展合作的丰富实践与现实需要，都在日渐完备地提供这些必要的基础与条件，使得我们可以通过一些持久的努力，逐渐形成专门化的认识非洲、理解非洲、言说非洲的研究方法、研究路径、知识体系，从而为我们建构一门相对统一的"非洲学"开辟前进的道路。因此，"非洲学"这门学科的建立与发展，是客观情势所迫，对拓展中国域外知识以完善当代中国学术体系，对积累中非共享知识以助推中非命运共同体建设，都是一项意义重大但又必须付出巨大努力才有可能向前推进的事业。①

第一，"非洲学"之所以设立，在于非洲这块大陆无论是作为一个自然区域还是一个文明区域，无论是在历史上还是在当代，都具有一些泛大陆的、泛区域性的共同属性，其在自然、地理、历史、社会与文化诸多方面，都有一些共同的联系与特征，使得我们可以对这块大陆做出整体性、联系性、宏观性的认识与把握。而事实上，在过去百年，现代非洲的历史学家、知识精英和思想者、政治领袖们，都普遍主张将非洲大陆作为一个有整体性联系的区域、一个有共同历史遭遇与现代命运的整体来看待，他们一直强调要重视把握非洲大陆各文明、各地区间的"具有悠久历史的社会和民族纽带"，②这些联系和纽带的历史存在，要求我们必须以一种"整体与联系的眼光"来看待非洲，形成"专门化"的有关非洲的知识与学术。

第二，在今日世界体系中，非洲大陆各国又面临着一些共同的发展任务与发展目标，它不仅有共同的历史遭遇，更有共同的现实命运，而这些共同的问题、共同的目标是可以作为共同的学术问题来研究的。现代非洲的思想家、政治家们都清楚地知道"非洲大陆乃是一历史文化与现实命运的共同体"，如非洲统一组织创始人之一的加纳首任总统恩克鲁玛所说，非洲"要么统一，要么死亡"。因而过去百年，非洲泛大陆的一体化努力持续不断，先有民族解放运动时期声势浩大的"泛非主义运

---

① 刘鸿武：《创造人类共享知识助推人类命运共同体》，2018年8月4日，中国社会科学网，http://www.cssn.cn/zx/bwyc/201807/t20180728_4512627.shtml。
② [法]阿马杜－马赫塔尔·姆博：《序言》，载 J. 基－泽博《非洲通史·第一卷：编史方法及非洲史前史》，计建民等译，中国对外翻译出版公司1984年版，第 xxiii 页。

动",继之为独立后"非洲统一组织"的建立,进入21世纪以来,则是"非洲联盟"的地位和作用日显重要,而今天,一个统一的非洲自由贸易区也在推动建设之中。"非洲学"之存在,是因为"非洲问题"之存在,对"非洲问题"之研究的活动、探索、思考及积累的知识与思想,就自然构成了"非洲学"形成与发展的现实基础。

第三,相对于世界其他地区,有关非洲的知识与思考本身也已经形成悠久的传统,今天则面临着更大的现实需要。考虑到非洲是一个具有历史命运共同体的大陆,我们要对非洲大陆各国、各地区的复杂问题有整体把握,则必须对非洲大陆"作为一个具有共同历史属性与联系性的"自然区域与文明区域的根本问题,即对"非洲性"或"泛非性"有一整体的认知、理解。如此,则如登临高峰而小天下,举其大纲而统揽四野,求得对非洲大陆之普遍性、共同性问题的全景式通览。在此基础上,对非洲大陆各国别、各地区、各专题之多样性问题、差异性问题,需要更进一步具体而细致地研究与把握,分门别类地开展对非洲54个国家国别研究、各次区域的研究,以及对非洲一些重大专题的深入研究,从而得以有"既见森林也见树木"的认知成效。[①] 因而,非洲学是一门将领域学、区域学、国别学、专题学融于一体的学问。[②]

第四,在现实的中国学术发展进程中,非洲研究也日益成长为一个相对独立的知识领域与思想领域,其地位与作用正逐渐得到人们的认可与重视。今天在世界范围内,一个相对有聚合性的、联系性的非洲研究学术群体也在逐渐形成,有关非洲研究的学术机构、智库团体、合作机制也日渐增多,非洲研究的相对独立地位也在某种程度上得到政府管理部门的认可。例如,在教育部长江学者特聘教授入选名单中,就有以"非洲研究"岗位入选的专家;[③] 在国家人才奖励计划中专门设置"非洲

---

① 刘鸿武:《非洲文化与当代发展》,人民出版社2014年版,第9页。
② 刘鸿武:《非洲国别史研究的意义》,《非洲研究》2016年第1卷,中国社会科学出版社2016年版,第250页。
③ 2013年度笔者当选为教育部长江学者特聘教授,就是以"非洲研究"的岗位名称而入选的。《教育部关于公布2013、2014年度长江学者特聘教授名单的通知》,2015年1月20日,教育部门户网站,http://old.moe.gov.cn/publicfiles/business/htmlfiles/moe/s8132/201502/xxgk_183693.html。

研究"特聘教授岗位,说明非洲研究日益得到国家的重视。又如,在"中国社会科学网"的"跨学科频道"栏目中,专门设立的学科栏目有"非洲学""边疆学""敦煌学""藏学""江南学""徽学"等。① 其中"非洲学"栏目中,收集和转载有非洲研究方面的资讯文章,笔者的多篇有关建构中国非洲学的论文、笔谈都被刊发在此栏目中,可见,今日中外学术界已经逐渐对"非洲学"作为一个专门化的知识领域,给予了相应的认可和重视。②

三 今日中国学科建设的基本缺陷及解决之路

长期以来,中国高等学校的人文社科领域的学科建设与教学科研一直存在明显缺陷,制约着当今中国全面认识世界、认识自我。

第一,对世界史或者外国史的认知不全面,往往将欧美史、西方史等同于世界史或外国史,忽视非西方世界各地区、各国家、各民族的历史教学。长期以来,在中国大学的世界史或外国史教学中,西方史或欧美史课程占绝对主导地位,而广阔的非西方史包括亚非拉史的课程所占比重很低。比如,今天全国几百所大学中,历史系开设了非洲、拉美、中东地区史与国别史的大学微乎其微,当下虽然国家在积极推进"一带一路"倡议,但大学历史学专业中涉及"一带一路"沿线100多个国家的区域史、专题史、国别史、语言文化与宗教民族问题的教学与研究是远远不够的,因而当中国要推进与亚非国家、与"一带一路"沿线国家全方位合作的时候,我们这方面的专业人才显得极为匮乏。但与此相对应的是,几乎所有大学的历史系都开设西方文化史、西方政治制度史、西方思想史或者美国史、法国史之类的课程,而且往往是作为历史学专业的基础课或专业课,而每年中国国内发表的世界史的文章、学位论文,欧美史方面往往占到了一大半。事实上,长期以来在"中西二元史观"

---

① 参见2018年3月30日,中国社会科学网跨学科频道(http://indi.cssn.cn/kxk)。
② 刘鸿武:《非洲研究的"中国学派":如何可能?》,2018年2月12日,中国社会科学网(http://indi.cssn.cn/kxk/fzx/201709/t20170918_3644181.shtml)。

的影响下，人们所说的"中外历史比较"其实不过是"中西历史比较"，所做的"中外文化研究"其实是"中西文化研究"，可谓"言必称希腊""言必称欧美"。这样一种对世界历史的认知显然不利于我们的学生获得对于世界历史的整体看法与理解把握。

第二，对中国史的认知不全面，往往将汉族史或中国大陆汉族史等同于中国史，忽视中国边疆史、各区域少数民族史的教学。长期以来，受中原汉民族正统史观的影响，中国史教学中往往用中原史或汉族史代替整个中国史。本来中国是一个多民族的国家，是一个56个民族组成的共和国，但习惯上人们讲到中国学或国学时对中原内地汉民族以外的各少数民族关注甚少，因而人们倡导和推进的国学在很大程度上其实是汉学或儒学。总体上看，在目前中国大学的历史系课程体系中，讲授中原正统王朝历史沿革的"正史"一直占绝对主导地位，而对广阔边疆地域的中国各少数民族史、各地方民族王朝历史涉及很少。现在中国大学中的历史系能系统开设边疆史、民族史的很少，特别是国家重点建设的大学本应具有整个国家的整体眼光与全面布局，但在其中国史教学体系与课程体系中能讲授中国边疆民族史、地区史（诸如新疆史、西藏史、蒙古族史、白族史、傣族史）的教授可谓凤毛麟角。长期以来似乎形成了一个不成文做法，即只在专业化少数民族大学，才有专门的师资可以开设系列化的边疆民族地区的课程。这样就形成了中国大学历史学课程的"两张皮"，一般性的国家重点建设大学大多不讲边疆民族史，只有那些单独设置的中央和地方的民族大学才讲这方面的课程。然而，在民族大学中开设边疆史、少数民族史课程似乎成了整个国家教育体系中一个单独的部分，并未有机地融合到国家完整的中国史教学体系与课程体系中。在这种教学体系下，目前中国大学中培养的历史学专业毕业生绝大多数对于中国的边疆民族史是知晓很少的，非历史专业的学生知道的就更少了。这显然不利于培养年青一代学生对于中国这个多民族国家的历史文化与现实国情的全面把握与认识，也不利于中华多民族国家的长远利益。[1]

---

[1] 刘鸿武：《民族文化多样性与中华民族的长远利益》，《思想战线》1997年第5期，第4页。

第三，大学历史教学体系忽视地方史志教学和本土知识传承，青年学生往往缺乏乡土文化的教育熏陶。历史本是人的生活，是人思乡忆旧、感怀家园的情感世界，它本身一定要有浓浓的家国情怀与故土意识，但目前，我们的历史学教学严重缺乏这样的精神塑造功能，这与我们长期忽视地方知识、本土文化的教育有很大关系。在快速工业化、都市化的今天，一些中国人似乎正走在一条"背井离乡"的精神飘浮路上。那些安顿心灵、抚慰乡愁的本土知识、民间生活与文化，越来越消失于快速的都市化进程中。今天中国的大学大体上被分成中央高校和地方高校两大类，前者如教育部直属的重点建设的"双一流"高校（之前有"985""211"高校），另一类则是非"双一流"高校，如省属高校、地市级高校等。但实际上，无论是中央高校还是地方高校，其实都是位于某个地方的"地方高校"，如位于北京、天津或上海，有一块它生长的"那一方水土"，但这些高校往往都忽视对于自己所在"那个区域和那个地方"的本土性知识教学与乡土文化传习。比如，位于北京的"双一流"高校大多很少开设京畿地区的历史、方志、乡土文化的课程，在上海、天津、南京的"双一流"高校也大体如此。于是，一个在北京高校就读的学生，哪怕是历史学专业的学生，学了几年历史，其实对于北京的地方历史、北京的传统乡土文化知道的也很少。

乡土意识、家国情怀、世界心胸，都是青年学子形成人生完整精神世界的基本要素。拥有开阔的世界眼光、真挚的家国情怀、温馨的乡土观念，对于自己生于斯长于斯的"那一方水土那一方人"怀有一份温情、感恩与敬意，是一个受过良好教育的人都应该具有的知识体系与心理结构，它会给青年学生一个立体的、多维的、丰富而全面的人格教育与健全心胸，也是我们的大学历史学专业可能培养出全球化时代优秀合格的历史学工作者的一个基本要求。然而，目前我们高校的历史学教学体系与课程体系并不利于年青一代学生正确认知世界和中国的全貌，不能形成与真正图景相适应的完整意义的"中国观"与"世界观"。缺乏乡土文化教育、缺乏对本土历史的认知，也无助于青年一代形成健全的世界眼光与家国情怀。

今天的中国正在快速地参与、融入甚至引领这个变化中的世界，数千年来的文化传统与生活方式也在快速变化着。我们的未来能否走得更稳、更好、更有方向感，需要一些更具战略性、前瞻性的思考与把握。在此背景下，就当前中国的人文社会科学建设而言，我们有必要采取一些积极的举措来克服上述缺陷。

第一，努力贯通中国史与世界史，将中国史置于世界史的背景下讲授，以中国史的视野讲授世界史，讲清楚中国史与世界史的关系，让年轻一代养成融通中外、贯通古今的心胸志向。

第二，在世界史课程体系中大大增加非西方世界史、亚非拉史的教学内容，尤其是增加"一带一路"沿线国家史教学，以适应中国发展战略，以此培养青年一代对于世界历史的整体观念与世界视野。

第三，在所有大学的中国史课程教学体系中大大加强中国边疆区域史、各少数民族史的教学内容，以此培养年青一代的中华民族国家整体观念与全局意识。

第四，在所有高校的史学教育与通识教育中加强对大学所在区域的地方史、乡土文化的教学，重视对本土知识的整理与教学，以此培养学生的乡土观念与家国情怀。

第五，推进世界历史学科的国际化进程，重视对象国小语种学习，创造条件增加世界史专业学生的海外实习与田野调查实践活动，以培养青年一代未来适应在全球范围内生存发展及与其他民族、其他国家人民共同生活的多元文化适应能力。

第六，采取一些积极的举措，重视中国历史教学中长期被边缘化的非洲民族史与中国少数民族史，并且尝试将这两个相距遥远、看似并无关联的世界连接起来，做一番跨地域之比较研究。比如，一方面，从中国少数民族历史文化的特殊视角看遥远的非洲民族历史文化；另一方面，从非洲民族历史文化的域外视角看中国边疆地区的少数民族历史文化。这种"从边缘看边缘，从边疆看边疆"的学术努力，这种全新的认知角度与研究努力，对于推进中国当代学术的发展具有特殊的意义。

四 创新学科建设，跟上时代变化节奏

为了更好地理解这个问题，我们需要对"学科"这个概念进行阐释与分析。

考察人类的知识形态演进过程，我们说，所谓的"学科"，其演进过程本质上就是一个根据人类的认识能力提升和知识运用方式的变化而不断分化又不断融合的过程，是一个分分合合、合合分分的过程。[①] 就如同我们今天经常用的"政治学""经济学""物理学""生物学"等这些概念，并非自古就有，未来也会有变化，有发展。从这个意义上来说，依据地域性研究活动而建立"地域性学科"（如非洲学、中东学、亚洲学等）时，就是将分化的学术与知识又统筹起来，共同来关注同一地域的一些基本问题、共同问题。非洲研究曾一度是一个冷门的、边缘的知识领域，但今天它正在转变成一门日益具有创新空间而受到人们普遍关注的新兴学科或研究领域。[②]

"非洲学"是一门以聚焦地域为特征的"区域学"学科。"区域学"重视学科知识的地域适应性和时空关联性，特别重视从非洲大陆的特定地域与时空结构开展自己的适宜性研究，建构自己的适地性知识体系，形成可以系统说明、阐释、引领非洲问题的"地域学"学科群落。从目前我们国家的学科建构与体制来看，"非洲学"这样一种新兴学科、交叉学科的建设与发展，正可以对目前中国以"领域学"为特征的区域国别研究和国际问题研究学科建设起到积极的平衡与补充作用，从而让我们更好地把握和理解世界的多样性与复杂性。

长期以来，中国大学学科设置是按照所谓的"专业领域"来划分的，比如说政治学、经济学、社会学、法学、历史学、文学等"领域学"学科。它的基本前提和假设，是认为在人类的社会生活中存在明确可分的"政治""经济""社会""法律"这样的事象，人们可以形成专业学术圈对其展开分门别类的专业化研究，形成各专业化的学科知识体系。这有点像西医之治病，可将人分立为内科、外科、眼科、皮肤科、神经科等不同科室来把握。这样的学科分类很有必要，也是深受西方知识体系影响的结果。但是，这种划分方法并不是中国学术的全部传统的自然延续。

[①] 刘鸿武：《人文科学引论》，中国社会科学出版社2002年版，第20页。
[②] 刘鸿武：《打破现有学科分界是人文学科的发展之路》，2016年8月22日，中国社会科学网（http://www.cssn.cn/gd/gd_rwhd/gd_mzgz_1653/201406/t20140624_1225205.shtml）。

中国传统学术与思想也有"领域学"的意识，如传统意义上的"经、史、子、集"或"诗、书、礼、乐、易"等的划分，唐代杜佑所撰《通典》将天下之事分为"食货""选举""官职""礼""乐""兵""刑法"等领域，大体上如今日之经济学、政治学、行政管理学、社会学、艺术学、军事学、法学等，宋代马端临所撰《文献通考》对学科领域之划分更细，有"二十四门"之说，略当今日之"二十四科"。不过，中国传统学术，在重视对社会事务做分门别类之领域划分和把握的同时，又始终十分重视对人类事象与国家治理的时空关系的综合把握，重视人类文化在地域和时空方面的整体性、差异性和多样性的综合理解。如果说"领域学"（经济学、政治学、教育学、社会学等）有如西医之专门化普适化诊治，则"区域学"（非洲学、中东学、中国学、西域学、江南学等）有如中医之整体化具体化诊治，西医重分科、重分析，一个一个学科来把握世界，中医重综合、重联系，把这世界作为一个整体来通盘看待。

人类的文化与制度，都是在一定的地理空间与生态环境中生成和演变的。各不相同的地域空间，如形态各异的历史大舞台，在什么样的舞台上唱什么样的戏，一直是文明研究的核心问题。也就是说，我们要特别重视历史和文明的环境因素、时间关系、发展基础与演化动力。以这样的眼光和理念来研究非洲，我们就不能离开非洲大陆的基本属性来做抽象的概念演绎，而必须沉入它的时间与空间环境中去，站在非洲的大地上来做非洲的学问，这就是非洲学这样的"区域学""区域研究"的基本特点。

非洲学是中国区域研究领域的一个特殊成分，或者说可以从当代中国对于世界的区域与国别研究的背景上来理解把握。这里，我们要讨论一下中国在"区域国别研究"领域自身的学术传统及其现代意义。近年来，关于区域研究学科建设问题，逐渐引起人们重视。但观察国内学术研究界，我们发现有一种说法，认为"区域研究"是一种舶来品，始自第二次世界大战后美国的地区研究（或区域研究）。而事实并非如此。当代美国或欧洲的地区研究，是有许多值得我们借鉴学习的东西，但若说中国没有这样的学术传统与知识视野，可能并不符合历史事实。实际上，中国作为一个从古到今就具有巨大的内部区域文化多样性、周边国家与民族文化也极复杂多样的巨型文明国家，对于区域内外的不同文化形态、社会制度、经济生活的认知与把握，本是国家治理的基本要求。

从学术传统上看，中国人看待世界特别倡导要有一种"文明发展的时间与空间意识"的认识眼光与思维模式。中国传统学术历来重视历史的时间背景、基础与动力。每一个国家、每个区域，其历史不同、传统不同，我们认识它、把握它也得有所不同。每个国家、每个区域环境不同，生态相异，因而需要"入乡随俗""到什么山唱什么歌"，因地制宜，分类施治。如此，方可得天时地利之便，求国泰民安人和之策，当代中国的区域国别研究学科之建设，必当发扬光大中华民族这一认知与思维传统。

五　返本开新，重读经典，以开新局

这里，对于中国国家治理传统智慧及区域研究学术传统的现代发扬，我们需做进一步说明。

两千多年前的《诗经》及其所体现出的认识世界的理性觉悟与思想智慧，就是中国最早的一部"区域研究"著作。[①] 到了汉代，中国知识思想体系渐趋于成熟，汉代大学者班固所撰《汉书》，专门设《地理志》之部，承继了《诗经》写15国风的传统，分别推论自远古夏商以来的国家疆域沿革变迁，政区设置、治理特点，详细记述疆域内外各地区的历史传统与文化特点，以及广阔疆域及其周边世界的经济物产、民风民情，以求为治理天下提供知识依托。《汉书·地理志》这一传统后世连绵传承，促成中国古代史上形成了发达的具有资政治国意义的"疆域地理学"或"政区地理学"，历朝历代治国精英与天下学人皆毕一生心力，深入分析国家政区内外的各种自然地理和人文地理现象的相互关系，从国家治理与经济发展的角度来编写历史著述，从而使得在中华学术框架下，各类区域的、国别的政区治理学著述不断面世，流传久远。

受这一传统的影响，中国历朝历代都高度重视把握特定时空环境下

[①] 刘鸿武：《从中国边疆到非洲大陆——跨文化区域研究行与思》，世界知识出版社2017年版，第52页。

各地区不同的气候、江河、物产、生产、交通、边民情况，详细描述各民族不同的精神状态、心理特征及政治制度的演进与相互关系，从而积累起中国古代成熟发达的国家治理思想与知识体系。如东汉山阴人赵晔著《吴越春秋》，以丰富的史料和翔实的纪年记载了春秋末期吴越两国争霸天下而兴亡存废之事。北宋苏洵所著的《六国论》纵论天下治乱得失之道，"气雄笔健，识更远到"，一时洛阳纸贵，名动天下。就如我们今天要理解非洲、研究非洲，当注重对非洲民风民情的调研考察，掌握真实的非洲大陆及各次地区、国家之具体情况，关注非洲发展之大趋势并做深入扎实的研究，而不用抽象的标签来标识非洲丰富的生活世界，才能真正认识非洲、懂得非洲。

中华民族有通盘考虑天下基本大势，把握人性之普遍特点，这些优良的知识传统，这些历史上积累的思想智慧，在今日我们认识中国以外的其他地区和民族，包括认识复杂的非洲大陆的区情、国情、民情、社情时，都是可以继承和发扬的，所以我们一直强调，要把学问做在非洲的大地上，做在非洲各国、各地区真实的环境里，而不是仅停留在书本和文献中做文字推演和概念抄袭。

中国传统学术特别强调学术与思想的实践性与参与性，对于中国而言，这一传统对于今日建设区域国别学科是有重要意义的。总体上看，中国历史上的政治思想家，不只是通过自己的著书立说来实现对于现实政治施以影响的理想与抱负，他们首先是政治家，登上了政治舞台，参与了实际的国家治理。如果他的政治抱负与政治理想因其参与了实际政治而有所发挥、有所实现，则是否还要著书立说似乎已不重要。如钱穆所言："当知中国历代所制定所实行的一切制度，其背后都隐伏着一套思想理论之存在。既已见之行事，即不再托之空言。中国自秦以下历代伟大学人，多半是亲身登上了政治舞台，表现为一实际的政治家。因此其思想与理论，多已见诸当时的实际行动实际措施中，自不必把他们的理论来另自写作一书。因此在中国学术思想史上，乃似没有专门性的有关政治思想的著作，乃似没有专门的政论家。但我们的一部政治制度史，则是极好的一部政治思想史的具体材料，此事值得我们注意。"[①] 这大致

[①] 钱穆：《中国历史研究法》，生活·读书·新知三联书店 2001 年版，第 29 页。

也就如王阳明倡导的那样,知行合一,知行本一体,两者自不可分离,"知是行之始,行是知之成",因为"知已自有行在,行已自有知在",行中必已有知,知则必当行,唯有知行合一,知行合成,方能显真诚,致良知,致中和,最终求得古今道理,成得天下大事。①

中国古代学术历来是与国家民族的发展、国计民生的改善结合在一起的,立足实践,实事求是,学以致用,经国济世。这些精神品格与文化传统,与今天要建设非洲研究学科、推进中国海外国别与区域学科建设有对接的历史基础,是值得今日挖掘的学术精神源泉。虽然今天的时代与古代已大不一样,但一些基本的道理还是相通的、一致的。因为有此种对多元地域、时空结构的历史性理解,历史上中国的中央政权体制,与域内域外各民族、各地方政权、各周边族群和其他国家的相处往来,就特别注重施治和交往的地域变通性、区域适应性,并形成了一些具有特殊中国智慧的治国理念与制度模式。比如,历史上形成的中央王朝治理边疆少数民族的"羁縻制度""土司制度",大体上可以看成是一种中国多元地域文明治理的传统智慧,对这些传统政治智慧所包含的思想内容与治理实践的理论总结,也可以让我们更好地理解中国的民族区域自治制度的历史基础。

事实上,中华民族历史上形成的国家治理经验可被视作实事求是、重视调查研究的传统智慧,也为中国共产党人所创造性地发扬。当年毛泽东同志撰写的《湖南农民运动考察报告》,开创了中国共产党人反对本本主义和教条主义、重视调查研究和实事求是的工作作风,影响深远。他后来在延安时期所写的《改造我们的学习》一文中,更明确提出了开展深入的区域调查研究的重要性,他说,"像我党这样一个大政党,虽则对于国内和国际的现状的研究有了某些成绩,但是对于国内和国际的各方面,对于国内和国际的政治、军事、经济、文化的任何一方面,我们所收集的材料还是零碎的,我们的研究工作还是没有系统的。20年来,一般地说,我们并没有对于上述各方面做过系统的周密的收集材料加以研究的工作,缺乏调查研究客观实际状况的浓厚空气"。对此,他指出,中国革命要成功,就"要从国内外、省内外、县内外、区内外的实际情

---

① (明)王阳明:《传习录》,叶圣陶点校,北京时代华文书局2014年版,第8页。

况出发,从其中引出其固有的而不是臆造的规律性,即找出周围事变的内部联系,作为我们行动的向导"。① 这一传统在中国共产党的几代领导人那里得到了很好的传承与发扬。邓小平同志一生的思想智慧之一即根据实际情况治理国家,准确把握世情、国情、区情、社情来处理内政外交,他的思想都是很务实、很接地气的。因为"地区研究"的最大特点就是倡导思想与政策要"接地气",要"通民情"。习近平同志早年在河北正定县工作,通过深入调查正定县的基本情况,提出一个区域发展理念,就是"靠山吃山,靠水吃水,靠城吃城"的"二十字方针":"投其所好,供其所需,取其所长,补其所短,应其所变。"② 上述区域发展的"二十字方针",就是一个根据中国的实际情况发展自我的方针,今天看来,也很有理论上的意义。当时,著名经济学家于光远在正定农村考察后,建议创办"农村研究所",研究具有中国特色的社会主义新农村建设问题,解决中国自己的发展问题,这些也是中国区域研究传统的现代发扬。

在对外关系方面,中华人民共和国成立后,中国在与广大的亚非拉国家和民族接触过程中,同样形成了基于自身民族传统智慧与精神的对外交往原则。早在中华人民共和国成立之初,中国政府之所以一开始就提出"求同存异"的原则,提出亚非合作"五项原则"、万隆会议的"十项原则"和后来对非援助的"八项原则",都基于中国人对自我、对他人、对世界文明与人类文化多样性的理解能力与尊重传统。这正是中非合作关系走到世界前列、成为中国外交特色领域的根本原因。我们今天从事非洲研究,从事非洲政治学的研究,要做得好、做得有益,学者们还是一样要深入中非合作的实践,深入非洲的社会生活,努力了解国家对非战略与政策的制定与实施过程,观察中国在非企业和公司的实际运作情况,将田野考察与理论思考真正结合起来,由史出论,因事求理,理论与实践紧密结合,才可获得对非洲和中非关系的正确把握。由此,我们的著书立说、我们的资政建言,才会有自己的特色和风格;相关思

---

① 毛泽东:《改造我们的学习》,《毛泽东选集》第4卷,人民出版社1982年版,第253页。
② 参见赵德润《正定翻身记》,《人民日报》1984年6月17日。

想的产生，才可能是管用、可用、能用的。

六 中国非洲学的民族性与时代性

在当代中国，"认识中非关系"或"认识中国对非战略与政策"，越来越成为"认识当代中国"的一个重要环节，在此背景下，"非洲学"也开始成为与当代中国"新国学"紧密关联的一个知识思想领域部分，成为当代中国思想创造与知识拓展的特殊领域。

总体上看，快速发展的中非发展合作关系，正在与非洲国家的内部力量一起，推进非洲大陆由"国际援助的负担"到"全球发展的机遇"、人类现代性核心内涵由"西方语境"到"全球语境"、中国国家身份由"追求自身发展"到"引领亚非发展"等多方面变化，非洲问题的中非合作新理念日益在当今国际交往领域彰显出特殊的道德建构意义。系统总结当代中非发展合作实践，推进具有中国气派、中国胸襟的非洲学话语形态的建构，应该是中国学术实现自主创新可以主动予以把握的特殊机会。[①]

中国学术源远流长，对域外他国他族的认知，包括对非洲的认知，都可以追溯到古老的过去。不过，作为严格意义的一门学科，非洲学总体上是一门当代中国学术殿堂中的新兴学科、一个新兴的知识与思想领域。这门学科在中国出现和发展的一个基本特点，就是它是伴随着当代中国对非交往合作关系的推进，随着当代中国对非洲认知领域的拓展，而逐渐成长成熟起来的。因而这一学科一开始就带有两个最基本的特点：一是它具有十分鲜明的面向当代中国发展需要，或者说面向中非合作关系需要的时代特征与实践特点，具有突出的服务当代中非发展需求的问题导向特征与经世致用精神；二是它是当代中国人努力认识外部世界的结果，它一开始就不可能是一个简单引进移植他人的舶来品，虽然在此过程中也包含着借鉴移植他人尤其是西方成果的持久努力，但它一开始就必须是扎根在中华学术古老传统的深厚土壤上的中国人自己的精神创

[①] 刘鸿武：《中非发展合作：身份转型与体系重构》，《上海师范大学学报》2011年第6期，第122—129页。

造，是中国传统学术走向外部世界、认识外部世界的一种表现形式与产物，因而它必然会带上中国学术的某些基本的精神与品格。

时代性和中国性决定了当代中国的非洲研究必须面对中非合作中中非双方自己的问题，建构自己的根基，塑造自己的品格，拓展自己的视角，提炼自己的话语；而这一切又离不开当代中国学人自己扎根非洲、行走非洲、观察非洲、研究非洲的长期努力。[①] 概而言之，中国立场与非洲情怀，再加上一个全球视野，是中国非洲学的基本品格。

与其他传统学科相比，目前中国对非洲的认识和研究，总体上还处于材料积累与经验探索的早期阶段上，在基础性的学理问题、体系问题、方法问题研究方面，尚没有深入而专门的成果问世，这是这门学科现在的基本情况。[②] 不过，自1978年中国实行改革开放政策以来，中国社会及中国与外部世界的关系都已发生重大变革，其中中非合作共赢国际关系的构建及中国发展经验在非洲影响的扩大具有时代转换的象征意义。40年来，中非关系的实践内容在促进中非双方发展方面所累积的丰富经验与感受，已为相关理论及知识的创新提供了基础条件。人们常说条条道路通长安，学术在于百花齐放、百家争鸣。

这几年，由于国家的重视与时代的需要，国内涌现出了许多非洲研究的机构，但这些新创立的研究机构若要走得远、走得深、走出一条自己的路，则需关注以下几方面：其一，要有一番慎思明辨、举高慕远之战略思考与规划构想，遵循古人所说"博学之，审问之，慎思之，明辨之，笃行之"[③]的精神传统，在努力设定好自己的建设宗旨、发展目标与前行路径的基础上，再以严谨勤奋之躬身力行在实践中一步一步探索、完善、提升。其二，要有一种与众不同、开阔包容之治学理念与精神追求，形成一种独特的学术文化与研究品格，并将其体现在事业发展的方方面面。其三，要有高屋建瓴之建设规划、切实可行之实施路径，并在具体的工作中精益求精，做好每个细节、每个环节，积少成多、聚沙成

---

① 参见《外交部副部长张明对中方研究机构加强对非洲原创性研究提出新要求》，2018年8月15日，中华人民共和国外交部网站（http://www.fmprc.gov.cn/web/wjbxw_6730 19/t1492905.shtml）。

② 张宏明：《中国的非洲研究发展述要》，《西亚非洲》2011年第5期，第3—13页。

③ 《礼记·中庸》第20章第19条。

塔，切忌只说不做、纸上谈兵。其四，要逐渐搭建起开阔坚实的学科建设与发展平台，积累丰富多样的学术资源，汇集起方方面面的资源与条件为创新发展提供空间。其五，要有扎实严谨、亲历亲为的勤奋工作，敏于行而讷于言，在实践中探索，由实践来检验，并在实践中完善提升。其六，要培养出一批才情志意不同凡响的优秀人才，有一批志向高远的志同道合者，这些人应该是真正热爱非洲、扎根非洲的人，有学术担当并能长期坚守于此份事业。

行动、行走与实践，是从事非洲学理论问题的起点与归属，但是这并不意味着忽视理论本身，轻视思想与精神。事实上，所有的实践与行动背后都是有思想与理论的，因为在行中需要思考，当我们去行时，其实一定有思在里面了。一个实践者，一个在行走中思考与观察的人，必须在理论与现实之间寻找动态的平衡点。这种实践中的规划、思考、总结，必然包含着许多知识创新与思想成长的内容，中国人讲"知行合一"，或者说是"行知合成"。因而，建设非洲研究学科，首先不是一个理论问题，而是一个现实问题，是一个在行动的过程中面临的问题。

今天中国的非洲学建设，自然是无一定之规，无特定之法，应该坚持实事求是的原则，依据研究对象之多样性与特殊性，采因时而变、因事而变之多样性、变通性的治学路径与方法，边走边看，边做边想，在实践中探索前行，从而不断接近真理。但是，我们又不能随意乱走，漫无边际，不思方向。如果一个科研机构没有自己的核心理论与战略目标，而只是赶时髦，逐时尚，任年轻科研人员自生自灭，或许也会有优秀人才靠自己的努力走出适合自己的学术道路、成长起来，但松散杂乱、人浮于事、无所作为的情况也就很难避免。

回顾这些年中国非洲学科建设的探索路程，我们可以总结出几条基本的结论。

第一，学术是一个长期积累的过程。就是说，无论是教学与科研都不是一天就做起来的，而是需要长期的积累和积淀，需要专深的传承和延续。中国的非洲研究必须有根源，有传承，需几代人长期的坚守与坚持。

第二，即古人说的那句话"工夫在诗外"。做成一件事，功夫既在这件事之内，更在这件事之外，得有超出这件事本身的开阔的视野与心胸、智慧与能力。就我们做非洲研究来说，要做得好，在做自己的专业性的非洲政治、经济、教育、宗教专业时，还必须要有超出这个专业范围的更广博的知识与更开阔的理论修养、兴趣与爱好。我们要建设一个综合性的非洲研究机构，得有一个开阔的知识视野，把诸多学科统筹在一起。做非洲研究的科研人员要有所成就，不能心胸太狭隘，视野太狭小，眼界太短浅。各个学科、各个领域的知识，非洲以内和非洲以外的政治、经济、文化、教育、历史、宗教、民族、社会、自然、科技、地理，哪一方面的知识、哪一方面的研究，对研究人员做好非洲研究都是有意义、有帮助的；学者要真正做好非洲研究，也必须要懂得中国，懂得欧美，懂得亚洲、中东和拉美。

第三，坚守和扎根尤为重要。就是说，一个学者自己的精神世界和学术追求是不是更单纯，是不是更本真，是不是更坚韧地扎根于某个学问之地。天下许多事情，都没有什么诀窍，不过是用时间换来的。十年，在学术研究领域，是一个最基本的单元时间。学问之事，不坚持十年甚至二十年，或许都不会有重大的成果。做非洲研究，其实没什么特殊的方法，唯有用心、用情、用意坚持扎根于非洲，一直行走。中国的非洲学构建，其实是一个开放着的、建设着的过程，也许它永远都不会有正式宣布说自己建成的那一天，它会一直开放着、建设着、拓展自己前面的路。①

（本文原刊发于《西亚非洲》2018年第5期）

---

① 文国文：《中国非洲学原创性发展研究取得重要成果》，《中华读书报》2017年9月25日。

中国对非洲文化传播：现状与挑战

吴传华[*]

摘　要：当今世界大国越来越重视对非洲文化传播和影响力竞争。中非在彼此尊重、相互欣赏对方文化的基础上，积极开展文化交流与合作，深化文明互鉴。中国对非文化传播主体越来越大，渠道越来越广，机制越来越完善，内容不断丰富，形式趋于多样，成效非常显著。与此同时，中国对非洲文化传播面临一系列困难和挑战，中国对非洲的文化影响力仍然较弱。未来需要进一步加强中非文化交流与合作，努力实现对非洲文化传播本地化和常态化，积极推动中非文化产业合作，同时要防止和消除西方的负面干扰，驳斥西方恶意渲染中国"文化殖民主义"等论调。

关键词：中国　非洲　文化传播　影响力　软实力

当今世界各国综合国力的竞争日趋激烈。这种竞争不仅包括经济、军事、科技等硬实力的比拼，也包括政治、思想、文化、意识形态等软实力的较量。从某种程度上说，软实力竞争更为激烈，影响力更持久。文化是民族凝聚力和创造力的重要源泉，是经济社会发展的重要支撑，是综合国力的重要构成。"文化是一个国家、一个民族的灵魂。文化兴国运兴，文化强民族强。"世界各国越来越重视对外文化传播，努力提升本国文化影响力，从而使文化软实力在综合国力竞争中的地位和作用越来

---

[*] 吴传华，中国社会科学院西亚非洲研究所副研究员。

越突出。

非洲是世界第二大陆，国家和人口众多，自然资源丰富，市场潜力巨大，经济发展趋势看好，国际地位日渐提高。这个一度被称为"没有希望的大陆"，重新被国际社会看好和重视，成为"充满希望的大陆"，世界大国纷纷加大对非洲的关注和争夺。除了政治、经济、军事等领域外，扩大对非洲文化传播，提升本国在非洲的文化影响力，也是大国对非洲政策的重要目标之一。

中国与非洲虽然在地理上相距遥远，但中非传统友谊历久弥新。近年来，随着中非关系全面深入发展，双方文化交流与合作亦呈现蓬勃发展之势，中国对非洲的文化影响力不断上升，对非洲的文化传播能力逐步增强。新形势下，"一带一路"倡议为中非关系发展注入了新的活力和动力。"一带一路"既是经贸合作之路，也是文化交流之路，为扩大中非文化交流与合作提供了重要历史机遇。

一 中国对非洲文化传播的有利条件

改革开放 40 多年来，我国经济快速发展，成为世界第二大经济体，综合国力不断提升，国际地位日益提高。但是，我国的文化影响力和软实力还相对较弱，与西方发达国家相比，仍存在较大差距，与我国政治、经济、军事实力和国际地位不相称，与我国悠久的历史文化和丰富的文化资源也不相称。在国际文化软实力竞争日趋激烈的当下，我们必须积极推动中华文化"走出去"，将文化资源优势真正转化为文化竞争力和软实力，扩大中华文化在世界上的影响力。

为此，中国共产党十六大报告首次明确提出，要努力扩大对外文化交流，增进人民之间的友谊，推动国家关系的发展。中国共产党十七大报告提出，要激发全民族的文化创造力，提高国家文化软实力。中国共产党十七届六中全会通过了《中共中央关于深化文化体制改革　推动社会主义文化大发展大繁荣若干重大问题的决定》，提出建设社会主义文化强国的目标。中国共产党十八大报告提出，要扎实推进社会主义文化强国建设。随着一系列重大文化政策的出台，中国文化"走出去"战略日渐明晰，标志着我国对外文化工作在思想观念和政策导向上发生了重要转变。文化外交在我国整体外交中的地位日益突出，成为与政治外交、经济外交并重的三大外交支柱之一。扩大对外文化传播、提升国家文化软实力受到高度重视，上升到国家重大战略层面。

非洲是世界上发展中国家最集中的大陆，是我国外交全局的重要基础，是我国实施"走出去"战略的重要区域。随着中非友好合作全面深入发展，我国在该地区的政治、经济、安全利益日益扩大。新形势下，中非关系被提升为"政治上平等互信、经济上合作共赢、文明上交流互鉴、安全上守望相助、国际事务中团结协作"的全面战略合作伙伴关系，这既符合双方根本利益，也有利于加强南南合作，维护世界和平与发展。这种"五位一体"的关系将中非文明交流互鉴作为重要支柱之一，强调中非文化交流与合作的重要性，为扩大中国对非洲文化传播、提升中国对非洲的文化影响力创造了有利条件。

（一）政治上有保障

非洲大多数国家与我国保持长期友好关系，双方政治互信不断增强，在涉及彼此核心利益和重大关切问题上相互支持，在国际事务中密切合作。这既是双方在民族解放斗争时期并肩战斗积累下来的宝贵财富，也是双方在建设现代化国家进程中携手发展的重要基石，同时为中非实现文明上交流互鉴提供了有力保障。2000年10月中非合作论坛创立，搭建起高效务实的中非集体对话机制与合作平台，将中非关系带入一个新的历史时期。2006年11月，中非合作论坛首届峰会——北京峰会成功举行，成为中非关系史上具有划时代意义的大事。2015年12月，中非合作论坛首次在非洲大陆举行峰会——约翰内斯堡峰会，确立了中非全面战略合作伙伴关系，提出中非"十大合作计划"。2018年9月，中非合作论坛北京峰会确定双方携手共筑更加紧密的中非命运共同体，宣布实施"八大行动"，为未来中非关系发展指明了道路，中非文化交流与合作也进入一个全新时期。

（二）经济上有基础

2000年中非合作论坛成立以来，中非经贸合作迅速发展，规模不断扩大，领域不断拓展，结构不断优化，成为中非关系发展的主要推动力。

贸易方面，2018年中非贸易额达2042亿美元，同比增长20%，中国已连续十年成为非洲最大贸易伙伴国。投资方面，截至2018年底，中国对非洲直接投资存量超过460亿美元，在非洲设立各类企业超过3700家，境外经贸合作区已成为中国对非洲投资的重要依托，产业集聚效应逐步显现。承包工程方面，2018年中国企业在非洲新签承包工程合同额784亿美元，完成营业额488亿美元。[1] 中国企业积极参与非洲基础设施建设，为非洲互联互通发展做出了重要贡献，也带动了中国技术、装备、标准和服务走进非洲。"一带一路"倡议为中非经贸合作开辟了更加广阔的道路，迎来更大的发展机遇，从而为中非文化交流与合作奠定了坚实的物质基础。

（三）文化上有需求

中非文化交流源远流长，文化关系是中非关系的重要组成部分。在中非合作论坛框架下，中非文化交流与合作内容更加丰富，形式更加多样，机制更加完善，进入前所未有的发展时期。目前中国在非洲共设立文化中心6个，孔子学院61所，孔子课堂44个，它们是传播中国语言文化的重要平台。随着"欢乐春节""中非文化聚焦""中非文化人士互访计划"等一系列品牌文化活动的开展，以及各类文化援助培训项目的实施，非洲人民对中国文化的了解越来越多，热情越来越高，需求越来越大。同样，中国人民也希望了解来自非洲大陆的文化，通过各种渠道接触非洲文化的机会越来越多。

（四）人员上有条件

随着中非关系全面深入发展，双方人员交流日益频繁，规模不断扩大，越来越多的中国人，包括各类公派人员、企业员工、私营业者和务工人员等，长期在非洲工作生活。据估算，目前非洲大陆约有100万中国人，而且这一数字还可能会继续增长。中国人最多的非洲国家当属南非，估计达二三十万人；中国人数量中等的非洲国家，如尼日利亚、坦桑尼

---

[1] 中国商务部网站（http://www.mofcom.gov.cn/article/i/jyjl/k/201906/20190602870480.shtml）。

亚、肯尼亚等，约几万人不等；中国人最少的非洲国家，如2016年复交的圣多美和普林西比，也往往有数百人。他们在非洲工作创业，亲身感受当地文化，同时每个人都可以成为中华文化的传播者。另一方面，越来越多的非洲人来到中国经商或留学，对中国文化有了直接了解和体验，有些人还专门学习研究中国文化，他们都有可能成为中国文化的传播者。

二 中国对非洲文化传播成效显著

中国与非洲都拥有悠久灿烂的文化，中国是四大文明古国之一，非洲是人类文明的摇篮，双方文化交流源远流长，是中非人民友谊的纽带和心灵沟通的桥梁。中非在彼此尊重、相互欣赏对方文化的基础上，积极开展文化交流与合作，为促进中非关系全面均衡发展，推动世界不同文明之间的平等对话，维护世界文化多样性做出了重要贡献。总体来看，中非文化交流与合作呈现快速发展之势，内容不断丰富，形式趋于多样，机制日益完善，成效日趋明显。中国对非洲的文化影响力不断上升，对非洲的文化传播力日益增强。

（一）中国对非洲文化传播主体越来越大

为了促进中外文化交流与合作，提升对外文化传播能力，扩大对非文化传播主体，中国政府采取了两项重大举措：一是设立中国文化中心，二是建立孔子学院。

相对于西方而言，中国在海外设立文化中心起步比较晚，而且是从非洲开始的。1988年7月毛里求斯中国文化中心成立，这是中国在非洲也是在海外设立的第一个文化中心。同年9月，贝宁中国文化中心随后建成，这是中国在海外设立的第二个文化中心，也是在非洲。此后海外中国文化中心建设进入了十多年的停滞期，直到2002年10月埃及开罗中国文化中心落成，这是中国在非洲也是在海外设立的第三个文化中心，同时拉开了海外中国文化中心建设进入全面快速发展新阶段的序幕。此后，尼日利亚中国文化中心和坦桑尼亚中国文化中心分别于2013年9月和2015年12月成立。2018年12月，摩洛哥中国文化中心成立，这是中国在海外设立的第36个文化中心，也使非洲的中国文化中心数量增至

6个。

2017年,全球中国文化中心共举办各类文化活动3000余场,直接参与活动总人数近500万人次,培训学员逾3.5万人次。[①] 作为派驻非洲国家的官方文化机构,中国文化中心常年开展各类丰富多彩的文化活动,主要包括:一是文艺演出、艺术展览、影视播放等常规文化项目;二是讲座、研讨会、对话会等思想文化交流活动;三是开设汉语、武术、音乐、舞蹈、书画等中国文化培训班;四是与当地政府部门、文化艺术机构共同举办文化活动,或者积极参与当地重大文化艺术节。此外,各文化中心还结合驻在国实际情况,努力打造独具特色的文化项目,如毛里求斯中国文化中心的舞蹈队、贝宁中国文化中心的舞龙舞狮队、坦桑尼亚中国文化中心的武术大赛等,都已成为当地广受欢迎、颇具影响力的文化品牌。非洲的中国文化中心虽然数量不多,但是在传播中国文化、促进中非文化交流、增进中非友谊方面日益发挥着重要作用。

肯尼亚内罗毕大学孔子学院是中国在非洲设立的首家孔子学院,于2005年12月正式揭牌。此后孔子学院在非洲遍地开花,截至2019年底,已在46个非洲国家共开设了61所孔子学院和44个孔子课堂。孔子学院以推广汉语、传播中国文化为己任,是中国对非文化交流与合作的一张闪亮名片。以坦桑尼亚为例,目前该国有两所孔子学院,分别设在多多马大学和达累斯萨拉姆大学。多多马大学孔子学院成立于2013年4月,该国副总统穆罕默德·比拉勒亲临揭牌仪式,当地主流媒体纷纷报道。比拉勒副总统高度评价坦桑尼亚首所孔子学院,称其对本国教育发展具有非常重要之意义。多多马大学校长库凯拉则在致辞中直言,学习汉语和中国文化不必"羞答答",而是要争取走在前面。[②] 与在西方国家开设孔子学院所处的大环境有所不同,孔子学院在非洲受到当地政府和人民的欢迎。

(二) 中国对非洲文化传播渠道越来越广

目前我国对非洲文化传播主要有三种渠道:一是以文化交流为载体

---

① 涂赟:《缅甸仰光中国文化中心正式启用》,2018年7月8日,国际在线报道。
② 比拉勒副总统和库凯拉校长在多多马大学孔子学院揭牌仪式上的讲话。作者现场参加了该仪式。

的人际传播，如文艺演出、"欢乐春节"活动、文化人士互访等；二是以图书期刊、纪念品、展览、影视等为媒介的实体传播；三是以通讯社、广播电视、互联网等为平台的媒体传播。无论哪种传播渠道，近年来都取得了长足发展，从而大大提高了文化传播能力。

我国的官方媒体在非洲迅速推进。早在1986年，新华社非洲总分社便在肯尼亚首都内罗毕成立，负责撒哈拉以南非洲国家的新闻信息报道和营销工作，目前下辖28个分社。新华社在非洲的影响力不断上升，稿件落地率大幅提高，用户数量逐年增加。此外，新华社还通过举办"孔子文化非洲行"等活动，加大对非文化传播力度。2012年1月，中央电视台非洲分台在内罗毕正式开播，这是央视在海外建成的首个分台。肯尼亚副总统穆西约卡在开播仪式上说，希望央视非洲分台能以更积极的视角审视非洲这片大陆，更好地促进中非之间的文化传播与交流。[①] 非洲分台开播标志着中央电视台已建成辐射并覆盖非洲大陆的电视报道网络。中国国际广播电台使用英语、法语、阿拉伯语、豪萨语、斯瓦希里语等对非洲进行广播，近年来通过与非洲国家传媒机构合作，在加快节目本土化步伐、增加落地频率方面取得长足进步。目前该台在埃及、肯尼亚、尼日利亚和津巴布韦设有4个记者站，分管北非、东非、西非和南非。此外该台还在非洲努力打造广播孔子课堂，帮助非洲朋友通过广播学习汉语和中国文化，利用自身优势拓宽了对非文化传播渠道。

与官媒相呼应，以北京四达时代通讯网络技术有限公司（简称四达公司）为代表的中国民营通信技术企业，凭借自身技术、资金和管理模式，通过多年不懈努力，成功打入非洲市场。该公司从2002年开始涉足非洲市场，在30多个非洲国家注册成立公司，开展数字电视运营，目前数字电视用户超过1200万，移动端注册用户超过1400万，成为非洲发展最快、影响最大的数字电视运营商。[②] 四达公司提供的技术和服务给非洲人民带来了内容丰富、种类繁多、音像清晰、价格低廉的电视节目，极大地丰富了非洲人民的文化生活。与此同时，四达公司通过引入中央电

---

① 杨冉：《建设非洲分台，打造一流国际媒体——从CCTV - AFRICA看央视海外扩张》，《新闻传播》2012年第8期，第39页。

② 胡晓钰：《四达时代：造梦数字非洲》，《北京商报》2019年8月8日。

视台和凤凰卫视等中国主流电视频道，以及自办频道，向非洲观众提供各类中国电视节目，使他们全面了解中国，亲身感受中国文化，从而搭建起中非文化交流的桥梁。

坦桑尼亚是中国媒体落地较为集中的一个非洲国家。中央电视台2009年6月与坦桑尼亚姆丽曼尼（Mlimani）电视台达成合作协议，由该台每天转播央视10个小时以上的英语节目，涉及新闻、时政、文化、教育等专题。中国国际广播电台2010年7月开播桑给巴尔调频台，并开设广播孔子课堂，推广汉语和中国文化。四达公司2009年6月与坦桑尼亚国家广播电视公司开办合资公司，短期内便在全国9个城市开通了数字电视信号服务，覆盖人口达1200万人。该公司还自办了功夫频道和中文频道，全天24小时播出，受到当地民众的欢迎。① 从坦桑尼亚个例便可窥见，随着中国媒体纷纷在非洲落地，中国对非文化传播的媒介越来越多，传播渠道越来越畅通。

（三）中国对非洲文化传播机制越来越完善

2012年6月，首届中非合作论坛——文化部长论坛在北京成功举行，中国和45个非洲国家的文化部长或文化代表与会，这是中非文化关系史上的一次盛会，为新时期加强深化中非文化交流与合作指明了方向、规划了蓝图。中非政府文化代表团互访不断，并通过金砖国家文化部长会议、"一带一路"国际合作高峰论坛等多边场合加强协商与合作，为中非文化关系顺利发展创造了有利条件。中国与所有非洲建交国家都签署了政府间文化合作协定，并且不间断地签署年度执行计划，为双方开展文化交流合作提供了重要保障。近年来签署的文化合作协定执行计划有《中国与毛里求斯文化合作协定2015至2017年执行计划》《中国与埃及文化合作协定2015至2018年行动计划》《中国与加蓬文化合作协定2016至2020年执行计划》《中国与塞内加尔文化合作协定2017至2019年行动计划》等。

2014—2015年，根据两国元首达成的重要共识，中国与南非互办"国家年"活动，在对方国家全方位、立体化、多形式地展示本国文化与

---

① 四达时代公司网站（http：//www.startimes.com.cn/outseatansangniya/248.htm）。

国家形象。2014年,"南非年"在中国成功举办,通过一系列丰富多彩的活动,让中国人民得以近距离领略"彩虹之国"的巨大魅力。2015年南非迎来"中国年",共举办200多场各类活动,覆盖南非全国9个省份和主要城市,规模和影响均空前。这是中国与南非,也是与非洲首次互办"国家年"活动,是新时代中南、中非在人文领域的重大交流活动。

2016年是中埃建交60周年,由两国元首共同商定,中国与埃及互办"文化年"活动。习近平主席和塞西总统共同出席在埃及卢克索神庙举行的中埃建交60周年庆祝活动暨中埃文化年开幕式。此后一年里双方共举办各类文化交流活动百余项,遍布开罗、北京、广州等两国25个重要省市,参与人数和受众人数史无前例。中埃文化年是中国与阿拉伯国家举办的首个文化年,是世界两大古老文明在新时代进行交流互鉴的一大盛事,实现了真正意义上的"两个伟大文明之间的对话"。

2017年4月,中国—南非高级别人文交流机制在南非比勒陀利亚正式建立。其间,中南高端思想对话会、中非部长级医药卫生合作会议、第二届中非青年大联欢闭幕大会等一系列重要活动同时举行。这是中国同南非,也是非洲国家之间首次建立高级别人文交流机制,旨在构建中非人文交流新格局,推动中非人文交流与合作全方位、高层次发展,夯实中非友好的社会民意基础。上述重大活动的举办和重要机制的建立,标志着中非人文交流与合作的机制日趋完善和提升,为扩大深化中非文化交流与合作创造了更好条件。

(四)中非文化交流与合作向常态化发展

据不完全统计,自2000年中非合作论坛成立至2015年论坛约翰内斯堡峰会召开之前,共有155个中国艺术团组赴非洲访演,210个非洲艺术团组来华访演;共有45个中国艺术展赴非洲展览,19个非洲艺术展来华展览;共有73起中国文化艺术界人士访问非洲,49起非洲文化艺术界人士访华。[①] 赴非洲访演的中国艺术团中,既有双方文化合作协定框架下的常规文化交流艺术团,又有为举办"欢乐春节"活动而专门派出的艺术

---

① 雒树刚:《中非文化交流是中非人民友谊的重要纽带》,2015年12月1日,北京周报网。

团，还有为配合中非外交关系大局而派遣的艺术团。例如，2012年为我国与多哥、毛里求斯建交40周年，与贝宁恢复外交关系40周年，与乌干达建交50周年，2014年为我国与刚果（布）、坦桑尼亚、赞比亚建交50周年，上海、宁夏、河南、天津、南京等地的艺术团被派往上述国家参加建（复）交纪念活动。中国艺术团所到之处备受关注和欢迎，一系列丰富多彩的文化活动不仅促进了中非文化交流，传播了中国文化，而且密切配合中非外交大局，为巩固中非传统友谊、推动中非关系发展起到了积极作用。

2015年以来，随着中国与南非互办"国家年"、中国与埃及互办"文化年"等重大国家级活动的展开，中非文化交流达到史无前例的高度。越来越多的中国文化艺术团组访问非洲各国，为非洲人民带来武术、杂技、歌舞、民乐、京剧、川剧等丰富多彩的文化艺术表演，以及反映中国传统与现代的各种展览。与此同时，越来越多的非洲文化艺术团体应邀访华，到中国各地进行演出展览，让中国人民有机会在家门口就能领略到原汁原味的非洲歌舞表演，聆听到独具特色的非洲鼓、木琴、拇指钢琴演奏，欣赏到独具特色的埃及纸莎草画、坦桑尼亚廷嘎廷嘎画、津巴布韦石雕、非洲木雕等展览。以南非"中国年"为例，在文化领域，除了盛大的开幕式和闭幕式文艺表演外，还总共举行了44个文化交流项目，吸引了中国和南非百余家文化机构参与，双方文化交流的规模、频率和盛况均为空前。

与此同时，中非艺术团越来越多地参加对方国家举办的大型国际艺术节，成为近年来中非文化交流的一大亮点，也逐渐成为一种常态。如中国艺术团参加"南非国家艺术节"、埃及"阿斯旺国际文化艺术节"、津巴布韦"哈拉雷国际艺术节"、尼日利亚"阿布贾嘉年华"等；非洲国家艺术团来华参加中国国际合唱节、"相约北京"艺术节、上海国际艺术节、成都国际非物质文化遗产节、新疆国际民间舞蹈节等。这些艺术节为促进中非文化艺术团组互访、加强中非文化交流提供了重要舞台。

（五）中非文化交流与合作向品牌化发展

习近平主席指出，创新是引领发展的第一动力。2006年中非合作论坛北京峰会以来，在双方共同努力下，中非文化交流不断创新机制、创新平台、创新品牌。经过多年打造，中非文化交流逐步形成了一些知名文化品牌，得到中非各方的高度认可和大力支持。

春节是中华民族最重要的传统节日，也是中华文化的重要载体，近年来正以昂扬的步伐走向世界。海外"欢乐春节"活动自 2010 年开始举办，逐步发展成为具有世界影响力的中国对外文化交流重要品牌。非洲是最早举办"欢乐春节"活动的地区之一。以坦桑尼亚为例，"欢乐春节"活动已在该国连续举办 9 届，上至总统、总理，下至平民百姓，无人不知"中国年"，是"欢乐春节"走向世界、走进非洲的一个缩影。不到 10 年间，"欢乐春节"在越来越多的非洲国家举办，规模越来越大，影响越来越广，成为促进中非文化交流的一个重要舞台，加强中非人民心灵沟通的一座重要桥梁，增进中非人民友好情谊的一种重要方式。"欢乐春节"活动由中非双方政府合作规划和指导，鼓励和吸引中非众多文化艺术团体、中资企业及当地企业、华侨华人社团及孔子学院、当地社团及学校等方面积极参与，充分尊重非洲当地社会习俗，突出中非文化交流互鉴。本着上述原则，每年春节期间，中国都要派出一批"欢乐春节"艺术团赴非洲多国进行访演。以 2018 年春节为例，河南文化艺术团访问塞内加尔、科特迪瓦和加蓬三国，甘肃艺术团访问毛里塔尼亚、突尼斯、卢旺达、坦桑尼亚、毛里求斯五国，贵州艺术团访问贝宁、埃塞俄比亚和塞舌尔三国。中国与非洲艺术家同台表演，为当地民众带来丰富多彩的文化艺术活动，并通过各种媒体传播，走进非洲千家万户。

"中非文化聚焦"通过对年度中非交流合作项目进行整合，统一规划、统一标识、统一宣传，形成一个叫得响的品牌。从 2008 年开始，逢双年在中国举办"非洲文化聚焦"活动，向中国人民展示非洲文化艺术；逢单年在非洲举办"中国文化聚焦"活动，向非洲人民展示中国文化艺术。该品牌涵盖诸多领域，采取多种形式，已在几乎所有非洲国家和中国许多城市举办活动，促进了中非文化交流双向性与可持续发展。"中非文化人士互访计划"定位于"部级以下，演展之外"，旨在突破政府团、演出团、展览团"老三样"，打造中非文化艺术界人士进行互访交流的平台。在该计划下，"中非文化政策圆桌会议""中非文化产业圆桌会议"和"中非文化遗产保护论坛"多年连续举办。"中非画家互访"项目也是该计划下一个持续性交流合作项目，已使许多中非画家从中受益。

2008—2017 年，共有来自南非、津巴布韦、埃塞尔比亚等国的 38 位非洲画家来华客座创作，同时有 30 余名中国画家赴马拉维、坦桑尼亚、毛里求斯等非洲 15 国采风创作，他们的画作通过展览形式惠及更多观众。"中非文化合作伙伴计划"旨在打造中非文化机构、艺术院团、文化企业进行对口交流合作的平台，基本目标是推动中非各 100 家文化机构建立长期合作关系，促进中非文化交流精准化、长期性发展。通过该计划，中非文化机构在演出展览、人员培训、文物保护、非遗传承等方面签署和实施了一系列合作协议，帮助非洲国家发展文化事业。在该计划框架下，南京市博物馆与尼日利亚博物馆、内蒙古博物院与毛里求斯博物馆、上海大剧院艺术中心与佛得角国家剧院、辽宁芭蕾舞团与南非约翰内斯堡芭蕾舞团、中国文联与南非艺术理事会、中央文化管理干部学院与南非卡拉遗产研究院等，都建立了长期合作关系。

（六）中非影视合作效果彰显

影视是一国文化的重要载体，是世界人民了解不同文化的重要渠道，通过影视开展对外文化交流与传播受到世界各国高度重视。中非影视交流与合作虽然起步较晚，但是发展势头良好，日益成为中非文化交流中最为活跃、传播最快、受众最广的闪亮元素。

斯瓦希里语是非洲最重要的本土语言之一，集中在坦桑尼亚、肯尼亚、乌干达、卢旺达、布隆迪等东非国家及周边地区使用，总人口达到一亿多人。2011 年 11 月，经过各方共同努力，斯瓦希里语翻译配音版中国电视剧《媳妇的美好时代》（斯瓦希里语译为《豆豆和她的婆婆们》）在坦桑尼亚国家电视台首播，创下非常高的收视率，并且应观众要求多次重播，取得超乎预期的效果。这不仅是第一部以斯瓦希里语译配的中国电视剧，而且是第一部以撒哈拉以南非洲本土语言译配的中国电视剧，对坦桑尼亚来说也是首部以斯瓦希里语译配的外国电视剧，此前任何国家的电视剧都没有这样做过。2013 年 3 月，习近平主席访问坦桑尼亚时在其《永远做可靠朋友和真诚伙伴》的重要演讲中专门提到了这部电视剧："中国电视剧《媳妇的美好时代》在坦桑尼亚热播，使坦桑尼亚观众了解到中国老百姓家庭生活的酸甜苦辣。"从而使该剧更为名声大噪。此后《媳妇的美好时代》又被译制成英语、法语、阿拉伯语、豪萨语、葡萄牙语等版本，在纳米比亚、肯尼亚、乌干达等 20 多个非洲国家热播。

《媳妇的美好时代》开启了中国影视作品以本土化方式走进非洲的序幕。此后中非合作实施"中非影视合作工程"，挑选优秀的中国电视剧、电影、动画片和纪录片，分别译成阿拉伯语、斯瓦希里语、豪萨语、英语、法语等多种语言，并聘请非洲本土配音演员进行配音，译配完成后供非洲国家主流媒体播出。按照此模式，第一部阿拉伯语版中国电视剧《金太狼的幸福生活》在埃及国家电视台播出，第一部豪萨语版中国电视剧《北京爱情故事》在尼日利亚国家电视台播出，均取得良好反响。中非影视交流越走越深，受到民众欢迎，对此尼日利亚驻华外交官表示："将中国电视剧翻译成尼日利亚的民族语言，充分体现了中国对尼日利亚人民和民族文化的尊重。"[①]

与此同时，中国大力支持非洲影视业发展。以南非举办的非洲电视节为例，中国已经连续多年参加，其中 2015 年是以主宾国的身份参加，中国国际广播电台、中国国际电视总公司、江苏省广播电视总台、四达时代公司等 20 余家中国传媒机构参展，带去了百余部影视作品，包括电视剧、纪录片、动画片、综艺节目及整体电视频道等。一年一度的非洲电视节已成为非洲大陆最具影响力的电视商业展会，中国积极参与大大提升了其国际影响力和知名度，同时促进了中非影视交流与合作。此外，首届中非国际电影节 2017 年 10 月在南非开普敦成功举办，"北京影视剧非洲展播季"从 2014 年开始已连续举办 4 年，由非洲华人传媒公司——环球广域传媒集团主办的"非洲万场电影放映工程"已在南非、纳米比亚、博茨瓦纳、坦桑尼亚等国开展。总之，中非影视交流与合作呈现由点及面、全面开花之势，对促进中非文化交流大有裨益。

（七）中国对非洲文化人才培训不断加强

文化人才培训既是中非文化交流与合作的重要内容，也是中国对非洲发展援助、中非人力资源开发合作的重要组成部分；既可以为非洲国家培养文化艺术专业人才和管理人才，又有利于扩大非洲国家的知华、

---

① 刘志敏：《中国国际广播电台挂牌成立国家多语种影视译制基地》，2014 年 1 月 23 日，国际在线。

友华力量，是功在当下、惠及长远的软援助方式。2015年《中非合作论坛约翰内斯堡行动计划（2016—2018年）》提出三年内为非洲培训一千名文化人才的"千人计划"。为落实该计划，中国专门为非洲国家举办了一系列文化研修班、培训班，涉及领域非常广泛，包括武术培训、杂技培训、舞狮培训、竹编培训、陶艺培训、刺绣培训、声乐舞蹈、游戏动漫、影视制作、文物修复、非遗保护与传承、图书馆管理、剧院管理、文化创意等。

本着"授人以渔"的原则精神，中国为非洲国家培养了大批急缺的文化人才，有利于提升非洲国家文化能力建设，促进非洲国家发展文化事业和文化产业。一些学员学成回国后，将自己在中国所学融入个人职业规划和事业发展中去，工作和生活状况大大改善，个人乃至家庭的命运因此而改变，文化人才培训的惠民效果彰显。与此同时，这些非洲学员又华丽变身为"师傅"，通过举办培训班、培训学校、手工艺作坊以及组建行业社团等形式，将自己在中国所学又传授给当地人，以点带面，逐步扩大，产生了良好的社会效应。对中非关系而言，人力资源培训本身也是促进相互认知、加深彼此友谊的重要渠道，非洲学员不仅接受专业培训，同时学习中国传统文化，了解中国社会发展状况，感受中国人民的友好热情，从而增加对华认同感、友好感和亲近感，他们回国以后也是对华友好的重要力量，是促进中非友谊的重要桥梁。

以武术培训为例。中华武术享誉世界，被视为最能代表中国文化的元素之一，也备受非洲人民喜爱，许多非洲朋友都是中国武术迷。近年来，中国通过"请进来"与"走出去"相结合的方式，加大了对非洲武术学员的培训力度和武术事业的支持力度，取得了良好效果，成为中非文化交流与合作的一大亮点。声名远扬的河南嵩山少林寺和天津霍元甲文武学校均是首批中国对非洲文化培训基地，也是专门肩负培训非洲武术学员的两大基地。2013—2017年，嵩山少林寺先后举办了5期"非洲武术学员培训班"，来自塞内加尔、科特迪瓦、喀麦隆等20多个非洲国家的近百名武术学员在这里习武修禅，接受系统的少林功夫培训。天津霍元甲文武学校也举办了5期"非洲武术学员培训班"，为尼日利亚、莫桑比克、乌干达等20多个非洲国家培训武术学员近百名。非洲武术学员来华不仅接受武术专业培训，还学习汉语和中国文化，与中国师傅们同吃、同住、同修行，结下了深厚情谊。与此同时，中国武术教练还"走出去"，远赴非洲各国，为当地培养了大批武术学员、教练员，甚至还对当地警察进行武术培训，以提升他们的执法能力，其中既有中国文化中心、孔子学院的武术老师，也有专门派遣的武术教练，执行长期或短期武术培训任务。

如今许多非洲国家都建立了全国性的武术协会，开设武术学校、武术培训班和武术俱乐部，举办全国性甚至洲际性武术大赛，武术运动在非洲发展方兴未艾。以埃及为例，武术在该国拥有广泛的群众基础，目前全国约有 12 万名青少年学习武术，埃及武术协会下设 26 个分支机构，每年举办 8 项全国武术锦标赛，对于武术推广发挥了重要作用。非洲武术锦标赛由非洲武术联合会主办，每两年一届，是非洲地区最高级别的武术锦标赛，目前已举办了 6 届。在中国大使馆、孔子学院等方面的大力支持下，坦桑尼亚国际武术大赛已经举办了 4 届，吸引到越来越多非洲国家的武术学员参加，影响力越来越大。基于对中国武术的特别喜爱，在 2017 年 4 月中国—南非高级别人文交流机制首次会议召开期间，南非总统祖马亲自点将，请少林武僧团到比勒陀利亚国家大剧院献上精彩表演，引发轰动效应。武术在非洲大陆的推广普及，有助于非洲国家体育事业发展，同时极大地丰富了中非人文交流与合作的内涵，在中非人民之间架起了一座友谊的桥梁。

三　中国对非洲文化传播面临的问题和挑战

如上所述，经过多年不懈努力，我国对非洲文化传播成效显著。但是，总体来说，我国对非洲的文化影响力还较弱，这与我国的国际地位和日益增长的政治、经济影响力不匹配。如果把政治、经济和文化比作中非关系中的"三轮驱动"，那么"文化驱动"是明显拉后腿的。中非文化交流亟待进一步加强，中国对非洲文化传播面临诸多问题和挑战，未来之路依然漫长。

（一）中非文化相互影响较弱

由于地理、历史、语言、人文等方面的原因，总体来说中国文化与非洲文化之间的相互影响力还较弱。非洲人民对中国文化的了解还非常有限，一般民众尚停留在仅知道中国武术、杂技、春节等文化元素或文化符号层面，缺少对中国文化的真正认知、认同和喜欢，还谈不上全面深入学习与研究。相对而言，西方文化虽然属于外来殖民文化，但其对非洲的影响已经根深蒂固。非洲在语言、文化、宗教、意识形态等方面与西方更为接近，尤其是年轻人中间"西化"倾向严重，受西方文化影响很深。有非洲学者直言不讳地表示，非洲人已经被西方文化"洗脑"，本地文化被忽视，日益边缘化，对包括中国文化在内的世界其他文化则知之甚少。对非洲广大民众而言，中国文化只是"调味品"，本土文化和西方文化才是他们的文化大餐，而且这种状况短期内难以改变。另一方面，中国民众对非洲文化的了解也不多，对非洲历史、哲学、文学、艺术等知之甚少。与其他文化对中国的影响相比，非洲文化对中国的影响很小。相对于政治和经济影响力而言，文化影响力一旦形成之后，又是最持久深远的。因此，双方需要进一步推动中非文化交流与合作，加强对彼此文化的学习和鉴赏。

（二）中非文化交流合作存在较大不平衡性

第一，我国对非洲文化交流多而合作少，现有的一些文化合作领域较窄，层次较浅，潜力未能充分发挥。第二，我国政府派出的艺术团体多而当地华侨华人艺术团体少甚至没有，相隔万里之遥造成对非洲文化交流成本高、代价高、难度大。第三，我国对非洲文化交流和宣介往往重高层而轻民众、重首都而轻外地，致使广大普通民众很难有机会接触和了解中国文化。第四，我国在非洲组织大型或专门文化活动多而常态文化活动少，很难达到对外文化传播讲究细水长流、润物无声的效果。第五，我国对非洲文化推广多而文化贸易少。由于非洲文化市场本身就落后等原因，我国文化产品在非洲文化市场上所占的比例还非常低，对非文化贸易进展缓慢。目前在非洲出版物市场上，几乎见不到中国图书、杂志和音像资料。能够反映中国特色且为非洲民众所接受的文化产品还不多，走进非洲且具有一定竞争力的中国文化企业还很少。

(三) 非洲文化产业发展落后

非洲大陆是人类的起源地，拥有古埃及文明、阿克苏姆文明等辉煌灿烂的古代文明，拥有丰富的文化遗产和文化资源，其音乐、舞蹈、绘画、雕刻、服饰等文化在世界上独树一帜，并且通过各种方式和途径传播到世界各地。但是，长期的殖民统治不仅使非洲人民在政治、经济上遭受奴役和剥削，而且使非洲多元文化遭受破坏摧残，是造成至今非洲文化产业不发达的根源。由于经济落后、财政困难，许多非洲国家对文化领域的投入非常有限，剧院、影院、图书馆等文化设施落后，对外文化交流既缺少经费，又缺少合适的演出场地。非洲国家的艺术团体绝大多数为民间自发成立，普遍面临经费不足、器具短缺、人员不稳定、演出交流机会少等问题，处于自生自灭的状态，很难得到政府部门和公共机构的有效支持。图书馆、博物馆等公共文化产业较为落后，出版印刷业不发达，出版物价格昂贵，文化遗产保护面临经费不足、人才匮乏、技术难关等问题。非洲国家日益认识到振兴民族文化的重要性，在大力发展经济的同时，也在积极发展本国文化产业，但是目前的状况很难在短期内改变，而是需要长期不懈努力。

(四) 中国对非洲文化传播受到西方干扰

中国在非洲的影响力与日俱增，引起有些西方国家忧虑不安，它们认为自身在非洲的利益受到威胁，遂与中国在非洲展开争夺和博弈，同时千方百计挑拨离间中非关系，炮制了所谓"中国威胁论""新殖民主义论""资源掠夺论"等歪理邪说，试图以此来阻挠破坏中非关系正常发展。在文化领域，西方则以警惕中国"文化殖民主义""文化入侵"等为幌子试图干扰中非文化交流与合作，对中国在非洲开设文化中心和孔子学院进行攻讦。这种恶意行为虽然无法撼动中非友好合作大局，但由此产生的一些负面影响往往在所难免。

四 中国对非洲文化传播对策建议

要促进中非文化交流，深化中非文明互鉴，推动中国文化走进非洲，提升中国对非洲的文化影响力,还有很长的路要走。中非双方需要从战略高度出发,进一步加强文化对话,扩大文化交流,密切文化合作,着力打造"文化相通"工程,为中非关系顺利发展夯实社会民意基础。

(一)进一步扩大中非文化交流

文化交流的主要作用是增进各国人民之间的相互了解,成为各国人民之间进行心灵沟通的桥梁。趁着中非文化交流的良好势头,进一步推动中国文化走进非洲,既包括以武术、杂技为代表的中国优秀传统文化,也包括彰显中国改革开放伟大成就以及反映中国人民美好生活和精神面貌的现代文化,从而让非洲人民更客观全面地了解中国,认识中国。与此同时,文化交流是双向的,"走出去"要与"请进来"相结合,也要把具有代表性的非洲文化艺术引到中国来,让中国老百姓有机会欣赏原汁原味的非洲文化,从而改变非洲只有贫穷、落后、战乱、疾病的刻板负面印象,认识了解一个真正的、富有文化的非洲。为全面扩大和加强中非思想文化交流,可积极考虑举行"中非文化对话",参加人员可包括中非政府官员、专家学者、文化人士以及各类文化从业人员等。中非乃至世界范围内一切与文化有关的议题都可以在"中非文化对话"上讨论,具有广泛性、开放性和包容性等特点;可以每年举行一次,在中国和非洲国家轮流举办。

(二)努力实现对非洲文化传播本地化

文化传播不只是政府的事情,也不是单靠每年往非洲派出一些文化艺术团体就能实现的,要逐步改变目前以派遣文艺团体进行"输出性"文化传播为主的局面,努力实现文化传播主体本地化。在非洲的中资企业越来越多,它们需要在一定程度上担负起传播中国文化的社会责任,成为文化传播的主动践行者。在非洲的华侨华人是实现文化传播本地化不可忽视的力量,他们长期工作生活在非洲,熟悉当地国情民情,与当地社会的融入度高,在传播中国文化方面有得天独厚的优势。他们需要组织起来,成立各类文化艺术团体,独立或者与当地组织团体合作开展活动,深入当地社会各地区、各阶层,积极参与当地重要节日或重大活动,从而实现文化传播本地化和常态化。对于这类华侨华人文化艺术团体，应予以制度甚至立法上的保障，并提供一定的资金支持、文化物品供给、人员培训和艺术指导，以帮助其实现可持续存在和发展。此外，要充分利用曾在中国学习的非洲留学生资源，利用在中国接受培训的非洲文化人才资源，鼓励支持他们成立各类协会组织并开展活动，比如留学生联谊会、友好协会、文化协会、武术协会之类。如此，通过培养中国文化的黑皮肤传播者，通过本地人来讲述中国故事、传播中国文化，会达到事半功倍的效果。

（三）努力实现对非文化传播常态化

文化传播不是一蹴而就的事情，而是讲究润物细无声，对非洲文化传播常态化是我们要努力实现的目标。传播内容更加丰富，传播形式更加多样，传播主体本地化，传播媒介立体化，传播受众不断扩大，从而使对非洲文化传播实现常态化。此外，充分利用非洲国家的一些重要文化平台，开展与对方文化合作，也是实现对非文化传播本地化和常态化的一个重要渠道。以津巴布韦哈拉雷国际艺术节为例，该艺术节创办于1999年，影响力越来越大，目前已发展成为非洲乃至世界知名的国际艺术节之一，每年都会吸引众多世界各国艺术团体参加。我国已多次派团参加该艺术节，取得良好效果。

（四）大力加强中非文化产业合作

非洲国家文化产业普遍落后，与中国进行文化产业合作的愿望强烈，希望中国能够帮助其发展文化产业。双方宜抓住这一时机，鼓励中国文化企业走进非洲，加强双方在文化产业、文化产品方面的合作。例如非洲大多数国家出版印刷业落后，出版物成本高、价格高，普通老百姓买不起，而中国的出版印刷业在技术水平、机器设备、成本控制等方面正好与非洲形成互补，可以考虑把该行业作为中非文化产业合作的一个试点。再如大多数非洲国家旅游纪念品种类单一，风格雷同，做工粗糙，附加值不高，对此可考虑围绕非洲国家丰富的旅游资源，双方合作开发、设计、生产旅游纪念品，推动相关产业发展。中国文化产品在非洲文化市场上所占的比例还很低，对非洲文化贸易进展缓慢。在非洲出版物市场上，几乎见不到来自中国的图书、杂志和音像资料。要改变这一状况，应积极考虑利用当地出版物市场和商业网络推介我国文化出版物。中国影视剧走进非洲的道路还很漫长，需要加大扶持力度，将更多的优秀国产影视剧译制成非洲当地语言，与非洲国家影视主管部门和机构加强合作，逐步实现从非营利推介到半商业化再到完全商业化播放的过程，推动我国影视剧走进非洲。商业演出方面，可以选择一些经济条件较好、中国文化基础较好的非洲国家或城市，进行有益的探索和尝试，再逐步推广开来。非洲当地的一些文化资源、文化机构、文化平台可以为我所用，通过与它们合作为我国推动对非洲文化贸易、开展商业演出和市场化运作服务。

（五）坚决防止和消除西方的负面干扰

有非洲学者指出，中非交流与合作确实存在一些障碍，其中包括文化差异障碍；由于受西方影响较深，有的非洲精英并非真正了解中国、认同中国；西方将中国的发展强大视为一种威胁，因此会时常恶意歪曲中非关系，刻意抹黑中国形象。大多数非洲人并不喜欢西方的鼓吹宣传，但是舆论的力量过于强大，一部分人难免受到影响。为了根本改变这种状况，一方面需要加强同非洲国家的沟通与合作，共同驳斥西方的各种不实论调，努力防止和消除西方负面舆论对中非关系的干扰和破坏；另一方面需要通过文化传播和交流，讲好中国故事，让非洲人民了解一个真正的中国。

千里之行，始于足下。任何伟大的战略都离不开更伟大的实践，都需要一步一个脚印的实际行动来实现。中国对非洲文化传播尚处于起步阶段，需要我们不断为之付出努力，不断进行探索和改进，未来依然任重而道远。

（本文原刊发于《非洲发展报告（2014~2015）》，再版时作者做了修改）

非洲孔子学院的语言文化传播效果研究

杨 薇 翟风杰 郭 红 苏 娟[*]

摘 要：非洲地区的孔子学院建设在服务中国国家战略、促进中非语言文化交流和发展语言文化外交方面具有特殊意义。从汉语学习者数量的增加、肯尼亚语言教育政策的变化和当地大学生对汉语、中国人和中国文化态度等方面来看，孔子学院的语言文化传播对于提升非洲人对中国整体形象的认知起到了正面的促进作用。与此同时，非洲孔子学院也面临规模高速增长与稳定教育资源供给不足的矛盾，以及缺乏现代文化产业支撑等诸多问题。据此，中国政府相关部门需加强孔子学院语言教学与文化传播的有机结合，积极扶持发展创意文化产业；在语言文化传播的目标和方式上，则需实现从重数量到重质量的转型，且通过加强非洲研究，夯实孔子学院语言文化传播效果的基础。

关键词：语言文化传播 非洲孔子学院 肯尼亚 语言态度

语言作为文化的重要组成部分，能够反映一个民族的精神特质、心

---

[*] 杨薇，天津师范大学国际教育交流学院副教授、教育科学学院博士研究生；翟风杰，天津职业技术师范大学教授；郭红，天津师范大学外国语学院副教授、内罗毕大学孔子学院中方院长；苏娟，天津师范大学心理与行为研究院博士研究生、内蒙古财经大学统计与数学学院讲师。

理结构和价值观念,是文化传播和文化认同的重要工具。无论是法国的法语联盟和德国的歌德学院,还是英国文化委员会和日本海外交流促进会,都不遗余力地推动本国语言文化在世界范围的传播。正如亚历山大·伍温指出的,语言教学、文化活动、媒体推广等都被视为提升软实力的手段,虽然不直接构成软实力,但可以通过促进理解、树立正面的形象而达到提升软实力的目的。[①] 的确,软实力的核心是文化的影响力和由此而衍生的价值观念上的认同。语言文化的传播是一个缓慢而持久的动态过程,其传播方式可以归纳为迁移、扩散和渗透。[②] 语言文化传播的效果虽然难以从直接的因果关系加以判断,但可以从目的语学习者数量的增加、当地语言政策的变化、受众群体对目的语、目的语人群和目的语文化的态度等不同的维度进行考察和分析。

为推动汉语加快走向世界,提升中国语言文化影响力,中国在借鉴西方国家推广本民族语言经验的基础上,探索在海外设立孔子学院。2004年,全球首家孔子学院在韩国揭牌成立。作为非营利性教育机构,孔子学院的宗旨是增进世界人民对中国语言和文化的了解,发展中国与外国的友好关系,促进世界多元文化发展,为构建和谐世界贡献力量。其主要职能包括:面向社会各界人士,开展汉语教学;培训汉语教师;开展汉语考试和汉语教师资格认证业务;提供中国教育、文化、经济及社会等信息咨询;开展当代中国研究。与其他国家语言文化推广机构所不同的是,孔子学院一般与当地的大学等教育机构合作,而非完全独立的法人机构。与当地教育机构合作,开展丰富的语言教学课程和文化活动,成为世界各国人民学习汉语、了解中国文化的重要窗口。截至2016年底,中国已在全球140个国家设立了513所孔子学院和1073个孔子课堂,中外专兼职教师达到4.6万人,各类面授学员155万人。2016年,孔子学院共举办各类文化活动4.1万场,受众达到1300万人。[③]

随着孔子学院在全球的不断发展,国内外学者从政治学、语言学、传

[①] See Alexander L. Vuving, "How Soft Power Works", Paper Presented at the American Political Science Association Annual Meeting, Toronto, 2009.

[②] 陈文青:《语言、媒介与文化认同——汉语的全球传播研究》,上海交通大学出版社2013年版,第30—31页。

[③] 统计数据来自2016年全球孔子学院大会各孔子学院年度报告(内部资料)。

播学等不同视角对孔子学院的建设成果给予了解读。本文拟在介绍和评述非洲孔子学院概况和特点的基础上,以肯尼亚孔子学院为案例,分析非洲孔子学院在语言文化传播上的效果及当前面临的困难,进而提出改进有关工作的政策建议,以期对提升非洲孔子学院的办学质量有所裨益。

一 非洲地区孔子学院发展的现状

2005年12月,非洲首家孔子学院——内罗毕大学孔子学院正式揭牌,开启了中非语言文化交流的新篇章。截至2016年底,中国总计在非洲33个国家建立了48所孔子学院、在15个国家建立了27个孔子课堂。

(一)国别分布和发展规模

非洲的教育资源比较匮乏,汉语教学起步较晚。非洲地区孔子学院的分布并不均衡,这主要受到政治、经济、安全形势等综合因素的影响。非洲有54个国家,各国情况差别较大,甚至有些国家还处于战乱之中。截至2016年底,孔子学院数量最多的是南非,有5所孔子学院和5所孔子课堂;其次是肯尼亚,有4所孔子学院和2个孔子课堂;埃及有2所孔子学院和3个孔子课堂;埃塞俄比亚有2所孔子学院和5个孔子课堂;尼日利亚和坦桑尼亚各有2所孔子学院;其他单个国家或地区一般只有一所孔子学院或课堂(见表1)。

表1　　　　　非洲国家孔子学院国别分布情况

序号	孔子学院名称	国家	中方承办方	创办时间	各国孔子学院数量
1	开罗大学孔子学院	埃及	北京大学	2008年	2
2	苏伊士运河大学孔子学院	埃及	北京语言大学	2008年	
3	博茨瓦纳大学孔子学院	博茨瓦纳	上海师范大学	2009年	1
4	津巴布韦大学孔子学院	津巴布韦	中国人民大学	2007年	1
5	雅温得第二大学孔子学院	喀麦隆	浙江师范大学	2007年	1
6	内罗毕大学孔子学院	肯尼亚	天津师范大学	2005年	4
7	肯雅塔大学孔子学院	肯尼亚	山东师范大学	2009年	

续表

序号	孔子学院名称	国家	中方承办方	创办时间	各国孔子学院数量
8	埃格顿大学孔子学院	肯尼亚	南京农业大学	2013 年	
9	莫伊大学孔子学院	肯尼亚	东华大学	2015 年	
10	利比里亚大学孔子学院	利比里亚	长沙理工大学	2008 年	1
11	卢旺达大学教育学院孔子学院	卢旺达	重庆师范大学	2009 年	1
12	塔那那利佛大学孔子学院	马达加斯加	江西师范大学	2008 年	2
13	塔马塔夫大学孔子学院	马达加斯加	宁波大学	2014 年	
14	罗德斯大学孔子学院	南非	暨南大学	2008 年	5
15	斯坦陵布什大学孔子学院	南非	厦门大学	2009 年	
16	开普敦大学孔子学院	南非	中山大学	2010 年	
17	约翰内斯堡大学孔子学院	南非	南京工业大学	2014 年	
18	德班理工大学孔子学院	南非	福建农业大学	2014 年	
19	拉各斯大学孔子学院	尼日利亚	北京理工大学	2007 年	2
20	纳姆迪·阿齐克韦大学孔子学院	尼日利亚	厦门大学	2008 年	
21	喀土穆大学孔子学院	苏丹	西北师范大学	2009 年	1
22	穆罕默德五世大学孔子学院	摩洛哥	北京第二外国语学院	2009 年	3
23	哈桑二世大学孔子学院	摩洛哥	上海外国语大学	2012 年	
24	阿卜杜·马立克·阿萨德大学孔子学院	摩洛哥	江西科技师范大学	2017 年	
25	洛美大学孔子学院	多哥	四川外国语大学	2009 年	1
26	阿波美卡拉维大学孔子学院	贝宁	重庆交通大学	2009 年	1
27	埃塞俄比亚职业教育孔子学院	埃塞俄比亚	天津职业技术师范大学	2010 年	2
28	亚的斯亚贝巴孔子学院	埃塞俄比亚	天津职业技术师范大学	2013 年	
29	布隆迪大学孔子学院	布隆迪	渤海大学	2012 年	1
30	厄立特里亚高等教育委员会孔子学院	厄立特里亚	贵州财经大学	2013 年	1
31	马利安·恩古瓦比大学孔子学院	刚果	济南大学	2013 年	1
32	加纳大学孔子学院	加纳	浙江工业大学	2013 年	2

续表

序号	孔子学院名称	国家	中方承办方	创办时间	各国孔子学院数量
33	海岸角大学孔子学院	加纳	湖南城市学院	2016 年	
34	马拉维大学孔子学院	马拉维	对外经济贸易大学	2016 年	1
35	蒙德拉内大学孔子学院	莫桑比克	浙江师范大学	2012 年	1
36	纳米比亚大学孔子学院	纳米比亚	中国地质大学（北京）	2013 年	1
37	塞拉利昂大学孔子学院	塞拉利昂	赣南师范学院	2012 年	1
38	达喀尔大学孔子学院	塞内加尔	辽宁大学	2012 年	1
39	达累斯萨拉姆大学孔子学院	坦桑尼亚	浙江师范大学	2013 年	2
40	多多马大学孔子学院	坦桑尼亚	郑州航空工业管理学院	2013 年	
41	赞比亚大学孔子学院	赞比亚	河北经贸大学	2010 年	1
42	塞舌尔大学孔子学院	塞舌尔	大连大学	2014 年	1
43	安哥拉内图大学孔子学院	安哥拉	哈尔滨师范大学 中信建设有限责任公司	2015 年	1
44	麦克雷雷大学孔子学院	乌干达	湘潭大学	2014 年	1
45	赤道几内亚国立大学孔子学院	赤道几内亚	浙江外国语学院	2016 年	1
46	佛得角大学孔子学院	佛得角	广东外语外贸大学	2015 年	1
47	菲利克斯·乌弗埃·博瓦尼大学孔子学院	科特迪瓦	天津理工大学	2015 年	1
48	毛里求斯大学孔子学院	毛里求斯	浙江理工大学	2016 年	1
总数					48

资料来源：作者根据孔子学院总部官方网站（http：//www.hanban.edu.cn）整理。

在过去十几年间，非洲孔子学院的发展除了数量的增加以外，还体现在办学规模的不断扩大：雅温得第二大学孔子学院下属 24 个教学点和一个孔子课堂，2016 年注册学生达到 13338 人；埃塞俄比亚的职业教育孔子学院下设 4 所孔子课堂，注册人数 9565 人；布隆迪大学孔子学院的教学点达到 20 个，注册学员 6403 人；达累斯萨拉姆大学孔子学院教学点增加到 15 个，学员达到 4388 人；赞比亚大学孔子学院在赞比亚 10 个省开设了 19 个教学点，注册人数 3675 人；2016 年正式开始运营的科特迪瓦菲利克斯·乌弗埃·博瓦尼大学孔子学院的注册学员人数也达到了 422 人。①

（二）教学与课程设置

培训证书课程和专门用途汉语是各非洲孔子学院广泛开设的项目。内罗毕大学孔子学院为联合国环境署，肯尼亚移民局、海关、外交部、银行、酒店等开设了专门用途汉语培训课程，为当地的经济发展服务。针对中国和肯尼亚两国快速发展的经贸往来、中国前往肯尼亚旅游和投资的人数不断攀升的情况，内罗毕大学孔子学院在 2016 年和 2017 年连续举办了肯尼亚移民局官员的专项汉语培训，收到了良好的效果。

在提供各种培训课程的同时，孔子学院也在努力加快将汉语变成学分课程和正式学位课程的步伐。2010 年，南非罗德斯大学正式批准汉语成为专业学分课程；2012 年，穆罕默德五世大学孔子学院开设了摩洛哥首个中文本科专业；2015 年，苏丹喀土穆大学审核通过在孔子学院开设汉语专科学历课程。喀麦隆已经将汉语列入初中毕业考试科目；赞比亚将全国汉语统一考试（ZNCT）列入中学课程大纲考试体系。

作为了解中国文化的窗口，所有的孔子学院都开设了中国文化课，主要包括介绍和学习书法、绘画、茶艺、舞蹈、剪纸、葫芦丝演奏、中国结制作体验等。苏丹喀土穆大学孔子学院和卢旺达大学教育学院孔子学院等设有中国武术特色课程，开普敦数学科技孔子课堂开设中医讲座，武术和中医特色课程越来越成为吸引非洲人的中国文化符号。

汉语水平考试（HSK）是测量汉语水平的标准化考试，也是学生获得奖学金资助的主要参考依据。非洲各孔子学院都非常重视汉语水平考试中心的建设，鼓励学生积极参加不同等级的考试，帮助学生申请孔子学院奖学金并支持来华留学。在喀麦隆、赞比亚、肯尼亚、苏丹等国建立的孔子学院由于教学基础较好，每年参加考试的人数都在 500 人次以

---

① 统计数据来自 2016 年全球孔子学院大会各孔子学院年度报告（内部资料）。

上，有的达到1000人次以上，有力推动了汉语教学在当地的发展。

（三）区域特点与办学特色

为适应非洲的社会经济文化发展特点，孔子学院重视自身的品牌和特色，特别是通过中国语言文化的推广，帮助非洲国家培养专业技术人才，提高就业的竞争力，这也是孔子学院在非洲深受欢迎的最重要原因。内罗毕大学孔子学院在孔子学院总部的支持下与天津师范大学合作开展1+2汉语国际教育硕士培养项目，目前已有24名学生通过孔子学院奖学金来华学习、取得汉语国际教育硕士学位并回国任教，为内罗毕大学、卡比安卡大学、埃格顿大学、高级私立中学等输送了高质量的本土汉语教师；埃塞俄比亚的职业教育孔子学院发挥职业教育优势，开展数控机械、汽车维修等实用技能培训，培养了一批当地急需的职业技术人才，在一定程度上助推当地解决减贫问题。

孔子学院积极寻求与当地企业合作，既解决了部分学生的就业问题，又为企业提供了熟谙汉语和中国文化的优秀本土人才。2016年，内罗毕大学孔子学院举办中资企业招聘会进校园活动，推荐优秀毕业生到中资机构工作；孔子学院承办"汉语桥"肯尼亚赛区比赛时中资企业纷纷给予捐赠，形成了良好的互动支持，孔子学院的毕业生已经在肯尼亚的海关、机场、银行、铁路等各部门和中资企业发挥重要作用。喀麦隆雅温得第二大学孔子学院在中资企业建立实习基地，并建立就业平台定期发布就业信息，每年为中资企业推荐近百名毕业生；津巴布韦的中资企业为孔子学院学生资助来华学习所需的国际旅费，在当地赢得了良好的声誉。

非洲孔子学院经过十几年的建设，使非洲各国的汉语教学和中国文化推广经历了从无到有、高速发展的过程。从创办时间来看，2013年以后揭牌成立的孔子学院大多处于建设的起步阶段，而2009年前成立的创办时间较早的孔子学院经过与外方合作院校的磨合、探索和积累，逐渐从宣传推广、扩大影响过渡到树立品牌意识、融入当地社区、不断提高质量的阶段，语言文化传播与解决当地的贫困和就业问题密切结合成为非洲孔子学院的突出特点。

二 孔子学院的语言文化传播效果：肯尼亚研究案例

肯尼亚作为东非重要的政治、经济和文化中心，战略意义十分重要，近年来与中国的经贸往来发展迅速，其教育水平在非洲国家中相对较高，目前已经开设了 4 家孔子学院。特别是内罗毕大学孔子学院作为非洲首家孔子学院，以"友谊、合作、发展、共赢"为理念，成为"讲好中国故事""中国文化走出去"的重要窗口。经过 13 年的努力，中、肯双方的承办校密切合作，率先使汉语进入大学的正式专业课程，成为首个通过"ISO9001"国际质量认证的孔子学院，连续 6 次获得"全球先进孔子学院"荣誉，荣获"示范孔子学院"称号，成为中国与非洲教育合作交流的范例。埃格顿大学孔子学院和莫伊大学孔子学院分别以农业技术和纺织服装专业为特色，力求通过专业培训提升职业技能，培养当地急需的职业技术人才。无论是从建设历史、教学规模还是发展特点上，肯尼亚孔子学院取得的经验和存在的问题在非洲都具有典型意义。

（一）肯尼亚汉语学习者数量的增加

汉语作为第二语言的快速传播，首先基于中国在全球化进程中扮演的角色日益重要，以及经济发展前景被广泛看好。在此过程中，以孔子学院为代表的语言传播机构也起到了至关重要的推动作用。孔子学院的广泛设立首先提供了接触和汉语学习的条件，并通过语言教学和文化活动促进学生对中国文化的了解。中非间日益密切的经济往来，包括中国旅游者的大量涌入、中资企业投资等，直接提供了就业机会。中国政府奖学金、孔子学院奖学金等各类奖学金对于当地学生具有相当大的吸引力，特别是大部分家庭经济背景较为贫困的优秀学生，希望能通过在孔子学院学习，获得更多的教育机会和就业渠道，从而改善自身的命运。

2005 年以前，肯尼亚没有任何一所大学或中小学开设汉语课程，通晓汉语的当地人寥寥无几。继内罗毕大学孔子学院 2005 年成立之后，2009 年肯雅塔大学孔子学院正式揭牌，2013 年成立埃格顿大学孔子学院，2015 年成立了莫伊大学孔子学院，目前在四所孔子学院注册的各类学生总数超过 2300 人,参加汉语水平考试人数超过 1000 人。① 这四所孔子学院的外方承办校均为肯尼亚教育质量较好的公立大学,对推动肯尼亚的汉语教育和中国文化传播起到了重要作用。2004 年只有 72 名肯尼亚学生来华留学,到 2015 年,有 1714 名学生来华学习。② 汉语热在肯尼亚不断升温。

(二)肯尼亚国民教育体系中语言教育政策的变化

非洲的语言使用情况和语言政策是非常复杂的。受到欧洲国家的殖民统治影响,大多数非洲国家的官方语言都包括英语或法语,一些国家还有荷兰语、西班牙语、葡萄牙语,加之非洲大陆本土使用较为广泛的斯瓦希里语、阿拉伯语、阿姆哈拉语、祖鲁语等,形成了多种语言并行使用的格局。例如,南非的官方语言有 11 种之多,英语和荷兰语是中学必修课。很多非洲人不仅会讲本民族和相邻民族的语言,而且掌握多种官方语言。

肯尼亚的官方语言为英语和斯瓦希里语。从肯尼亚的语言政策导向看,它十分重视英语在国家官方语言和个人社会经济地位发展中的作用。早在 1953 年,英语就成为肯尼亚小学毕业考试的必考科目,并在中学阶段成为主要课程。③ 英语不仅成为国家教育体系中的主导性教学语言,而且在社会总体的适用范围也不断扩大。由于肯尼亚首都内罗毕是联合国环境规划署的所在地,同时也是众多跨国集团和各教会地区总部的所在地,经常承办大型国际会议,其上述特性也使英语作为一种重要的通用语言的地位得到巩固。

而汉语进入非洲当地国民教育体系且成为独立专业和学分课程,则是汉语国际教育与推广的重要目标和主要成果之一。早期的孔子学院一般只提供各类汉语培训课程,学习成绩不计入学分,学生来源也比较多样,既包括本校学生,也包括社会人士。经过不懈努力,内罗毕大学于

---

① 统计数据来自 2016 年全球孔子学院大会各孔子学院年度报告(内部资料)。
② 教育部国际合作与交流司:《来华留学简明统计 2015》(内部资料)。
③ [美]詹姆斯·托尔夫森:《语言教育政策:关键问题》,俞玮奇译,外语教学与研究出版社 2014 年版,第 154 页。

2009年开设本科汉语专业，拥有本科学位授予权，每年平均招收本科专业学生25人左右，其他专业学生选修汉语课的学分也计入获得学位的总学分之中。这种情况不仅在肯尼亚、在整个非洲乃至全球范围内都属于较早推动汉语进入当地国民教育体系的标志性成果，由此汉语获得了学位课程的地位。内罗毕大学的本科生可以同时选择3个主修专业，学生中途更换专业合乎学校的规定，与法语、阿拉伯语专业每年招生规模仅在10人以内的情况相比，中文专业已经达到了非常稳定且而成熟的培养规模。目前，除了4所设有孔子学院的国立大学外，卡比安卡大学、卡里提娜大学等也在孔子学院老师的帮助下纷纷开设了汉语课程，其师资来源为通过在孔子学院学习、后来华留学的本土汉语教师。

伴随着中国和肯尼亚经贸往来的快速发展，特别是蒙内铁路的开通，大量中资企业对投资东道国汉语人才的需求不断增长，当地汉语学习需求也随之不断扩大。良好的就业前景不仅促使肯尼亚的大学重视汉语教学，很多公立和私立中学甚至小学也开始开设了汉语课程。阿莱恩斯联合女子高中、男子高中、玛丽山女子高中等公立中学、布鲁本国际学校、瓦瑞迪小学等已经在孔子学院的帮助下率先开设了汉语课，并积极支持孔子学院到中学开展文化活动。2015年，肯尼亚课程发展委员会（KICD）与内罗毕大学签订了合作协议，由内罗毕大学孔子学院协助开发基础教育阶段4—7年级的汉语课程。目前，肯尼亚课程发展委员会已经完成了全国性的汉语教学需求调查，并在2016年3月30日举行的"肯尼亚全国课程改革会议"中公布了调查报告，该报告显示肯尼亚民众对汉语教学的需求超过预期。根据这一调查结果，肯尼亚课程发展委员会计划从小学4年级开始将汉语设定为其外语选修课程，将在全国选定16所中小学进行实验性教学。这意味着汉语将成为肯尼亚基础教育阶段的选修课，与法语、德语一样成为基础教育课程体系的一部分。十多年来，汉语教育的推广和深耕促成了肯尼亚语言教育政策的重要变化，并将对中肯之间的教育、文化和政治经济关系逐渐产生深远的影响。

（三）肯尼亚大学生对汉语、中国人和中国文化的态度与认知

随着全球化进程的加速，人们对第二语言学习的需求日益增长，成

为语言文化传播的主要动因之一。第二语言学习不仅是获得语言知识和技能的过程,也是对目的语文化进行充分接触和产生新的观念的过程。究竟如何获知受众对第二语言文化的态度?威廉斯提出对语言学习的态度、对目的语群体的态度和对目的语文化的态度三大考察视角。[①] 据此,笔者曾对肯尼亚内罗毕大学的学生进行了问卷调查和访谈调查,其中问卷采用利克特5点量表对每个回答给一个分数,如从非常同意到非常不同意的分值依次为5分、4分、3分、2分、1分,由对汉语的态度、对中国人的态度和对中国文化的态度3个维度构成。对于调查对象,笔者将他们分为有来华留学经历者、正在孔子学院学习者和从未学习过汉语者3个组,同时根据学生的汉语水平分为汉语水平考试3级以上、汉语初学者和从未学习过汉语者3个层次,考察不同汉语语言水平的调查对象在对汉语、中国人和中国文化的态度上是否存在差异。本次调查回收有效问卷102份,其中有来华学习经历者占18.6%,在孔子学院学习者占47.1%,未学习过汉语者占34.3%。值得注意的是,对汉语的亲和力、应用价值等题项已在12个国家的327名来华留学生中进行施测,问卷信度检测良好。[②]

通过表2的均值比较我们可以发现,无论有无来华经历和汉语学习经历,肯尼亚学生普遍认为学习汉语难度较大,特别是汉字的书写需要花费较多的时间反复练习,部分学生因此而中途放弃学习。大多数受测学生认为汉语和英语、斯瓦希里语以及本部族语言差异巨大,同时也认为汉语具有异域文化的神秘感,是一种优美的语言,令人感到友善和亲切。基于亲身经历,拥有来华经历的学生对汉语的亲和力得分明显高于从未学习过汉语的学生。需要说明的是,本次调查中所有曾有来华学习经历的学生都是在孔子学院学习后,经过选拔获得孔子学院奖学金来华学习且目前已经返回肯尼亚的学生。

---

① [英] 威廉斯(Williams, M.)、[英] 伯登(Burden, R.):《语言教师心理学初探》,刘学惠编,外语教学与研究出版社2000年版,第138—140页。
② 参见杨薇、苏娟《在华留学生汉语语言态度构成及相关性分析》,《天津师范大学学报》2016年第5期,第67—69页。

中非人文交流

表2　　　　肯尼亚学生对汉语亲和力的均值比较

	有来华经历	在孔院学习	未学习过汉语
汉语学习很容易	2.4	2.32	2.59
汉语听起来很友善	4.35	3.77	3.95
汉语使我感到亲切	4.1	3.66	3.65
汉语是一种优美的语音	4.5	4.54	4.21

资料来源：作者根据调查问卷结果汇总而成。

对于肯尼亚学生对汉语应用价值的态度，我们从表3中可以发现：绝大部分学生认为学习汉语非常有用，掌握汉语能够提高自己的社会地位、具有更强的竞争力，学习汉语已经成为一种趋势和潮流；有来华经历的学生对汉语的应用价值高度认可，在孔子学院学习的学生的各题项得分均高于从未学习过汉语的学生；有汉语学习经历的学生更赞成把汉语列入中小学的选修课程，认为汉语将有可能成为一种国际通用语言。

表3　　　　肯尼亚学生对汉语应用价值的态度均值比较

	有来华经历	在孔院学习	未学习过汉语
学习汉语很时尚	4.05	3.45	3.09
汉语会成为一种国际通用语言	4.35	4.11	3.83
在我的国家会说汉语的人很受欢迎	4.75	4.45	4.20
会说汉语能够帮助我提高社会地位	4.55	4.42	4.12
汉语应该被列入中小学选修课	4.25	4.17	3.76
我认为学习汉语非常有用	4.70	4.66	4.39

资料来源：作者根据调查问卷结果汇总而成。

在对中国文化的态度方面（见表4），绝大多数肯尼亚学生认为，中国文化和本族文化的差异性较大；汉语水平较高、有来华经历的学生对中国文化的认同较高，比较接受中国的饮食习惯、喜欢中国的影视音乐。无论是否学习过汉语，大部分学生认为中国文化很有意思，愿意更多地了解充满东方色彩的异域风情。他们用和平、和谐、历史悠久等词汇来描述中国文化的特点，但普遍认为中国文化充满稳重、柔和的特质，对于喜爱流行和新潮的年轻人来说，需要丰富的阅历和时间去理解中国文化的内涵。

表4　　　　　　　肯尼亚学生对中国文化的态度均值比较

	有来华经历	在孔院学习	未学习过汉语
中国文化和我国家的文化很接近	2.4	2.32	2.59
中国文化很吸引年轻人	3.4	3.52	3.66
中国传统文化和现代文化区别很大	3.6	3.64	3.28
我喜欢中国的影视和音乐	4.35	3.77	3.54
中国文化很有意思	4.56	4.47	4.59
我喜欢中国菜	4.75	3.70	3.38

资料来源：作者根据调查问卷结果汇总而成。

关于受测群体对于中国人的态度，我们由表5中的数值可以得出结论：汉语水平较高、有来华经历的学生对中国人的态度各题项均值都远高于从未学习过汉语的学生，他们的亲身经历更能感受到中国人的勤劳、善良和对工作认真的态度。在孔子学院学习的学生与从未学过汉语的学生相比，前者较之后者更多地接触中国人，拥有更多的中国朋友，普遍认为中国人比较聪明、诚实；而对于勤劳和善良两个题项，均值反而低于从未学习过汉语的学生。这两个题项的标准差分别达到1.02和0.98，这种现象主要是极端值反映出的个体差异造成的，说明在孔子学院学习的学生对于中国人的态度的个体差异非常明显。

表5　　　　　　　肯尼亚学生对中国人的态度均值比较

	有来华经历	在孔院学习	未学习过汉语
我有很多中国朋友	4.5	4.43	4.26
中国人对工作很认真	4.65	4.57	4.52
中国人很诚实	4.3	4.0	3.86

续表

	有来华经历	在孔院学习	未学习过汉语
中国人很聪明	4.35	4.38	4.27
中国人很勤劳	4.4	4.08	4.12
中国人很善良	4.6	3.96	4.1

资料来源：作者根据调查问卷结果汇总而成。

调查问卷的统计数据显示，肯尼亚大学生对汉语、中国人和中国文化的总体态度较好。他们在孔子学院学习汉语和中国文化之后，对汉语、中国人和中国文化的态度更加积极，有来华学习经历的学生积极程度则更高。对未学习过汉语、具有初级汉语水平和初中级以上汉语水平3个层次学生的数据分析显示，肯尼亚学生汉语习得水平与态度之间总体上呈正相关性。

尽管如此，访谈调查的结果也显示出学生非常显著的个体差异性。其中比较有代表性的学生 A，其学习的专业是国际传播，会讲英语、法语、斯瓦西里语，家庭条件较好，曾就读于一所法语高中。他未来的目标是去欧洲留学，所以尽管知道孔子学院提供语言文化课程，也了解一些中国的客观实际情况，但是他并没有学习中文的打算。他对中国印象最深的是功夫和美食，不过他认为寿司是中国菜。而另外一名在孔子学院学习的学生 B，就读国际关系专业，会讲英语和斯瓦西里语。他认为学习汉语非常重要，对他今后求职具有重要帮助，希望通过学习汉语提升自己的竞争力，并表示努力争取奖学金以期到中国留学。他参加了孔子学院的舞蹈俱乐部，通过俱乐部的活动结识了很多中国朋友。他对中国印象最深的是功夫和各种节日庆祝活动，认为中国人做事高效。学生 C 在人文社会学专业学习，会讲英语、德语和斯瓦西里语，曾通过参加孔子学院的暑期夏令营到中国学习过，对中国的古典园林、京剧赞不绝口，认为中国的艺术精美绝伦。她觉得中国人非常勤劳，工作效率高，几乎没有什么休闲享受，好像把全部时间都用来工作，但在创造力方面好像又比西方人逊色。访谈结果表明，从未接触过汉语的学生对于中国的了解一般仅仅局限于当地或西方的新闻媒体的报道，有汉语学习经历的学生普遍对于中国的社会发展现状持有比较客观的认识。

亚历山大·伍温将软实力的资本构成分为善意、才华和魅力 3 个部分，其中善意包括引发感恩、同情等情感，才华指军事、经济方面取得的成就，魅力涵盖相近的价值观和认同。[①] 语言学习的过程促进了肯尼亚学生对汉语和中国文化的认知和理解，伴随汉语水平的提高增加了学生对于中国语言文化的积极态度，从情感因素方面更多地感知和回馈中国在教育、文化、经济交流中的善意，了解中国在全球化进程中扮演的重要角色，欣赏中国文化艺术的魅力，增进了肯尼亚人对中国形象的整体认知和认同。

三 非洲孔子学院在传播语言文化方面面临的问题

非洲孔子学院经过十多年的发展，逐步探索适合非洲特点的办学理念和方式，从规模到质量都取得了长足发展，通过语言教学和文化传播塑造积极进取、和平友好的中国形象，对消除误解和刻板印象、主动参与国际文化竞争起到了十分重要的作用。与此同时，非洲孔子学院的未来发展也面临着诸多问题。

（一）迅速扩大的办学规模与教学资源不充足之间存在矛盾

随着孔子学院数量的增加、教学和文化活动规模的迅速扩大，它对高水平管理和教学人员的需求亦快速增长。目前，很多非洲孔子学院在本部以外开设了教学点，增强了孔子学院的教学辐射范围，但缺乏相应的师资支撑。目前，孔子学院的师资力量主要由中方派遣的在职教师和志愿者教师以及当地的本土汉语教师构成，部分孔子学院的本土教师已经能够独立承担课堂教学任务，但孔子学院日常的管理和运营主要依靠中方派遣的教师来完成。孔子学院的院长、教师和志愿者不仅承担了大量的教学任务，还需要经常举办各种文化推广活动、汉语水平考试和汉

[①] See Alexander L. Vuving, "How Soft Power Works", Paper Presented at the American Political Science Association Annual Meeting, Toronto, 2009, pp. 9 – 12.

语比赛，日常工作十分繁重。院长和公派汉语教师任教时间为 2—4 年，志愿者教师一般为 1 年，续任最长不超过 3 年，教师的流动性较强。大多数非洲国家的生活条件较为艰苦，治安环境不容乐观，很多孔子学院开辟的教学点远离城市，交通不便，生活配套设施严重不足，难以吸引优秀人才长期在非洲从事汉语教学工作。

非洲国家的经济情况普遍比较落后，除了个别国家将教师纳入公务员体系、享有较好的保障外，多数国家教师的待遇整体偏低，很多在孔子学院学习过的学生迫于经济压力，更愿意选择做导游、翻译或自营公司等高收入的工作，而不是目前急需的本土汉语教师。即使是内罗毕大学这样非洲知名的高等院校，国家财政拨款也严重不足，有相当一部分教师的工资需要学校自筹，所以当地学校即使有意愿多聘用汉语教师，也因为财政状况而力不从心，而完全依赖中国的投入又显然缺乏可持续性，因为没有哪个国家的外语教学是可以完全依赖别国的长期投入而持续发展的。公益性的语言文化传播与市场化的语言教学需求之间亟须建立新的平衡机制，发挥市场需求的调节作用，探索中方院长、公派教师的长期职业化、专业化发展模式。

（二）非洲当地人对于中国语言文化的传播持有一定的戒备心理

汉语教育与传播能够促进学习者对于中国文化和社会的总体良好印象和积极态度，减少因为不了解而造成的刻板印象，但本次调查问卷和访谈中也反映出一个值得注意的现象：整体的正面态度伴随着显著的个体差异。西方文化在非洲有着长期广泛的影响，英语、法语、德语等在非洲大陆具有政治上和文化上的传统优势，绝大多数非洲国家的上层人士有西方教育背景，能讲英语、法语等西方语言已经成为精英阶层的主要标志之一。对于非洲人民来说，一方面痛恨历史上西方殖民者的劣迹，另一方面已经非常习惯于接受西方的思维方式和文化传统，包括以基督教为代表的宗教信仰和价值观。由于非洲人历史上曾遭受殖民统治，民族自尊心非常强烈，个别学生对于汉语教学和中国文化传播存在不同程度的负面情绪，尤其对于汉语在当地日益增强的影响力持有强烈的怀疑和担忧。这种情况与罗拉于 2013 年对南非和肯尼亚的 5 所孔子学院进行访谈调查的结果非常吻合：有些学生认为"中国在非洲将来的目的只是把非洲国家当作中国的殖民地""除了中国以外的任何人和任何事情,中国人是不感兴趣的""很少有中国公民和肯尼亚国民之间产生互动,如果有,往往也是跟业务有关或者只有有利于中国利益的社会事件"。① 对于中国语言文化的态度,非洲当地人在种族、族群、阶层间也存在较大的差异。

实际上,对一种语言学习的投资也是对学习者对自我社会认同的投资。② 兰伯特的社会心理模型中提出了语言水平可能导致自我认同改变的观点。他指出,如果第二语言学习和水平的提高并未影响第一语言的重要性,即成为附加性双语现象,反之则为消减性双语现象。③ 目的语水平的提高如果不影响对母语和母语文化的认同,则对学习者自身的知识结构和文化理解起到积极的促进作用。汉语国际教育与传播的重要意义在于促进语言文化间的沟通和理解,通过教学和文化活动促进学习者形成附加性双语现象,增强对中国语言文化的积极态度,包括理解中国本身是一个发展中国家的现实。这需要教学人员在教学过程中,充分了解学习者的特点和需求,更多地关注个性化教学的手段与方法。

(三) 传播中国语言文化的载体较为有限

语言的工具属性决定了语言在跨文化传播中的基础性作用。④ 但语言与文化之间的关系是非常复杂的,仅仅注重语言的工具性或者其所包含的应用价值,远不能实现语言所承载的文化传播功能。全球化带来的博弈从根本上是文化的竞争,而文化需要由具有象征性、代表性的概念或事物来呈现。法语联盟和歌德学院每年度设计不同的主题展示具有本国文化特色的音乐、绘画、舞蹈、摄影、电影、戏剧和文学作品,组织小规模但高质量的游学项目,把学习者付费的课程与免费的文化活动相结

---

① 参见罗拉《中国在非洲软实力倡议的教育战略:孔子学院的影响》,博士学位论文,南京大学,2013年。
② See Peirce, Bonny Norton, "Social Identity, Investment, and language Learning", *TESOL Quarterly*, Vol. 29, No. 1, Spring 1995, pp. 17 – 18.
③ See Gardner R. C., *Social Psychology and Second Language Learning*, London: Edward Arnold Ltd., 1985, pp. 133 – 134.
④ 参见杨文艺《全球竞争的文化转向与孔子学院的转型发展——孔子学院十周年回眸与展望》,《中国高教研究》2015年第4期,第46页。

合，让学习者充分体验个性化的学习过程，并在学习过程中感受到只有掌握了这种语言才能理解这种文化的气质和核心价值。日本和韩国则擅长以动漫作品、电子游戏、流行音乐、美食、化妆、服饰、旅游等贴近生活需要的形式大力推动文化输出和文化产业的发展，紧紧抓住年轻人追求时尚潮流的心理，树立引领时尚潮流的语言文化推广战略。本次对肯尼亚学生的调查中发现，除了中国的悠久历史和东方文化的神秘感，他们脑海中最为熟悉的形象就是中国功夫。即便是汉语水平较高的学生也只能认识到当代中国国家发展很快，但很难找到能够代表现代中国发展的文化形象。再者，我们从有关针对孔子学院文化传播的相关研究发现，对于中国文化的分析一般从物质文化、行为文化和精神文化这3个维度进行考量，而且多以物质文化和行为文化为主，主要包括书法、太极拳、剪纸、脸谱等内容，这也确实是现在大多数孔子学院文化教学的主要呈现方式。然而现代文化产业的发展并没有跟上语言文化传播的步伐，以至于很多教师自己都在不断反问：还有什么能够展现中国文化的高雅、深厚、博大而精致的底蕴呢？

四 提升非洲孔子学院语言文化传播能力的建议

非洲孔子学院通过开展汉语教学和文化活动，有力推动了中国语言文化在非洲各国的传播，增进了中非之间的理解与合作，促进了中国在非洲积极、正面的形象构建，培养了一批知华、友华的本土汉语教师和职业技术人才。为应对日益激烈的国际文化竞争、进一步提升孔子学院的语言文化传播能力，笔者认为需进一步着力做好以下几方面工作。

（一）加强语言教学与文化传播的有机结合

鉴于第二语言习得过程与文化的认知和接受、学习者自我认同等因素密不可分，教学者应有意识地积极构建附加性双语习得模式，形成从认识、了解到理解、尊重中国语言文化的良性循环，从而发挥语言文化软实力的作用，扩大语言文化外交的成果。语言如果与其所承载的文化等因素剥离，即作为一种纯粹的交际工具，它可以为任何政治目的服务。① 汉语国际教育与推广的重要价值不仅在于满足汉语学习需求、培养精通汉语的人才，更在于培养对于中国文化、社会、思维方式和价值观具有深刻认识和积极态度的人才，促进对于中国语言文化、价值观的认同和对中国哲学、美学的深层次理解。中国的社会、政治、语言和艺术都体现了大型社会的特点，与西方流动性很强的小型社会的运作模式和思维模式都存在巨大差异。"和而不同"的观念正是基于这种独特的宇宙观，它决定了中国文化的包容性和稳定性。语言教学和文化传播的"本"与"末"在不同的情境下具有不同的目标和作用，由此我们需要充分发挥孔子学院在语言传播上的平台优势，在课程结构的设置上，在做好语言技能教学的同时，应有意识地将中国优秀传统文化精神和现代中国发展的开放性融入语言教学中，增加比较文化和跨文化交际的案例教学内容，使学生能够更好地理解语言文字中蕴含的文化因素。与此同时，孔子学院的老师应关注在课堂教学过程中文化教学的内涵和呈现方式，考虑到非洲文化背景下学生的个体因素和学习需求，充分与学生进行课上和课下的互动和交流，及时回答学生提出的各种问题，消除因为不了解或误解而产生的疑虑，避免因为教学内容选取不当或未能妥善解释作为发展中国家存在的一些现实问题而导致对于中国社会文化的整体负面印象。为此，我们在教学过程中需切实把语言教学和文化传播更好地结合起来，不断提升孔子学院的语言文化传播能力和传播效果。

（二）加快语言文化传播从重数量到重质量的转型

中国未来经济的良好发展前景是吸引非洲学生学习汉语的主要原因。欲继续发展推动汉语教学和传播，除了中国国内持续高速经济发展、继续提供奖学金支持以及为学生提供更多的工作机会外，中方还要努力提高高等教育质量和国际竞争力，这既是亟待解决的问题，也是需要相当长的时间才能逐步完成的过程。孔子学院经历了十余年的快速发展，取得了举世瞩目的成绩，逐渐实现从扩大受众规模到提升传播方式和手段

---

① 王建勤等：《全球文化竞争背景下的汉语国际传播研究》，商务印书馆2015年版，第175页。

的转变。鉴于非洲的族群和语言的多样性、宗教信仰的复杂性，孔子学院在办学内容上需要更具针对性，了解与分析不同国家、不同文化背景、不同社会阶层的当地人的学习需求，从孔子学院整体上高度近似的语言文化传播方式过渡到每一所孔子学院主动根据自身特点进行语言文化传播的管理运营模式，从而产生预期的学习效果。西方发达国家语言文化传播机构在管理模式上的自主性很强，法语联盟和歌德学院的文化活动经常以文化沙龙的形式出现，受众规模相对较小，短期看其运营发展的效率似乎并不高，但从可持续发展的角度，这种小规模、近距离的深入接触和交流更符合非洲人重视人际关系的性格特点。孔子学院的文化活动可以将大型文化巡演、展示与小规模、常态化的主题文化活动相结合，既满足扩大规模的需要，又注重提高个性化的需求，实现从重数量到重质量的提高、大众普及和重点培养的点面结合的模式。

为提升孔子学院的内涵建设和教学水平，孔子学院需要从体制机制层面上寻求突破，保证优秀人才能够长期在条件相对艰苦的非洲地区开展高效率的工作。目前，很多非洲孔子学院开设了教学点，从扩大规模的角度无疑起到了积极作用，但它与缺乏高质量师资储备的矛盾日益凸显。即使从中国派出再多的教师，也不可能满足非洲当地所有的需求，唯有培养高素质的本土教师、培育成熟的语言教学市场，才能真正实现语言文化传播的长期可持续发展。孔子学院应充分重视非洲精英阶层在社会政治经济和文化教育领域的影响力，继续通过提供奖学金方式支持优秀学生来华学习，并跟踪关注他们回国后的发展情况。在这方面，我们可通过校友会、俱乐部、本土教师培训等形式，继续以语言为纽带发挥本土人才在传播中国语言文化方面的优势。内罗毕大学孔子学院、达累斯萨拉姆孔子学院等成立了来华学者俱乐部或孔子学院校友会。校友会通过定期举办联谊活动，不断强化语言文化的感情联系，加强本土汉语人才对于中国的语言文化的积极态度和认同。该组织正是基于重视语言态度动态变化的规律和事实，为语言文化传播的长期性、连续性发展做出了积极的努力。

（三）通过文化产业的发展提升语言文化传播的效果

语言本身也是一种资源。西方国家在语言文化传播的过程中，获取了巨大的经济利益。根据英国文化委员会的统计,早在 2004 年英语教育为英国带来的直接效益就超过了 100 亿英镑。1996 年,美国出口产品中电影、音乐、电脑软件等文化商品的出口份额首次超过了所有传统行业的出口总额。① 文化商品贸易已经成为全球化的重要组成部分,而通过电影、电视剧、流行音乐、视觉艺术和饮食风尚等渲染的文化模式迅速影响着世界各地的青年人。文化商品输入具备任何其他形式的贸易都不可比拟的渗透性,对意识形态和语言使用会产生深远的影响。② 语言文化的传播需要与时代发展同步的载体,需要以文化创意产业为支撑,把传统文化的美学价值和现代社会生活有机结合,而文化产业的发展又能极大地促进和提升语言文化传播的效果。在文化创意产业蓬勃兴起的今天,孔子学院既需要文化创意的产品作为精神文化的基础,又能为文化创意产业提供开拓和发展的平台,具有最佳的契合点。图书音像出版、电影电视剧版权、语言测试、翻译服务、留学及经济贸易信息咨询、艺术展览、文艺演出、创意文化产品、旅游纪念品等,都可以在语言文化传播的同时带来巨大的商业价值,而学习者愿意通过支付学费的方式获得文化学习体验,这本身就是对语言文化价值肯定的具体表现。

2017 年 7 月,达累斯萨拉姆孔子学院与中国驻桑给巴尔总领事馆、桑给巴尔国际电影节、浙江师范大学非洲研究院和浙江师范大学文化创意与传播学院联合主办了第二届中非影视合作论坛,举办了《我从非洲来》大型纪录片的首映式,就非洲孔子学院利用自身优势提供中非影视合作平台进行了探讨,提出在节目制作、播出方面密切合作。四达时代在非洲投资建设了遍布多个国家的电视网络,把中国电视剧翻译成斯瓦西里语播放,《媳妇的美好时代》《奋斗》《我的青春谁做主》等电视剧在当地受到好评,成为民众热议的话题,收视率不断攀升。孔子学院语言文化的传播与文化产业的成长与合作还有非常巨大的发展空间。

---

① 王建勤等:《全球文化竞争背景下的汉语国际传播研究》,商务印书馆 2015 年版,第 245 页。

② [英]苏·赖特:《语言政策与语言规划——从民族主义到全球化》,陈新仁译,商务印书馆 2012 年版,第 148 页。

（四）加强非洲研究，夯实孔子学院语言文化传播效果的基础

孔子学院是一个开放的平台，具有双向互动性。非洲独特的历史文化背景和社会发展情况决定了非洲孔子学院的发展必须发掘本土特色。孔子学院在大力推动中国语言文化传播的同时，需注重研究非洲本土的语言、文化、宗教、教育、社会结构、价值观念、经济模式的发展特点及其趋势，在充分了解、尊重非洲本土语言文化和思维方式的基础上，制定孔子学院发展的长期战略目标。对于学习者数量和语言水平的预期、本土师资的培训规模、孔子学院教学点的拓展与分布、大型文化活动的开展乃至奖学金政策的制定等具体发展规划，我们都必须基于非洲各国不同的政治环境和社会背景，难以用同一标准进行量化评估。

目前，在非洲孔子学院工作的中方教师在课堂以外主要通过英语和法语与当地人进行沟通，掌握斯瓦西里语等当地语言的教师严重短缺，由此对于非洲的国情文化和发展趋势缺乏深入系统的研究。如果说很多非洲人对中国的文化不甚了解，我们也必须承认很多中国人对非洲的认识也仅止于想象中的蛮荒之地。2017年创造国内票房奇迹的电影《战狼2》充分体现了爱国主义精神，但其故事情节取材的非洲背景也强化了人们对非洲政府动荡、瘟疫流行的刻板印象。随着全球化时代国际政治的快速变化和现代信息技术的迅猛发展，立足于非洲本土视角的作品能够客观反映非洲的发展现实，融入非洲元素的语言文化传播也更容易让广大非洲人民特别是年青一代从认知和情感上接受。孔子学院总部大力推动本土汉语师资培养，开展"孔子新汉学计划"和"青年领袖项目"，力图加快实现汉语教学师资本土化的步伐，培养知华、友华的精英群体。2016年，肯尼亚知名的流行音乐组合受邀到中国演出，向中国观众介绍非洲的流行音乐，展示现代非洲的社会文化发展，促进了双方文化交流。内罗毕大学孔子学院已经计划和内罗毕大学斯瓦西里语专家合作，把斯瓦西里语民间故事翻译成汉语，并以此作为汉语学习的教材和课外读物，同时尝试将中国的文学作品译成斯瓦西里语，在双向互动交流中体现"走出去、融进去"的传播理念和方式。围绕着"一带一路"倡议的落实和推进，国内部分高校开始增设斯瓦西里语等非洲语言课程，建设非洲研究中心等专门研究机构，提升对非洲语言文化的重视程度和研究层次。

综上，若要进一步提升非洲孔子学院的语言文化传播的效果，则在很大程度上取决于中国自身对非洲的研究和认识程度。

结　语

非洲孔子学院的发展有力推动了中国语言文化在非洲地区的传播，对促进"民心相通"、增进相互理解、塑造积极的国家文化形象起到了非常重要的作用，收到了良好的效果。语言文化的传播与政治、经济的发展和科学技术的进步密不可分，是一个"润物细无声"的过程。面对全球化背景下激烈的文化竞争，孔子学院通过提升内涵建设、加大本土师资的培养力度，已经着力于推动孔子学院从扩大规模向规模与质量并重的新发展。作为中非教育文化交流的重要平台，孔子学院需要加强对非洲的全方位研究，从扩大语言文化交流、满足当地的经济与社会发展需求的角度入手，探索符合非洲特点的教学管理机制，培育市场化的语言教学运营模式，积极寻求文化创意产业的合作，进一步提升语言文化的传播能力和国际竞争力，促进中非人民互相了解、互相尊重、互相欣赏，搭建中非人文交流的友谊桥梁。

（本文原刊发于《西亚非洲》2018 年第 3 期）

新面孔与新变革：中国媒体改变非洲传媒格局

李新烽[*]　李玉洁[**]

摘　要：中国媒体走进非洲有着多重背景，不仅是中非经济合作的客观需要，还是为了超越西方媒体的"他者"视角呈现一个真实的非洲，同时还有助于打破对中国在非洲的错误定性。从中国媒体走进非洲的历史与现实考察可知，中国媒体已广泛布局非洲：一方面新华社、中国国际广播电台、中央电视台、《中国日报》等国家级媒体已扎根非洲，另一方面以四达时代为代表的民营媒体也在积极开拓非洲市场，从而初步构建起官方媒体与民营媒体相配合的多元化传播格局。中国媒体走进非洲一定程度上改变了非洲传媒格局，不但从增量空间上扩大了非洲传媒格局、从技术上升级了非洲传播格局，更为重要的是，走进非洲的中国媒体，带来了有别于西方媒体的报道视角和叙事方式，对非洲传媒和非洲民众的影响深远。

关键词：中国媒体　非洲　传播方式　传媒格局

从 20 世纪 50 年代新华社分支进驻非洲，到 2012 年 1 月中央电视台非洲分台开播；从华为 1998 年走进肯尼亚，到四达时代 2016 年在 30 个

---

[*] 李新烽，中国社会科学院西亚非洲研究所所长、研究员。
[**] 李玉洁，中国社会科学杂志社编辑，新闻学博士。

非洲国家成立公司，在近 20 个国家开始运营数字电视，发展数字电视用户近八百万，[1] 中国媒体以积极姿态走向遥远的非洲大陆，加入非洲大陆的传媒队伍之中，从而在一定程度上改变了非洲的传媒格局。而中国媒体走进非洲的背景如何、中国媒体在非洲的整体格局如何以及中国媒体如何改变非洲传媒格局等问题值得深究。

一 中国媒体走进非洲的多重背景

对大多数中国人来说，非洲是一个非常遥远、陌生和神秘的远方。每一个未去过非洲的中国人，都可以将对它的想象发挥至极致，一方面媒体报道中的那个有着饥荒、瘟疫、内战、暴力和犯罪的非洲令他们望而生畏，而另一方面，非洲绝美的自然风光、野生动物的天堂、淳朴的民俗民风、丰富的矿产资源等又令他们心向往之。中国媒体走进非洲，对非洲大陆的政治、经济、文化、社会等各方面进行报道，得以让中国人了解真实的非洲大陆；同时，通过中国媒体，非洲民众也得以了解当下的中国。可以说媒体搭建了中非交往的桥梁。具体分析，中国媒体走进非洲有以下多重背景。

（一）中非经济合作的客观需要、当前中非经贸全方位合作的飞跃式发展是鼓励中国媒体走进非洲的最直接动因，这同样也是中国媒体走进非洲最重要的宏观背景

中非经贸合作始于 20 世纪 50 年代，随着中国改革开放的不断深入，中非经贸合作规模逐步壮大，形式趋于多样，领域不断拓宽。自 2000 年中非合作论坛成立以来，中非经贸合作进入了一个全面、快速、稳步发展的新阶段。中非贸易快速增长，中国已经成为非洲第一大贸易伙伴，2014 年中非贸易额曾达到 2200 亿美元，创下新高，这是十五年前中非合作论坛启动时的 22 倍，而按照中非领导人达成的共同愿景，到 2020 年，

---

[1] 宋心蕊：《第六届非洲数字电视发展论坛在京开幕　蒋建国致辞》，2016 年 6 月 23 日，http://media.people.com.cn/n1/2016/0623/c120837 - 28473412.html。

中非贸易额将达 4000 亿美元。①

中非经济的深入合作现状,对中非媒体交往提出了更高的要求,这就要求中国媒体根据中非经济发展和经贸合作的现状进行调整,使其在内容和形式上更适应中非经济的发展需求。对中非企业和中非民众的经济交往来讲,中国媒体走进非洲更是至关重要,因为媒体不仅第一时间传播经济信息,更是为经济交往提供了联通的桥梁,通过媒体的报道,能逐步消除中非交往中因信息不通带来的不确定性和多种风险,对投资非洲的大量企业特别是中小企业而言,媒体的信息功能尤为重要。

截至 2012 年,已有 2177 家"官方注册"的中国企业在非洲开展了非金融类的投资活动,2013 年,这些企业雇用了近八万名当地员工。② 但由于中国与非洲各国在政治、法律、经济、文化、宗教、风俗习惯等方面的差异,导致中国企业对非投资存在诸多风险及不确定因素。再加上非洲受历史遗留问题困扰,政治制度仍不完善,治理能力有待提高,经济自主性较弱,而政治骚乱、武装冲突、恐怖袭击、有组织犯罪等安全问题持续存在。对中国企业而言,通过中国媒体的报道能更全方位地了解非洲形势,在客观上能帮助它们更好地在非洲投资,从而推动非洲当地经济的发展,实现双赢。

(二) 呈现真实非洲的迫切需求

作为世界上经济不发达的地区,非洲留给人们的第一印象是贫穷。正是由于经济发展的滞后,非洲地区的媒体发展水平也远落后于世界上其他地区,但这无疑为众多境外媒体特别是西方媒体提供了巨大的亟待开发的市场。从 20 世纪 80 年代开始,形形色色的国际频道开始进入并逐渐占领非洲电视市场。据统计,1985 年非洲播出的电视节目中约有 55% 是从外国进口的,而到了 1995 年以后,这个比例一直保持在 90% 以上。③

---

① 周素雅:《中非合作论坛 15 年 2020 年中非贸易额将达 4000 亿美元》,2015 年 12 月 4 日,http://finance.people.com.cn/n/2015/1204/c1004-27889802.html。

② 沙伯力等:《中国企业在非洲:问题、策略与出路》,《文化纵横》2016 年第 2 期,第 46—55 页。

③ 卢嘉、戴佳:《国际主流电视媒体在非洲的发展策略探析》,《对外传播》2015 年第 7 期,第 66—68 页。

目前多数非洲国家在节目制作等领域缺乏经验和能力，对节目模式和节目制作存在着很大的需求，其电视频道需要转播其他国家的电视节目才能进行播出。比如一些非洲国家的电视台经常大量转播美国有线电视新闻网（CNN）、英国广播公司（BBC）等国际媒体的节目，以填补播出空白。

整体而言，掌握着国际信息传播话语权的西方媒体，在全球关于非洲的报道中占据主导地位，从而影响着世界各国公众对非洲的认知，而非洲媒体对西方媒体的依赖也尤为明显。1997年，南非当时的副总统塔博·姆贝基（Thabo Mbeki）说："很长时间以来，我们都靠别人来讲述我们自己的故事。我们像鹦鹉学舌一样把那些别人口中关于我们的词语和故事如同福音真理一般学来。即使是在非洲记者报道的新闻中，构建其内容的也往往是那些总部设在亚特兰大、纽约或者是伦敦的外国新闻机构。"[1]

而西方媒体塑造了一个怎样的非洲形象呢？艾肯（Aniekeme Ikon）等多位学者研究发现，西方媒体报道非洲有两大常用主题：一是灾荒，这以20世纪80年代中期对埃塞俄比亚灾荒的大量报道为代表；二是关注政治、道德和宗教暴力冲突，以卢旺达大屠杀报道为代表。整体上来看，非洲被西方媒体刻画成一个悲惨的大陆，长期被环境恶化、部落争斗、政府腐败、官员执法不力等问题困扰，因此无法自救也不能很好利用外部援助实现发展。[2] 而2000年《经济学人》封面报道对非洲冠以"无望的大陆"称号更是西方媒体对非洲刻画的典型代表。穆斯塔法（Mustafa）指出，美国媒体将非洲人塑造成了"落后的""未开化的""饥饿的"与"贫穷的"形象。[3] 斯特拉（Stella）分析了1988—2006年《新闻周刊》对非洲报道的内容，也指出以暴力和疾病为主的危机主题，以及针对这些危机外国提供的人道主义援助是其报道非洲的主要框架，而对非洲人

---

[1] Thabo Mbeki, Address at the Launch of SABC News International, 2007-07-20, http://www.anc.org.za/show.php?id=4295.

[2] Ikon A. O., UK Newspaper Coverage of Africa: A Content Analysis of The Guardian, and The Daily Mail from the Years of 1987-1989 and 2007-2009, 2016-06-28, https://lra.le.ac.uk/bitstream/2381/37931/1/2016IKONAOPhD.pdf.

[3] Mustafa H. T., Gratifying the "Self" by Demonizing the "Other": A Call for Dialogue Not Monologues, 2017-05-06, http://journals.sagepub.com/doi/pdf/10.1177/2158244014533707.

的自身奋斗没有任何报道,从而给读者塑造了一个无力的、完全依靠西方国家的非洲形象,维持着西方国家持续的优越感。[1] 吉恩·布鲁克斯(Jean Brookes)也指出,长期以来,西方媒体对非洲的报道遭受学界批评,因为西方媒体充满刻板成见地描述非洲,而西方国家则是承担起责任拯救非洲于无望之中的高级合作伙伴或者保护者。[2]

可见,在西方媒体的视野中,相对于享有高级文明的"自我",非洲大陆被刻画成一个永恒的"他者",是一个"野蛮的"未开化的"另外一个世界",是西方的陪衬物。"他者"是西方哲学的核心概念之一,在西方的哲学视野里,"他者"一出现,就是为了"自我"而存在的。"他者"与"自我"不但相异,更重要的是它们之间的关系是赤裸裸的不平等。而西方媒体建构的关于非洲的"他者形象",同样如此,往往也是站在"自我"的立场上出发。正如艾博(Ebo)指出的,西方媒体对非洲的片面的歪曲报道体现了西方媒体长期以来报道外国新闻的体系化选择过程,他们专门选择那些反常的新闻,而对非洲的发展不感兴趣,因为非洲不被认为是全球政治中的重要角色,特别在苏联解体和冷战结束之后更是如此。[3]

虽然西方媒体"他者"视角把非洲描绘成一连串灾难的做法遭到了批评,但西方媒体在新闻报道以及塑造非洲新闻工作者世界观方面仍然占有主导性地位。西方媒体按照自身的标准和价值观对非洲进行解读,这造成了非洲在国际舆论界不能有效传播自己的声音,而只能任由西方媒体对之报道,这不可避免地会引起外界对非洲的误读,不能呈现一个真实的非洲。

但实际上,近年来非洲大陆各方面正在逐渐改观,非洲社会经济、政治文化、安全形势等取得进步已经成为不可争辩的事实,非洲发展显

---

[1] Stella, M. K., Africa in American Media: A Content Analysis of Newsweek Magazine's Portryal of Africa, 1988 – 2006, 2007 – 12 – 10, https://www.saintmarys.edu/files/Stella% 20Maris% 20Pap. doc.

[2] Brookes H. J., Suit, "Tie and a Touch of Juju-The Ideological Construction of Africa: A Critical Discourse Analysis of News on Africa in the British Press", *Discourse and Society*, No. 6, 1995, pp. 461 – 494.

[3] Ebo B., *American Media and African Culture*, Westport: Praeger, 1992, pp. 15 – 25.

露出崛起的势头。以经济增长为例,21世纪的第一个十年,非洲大陆获得了自20世纪60年代以来少见的十年之久的经济相对稳定增长,在过去十年的大部分年份,非洲大陆国内生产总值(GDP)一直保持了4%—5%的稳定增长,总体水平高于全球平均水平。① 然而,非洲经济的快速发展并没有为非洲带来与之相符的外部形象,在西方媒体的报道中,有关非洲政局动荡、民族冲突、战乱频繁等方面的负面新闻仍经常见诸报端,而公众将非洲与贫困、战乱、疾病联系在一起也已司空见惯。

因此,超越西方媒体的"他者"视角,为各国公众提供认识、理解和评价非洲的另外一种视角,呈现一个真实的、正在发展中的非洲也就成为中国媒体走进非洲的动因之一。

(三) 打破对中国的错误定性

中国媒体走进非洲,一方面是为了呈现真实的非洲大陆,另一方面也是客观陈述中国走进非洲的需要,以打破西方媒体对中国在非洲的错误定性。

东方,特别是中国作为西方文化的竞争者,也是最常出现的"他者"形象之一。萨义德在《东方学》中指出,作为"他者"的东方,并非一种自然的存在,而是西方的知识和权力的辉煌的战利品,而西方中心论框架下的"他者"与"自我"的关系是一种赤裸裸的权力关系。从19世纪的"黄祸论"到现在的"新殖民论",可以看出西方主流媒体和精英解释中国的时候依靠的是西方关于中国的想象,而非一个真实的中国。

在西方媒体建构的中非关系中,"中国"是一个异类,碰到这个犹如黑洞般的异类,社会学和经济学等的一般概念和逻辑仿佛都不能正常发挥作用,都失去了解释的功能。因此从"他者"视角出发,就不难理解西方媒体对中非报道的态势,从所谓的"中国威胁论"到"新殖民主义论",再到目前的所谓"中国拖累论",从中资企业不履行社会责任到污染非洲环境,再到近几年批评中国大量进口象牙、驴皮等导致非洲野生动物濒临灭绝,这些西方媒体设置的负面议题占据了对非传播的主导地

---

① 刘鸿武:《非洲发展大势与中国的战略选择》,《国际问题研究》2013年第2期,第72—87页。

位,它们从自身利益出发,随意构建了一个中国在非洲的"他者"形象来满足特定受众的欲望和自己立论的需要。

更为严重的是,西方主流媒体或明或暗地将中国定性为"非洲的新殖民者",它们将"中国在非洲"排除在"全球化"之外,打入另册,贴上了"新殖民主义"的标签,从而将正常的中非交往问题化,而这一错误定性对中非的现实交往产生了影响,阻碍了中非关系的健康发展。正如埃塞俄比亚亚的斯亚贝巴大学和平安全研究所博士所罗门·哈森·特格涅表示,由于语言限制和信息的不通畅,很多非洲媒体对中国有偏见,因为很多信息只能从西方媒体那儿获得,但是那些信息是扭曲的,因此中国媒体要对全世界发出自己的声音,让更多非洲人民对中国有更全面的了解。[1] 因此,中国媒体走进非洲、搭建起非洲民众了解中国社会的新窗口,进而有利批驳西方媒体对中国在非洲的错误定性都有着重要的现实意义。

二　中国媒体在非洲的整体概况

中国媒体在非洲有着悠久的历史。新华社作为中国第一家来非洲开拓的官方媒体,早在 20 世纪 50 年代就已在非洲扎根。2008 年以后,中国开始加大投入,在许多非洲国家建立记者站。非洲媒体能以较低的价格甚至免费得到新华社所发的消息,中央电视台引进了一批在非洲知名度很高的电视节目主持人,华为等中国企业获得了非洲国家的宽带网络合作,帮助非洲媒体升级最新技术,而四达时代则成为非洲发展最快、影响最大的数字电视运营商。整体来看,中国媒体在非洲不断壮大,呈现出一幅欣欣向荣的景象。首先进入非洲传媒市场的当属中国官方媒体。

(一) 官方媒体

1. 新华通讯社

非洲一直是新华社建立驻外分社的重点地区之一。20 世纪 50 年代后

---

[1] 袁舒婕:《非洲媒体人谈中非媒体合作　国际交流少不了"媒体桥"》,2017 年 3 月 14 日,人民网,http://media.people.com.cn/n1/2017/0314/c40606-29144362.html。

期，周恩来总理曾就撒哈拉沙漠以南非洲民族解放运动高涨的情况对新华社社长吴冷西说，我们同这个地区的国家建交可能还早，派记者估计容易一些，新华社可以派一些记者到那里任何一个愿意接受的国家去，主要是结交朋友，了解情况。① 1956 年新华社在开罗设立办事处，中国媒体首次进入非洲。1959 年 2 月新华社派格局记者王殊去撒哈拉沙漠以南非洲工作，不久建立了在撒哈拉以南非洲地区的第一个新华社分社——阿克拉分社。王殊还以加纳为基地，先后访问多个非洲国家，并在几内亚首都科纳克里、马里首都巴马科等地建立了新华社分社。

此后，新华社逐步在非洲多个国家建立了分社，而 1986 年新华社在内罗毕设立非洲总分社，负责非洲地区的英文报道后，新华社对非洲地区的新闻服务有了较大发展。当前，新华社在非洲已建立 28 个分社，非洲大陆已成为新华社设立驻外分社最多的一个大陆。新华社在非洲地区已建立起可传输数据、语音、文稿和图像的高速专线网，向非洲地区上千家媒体提供新闻。每天新华社向非洲地区用户提供的英文稿件达三百条，法文稿件日均一百多条。②

新华社在非洲的业务还扩展到了电视媒体和新媒体领域。从 2011 年 1 月 1 日起，新华社主办的中国新华新闻电视网英语电视台开始通过南非米瑞德公司的电视播出网络，实现了对整个非洲大陆的覆盖，通过家用电视机顶盒进入四百万个非洲家庭。同时，新华社非洲总分社编制的"新华手机报""新华短信"也陆续在多个非洲国家开启运转。在津巴布韦、南非等国家的主要城市，还设立了滚动播出新华社新闻的户外大屏幕。

新华社记者采写的稿件真实地记录和反映了非洲大陆前进的步伐和非洲人民生活的变化，为广大非洲地区的媒体和读者所欢迎。而新华社的多任领导都高度重视新华社在非洲开展新闻报道，并指明了编辑报道的方针。如穆青在担任新华社社长期间，十分重视对非洲的新闻报道工

---

① 万京华：《新华社驻外机构的历史变迁研究》，《现代传播》2014 年第 10 期，第 22—25 页。

② 《新华社在五大洲》，2017 年 11 月 6 日，http://www.hq.xinhuanet.com/hnfs/70year/files/news02.htm。

作,一再要求非洲报道"要显出第三世界特色"。而郭超人在 1992 年 11 月任新华社社长前后,更是成为非洲报道事业加速发展的倡导者。他曾多次踏上非洲大地,先后考察了多个驻非洲的新华社分社。他对各分社的记者反复说,非洲既是多灾多难的,又是多彩多姿的,要对非洲进行再认识,全面提升我们对非洲的报道水平,从各驻在国的实际出发,采取多种形式实现新闻的落地。① 此外,南振中担任新华社总编辑期间,曾批评一些媒体过分渲染非洲的疫病流行、冲突频发、灾害不断,损害了非洲的形象,不利于非洲进一步发展。因此他呼吁媒体不要损害非洲的形象,要更多地关注非洲的和平与发展,要客观、全面、公正报道非洲,使世界人民充分了解非洲,关注非洲。②

2. 中国国际广播电台

中国国际广播电台(以下简称国际台)是新中国最早开展国际广播业务的机构,也是中国目前唯一通过广播形式开展对非传播的媒体。国际台 1980 年开始设立驻外站点,目前在世界各地设立了 32 个记者站,其中在非洲地区有肯尼亚内罗毕、埃及开罗、尼日利亚拉各斯、津巴布韦哈拉雷 4 个记者站。2006 年 2 月,国际台肯尼亚内罗毕调频台正式开播,这是中国在海外建立的第一座调频广播电台。

为提高新闻采集能力和节目本土化水平,近年来国际台又在内罗毕设立了非洲总站,在肯尼亚内罗毕、埃及开罗、塞内加尔达喀尔、南非约翰内斯堡设立了 4 个节目制作室,驻外人员数量大幅增加。此外,还雇用了大量外籍专业人士参与节目制作。目前,国际台使用斯瓦希里语、豪萨语、茨瓦纳语、英语、法语、阿拉伯语、葡萄牙语等多种语言为非洲观众提供广播服务,在非洲 12 个国家开办了 23 家海外分台、3 家广播孔子课堂。

依托在非洲建立的记者站、节目制作室、听众俱乐部等传播力量和受众资源,近年来国际台积极发展影视节目译制播出、报刊出版发行、

---

① 吴锡俊:《新华通讯社 70 周年,非洲总分社 15 春秋》,2012 年 9 月 10 日,(http://blog. sina. com. cn/s/blog_591a7a5101017nyz. html)。

② 李忠发:《新华社总编辑呼吁媒体不要损害非洲形象》,2005 年 8 月 15 日,(http://news. sina. com. cn/c/2005 - 08 - 15/23446697801s. shtml)。

网站等新业务。如立足于自身的语言优势，国际台在 2011 年用斯瓦希里语译制国产电视剧《媳妇的美好时代》，在坦桑尼亚国家电视台播出后备受好评，之后又用豪萨语、阿拉伯语、英语、法语、葡萄牙语等语言在埃及、尼日利亚、塞内加尔等国播出了《北京爱情故事》《金太狼的幸福生活》等多部国产影视剧，从而开拓出了一项在非洲传播中国文化的新业务。通过播出这些反映中国社会生活的电视剧，非洲民众得以更加深入地了解了中国普通民众的生活。

2014 年 7 月，国际台在南非约翰内斯堡出版了英文双月刊《中国商旅》，并在赞比亚首都卢萨卡发行中文杂志《非洲侨讯》和英文报纸《新时代》。此外，国际台还于 2012 年收购了"中华网"，并对其进行升级，改成国际台英文中华网，成为另外一个多语种网络传播平台。2014 年 7 月，英文中华网在南非约翰内斯堡正式开通，为当地民众提供了通过网络和移动终端获得中国信息的便利途径。可见，国际台对非传播采取了"本土化传播、全媒体发展"的理念，这一理念不仅使得其拥有的传媒资源得到有效利用，也扩大了国际台在非洲地区的影响。

2012 年在肯尼亚内罗毕大学进行的一项调查显示，在国外电台中，BBC 收听人数最多，达到 67.21%，而国际台排名第二，24.59% 的被调查者表示收听该台节目。[1]

由此可见，尽管与老牌的 BBC 相比仍有差距，但国际台已经在非洲当地广播市场占有一席之地，其开展的广播业务与当地民众接收信息情况是相适应的，并且其在向非洲地区传播中国声音、推广中国文化方面发挥着不可替代的作用。国际台分布在非洲各地的听众俱乐部成为增进中非人民相互了解和友谊的重要依托，其对非洲社会的广泛覆盖及其纽带作用是电视、报刊、网络等其他媒体无法比拟的。

3. 中央电视台

与新华社相比，中央电视台的非洲中心站建立较晚，2010 年底才正式开始运转。央视非洲中心站驻地设在内罗毕，当时只有埃及、尼日利亚和南非约翰内斯堡三个常设站点。在中国媒体"走出去"战略的推动

---

[1] 闫成胜：《中国广播媒体对非洲传播能力现状分析》，《中国广播电视学刊》2015 年第 7 期，第 26—28 页。

下，2011年央视在埃塞俄比亚、阿尔及利亚、苏丹、塞内加尔、坦桑尼亚、津巴布韦、刚果（金）、安哥拉、赞比亚和南非开普敦新设立了10个记者站。至此，中央电视台在非洲共建立13个记者站。[①]

2012年1月，中央电视台非洲分台在肯尼亚正式开播，非洲分台是中央电视台的第一个海外分台，同时也是国际媒体在非洲建立的第一个分台。非洲分台拥有配置一流的高清演播室，能够实现播报、访谈及多边连线等各种节目形态，同时也能够通过全套的数字化新闻制作和包装系统，分享央视总部的全部新闻资源。此外，中央电视台非洲分台大量雇用非洲当地记者、编辑和节目主持人。非洲本地节目主持人的出现，让非洲观众感到亲切。《直播非洲》《对话非洲》《非洲人物》等专题节目反映了中央电视台独特的新闻视角和价值取向。开播后半年时间里，非洲分台对非洲二十多位政要进行了专访。非洲分台坚持探索本土化发展道路，通过其制作的系列节目，既可以让非洲观众看到最新的中国国内重要新闻，也可以随时与央视遍布世界各地的记者连线报道重大国际新闻。

2012年8月，中央电视台旗下的网络广播电视播出机构中国网络电视台，面向非洲用户研发的"我爱非洲"手机电视移动多媒体频道在内罗毕正式开通，该频道通过移动多媒体平台播出，非洲地区的移动用户可以通过手机、车载电视、笔记本电脑等移动多媒体终端实时收看来自中国的精彩电视节目。频道节目用英语播出，以"中国精选"为主题，面向非洲移动用户提供实时专业的新闻报道、原汁原味的中国影视剧和纪录片以及非洲民众喜爱的体育赛事等精品节目。

4. 其他官方媒体

除了新华社、中国国际广播电台和中央电视台以外，还有一些中国官方媒体也积极开拓非洲传媒市场。

2012年12月在肯尼亚创刊发行的《中国日报》（非洲版）是在非洲发行的首份中国英文报纸。《中国日报》（非洲版）发行范围全面覆盖肯尼亚、南非、尼日利亚、埃塞俄比亚、坦桑尼亚、加纳等非洲国家，目标读者包括各国的政府机构、工商界、主要智库、重点大学、在非洲的

---

① 康秋洁、刘笑盈：《中国媒体在非洲》，《世界知识》2012年第21期，第62—63页。

国际组织和跨国公司的人员。中国日报社社长兼总编辑朱灵表示："创办《中国日报》（非洲版），旨在向非洲发出中国声音，全面、真实、生动地讲述中国故事，全面介绍中非各方面交流情况，突出展现中非经贸合作进展，积极、有效地服务国家对非工作大局。"在《中国日报》（非洲版）创刊的同时，中国日报网非洲子网也同步推出，便于非洲公众第一时间通过网络获取新闻。①

《人民日报》也十分注重非洲报道，设立了非洲中心分社，并在南非、尼日利亚、苏丹和埃及派驻记者，采写了大量关于非洲的精彩报道。而由人民日报海外网和非洲华文传媒集团合作创办的非洲新闻网也于 2016 年 8 月在坦桑尼亚首都达累斯萨拉姆正式上线。在上线仪式上，人民日报海外版副总编辑王咏赋提出，非洲新闻网上线是人民日报海外版和海外网为非洲华侨华人服务的一个新起点，希望非洲新闻网成为非洲最权威的本土化中文网站，并成为中非之间的团结之桥、合作之桥。②

中国新闻社是中国以对外报道为主要新闻业务的国家级通讯社，长期以来，中新社十分重视对非洲大陆的新闻报道。2013 年 10 月，中新社南非分社正式成立。中新社与南非、尼日利亚、肯尼亚、毛里求斯等多个国家的媒体保持了合作关系。中国新闻社社长章新新提出，中新社要向世界报道一个充满生机和希望的非洲，报道非洲国家和人民注重发展、期待繁荣、追求和平幸福的美好愿望和孜孜奋斗的故事。他还呼吁要进一步深化中非务实合作与交流，科学规划中非媒体交流互访、项目合作、稿件互换、共同选题策格局划、联合采访、学术研讨、媒体技术和人员培训等，并建立长远交流合作机制。③

中国外文局所属《北京周报》社创办了《中国与非洲》（英、法文）月刊，该刊是中国唯一专门面向非洲读者的以深度分析报道为主

---

① 苗晓雨：《〈中国日报〉非洲版创刊》，2017 年 12 月 20 日，（http：//zqb.cyol.com/html/2012-12/15/nw.D110000zgqnb_20121215_2-02.htm）。
② 刘姝麟：《人民日报海外网非洲新闻网上线》，《人民日报》（海外版）2016 年 8 月 10 日第 4 版。
③ 宋方灿：《章新新：向世界报道真实而充满生机和希望的非洲》，2015 年 12 月 2 日，（http：//www.chinanews.com/gn/2015/12-02/7651019.shtml）。

的评论性月刊。此刊致力于加强中非沟通，就有关中国、非洲和中非关系的热点问题提供有针对性的深度报道、分析和评论，从而向非洲读者及时、客观地介绍中国情况，报道中国与非洲之间的双边关系、经贸合作、文化交流和民间往来的发展，为相关机构和人士提供实用服务信息。

此外，《经济日报》在约翰内斯堡、比勒陀利亚、达喀尔都有派驻记者，该报是由国务院主办的中央直属党报，是全国经济类报刊中权威性、公信力较强的报纸。

（二）民营媒体

除了上述中国官方媒体走进非洲外，中国民营媒体也走向非洲，开拓非洲传媒业务，其中最具代表性的是四达时代。

1. 四达时代

四达时代是一家民营企业，成立于1988年，2002年开始拓展海外市场。十多年来，随着中非关系和产业环境的发展变化，四达时代集团在非洲经历了初步探索、快速发展和战略转型的不同阶段，目前已跻身非洲付费数字电视运营商前列。

20世纪90年代末以后，随着中国国内广播电视升级换代逐渐完成，系统集成市场逐渐饱和。四达时代集团敏锐感知非洲数字化的历史机遇，开始承接非洲各国数字化整转项目，开展地面付费数字电视业务，并于2007年成立了第一个海外公司——四达时代传媒（卢旺达）有限公司。之后，随着中非友好互利合作实现跨越式发展，四达时代利用中非友好传统基础，制定了以成为全球有影响力的传媒集团为目标的国际化战略，积极争取国家产业和金融政策支持，同时利用中非媒体合作论坛等平台，在非洲实现了加速发展。

目前四达时代已在尼日利亚、肯尼亚、坦桑尼亚、南非、乌干达、卢旺达、几内亚、布隆迪、中非、莫桑比克、刚果（金）等30个非洲国家注册成立公司，在近二十个国家开展运营，发展数字电视用户近八百万，成为目前非洲唯一拥有地面数字电视平台、直播卫星平台、节目中继平台三大基础网络平台，同时开展英、法、葡及多种非洲本地语言业务的付费数字电视运营商。

四达时代集团在非洲的商业模式是以数字电视产业链经营为基础，将数字电视技术与本土化内容生产相结合，以挖掘非洲普通民众在付费数字电视领域的商业价值为核心，通过提供付费数字电视专业服务实现盈利。四达时代的核心竞争力在于低价优势和本土化策略，而其盈利模式是通过收取收视费、机顶盒销售、终端销售、广告销售、传输收入、节目译制、制作与发行等方式获取收入，其中主营业务收入来自数字电视收视费。

截至 2015 年底，四达时代在非洲累计投资 5 亿多美元。为了实现成为全球有影响力的传媒集团这一战略目标，四达时代集团近年来不断加大在内容方面的投入，打造了极具竞争力的节目播出平台。目前平台共有 440 多个频道，力图实现本土化，用 8 种语言、每天 24 小时不间断播出，节目类型涵盖综合、新闻、影视、娱乐、体育、音乐，等等。[1]

本土化战略也是四达时代集团非洲人力资源政策的主要特点。截至 2015 年底，四达时代集团共有 4159 名员工，其中中方员工 1094 人，非洲本地员工 3065 人。近年来，一批非洲当地优秀员工走上了管理岗位，甚至进入高层。如在肯尼亚已有本地人担任公司副总裁。人才本土化战略是四达时代集团在非洲长期扎根的重要保障，对把握用户需求和提升服务质量有重要意义。

总体而言，四达时代抓住非洲数字化的历史机遇，把握非洲经济社会发展和数字电视产业特点，利用自身技术背景和管理优势，探索出适应非洲实际情况的商业模式，提供了以商业手段开展国际传播能力建设的成功范例。

2. 其他民营和私营媒体

除了四达时代外，在非洲还存在一些规模较小的中文媒体，它们大多是由华侨创办的民营或私营媒体。以南非为例，中文媒体的历史就较悠久，创建于 1931 年的《侨声日报》至今已有八十多年的历史，是非洲

---

[1] 柳洪杰、侯黎强：《推动中国影视剧在非洲传播　助力中国文化"走出去"——专访四达时代集团副总裁郭子琪》，2016 年 4 月 14 日，http：//news.163.com/16/0414/16/BKKJJLVL00014SEH.html。

创办最早的一份华文报纸。该报因故于2004年3月底宣告"暂时停刊"，现尚未复刊。1994年冯荣生一人独资创办了《华侨新闻报》，1999年由多家侨团组织创办了《南非华人报》。除报纸以外，1996年侨声广播电台成立，为在南非生活的中国人及时了解中国、世界及南非当地发生的重要新闻提供了一个窗口。1997年，侨声传播公司将《侨声日报》和侨声广播电台合二为一，相互补充，开始走向民营化的经营之路。此外，尼日利亚、加纳、毛里求斯等非洲国家也创办有华人报。

除了在非洲一国发展的中文媒体以外，还出现了跨区域布局的媒体。比如非洲华文传媒集团以2009年创办的《非洲华侨周报》为起点，将媒体业务拓展至非洲多国，传播的语种也涵盖了汉语、英语以及茨瓦纳语、斯瓦西里语等非洲语言，还在中非的坦桑尼亚建立新闻学院，培养当地的新闻人才。《非洲华侨周报》总部在博茨瓦纳，是一份综合性华文报纸。报纸内容关注非洲华人华侨生活动态，记录海外华人历史，反映当地社会热点时事和社会动态，及时为华人读者提供信息资讯。该报现已由博茨瓦纳逐步拓展至赞比亚、坦桑尼亚、南非等非洲各国，是旅非华侨华人交流的平台，是读者认识非洲各国和了解中国的一个窗口。除了报纸外，非洲华文传媒集团还于2013年和2014年分别成立"非洲广播网"和"非洲侨网"，进一步拉近了非洲民众与中国和世界的距离。

三　中国媒体改变非洲传媒格局

通过对中国媒体在非洲的整体情况介绍，可以发现中国媒体在非洲发展迅速。一方面以新华社、中国国际广播电台、中央电视台等为代表的国家级媒体已经挺进非洲，大力布局非洲媒体市场；另一方面，以四达时代为代表的民营媒体也在积极开拓非洲市场，从而初步构建起官方媒体与民营媒体、官方主体与社会力量相配合的、多元化的、立体传播格局，这势必对非洲传媒格局产生多方面的影响。

（一）新增量和新空间：中国传媒扩大非洲传媒格局

中国媒体（包括通讯社、报纸、广播、电视和网络新媒体等不同媒介形态）走进非洲，对非洲传媒格局的最直接影响就是扩大了非洲的媒体增量供给，扩展了非洲民众阅读和收视的空间，为他们接近媒介提供了更多便利，也为他们使用媒介提供了更多选择。因为长期以来，西方国家凭借经济优势、语言优势以及对非的传统历史、文化优势，在非洲传媒格局中一直占据主导地位。可以说，相对于西方媒体，中国媒体走进非洲是具有崭新形象的新面孔，不同于与西方国家的前殖民关系，中国与非洲是朋友和合作者的关系。

由于殖民统治，非洲一直是受西方文化影响较多的地区。非洲最早的报纸、广播、电视台等大众媒体多由西方殖民者创办，以西方国家的语言文字为载体，以殖民当局及上层社会的活动为主要内容，以服务其殖民统治。进入20世纪以后，随着广播媒体的诞生，欧洲殖民者又在非洲各地陆续开办了广播电台和电视台。1928年，英国殖民者在埃及建立了第一家广播电台。1929年，法国殖民者在阿尔及利亚建立了第一家电台。1962年，刚果（布）国家电视台在法国的协助下建立，这是非洲撒哈拉以南地区第一家电视台。[①]

非洲国家对国外媒体进入本国采取比较开放的政策，因此英国、法国、美国等媒体发展水平较高的国家早在20世纪90年代便捷足先登。在北非阿尔及利亚，由于曾是法国殖民地，法国电视频道和法国卫星电视运营商凯勒普拉斯（CANAL+）在当地影响很大，几乎所有卫星电视用户都在收看法国的卫星电视节目。位于阿联酋迪拜的卫星电视运营商轨道佳映网络公司（Orbit Showtime Network）在北非地区拥有大量观众。法国国际广播电台（FRI）在塞内加尔、刚果（布）等多个非洲法语国家开办了调频广播电台。英国著名财经报纸《金融时报》进入肯尼亚等多个非洲英语国家。这些有国外背景的媒体成为非洲地区媒体的重要组成部分。凭借多年积累的品牌优势，美国有线电视新闻网环球新闻（CNN International）和英国广播公司世界频道（BBC World）等欧美电视频道在非洲得到广泛传播，深受当地民众喜欢。

由上可见，西方媒体在非洲传媒格局中占据主导地位，而目前多数

[①] 国家新闻出版广电总局研修学院：《发展中国家广播电视概况暨管理体制研究》，中国广播电视出版社2014年版，第145页。

非洲国家在新闻采集和电视节目制作领域还缺乏经验，但对新闻和电视节目存在很大的需求，因此对西方国家的媒体十分依赖。如厄立特里亚电视台共有两个频道，主要转播北美和澳大利亚等地区的节目；突尼斯国家电视台主要转播意大利国家电视台和法国商业电视台节目；吉布提电视台主要转播法国和邻国电视节目。[1]

因此，中国媒体走进非洲，不仅大大增加了非洲传媒市场的媒体供给，扩大了非洲格局，而且将改变非洲媒体对西方国家媒体过度依赖的现状，为非洲与世界其他地区的传媒沟通交流打开了另一扇窗，使当地民众有更多渠道及时了解最新的世界特别是来自中国的信息。

（二）新技术和新媒体：中国传媒升级非洲传媒格局

中国媒体走进非洲，带来的不仅仅是媒体数量的增加，更为重要的是带来新技术和新媒体，助力升级非洲传媒格局。从前面的分析可以看出，不管是官方媒体包括新华社在非洲建立的可传输数据、语音、文稿和图像的高速专线网，中央电视台非洲分台配置的一流高清演播室，抑或是国际台创建的英文中华网、《中国日报》创办的非洲子网、《人民日报》参与创办的非洲新闻网以及中央电视台的"我爱非洲"手机电视移动多媒体频道，还是民营媒体创办的"非洲广播网"和"非洲侨网"，都显示出中国媒体布局非洲的"全媒体"战略。这表明，中国媒体充分认识到，在网络时代仅仅以广播、电视、报纸等传统媒体为战略支点，以空间上的"覆盖"为目标布局非洲已经不适合新技术发展的现实和非洲受众的接收习惯，因此通过新技术、新平台、新终端为当地民众提供获取中国信息的便利途径才能制胜。

而从非洲国家来看，中国传媒带着传媒新技术走进非洲，必将升级非洲传媒，因为当前非洲传媒面临着技术化和电子化落后带来的多重挑战。

在技术方面，非洲国家的通信设备制造能力、通信业基础设施情况和媒体技术情况都相对较弱。如广播电视业务使用的摄像机、编辑机、发射机以及印刷使用的轮转机、复印机等专业设备都需要依赖进口；在

---

[1] 李宇：《国际传播视角下的非洲电视业传媒》，《传媒》2013 年第 6 期，第 58—60 页。

传送电视节目时，断网断电的情况时有发生，国家通信网络及居民接受信息的设备都有待提高等。

在电子化方面，非洲国家的主要媒体已实现电子化，但整体而言，非洲的传媒业电子化程度依然处于欠发达阶段，网络媒体尚未对传媒格局构成颠覆性挑战。在非洲一些落后国家，广播和电视模拟频道依然是非洲民众获取新闻信息的主要渠道。根据互联网世界统计调查显示，截至2017年12月31日，非洲互联网用户数量为4.5亿人，占非洲总人口的35.2%，但是仅占世界互联网用户人数总数的10.9%。① 尽管如此，非洲目前已成为全球手机用户增长最为迅猛的地区之一，如2014年非洲智能手机用户较2013年整体增长了108%。② 因此，整体来看，虽然非洲与世界其他地区，尤其是发达地区的数字鸿沟是不可忽视的，但是非洲的确是全世界宽带互联网、蜂窝移动网络、社交媒体使用、智能手机等领域发展最快的地区，新兴媒体在非洲的发展空间仍然巨大。

因而中国媒体在布局非洲的进程中，大力实施"全媒体"战略，对非洲引进传媒发展所需的新技术，发展新媒体业务，推广各类移动终端，必将助力非洲媒体的数字化进程。如传音控股、华为等公司的手机根据非洲用户的需求设计生产，物美价廉，为用户上网提供了便利，而四达公司低价推出数字电视，正在帮助非洲国家实现从模拟电视到数字电视的过渡，志在使每一个非洲家庭都能负担得起数字电视，观看到优秀的数字电视节目并享受数字生活。③

（三）新内容和新视角：中国传媒改变非洲传媒格局

除了扩大非洲媒体增量和升级非洲媒体技术以外，中国媒体走进非洲对非洲传媒带来的最重要的意义是带来了报道非洲的一种新视角，这

---

① Internet World Stats, Internet Users in the World by Regions-December 31, 2017, 2018年1月5日，(http://www.internetworldstats.com/stats.htm)。
② 李娜：《非洲智能机去年增长108% 中国厂商市占率30%》, 2015年4月1日，(http://www.yicai.com/news/4600456.html)。
③ 王笛青：《美媒称中国电视节目横扫非洲 征服民心观众：比BBC有深度》, 2017年8月9日，(http://www.cankaoxiaoxi.com/world/20170809/2218471_3.shtml)。

一视角超越西方媒体的"他者"范式，真正建构起报道非洲的新内容和新范式。

西方媒体在报道方式中始终存在一种"你们"与"我们"，"西方"与"非西方"的惯性区隔思维，这不仅表现在对非洲的报道中，对中国在非洲的报道同样如此。西方媒体多从负面、片面观察报道，且存在扩大事实之嫌。比如大肆报道非洲的犯罪问题，指责中国在非洲不顾人权，夸大报道中国企业在非的劳资矛盾，等等。被建构成如此负面的中非关系透露出面对中国在非洲影响力的扩大，西方对于自我中心的不自觉的焦虑、对于自我的不自信，需要通过批判中国走进非洲来确保对非的影响力，因此构建中非关系的典型"他者"就成了西方"自我"身份确证和巩固的必然存在。

区别于西方记者报道非洲的视角，中国媒体和中国记者在报道非洲时，多采取建设性的正面态度来报道非洲所取得的进步，向世界报道一个充满生机和希望的非洲，报道非洲国家和人民注重发展、期待繁荣、追求和平幸福的美好愿望和努力奋斗的故事。可见，通过中国媒体实现对非洲的再认识，客观、全面、公正地报道非洲是中国媒体一直坚持的方针。

这必将带来中西方媒体叙事方式的差异，比如西方媒体大肆报道非洲国家犯罪严重时，而中国媒体就侧重报道非洲国家如何打击犯罪以及取得的成效；当西方媒体报道中国企业劳资矛盾时，中国媒体侧重报道其为当地民众服务、创造就业岗位、承担社会责任、自觉保护环境的事实。中西媒体的不同报道视角，生产出差异化的话语权，从而为非洲民众提供了看待自身问题的另一种视角。

非洲研究学者张艳秋将中国媒体报道非洲的新闻称作"有建设性意义的新闻"，称中国媒体报道非洲存在的问题是为了找到解决问题的答案，这样的报道以为非洲大陆带来一种新的平衡和希望为主旨。在这个主旨引导下的中国媒体还向读者抛出了一个问题："我们该如何去帮助他们？"而西方媒体尽管在报道事实，但如果仅仅报道负面事实却眼看着问题日益恶化，这样必将不利于非洲的发展。因此，西方媒体普遍扮演了一种"监察者"的身份,而中国媒体则在做着"有建设性意义的新闻"。①

也许中国媒体朝着"建设性新闻"的方向上努力,还需要提高自身的可信度、报道的专业度以及批评报道的程度,但中国媒体走进非洲已经助力非洲传媒朝着更好的方向发展了。正如专门从事中国媒体研究的南非威特沃特斯兰德大学研究学者鲍勃·维科萨说,对他个人而言,最理性的状态莫过于对抗性更强的西方媒体和建设性更强的中国媒体同时存在于非洲大陆,两者正在相互产生影响,最终,这只会对非洲及非洲媒体产生好的效应。② 这也许正是中国媒体对非洲传媒格局带来改变的最大意义所在。

我们仍应该清楚认识到中国媒体走进非洲存在的问题和不足,主要表现在以下方面:一是从报道内容看,中国媒体对中国的报道多,而对非洲的报道少。这就要求在非洲的中国媒体要多立足当地,报道非洲的发展,关注非洲的利益,如中国媒体报道在非中资企业也应该有非洲视角,要关注当地雇用非洲员工的待遇问题、中国企业在非开发可能涉及的环境保护问题,等等。二是从报道形式看,中国媒体的非洲报道比较呆板,中国味太浓,容易让受众产生舆论导向性太强的认知。这要求中国记者向西方媒体同行学习,改变报道风格和叙事手法,讲出生动、有人情味、引人入胜的故事。比如西方媒体在报道非洲时,通常从普通人物着手、小处着眼,运用个人的、叙事的方式来建构非洲报道的议题,从而化抽象的大问题为具象的可知可感的人与物,这都是值得中国媒体学习的。三是从采写方法看,中国记者在非洲记者站编译稿件多,原创稿件少,深入采访稿件少。这就要求中国记者增强工作的自主性、主动性和原创性,要向西方记者学习新闻采写技巧,国际新闻报道也要"走转改",深入非洲社会,从而写出更加接地气的报道。四是从媒体从业人员看,应更多地聘用当地的优秀

---

① 信莲:《英媒点赞中国媒体:在非洲站稳脚跟 不回避敏感话题》,2015 年 5 月 13 日, http://world.chinadaily.com.cn/2015-05/13/content_20707569.htm。

② 温胜华:《英媒:中国媒体正在帮助非洲媒体朝更好方向发展》,2015 年 5 月 11 日, http://oversea.huanqiu.com/article/2015-05/6396344.html。

人才。这要求中国媒体在布局非洲的过程中，要大力实施人才的本土化战略，要大胆重用当地的优秀传媒人才，这些人才能够帮助消除语言和文化的沟壑，帮助中国媒体更快融入当地媒体市场，增加中国媒体对当地受众的贴近性和吸引力。

（本文原刊发于《湖南师范大学社会科学学报》2018年第3期）

中非发展经验互鉴

中国与发展中国家的治国理政经验交流：
历史、理论与世界意义

罗建波[*]

摘 要：当下国内外关注的中国治国理政经验，主要是指中国改革开放以来逐步探索和积累的改革、发展与治理经验。中国治国理政经验具有四方面的显著内涵：自立精神、发展主义、有效政府、多元共识。随着发展中国家对中国发展的普遍关注及中国自信的增长，中国与其他发展中国家的经验交流、观念互动和治理对话正在稳步发展，成为当前南南合作深入发展的重要着力点和生长点，具有全球发展和全球治理层面的意义。其深入发展不仅有助于推动全球发展问题的解决，为发展中国家探索自主发展道路提供新的启示，也能通过不断深化的南南知识交流和观念创新助推全球知识流动格局趋向多元化发展，进而为世界秩序的发展和完善带来积极影响。继续推进中国与其他发展中国家治国理政经验交流的行稳致远，需要坚持相互平等、互学互鉴、存异求同的原则。

关键词：中国外交 发展中国家 治国理政经验 南南合作 国际秩序

当今世界处在大发展、大变革和大调整时期，全球性的观念、制

---

[*] 罗建波，中央党校（国家行政学院）国际战略研究院中国外交研究所所长、教授。

度和文化的合作与交流更加紧密，竞争与交锋也更加激烈。其中最富积极意义的方面，是中国与其他发展中国家的经验交流、观念互动和治理对话正在稳步发展，成为当前南南合作深入发展的重要着力点和生长点。此种经验交流在本质上属于人文交流的范畴，也具有全球发展和全球治理层面的意义，其深入发展不仅有助于培育中国与其他发展中国家的相互理解和政治互信，也可以通过经验、观念和制度层面的对话助推发展中国家的整体发展，帮助它们更好地应对和解决全球性发展和治理问题。放眼未来发展趋向，在人类知识延续几个世纪由北方向南方流动和扩散之后，全球性知识流动格局正在趋向多元化发展，这些曾经在世界体系中长期处于边缘的发展中国家开始通过横向合作推动知识与观念创新，进而彰显它们对人类发展的新价值和新贡献。在回顾中华人民共和国成立以来中国与其他发展中国家治国理政交流的发展历程基础之上，如何进一步凝练中国治国理政经验的理论内涵，不断探索中国与发展中国家治国理政经验交流的发展之道，就显得十分必要也十分重要。

一 治国理政经验交流的历史演进

经验交流一直是中国与发展中国家南南合作的重要内容。中华人民共和国成立70年来，中国与发展中国家合作从第三世界民族解放运动时期的政治团结与互助，逐步过渡到经济建设和国家发展进程中的全方位互利合作，中国与发展中国家的经验交流也从最初以革命经验交流为主，逐步拓展提升为改革与发展经验的分享，以及更为全面意义上的治国理政经验交流。南南合作历史任务的转变以及国际环境的巨大变迁，赋予不同时期经验交流以不同的内容与形式，也因此呈现出鲜明的时代烙印。

早在20世纪50—70年代，年轻的中国怀揣共产主义的世界情怀，也着眼为自身维护主权独立并打破外部封锁争取更多的政治支援，曾广泛声援和支持第三世界的民族解放运动。在这一时期，许多亚非拉国家友好人士纷纷前往中国，寻求实现国家独立的精神激励和斗争经验。第三世界的大团结极大地推动了亚非拉世界的民族独立运动，摧毁了西方殖民大国建立和维系的长达百余年的殖民体系，中国在这一斗争中也极大地彰显了自身的力量和价值，有力塑造了中国与其他第三世界国家的政治认同与互信，奠定了中国与其他发展中国家友好合作的政治和情感基础，其历史意义至今仍在显现。赞比亚原总统卡翁达曾这样称赞道："中国是南部非洲同殖民主义、法西斯主义和种族主义进行斗争的爱国力量的主要支持者之一。中国对莫桑比克、安哥拉和津巴布韦人民的支持对这些国家的解放起了决定性的作用。"[①] 中国与发展中国家的历史性接触，从一开始就具有重大的世界意义。

20世纪70年代后期，中国战略重心逐步转向经济建设，亚非拉世界民族独立运动也基本完成，南南合作的历史任务悄然发生重大转变。如果说此前中国与其他发展中国家经验交流主要是革命经验的横向传递，那么进入80年代后则演变为发展经验的横向交流。20世纪80—90年代，中国领导人在会见发展中国家代表时，一个重要内容是向外宾介绍中国改革和发展经验，鼓励他们探索适合自身条件的发展道路。1985年8月邓小平同志在会见坦桑尼亚总统尼雷尔时谈道："我们的经济改革，概括一点说，就是对内搞活，对外开放。"他自信地展望："我们的改革不仅在中国，而且在国际范围内也是一种实验，我们相信会成功。如果成功了，可以对世界上的社会主义事业和不发达国家的发展提供某些经验。"[②]

进入21世纪，中国开始逐步显现经济发展的巨大成就，国际影响力得到快速提升，中国也更加自信地向世界特别是发展中国家介绍中国发展的成就与经验。许多发展中国家在经历八九十年代的政治动荡和经济停滞后，也开始更加重视对中国政治经济持续发展和社会稳定的关注，非洲国家"向东看"、部分拉美国家"向西看"正是在这一背景下出现的。2000年首届中非合作论坛部长级会议的召开，开创性地设立"非洲人力资源开发基金"，推动了中非人力资源开发合作的大规模快

[①] 谢益显：《中国外交史（中华人民共和国时期1949—1979）》，河南人民出版社1988年版，第596页。

[②] 邓小平：《对中国改革的两种评价》（一九八五年八月二十一日），《邓小平文选》第3卷，人民出版社1993年版，第135页。

速发展（见表1）。2006年1月，中国政府发表首份对外政策白皮书——《中国对非洲政策文件》，把"相互学习、共谋发展"确定为中国对非洲政策的四项原则与目标之一，明确提出中非双方"相互学习借鉴治国理政和发展的经验……支持非洲国家加强能力建设，共同探索可持续发展之路"。[①] 治国理政经验开始作为一个独立词汇被明确提了出来。

表1　　　中非合作论坛会议拟定的非洲人力资源培训计划

中非合作论坛会议	培训起止时间（年）	计划培训非洲学员（人次）
中非合作论坛第一届部长级会议（2000）	2001—2003	7000
中非合作论坛第二届部长级会议（2003）	2004—2006	10000
中非合作论坛北京峰会暨第三届部长级会议（2006）	2007—2009	15000
中非合作论坛第四届部长级会议（2009）	2010—2012	20000
中非合作论坛第五届部长级会议（2012）	2013—2015	30000
中非合作论坛约翰内斯堡峰会（2015）	2016—2018	40000
中非合作论坛北京峰会（2018）	2019—2021	50000

资料来源：作者根据外交部中非合作论坛网站（https://www.focac.org/chn）资料整理。

从字面意义上讲，虽然经验交流本身也涉及国家发展的方方面面，但治国理政经验在囊括经济社会发展经验的同时，也更加明确地涵盖了诸如道路选择、制度建设、治理建设、政党建设等更为宽泛的内容。党的十八大特别是十九大以来，中国开始更加自信地思考自己的道路、理论和制度选择，更加系统地总结提炼国家发展和治理的经验、教训和相关启示，也开始更加深入地推进中国与世界特别是与其他发展中国家的治国理政经验交流。2018年中非合作论坛北京峰会明确把"能力建设"作为未来三年中非合作的"八大行动"之一，表明治国理政经验交流和国家能力建设已经成为中非合作的优先合作领域之一。中拉合作论坛也把治国理政经验交流作为深化中拉合作的重要事项，中拉双方决定共

[①] 《中国对非洲政策文件》，《人民日报》2006年1月13日。

同建设陆洋一体的大联通、培育开放互利的大市场、打造自主先进的大产业、抓住创新增长的大机遇、开展平等互信的大交流"五位一体"合作大格局①。在此背景下，治国理政经验的交流涵盖面愈加广泛，从非洲和部分亚洲国家逐步拓展到囊括拉美、中东欧和南太平洋岛国等几乎所有发展中国家，交流内容从经济和社会发展经验逐步拓展到更为广泛、深层次的国家发展和治理领域，交流形式从党政高层交流逐步拓展到包括公共外交、民间和智库交流在内的大外交格局，交流对象也从党政官员和专家学者逐步拓展到包括传媒、非政府组织、妇女和青年领袖等各层面各领域的精英人士。治国理政经验交流已经成为中国与其他发展中国家关系的一个重要方面，成为新时代中国特色大国外交的一个重要亮点。

二　中国治国理政经验的理论内涵

一般意义上，时下国内外热议的中国治国理政经验主要是指中国改革开放以来逐步探索和积累的改革、发展与治理经验。人们试图回答，中国作为一个后起的超大型发展中国家，何以能够实现近40年的政治稳定和经济快速发展，其背后的"秘密"究竟何在？中国经验对世界意味着什么，特别是对多数尚未实现经济社会较快发展的其他发展中国家究竟有何种启示和借鉴意义？

回答这些问题，首先需界定中国治国理政经验的本质。从宏观看，中国过去40年的发展是中国作为一个发展中国家主动追求现代化并深入参与经济全球化的历程。着眼中国自身历史演进，这一进程是中国近代以来追求国家独立、发展和富强的最新努力，是中国从传统社会走向现代化这一宏大社会变迁的最新阶段。罗荣渠先生曾明确主张从现代化的视角来叙述中国的近现代史，来认识中国与外部世界的关系。② 放眼全球，中国发展是亚非拉第三世界国家在实现民族独立后追求发展和复兴

---

① 习近平：《携手共命运　同心促发展》，《人民日报》2018年9月4日。
② 参见罗荣渠《现代化新论——世界与中国的现代化进程》，商务印书馆2004年版，第487—511页。

的一个重要实践,是当今世界解决全球发展问题的一个突破性进展,也是当今世界政治经济结构呈现全球性大发展、大变革、大调整的重要推动力量。由此,中国的发展就不仅关乎中华民族伟大复兴这一全体中国人的世纪夙愿,其快速发展所带来的巨大机遇以及治国理政经验所带来的某种启示也关乎整个发展中世界的发展,而中国作为一个负责任新兴大国,对全球化和全球治理的深度参与还关乎世界共同的命运与前途。中国经验的积累和对外交流,才因此具有了超越中国自身的更为广泛的世界意义。

对中国治国理政经验的总结和提炼,也因此具有两个指向,既要呈现中国的创新因而彰显中国个性、中国特色,又要能够进行世界表达因而能为世界所理解,推动世界读懂中国,进而通过经验交流互鉴,助推世界减贫与发展进程以及发展中国家治理能力的提升,由此更好体现中国经验的世界价值和意义。具体来讲,这种经验总结就不应只是强调中国政治经济制度的某些显著中国特色,而更应从一般意义上国家构建(State-building)的理论与实践角度去思考中国治理经验的世界价值,从广大发展中国家在追求发展并参与经济全球化进程中面临的普遍性问题挑战的角度去总结中国经验的普遍性意义。在此,本文尝试提出中国治国理政经验的四方面显著内涵:

(一)自立精神

中国发展模式的最根本之处,在于对独立自主和自力更生的深刻理解与一贯坚持。中国从开国领袖毛泽东开始,就始终强调独立自主和自力更生,强调依靠中国自己的力量和智慧来实现国家发展,并由此彰显中国人的价值和意义。毛泽东曾在 1958 年国家处于困难时明确强调,中国的建设要以"自力更生为主,争取外援为辅,破除迷信,独立自主地干工业、干农业、干技术革命和文化革命……这就是我们的路线"。[①] 在中国人看来,独立自主不仅要在政治上获得独立,更要实现思想和精神上的自立自强和完全解放。其实质,就是要自主决定适合自身的发展道

---

① 参见中华人民共和国外交部、中共中央文献研究室《毛泽东外交文选》,中央文献出版社、世界知识出版社 1994 年版,第 318 页。

路和制度选择，自主决定自己民族、国家的命运和前途。在中国人看来，独立自主不只是每个民族国家自己的事业，整个第三世界的南南合作也是更为广泛意义上自立自强和自力更生的一部分。这一南南合作精神，得益于早年中国共产党在革命斗争时期建立统一战线的历史启示，成长于第三世界民族解放运动时期南南合作的现实需要，在今天发展中国家追求发展和复兴进程中仍具有强大的生命力。

中国对现代化的追求及战略选择，很好地展现了中国的自立精神。在探索发展道路时，中国注重学习国外的成功经验，注重借鉴西方经济发展理念的合理成分，但始终强调基于自身国情基础上进行理性选择和借鉴，由此不断完善国家制度设计和发展战略选择。在选择改革路径之时，中国从一开始便选择了一条渐进改革之路，即"摸着石头过河"，在充分保证国家政治稳定的前提下稳步推进改革进程并扩大对外开放领域，在制度不断完善和经济不断发展进程中增强了抵御内外风险的能力和参与世界经济竞争的经验，从而较好地处理了改革、发展和稳定的相互关系，因而得以成功地避免东欧转轨国家和非洲国家曾经在进行激进政治变革时所带来的不同程度的政治动荡。在追求经济发展之时，中国也曾大量利用外来援助，积极吸引外来投资、技术和管理经验，但始终强调挖掘国内市场潜力、培育自身发展活力并提升自主发展能力。中国在探寻国际合作之时，在注重协调与发达国家的竞争合作之时，也自始至终注重开展与广大发展中国家的团结合作，当前中国积极倡导和践行对发展中国家的正确义利观，稳步推进与发展中国家的"一带一路"建设，正在构筑一条横贯亚非拉的更为广泛的新丝绸之路。

(二) 发展主义

改革开放以来中国经济发展具有三方面显著特点：一是将经济发展置于优先地位，即经济发展在相当长时期里是国家追求的中心目标，且全民有着实现现代化的普遍共识；二是政府对经济的有效推动，即政府有着推动经济发展的强烈意愿并拥有有效动员、协调和整合资源以推动国家经济发展的能力，特别是通过大规模基础设施建设来改善发展条件并提升发展能力，通过有选择性的产业培育以实现在特定领域的追赶型发展；三是积极参与全球产业分工，即充分发挥资源禀赋的比较优势以承接全球产业转移，主动建立出口导向型的经济体系并在此基础上不断提升自身在全球产业链价值链中的地位。中国经济发展具有许多东亚"发展型国家"（Developmental State）的显著特点，同时又试图在政府与政党、社会与国家、市场机制与宏观调控，以及改革、发展与稳定之间探索更加平衡的关系，不断探索建立现代治理体系并实现治理能力重塑，以超越传统东亚"发展型国家"的某些局限。

中国在经济上的发展主义（Developmentalism），除了体现在对发展目标的执着追求和发展战略的通盘设计之外，还体现在中国政府采取了一种"发展导向"的问题解决路径。中国坚信"发展才是硬道理",[①] 试图通过更高质量的发展来解决发展中出现的问题，通过更为深入的改革来破解发展中出现的难题。这是因为，发展中国家的现代化特别是在初期往往涉及复杂的经济、社会和政治变迁，必然要触及诸多既有的利益，必然要突破许多既有的制度樊篱，因而容易引发甚至激化各种潜在的问题和矛盾，这就需要政府通过不断增加新的发展机遇、新的发展成就，来满足民众不断提升的发展需求；通过国家宏观调控能力的不断增强，来健全社会保障体系、提升社会保障能力，由此持续提高民众的获得感和对国家的认同。正如冷战结束后非洲政治民主化及阿拉伯剧变所展现的那样，面对不断累积的社会矛盾，如果不以更大程度的发展和改革来寻求突破，而是仅仅以"民主"为导向，试图通过一揽子的政治变革来解决各种利益矛盾或社会问题，反而可能诱发原本存在的各种利益分歧和认同差异，进而导致各族群、政党和利益集团深陷政治纠纷，而无暇顾及国家发展，其结果可能恰恰适得其反。

（三）有效政府

国内一些学者习惯于用"强政府"来指称中国政府模式，认为这是中国模式的一个显著优势和特色。其实，无论是"大政府"还是"强政府"，都有可能带来国家对社会和民权的压制，在政治学领域都并非完全意义的褒义词，前者意味着政府规模过于庞大或者涉足的领域过于宽泛，

[①] 邓小平：《在武昌、深圳、珠海、上海等地的谈话要点》（一九九二年一月十八日—二月二十一日），载《邓小平文选》第3卷，人民出版社1993年版，第377页。

后者则暗示国家权力可能过于集中或过于强势，甚至在某种程度上与威权主义画上了等号。从改革方向看，中国的国家治理应是一种"有效国家"（Effective State）或"有效政府"（Effective Government），即国家或政府在有限的治理范围和必要的制度约束下行使富有效能的国家权力，比如，维护国家稳定和基本社会秩序，为民众提供必要的公共服务，以及为经济发展提供必要条件和制度激励。① 何为国家治理能力？任何现代国家，无论其奉行的意识形态和具体的政治体制有何差异，都应该具备推动经济发展、履行公共管理、维护社会基本稳定并为民众提供应有公共产品的能力。它们履行这些职能的程度大致反映了其国家能力的高低强弱，国家也因此可以被分为有效的（有能力的）政府、低效的（低能的）政府、失败的（无能的）政府。王绍光、胡鞍钢等人认为，国家职能与相应的能力包含八个基本方面：维护国家安全与公共秩序的能力（强制能力）；动员与调度社会资源的能力（汲取能力）；培育与巩固国家认同和社会核心价值的能力（濡化能力）；维护经济与社会生活秩序的能力（监管能力）；确保国家机构内部的控制、监督与协调的能力（统领能力）；维护社会分配正义的能力（再分配能力）；将民众参与需求纳入制度化管道的能力（吸纳能力）；协调不同利益、形成公共政策的能力（整合能力）。②

中国的国家治理能力之所以相对较强且治理较为有效，至少源于三大因素。

一是中国有一套系统且较为成熟的国家基本制度，诸如现代的金融与财政制度、统一的国内市场秩序和经济规则、成熟的法治和治理体系，以及较完备的教育、医疗和社会保障体系，这是任何现代国家履行其基本职能的必要条件。中国是一个在制度建设方面历史悠久的国家，在现代化开启之前就已经有着逾千年的国家制度经验，在全面推进改革开放之后，又能随着发展需要进一步改革和完善国家制度，在一定程度上实

---

① 罗建波：《非洲国家的治理难题与中非治国理政经验交流》，《西亚非洲》2015 年第 3 期，第 74—97 页。
② 参见王绍光、胡鞍钢、周建明《第二代改革战略：积极推进国家制度建设》，《战略与管理》2003 年第 2 期，第 90—95 页。

现了政治转型和制度建设的相辅相成且相互促进。由此，中国才有较强的治理能力以全面推进改革和开放进程，才有相应制度设计以有效化解改革开放进程中出现的利益分歧，从而有效维护政治的基本稳定。对于身处现代化进程的发展中国家来说，政治发展的主题不仅仅只是政治民主化，也包括同样重要的制度建设和政治稳定问题，后者对于国家的发展和稳定同样具有基础性、决定性的作用。国家首先应该是一个"制度供给者"，进而才能成为政治改革的"推动者"、经济发展的"服务者"和社会秩序稳定的"维护者"。

二是中国政府具有超越国内不同利益集团和政治力量的相对"自主性"（Autonomy），因而能够制定相对长远的国家发展目标，且能够在实践中一以贯之地追求。其实，中国的政策制定环境并非真空，政策制定过程也受到许多来自不同行业和地方的利益集团的影响，但相对于其他多数发展中国家，中国执政党和政府仍然拥有相对更为广泛的代表性，能够在最大程度上将长远的国家利益作为自己的追求目标。北京大学姚洋教授因此把中国政府概括为"中性政府"（Disinterested Government），认为中性政府和社会平等是中国经济成功的关键。[1]

三是中国政治崇尚选贤与能，逐步建立了一套较成体系的官员选拔和考核制度，旨在遴选出具有良好知识素养、管理能力而又符合道德标准的行政官员。加拿大著名政治学者贝淡宁（Daniel A. Bell）把中国政治模式称为"贤能政治"（Meritocracy），认为它更加适合挑选出拥有高超能力和美德的政治领袖，同时通过"基层民主、中间试验和高层赏贤"的政治架构尽可能地回应了民众的民主诉求。[2] 虽然这种制度在具体运作中并非完美，在理论建构上还需更具说服力的解释，但这种政治尚贤有着千年科举取士的历史文化传承，也有数十年的现代政治实践，还有精英和大众对这种制度安排的基本认可，因而体现出某种程度的政治合法性。

---

[1] 姚洋：《中国经济成就的根源与前景》，《文化纵横》2010年第4期，第16—23页；贺大兴、姚洋：《社会平等、中性政府与中国经济增长》，《经济研究》2011年第1期，第4—17页。

[2] ［加拿大］贝淡宁：《贤能政治》，吴万伟译，中信出版社2016年版，第136—163页。

（四）多元共识

这里所言多元共识，既体现为中国社会广泛存在的多元共识理念，也体现在国家治理和社会管理中广泛存在的多元共识的制度安排。这种多元共识理念，源于中国自古以来的中庸思想与"和而不同"理念，源于中国漫长历史进程中的"大一统"政治传统，在当代中国的改革和发展中又不断地得以丰富和发展。这种多元共识制度，具体体现为人民代表大会制度、共产党领导的多党合作与政治协商制度、民族区域自治制度、基层民众自治制度等制度安排，也体现在民主选举、民主决策、民主管理、民主监督以及更为广泛意义上的治理现代化进程之中。一些中国学者认为，如果把民主制度大致分为选举民主和协商民主，那么中国的政治制度安排更接近于协商民主的实质；[1] 如果把民主制度分为多数民主和共识民主，那么中国的政治制度更接近于共识民主。[2] 与选举民主或多数民主单纯倚重多数票决的方式有所不同，协商民主或多数民主在承认选举合理性的同时，也旨在通过适当的制度设计和包容的政治文化最大限度地吸纳各党派、各阶层、各领域的民众参与公共决策和政治生活，其目的在于通过对话、讨论、审议等方式尽可能地反映大多数人的意见，当然也包括少数人的意见。

在本质上，多元共识是多元和共识的辩证统一。多元共识的前提是多元，社会存在多样性和差异性，谋求共识才具有必要性和重要性；多元共识的导向是共识，通过广泛的讨论、对话和协商来化解分歧、增进互信。无论从决策过程还是价值取向的角度，多元共识都体现出明显的多样性、包容性和互利性。因此，共识不是同一，也并非消灭差异，而是基于多元基础达成大体一致，基于差异基础上实现各方的大致趋同，其实质是通过"存小异求大同"以达到最大程度的"和而不同"。

---

[1] 林尚立：《中国政党制度与国家建设》，《毛泽东邓小平理论研究》2009年第9期，第1—6页；苏长河：《中国模式与世界秩序》，《外交评论》2009年第4期，第21—31页。

[2] 杨光斌：《中国的政策过程追求的是一种共识民主》，《北京日报·理论周刊》2018年3月5日；虞崇胜、孙龙桦：《共识民主：中国式民主的有效实现形式与发展向度》，《学习与实践》2011年第1期，第52—59页。

值得注意的是，中国与外部世界在历史文化和社会生态上存在显著不同，中国与多数发展中国家在政治制度和政党制度上也存在明显差异，因此对外宣介中国多元共识的制度安排时应以增进外部世界对中国的了解和理解为主，做好增信释疑的工作。但中国文化、政治和社会体现出的显著的多元共识理念，其丰富的内容值得认真总结与提炼，也值得与那些同样具有多元文化和民族结构的发展中国家进行相互交流和探讨。多元共识的主要启示在于，对于开启现代化的发展中国家而言，制度内嵌的"合作"和"协商"精神有助于弥合社会快速发展多元背景下出现的利益分歧和认同差异，有助于形成比较普遍的对于改革和发展的共同认识，因而可以避免由于利益诉求不同或对发展道路的理解差异而导致现代化进程被频繁打断的现象。

特别是对于一个民族和文化多样且利益和政治身份日益多元的社会，尤其需要培育一种成熟的包容性政治文化，在广泛动员国民的政治热情和政治参与的同时，又能使权力和利益竞争特别是政党间的竞争合作走向理性化，从而预防潜在冲突的爆发或者至少能够减少社会冲突的对抗性。特别是在族群关系和宗教关系高度多元复杂的社会，如同某些非洲国家所展现的那样，仅仅试图通过多数票决的方式有时难以解决重大政治分歧，也难以达成社会稳定和发展所需要的基本共识。尤其是在思考政党的角色和功能之时，我们要看到政党作为维系各种社会力量的纽带，不应只是国内部分族群、地区或利益集团维持和追求其私利的工具，而应尽可能地代表更为广泛的民众的利益，这是政党能为整个国家起到有效整合作用的基础。而现代政党制度，无论其形式和运作程序存在多大的不同，其根本目的都是一致的，即通过党派间的竞争与合作最大限度地培育社会共识、创造国家整合，而非激化社会矛盾、加速社会离散进而导致国家分裂。[1]

以上对中国治国理政经验进行了初步的理论思考，这里还需强调四点：其一，中国所言独立自主和自力更生，主要是强调一种自立和自主精神，而非孤立和封闭，更不是依附理论主张的与世界体系"脱

---

[1] 参见林尚立《中国政党制度与国家建设》，《毛泽东邓小平理论研究》2009年第9期，第1—6页。

钩"；恰恰相反，中国经济快速发展正是在全面启动对外开放、全面融入现代世界经济体系之后出现的，而且这一进程还将继续全方位地深入推进。

其二，中国经济的发展主义，主要旨在阐释政府对经济发展的某种引导作用以及建立更为良性、更为均衡的政府和市场关系的必要性，而非刻意强调国家对经济的绝对主导或者政府对市场的过多干预。事实上，中国过去几十年经济发展的成功离不开大规模的市场经济改革，离不开对新自由主义经济思想和发展举措的某种选择性借鉴；而中国改革的理性在于，它在全面培育市场机制的同时，也能注重发挥政府的发展角色且实现政府职能的较快转变，从而有效实现市场与政府角色的大体平衡。

其三，中国国家制度与能力建设及对多元共识的某种赞许，绝不意味着否定中国政府不断推进的政治民主化进程，也不意味着赞同那种认为威权体制是中国发展取得成就的主要原因的论点，更不意味着说明中国政治体制已经完美无缺以致不需要有进一步的改革开放。而欲说明在发展中国家开启现代化进程之时，在这些国家追求现代民主政治的进程中，必须重视更为基础的国家制度与政府能力建设，因而有序推进国家的改革和发展进程；必须注重培育社会共识，因而减少在现代化进程中可能出现的社会分裂。或许，中国政治发展的重要经验则在于，它在充分激发社会发展活力的同时，能够成功化解不断增多的社会矛盾，并通过有效的社会管理来维护国家的基本稳定，从而破解了其他发展中国家出现的"经济发展—政治动荡"的政治难题。[①]

其四，中国改革开放是一个未竟之业，中国治国理政与发展经验还在进一步地发展、完善和调适。政治学思考的两个核心问题，一是提高国家治理的绩效，二是完善对政府的监督和制衡，如何更好地实现两者的有效平衡仍是中国政治必须思考和解决的大问题。中国政府在官方文件中至今仍未公开使用"中国模式"的概念，更没有采纳"北京共识"这一称谓，显示出其应有的谨慎和谦虚态度，也显示出它对自身改革开

[①] 罗建波：《非洲国家的治理难题与中非治国理政经验交流》，《西亚非洲》2015 年第 3 期，第 74—97 页。

放仍需不断推进的清醒认识。

三 治国理政经验交流的世界意义

自近代以来的相当长时期里，世界范围的知识流动总体上呈现出从北方向南方扩散和渗透，如今这一格局正在悄然发生重大转变。发展中国家在继续借鉴发达国家的知识和经验的同时，也开始推进大规模的南南发展合作与知识交流，这在人类历史上尚属首次。此种经验交流可以助推发展中国家重新思考自身发展道路、发展模式和发展政策，更好地应对发展和治理问题，同时，得益于南南知识交流与共享而不断深入推进的亚非拉复兴浪潮，又正在从结构上有力推动着世界秩序的发展和演变，彰显着发展中世界对人类发展的新贡献和新价值。中国与发展中国家的治国理政经验交流因此有着重要的世界意义。

（一）为全球发展问题的解决提供新经验

当今世界的发展问题主要体现为发展中国家的发展和治理问题。[1] 从《联合国千年发展目标》对世界减贫与发展的执着追求，到《2030年可持续发展议程》提出的发展新愿景，以及世人对非洲联盟《2063议程》的积极关注和支持，都体现出国际社会推动解决全球发展问题的努力和决心。人们试图思考并回答，如何才能提高发展中国家特别是最不发达国家的减贫成效？如何推动它们实现经济有效增长？如何推动它们有效改善民生、实现社会公正并确保经济社会的可持续发展？在过去几十年里，中国在减贫与发展方面取得了世人瞩目的成就，提前完成了多项联合国千年发展目标，为全球发展问题的解决提供了重要参照。在减贫方面，中国是世界上减贫人口最多的国家，改革开放以来共计减少贫困人

---

[1] 仅以贫困问题为例，根据世界粮食计划署公布的"2018饥饿地图"（Hunger Map 2018），在世界平均生活水平不断提高的今天，亚非拉地区仍然有8.21亿人处于饥饿状态或者无法获得充足的食物。See WFP, "Hunger Map 2018", https：//www1.wfp.org/publications/2018-hunger-map, 2019-02-17.

口 8.5 亿多人，对全球减贫贡献率超过 70%。[①] 在经济增长方面，中国是世界上经济增速最快的国家之一，过去 40 年中国经济年均增长达 9.5%，这一发展成就相比历史上任何国家的经济发展都毫不逊色。中国经济总量早已跃升世界第二，货物贸易稳居世界第一，对外投资已居世界第二。近年来，中国经济对世界经济增长的贡献率超过 30%，已经成为世界经济增长的重要引擎之一。中国发展极大地改变了自身超过十亿人口的生活面貌和精神面貌，且其巨大的经济规模及其与外部世界的紧密联系又决定了中国发展自始便具有重大的国际影响力。

正是在这一背景下，世人开始关注中国的发展及其经验积累，于是中国政府对经济社会发展的引领，通过基础设施建设撬动减贫与发展的经验，有效激发社会创新活力和创业激情的政策举措，以及中国政府在推动经济社会发展进程中所发挥的积极作用，都成为他们热议的话题。作为对外部世界的一种回应，同时也是中国对自身大国责任的一种不断增加的自信和自觉，中国开始更加主动地向世界介绍中国发展和治理经验，通过更加广泛参与世界发展和治理进程来展现中国对世界发展的新贡献，通过推动全球发展问题的解决来彰显中国发展的世界价值和意义。中国在南南合作框架之下不断打造、整合和提升诸如中国—东盟 (10 + 1) 会议、中非合作论坛、中拉合作论坛、中阿合作论坛、金砖国家组织等新的合作平台，发起成立了亚投行、金砖新开发银行等新的多边投融资机构，设立了丝路基金、南南合作援助基金、中国—联合国和平与发展基金等新的发展倡议，以及积极推动更为广泛意义上的"一带一路"建设，以支持和帮助受援国增强自主发展能力、更好实现减贫和发展。特别是中国还发起设立了中国国际发展知识中心以及南南合作与发展学院，通过稳步加大人力资源培训力度，广泛邀请发展中国家的各领域各行业专门人才来华参与研修和研讨，及时分享中国发展经验和实用技术。通过助推发展中国家实现减贫与发展，进而对全球发展和治理问题的解决做出自己的贡献，是当今中国展现自身国际责任和大国形象的重要方面。

---

① 国务院新闻办公室：《改革开放四十年中国人权事业的发展进步》，2019 年 2 月 17 日，http://www.gov.cn/xinwen/2018 - 12/12/content_ 5347961.htm。

（二）为发展中国家探索自主发展道路提供新启示

中国经济至少具有三个层面的内涵和启示意义：一是技术层面，即诸如减贫和经济发展的具体经验和专业技能；二是制度层面，即国家制度建设治理能力提升；三是观念层面，即中国的自主精神以及对发展道路和发展路径的自主选择。在过去很长时期里，发展中国家要么全面效仿苏联模式，要么全盘复制美国模式或更大意义上的西方模式，苏联模式早已证明由于内在的体制缺陷而无法实现经济社会的可持续发展，而来自美国等西方国家的制度安排也被实践证明无法解决发展中国家面临的所有发展和治理难题。20世纪80年代曾经风靡非洲的"经济结构调整计划"总体以失败而告终，冷战结束后，受西方国家强力推进的非洲政治民主化进程也一度给非洲带来了严重的政治动荡，而同期广泛影响拉美和东欧转型国家的所谓"华盛顿共识"也并未取得预期成效。一个重要原因在于，这些外来经验看似完美无缺，但当它们被人为"移植"到有着极为不同的历史文化和经济社会发展条件的发展中国家或转型国家时，往往显得不那么"灵验"或呈现明显的"水土不服"。而中国治国理政经验最为根本之处，就是明确倡导独立自主的精神，强调基于自身历史文化和现实条件来思考外来的经验及其可借鉴之处，来思考自身发展道路和路径选择。因此，中国治国理政经验给发展中国家带来的最为重要的东西，或许是方法论上的启示和精神上的启迪。

中国发展的这种自主精神最为充分地体现在它对发展道路的思考和对发展路径的选择上。中国注重汲取市场经济理论和新自由主义思想的合理之处，但始终强调国家对经济社会发展的某种宏观调控能力；中国注重学习西方现代治理经验，同时又较好地保持了自身制度优势和制度特色，因而得以在不断的制度改革和调试中保持社会稳定，并实现更大程度、更高质量的发展。中国学者习惯于用"渐进改革"来概括改革开放40年的发展路径，并认为这是中国之所以能够较好地实现改革、发展与稳定三者相互促进的重要原因。近年来，诸如卢旺达、乌干达、埃塞俄比亚等非洲国家也在积极探索自身发展道路，在实现国家政治稳定的基础上探索富有自身特色的政治道路，并稳步推进经济社会发展。[①] 一些西方学者也能认识到政治秩序对于发展中国家现代化进程的重要意义。美国学者塞缪尔·亨廷顿无疑是西式民主的最忠诚的拥护者之一，他在仔细观察和跟踪第三世界的现代化历程之后，也坚定地认为，对于现代化进程中的发展中国家而言，政治秩序较之经济发展和民主化更为首要。他提出，在发展中国家开启现代化进程的初始时期，社会改革和经济发展往往不是促进政治稳定，反而成为政治衰败和政治动荡的诱因，成为革命的"催化剂"而非"替代物"。[②] 亨廷顿的得意门生弗朗西斯·福山更是明确地把国家构建和国家能力（State Capacity）置于国家发展首要位置，他在肯定政府权力需要约束的同时，也认为发展中国家必须有选择性地强化或弱化自身的管理权。贫困国家不需要什么都管的，但它们确实需要在有限范围之内具有必要功能的、强有力并且有效的政府。[③] "贫穷国家之所以穷，不是因为它们缺少资源，而是因为它们缺少有效的政治制度。"福山在骨子里仍是一个坚定的自由主义者，他坚称只有实现国家（the state）、法治（the rule of law）和负责任政府（accountable government）三者间的平衡，一个国家的政治发展才能构成"现代政治的奇迹"。[④]

在过去几十年里，中国经济发展较大多数发展中国家更快、更好，中国长时期的政治稳定相较也颇为明显，其重要原因似乎不在于中国与其他发展中国家在政府职能范围上存在多大差别，而在于中国

[①] 近年来埃塞俄比亚积极打造"民主发展型国家"（Democratic Developmental State），其重要初衷就是要借鉴中国和东亚"发展型国家"的经验。Omano Edigheji, *A Democratic Development State in Africa? A Concept Paper*, Centre for Policy Studies, Johannesburg, South Africa, May 2005, pp. 1–9; Muleta Yirga Shumuye, "The Role of Developmental State in Development: The Case of Ethiopia", *International Journal of African and Asian Studies*, Vol. 14, 2015, pp. 96–110.

[②] ［美］塞缪尔·P. 亨廷顿：《变化社会中的政治秩序》，王冠华等译，生活·读书·新知三联书店1989年版，第6页。

[③] ［美］弗朗西斯·福山：《国家构建：21世纪的国家治理与世界秩序》，黄胜强、许铭原译，中国社会科学出版社2007年版，第115页。

[④] 参见［美］弗朗西斯·福山《政治秩序的起源：从前人类时代到法国大革命》，毛俊杰译，广西师范大学出版社2014年版，第9—29页。

的国家基本制度更为完善、政府治理能力相对更高。① 虽然中国政治制度具有独特的历史文化传统和现实政治特色，因而不大可能被其他国家全盘复制或接受，但它的某些政治理念和治理优势仍然值得与其他国家相互分享。美国著名经济学家约瑟夫·斯蒂格利茨在谈到"东亚发展型国家"时，明确批评"华盛顿共识"的市场原教旨主义，认为那种"一刀切"地假定所有政府都一无是处的观念是"不恰当的"，而应思考的问题是：在何种情况下何种政府干预是积极的，以及为进行有效干预，政府的制度建设和执政能力建设的意义又何在？斯蒂格利茨指出，在促进穷国发展方面，"共识根本不存在，除了华盛顿共识没有给出答案"。② 贝淡宁也认为，中国的政治尚贤制可能只适合越南等少数国家，但它的某些要点也能够给世界带来某种启示，其经验也能为其他国家有选择性地采用。③ 如果中国的治国理政经验能够为其他发展中国家提供一些新的启示，在它们探寻发展道路、思考发展战略时多一份参考，进而提升它们的国家治理能力，助推其发展和复兴进程，这将是中国发展在惠及自身之时对世界发展做出的重大贡献。

（三）为南南合作深入发展提供新助力

北京大学李安山教授曾指出，文明互鉴有两个层面的含义，一是不同文化的相通性，二是不同文化的互补性。④ 中国与部分周边国家甚或更为遥远的非洲国家，在集体主义、平等待人、多元包容等方面有着相似的认同和取向，在国家观念、社会秩序和制度建设等方面也有一些相近的理解和认知，这种文化相通性是各方增进政治互信和情感认同的重要基础。同时，中国与其他发展中国家在观念、制度和发展战略上又各有

---

① 罗建波：《非洲国家的治理难题与中非治国理政经验交流》，《西亚非洲》2015 年第 3 期，第 74—97 页。

② ［美］约瑟夫·斯蒂格利茨：《后华盛顿共识的共识》，载黄平、崔之元《中国与全球化：华盛顿共识还是北京共识》，社会科学文献出版社 2005 年版，第 86—102 页。

③ ［加拿大］贝淡宁：《贤能政治》，吴万伟译，中信出版社 2016 年版，第 164—178 页。

④ 李安山：《释"文明互鉴"》，《西北工业大学学报》（社会科学版）2019 年第 4 期，第 69—75 页。

特色，且呈现出不同的发展绩效，因此各方完全可以相互分享、借鉴彼此的积极方面，由此不断提升现代政治理念和国家治理能力。当前，中国致力于推动与其他发展中国家的治国理政经验交流，就是要不断拓展提升南南合作的内涵和层次，通过与发展中国家的政治互信、安全共筑、经济共荣、文明互鉴来推动发展中国家的共同发展与繁荣。中国明确提出要打造中非命运共同体、周边命运共同体和中拉命运共同体，就是要把中国与其他发展中国家关系以及更大程度的南南合作打造成推动构建人类命运共同体的典范和样板，把它们视为通向更大范围人类命运共同体的首要阶段。

回顾历史，中国与其他发展中国家的南南合作，从 20 世纪 50 年代至 70 年代共同反帝反殖反霸，到 80 年代后共同追求经济发展，当前更是迈向合作内涵显著拓展、合作层次快速提升、合作影响不断增大的新阶段。如果说 21 世纪以来中国与其他发展中国家关系正在全面升级，那么治国理政经验交流则是这种转型升级的重要体现。这种经验交流，是中国与其他发展中国家在追求现代化进程中对各自发展模式、理念认知与经验探索的相互分享，是中国与发展中国家合作从一般意义上的经贸往来发展到更深层次的理念对话和知识共享的重要举措，也是发展中世界内部不同民族、文化和文明间的交流与互鉴。这种经验交流，无疑有助于增进中国与发展中国家对彼此的认识和理解，通过互信的增进来夯实彼此间的情感纽带和民众基础，通过观念、文化和思想的交流来逐步培育中国与发展中国家间的"共享价值"。此种"共享价值"的培育，必将能为新时代中国与其他发展中国家关系奠定更加坚实的价值观基础，为世界发展贡献更多来自非西方世界的思想与智慧。

（四）为世界秩序的发展和完善提供新愿景

自人类步入近代以来，延续几个世纪的世界秩序虽然几经调整与演变，但世界秩序在总体上由欧美大国所主导的事实至今未有根本改变。在欧美列强眼里，近代以来的世界文明和财富由欧洲以及后来更大范围的西方世界向非西方世界扩散，"文明的"西方自然有权来为世界塑造规则，"发达的"西方自然有所谓的高尚"责任"来拯救世界。从 18 世纪德意志哥丁根学派史学家首先提出"西欧是世界历史的中心",到19世纪史学家兰克(L. V. Ranke)以拉丁与日耳曼各民族为主题来编撰所谓的《世界史》,再到20世纪上半叶卡尔顿·海斯(C. J. Hayes)等人以"白种人的负担"来描述近代欧洲文明向世界的传播以及欧洲白种人对千百万黑色、棕色和黄种人的"教导",都体现了近代以来西方在世界的支配地位以及它们以一种不平等姿态来处理与亚非民族的关系。海斯等人称:"从伯利克里和凯撒的时代直到现在,历史上伟大戏剧中的主角,都是由欧洲的白种人担任的。"[①] 出于对西方中心主义的某种反思,英国学者杰克·古迪(Jack Goody)在其大作《偷窃历史》中感叹历史被西方所接管(take-over),即西方人先是以西方事件为中心把西洋史当成世界史,继之以西方视角为中心把世界史写成西洋史。[②] 在西方强势文明的主导下,世人理所当然地认为,西方是现代世界体系的缔造者,因而享受着统治世界、引领世界的天赋权利。但如果换一个视角,如果从广大第三世界的角度来看,这些在历史上曾经创造过辉煌文明但在近代以来备受压迫和屈辱的国家,通过长达百余年的民族抗争和南南合作,逐步实现了政治独立,并在此基础上开始追求经济发展和更为全面意义上的民族复兴。第三世界由自立和自主逐步走向自信和自强,不仅改变着自身,也正在改变世界。

的确,进入21世纪以来,伴随着一大批发展中国家特别是新兴国家在经济上的快速发展,伴随着南南人文合作与知识交流的广泛开展,人类社会的物质、财富和知识流向日益呈现更加多元的格局,这是当今世界最大的变化之一。以发展中国家政治互信、经济互利、文化互鉴为核心内容的横向合作正在全面展开,世界日益呈现出一种"多中心化"甚或"去中心化"的趋势。以一种"大历史"的视野观之,延续几个世纪之久的以西方为中心、以亚非拉为外围的"中心—边缘"垂直体系正在悄然发生重大转变。这些在近代资本主义世界体系中长期处于边

---

① 参见[美]海斯、穆恩、韦兰《世界史》,中央民族学院研究室译,生活·读书·新知三联书店1975年版,第1059—1060页。

② Jack Goody, *The Theft of History*, Cambridge University Press, Cambridge, 2006, pp. 1 – 9;钱镇:《历史原来可以这样写》,《中国投资》2018年第2期,第90—92页。

缘的地区和国家，如今通过自主发展和横向联合，逐渐成为世界经济增长的新引擎，成为国际政治舞台的重要参与方，成为人类知识的重要创造者。一个不争的事实是，世界财富、权力、观念以及国际话语权都在发生某种具有历史意义的结构性改变。[①]

四　余论：治国理政经验交流需要坚持的几点原则

21世纪以来特别是最近几年来，中国与其他发展中国家的治国理政经验交流得到快速发展，相关经验分享、知识交流和制度对话正在全面展开，交流形式和平台正在不断创新，合作成效和国际影响也在逐步增大。继续全面、深入、审慎推进中国与发展中国家的治国理政经验交流，我们要始终秉持谦虚谨慎的精神，坚持以下原则：

第一，相互平等。几十年来，中国与其他发展中国家友谊之所以能够经历不同时代而历久弥坚，根本在于双方能够始终坚持相互平等和相互尊重的原则，在此基础上实现互信、互助、互利、互鉴。中国与其他发展中国家的治国理政经验交流，也自然应该尊重对方的平等地位，尊重它们的自主选择，尊重它们的本土知识，在经验、知识、文化层面上建构一种平等的伙伴关系。中国政府强调，中国在开展治国理政经验交流时严格做到三个"不"，即中国不"输入"外国模式，也不"输出"中国模式，也不会要求别国"复制"中国的做法。[②] 西方国家的相关实践早已告诉我们，以一种"救世主"式的自负情结来审视第三世界的发展，以一种"教师爷"式的傲慢姿态为发展中国家开"药方"，事实证明难以实现预期目标，也难以为发展中国家所接受。

第二，互学互鉴。中国是一个善于学习的国家。中国与其他发展中国家的治国理政经验交流还要坚持相互学习和相互借鉴，而非中国经验的简单复制或单方面介绍。从中国自身角度看，中国经验尚在不断发展

[①] 罗建波：《亚非复兴进程与世界地缘政治转变》，《西亚非洲》2009年第5期，第12—17页。
[②] 习近平：《携手建设更加美好的世界》，《人民日报》2017年12月2日。

和完善之中，因此其他发展中国家在政治转型、经济发展和社会建设等方面的探索和思考可以为中国提供相关经验，即便是它们走过的弯路和积累的相关教训也可以为中国的制度建设提供某些启示，让中国更好也更加从容地规划自身的发展方向和道路选择。从其他发展中国家角度看，它们确实也有着值得中国学习的地方，比如许多非洲国家对市民社会的适度培育，对自然环境的充分尊重，对多元文化的高度包容，都值得中方认真研究和体会。

第三，求同存异。我们自然希望与其他发展中国家在观念和制度层面展开更多的交流，培育更多的互信和相互认同，甚至建立某种程度的"共享价值"，从而为人类文明的繁荣进步贡献更多发展中国家的智慧，为世界秩序的演进贡献更多来自发展中国家的方案和力量，但从目前阶段看，这仍然属于理想的愿景而非普遍的客观现实。我们要看到，中国与很多发展中国家的历史文化有着很大的不同，经济与社会发展程度有显著的差异，政党政治制度也有各自的特色，因此双方治国理政经验交流应当在尊重多元和差异的基础上循序渐进地予以推进。最容易入手的是相互分享减贫、农业发展、基础设施建设、经济特区的规划和建设等具体领域的知识和技能，以及诸如发展战略规划、产业政策设计、社会保障体系的完善等经济社会发展经验。在探讨属于政治和文化领域的议题时，应多从一般意义上的国家构建的角度去共同探讨国家治理能力的提升，多从国家发展的角度去强调现代国家制度建设，多从人类文明共同繁荣的角度去培育共享的文化、观念和思想，而尽量不去争辩意识形态的高下之分和政治制度的孰优孰劣。中国自然应该借机向国际社会介绍中国的政治制度和发展道路，但出发点在于相互尊重与包容，着眼点在于增进国际社会对中国的了解，争取更多的国际尊重和理解。

第四，谦虚谨慎。稳步推进中国与发展中国家的治理经验交流，还需始终秉持谦虚谨慎的精神。一是要充分照顾到其他发展中国家的舒适度和接受度。我们要以一种谦虚谨慎的态度去描述和对外宣介中国发展成就、发展地位和治国理政经验，尽量避免引发或加重国际社会对中国战略意图的曲解和猜忌。二是要看到全球发展问题的复杂性和我们认识的相对有限性，加强对发展中国家的研究，深入了解它们的历史、文化和制度，了解它们的发展条件、发展成就和面临的发展问题。仅以非洲大陆为例，非洲有 54 个国家，人文特点和发展程度的差异十分巨大，面临的发展问题也各不相同。浙江师范大学刘鸿武教授曾言，当我们走进非洲之时，非洲人是我们的"老师"，是我们的"先生"。① 的确，我们不要试图代替非洲人发现非洲，不要试图代替非洲人思考非洲，不要试图代替非洲人治理非洲。我们要对发展中国家的经济社会结构的延续性和长期性有充分的认识，要对全球发展问题的复杂性和挑战性要有充分的敬畏之心。

我们还要看到，虽然很多发展中国家在不同场合都表达过对中国发展的羡慕，表达过对"中国模式"的兴趣，表达过分享中国治国理政经验的愿望，但客观来讲，很多发展中国家特别是新兴国家对自身历史文化有一定程度的自信，对西方发展理念、制度和经验有相当程度的了解甚至不同程度的认同。我们可以乐见非洲国家"向东看"、拉美国家"向西看"，但期待非洲国家"向东走"或者拉美国家"向西走"，显然并不完全现实。中国与发展中国家的治国理政经验交流，自然有助于中国和其他发展中国家完善各自发展模式，丰富它们对治国理政的思考，但幻想用"中国模式"去取代"西方模式"，或者以中国经验去拯救其他发展中国家，无疑也是不现实的。很多发展中国家基于自身文化自信和利益需要，自然会自主探索自身发展道路和制度选择，自然会有选择性地借鉴外部世界的发展经验，我们对此要有正确的认识。

（本文原刊发于《西亚非洲》2019 年第 4 期）

---

① 刘鸿武教授在 2017 年中国智库论坛（北京）大会上做了题为"建立学科、智库、传媒三位一体发展格局"的演讲，强调"必须扎根非洲大地做学问"，建设富有中国特色的"非洲学"学科体系。

中国的理论自信对非洲国际关系理论建构的借鉴意义

张 春[*]

摘 要：进入 21 世纪以来，非洲快速且持续崛起，但非洲不仅未被纳入主流国际关系理论，而且也严重缺乏自身系统的国际关系理论。导致这一现状的原因是多方面的。一方面，主流国际关系理论围绕文明程度、行为体和方法论设置了一系列标准，非洲被实质性地排斥在外或至少遭到全面贬抑，无法在主流国际关系理论中获得应有地位。另一方面，尽管拥有丰富的理论素材，但非洲明显缺乏理论自信，与改革开放以来中国建构自身国际关系理论的努力形成鲜明对比。因此，非洲有必要借鉴中国特色国际关系理论建构的经验，树立非洲的理论自信，推动非洲国际关系理论的建构，为国际关系理论的基本概念、理论体系和方法论发展做出全面贡献。中非各具特色的国际关系理论的建构与发展，可有效推动国际关系理论"去殖民化"的历史性进程。

关键词：国际关系理论 理论自信 非洲 中国改革开放

---

[*] 张春，云南大学国际关系研究院研究员。

尽管存在各种质疑，[1] 但非洲的持续崛起仍是进入 21 世纪以来国际关系发展的一个重要表现。[2] 需要指出的是，无论是"崛起"还是"失败"，非洲更多地出现在国际时事评论之中，而非主流国际关系理论讨论之中。非洲被主流国际关系理论所"遗忘"，一方面源于主流国际关系理论的排斥或歧视机制，另一方面则由于非洲自身理论自信的严重缺失。迄今为止，国际关系理论中对非洲的讨论往往聚焦主流国际关系理论的有关排斥与歧视，而较少论及非洲自身的理论自信问题。正如一些非洲学者所言，主流国际关系理论中的"非洲缺失"，很大程度上是由于非洲仍未被允许参与"游戏"：非洲完全可以为国际关系理论做出贡献，却仍不被允许参与游戏；非洲完全可以提出理论，但其知识分子仍不被允许参与理论建构；"非洲不可能为国际关系研究提供新的理论见解，因为国际关系学科不可能接受或传播它们。作为整体的人文科学的行为准则和有效性标准过于主观，对非洲思想中的学术标准和证据来源等充满偏见"。[3] 主流国际关系理论主要依据文明发展水平、行为体成熟度、研究方法科学化等标准确立了一个等级制体系，非洲因各方面不够成熟和发达而被排除在主流国际关系理论之外，或者遭到歧视，而被视作一个"反常的"亚体系甚或仅是案例检验之地。要改变这一现状，使非洲成为国际关系理论建构的重要角色和国际关系理论研究的重要对象，就有必要借鉴中国自改革开放以来日渐增强的理论自信及有中国特色国际关系理论的建构实践，探讨非洲可为国际关系理论的基本概念、理论体系和方法论做出重大贡献的潜力，推动非洲国际关系理论的建构。这一努力更为深远的意义在于，通过促进中国、非洲各具特色的国际关系理论的建构与发展，将进一步推进国际关系理论"去殖民化"的历史性进程。

---

[1] See Patrick Bond, "'Africa Rising' in Retreat: New Signs of Resistance", *Monthly Review*, Vol. 69, No. 4, September 2017, pp. 24 – 42; Iran Taylor, "Dependency Redux: Why Africa is Not Rising", *Review of African Political Economy*, Vol. 43, No. 147, 2016, pp. 8 – 25; Margaret Slattery and Laura Stanton, "The FP Survey: Africa Rising?", *Foreign Policy*, No. 201, 2013, pp. 88 – 89.

[2] "Africa Rising", *Economist*, December 3, 2011, http://www.economist.com/node/21541015, 2018 – 03 – 30.

[3] Mickie Fourie, *What African Voice? The Politics of Publishing Africa in IR*, Master of Arts Thesis, Department of Political Science, University of Stellenbosch, 2011, p. 79.

一 主流国际关系理论对非洲的排斥与歧视

随着全球化进程的深入，越来越多的研究开始质疑主流国际关系理论的地方主义立场，特别是欧洲中心主义：严重忽视日渐浮现的人类命运共同体，对来自非欧美国际社会的思想、经验严重忽视或者歧视，其中又以非洲为甚。[①] 正如有学者指出："全球每10个人中至少有一位是非洲人；世界上1/4的国家是位于非洲大陆。但我敢说，在欧洲或北美大学举办的国际关系演讲中，只有不到1/100的机率会提及非洲。"[②] 迄今为止，主流国际关系理论对非洲及其在国际政治中的地位仍少有理论兴趣："有关非洲的国际关系文献少得令人难以置信……事实上，许多讨论非洲与国际关系的既有文献并非真正聚焦非洲与国际关系，而更多是言及非洲在南北关系中的角色，而且其强调重点也是北方国家……此外，非洲被主流国际关系讨论排除在外，也意味着鲜有非洲国际关系的文献有着明确的理论内涵。"[③] 什么原因导致非洲被主流国际关系理论所遗忘？是因为非洲无法为国际关系理论贡献实质性内涵，还是主流国际关系理论的权力如此之大以至于无法倾听来自非洲的声音？

尽管可能存在明显差异，但非洲之所以被主流国际关系理论所遗忘，根本上仍是由于既有国际关系理论的"殖民化"效应。正如一些学者指

[①] See Stephanie G. Neuman, ed., *International Relations Theory and the Third World*, Houndsmills: Macmillan, 1998; Kevin C. Dunn and Timothy M. Shaw, eds., *Africa's Challenge to International Relations Theory*, Basingstoke: Palgrave, 2001; Tandka C. Nkiwane, "Africa and International Relations: Regional Lessons for a Global Discourse", *International Political Science Review*, Vol. 22, No. 3, 2001, pp. 279 – 290; Kathryn C. Lavelle, "Moving in from the Periphery: Africa and the Study of International Political Economy", *Review of International Political Economy*, Vol. 12, No. 2, 2005, pp. 364 – 379.

[②] Craig Murphy, "Foreword", in Kevin C. Dunn and Timothy M. Shaw, eds., *Africa's Challenge to International Relations Theory*, Basingstoke: Palgrave, 2001, p. IX.

[③] Stuart Croft, "International Relations and Africa", *African Affairs*, Vol. 96, No. 385, 1997, p. 609; Branwen G. Jones, "Africa and the Poverty of International Relations", *Third World Quarterly*, Vol. 26, No. 6, 2005, pp. 988, 993, 996.

出，"在国际关系学科的发展中，英、美学者的权力已经处于最大化状况"，[1] 这是因为国际关系研究充斥着层次分明的等级制——包括公开和潜在的。[2] 这一等级制的核心目的是确保主流国际关系理论的"纯洁"，应对来自欧美之外的理论适用时出现的"反常"现象；进一步的后果则是对非欧美地区的理论排斥或理论歧视。具体而言，这一等级制主要由3项标准构成：一是文明标准的门槛，即特定地区的文明发展到何种程度，[3] 是否达到可被纳入主流国际关系理论的水平；二是行为体成熟度门槛，即依据演变中的威斯特伐利亚体系，只有成熟的国家行为体——从一开始的简单形式的主权国家直至当前所谓自由民主的主权国家，才是主流国际关系理论所认可和讨论的核心单元；三是方法论门槛，即在特定地区，其传统与当代知识的生产与再生产方式是否足够科学，进而能否被认为符合主流国际关系理论的研究方法科学化要求。[4]

基于对上述标准的不同判断，学界对非洲在主流国际关系理论中的地位认知事实上形成了两派观念。第一派可被称作理论排斥派。持此派观点的学者认为，非洲很可能并不符合上述所有或至少某一标准，进而无须被纳入主流国际关系理论加以考虑。例如，尽管是西方自由主义思想的先驱，黑格尔却表现出对非洲文明水平的极大蔑视。他在《历史哲学》中指出，非洲不属于世界历史的部分，它没有任何运动或发展可以展现；它北部的那些历史的发展应该属于亚洲或欧洲世界……非洲乃是个"非历史的、没有开发的精神"，它仍处于单纯的自然状态之中，这顶多算作刚踏上世界历史的门槛而已；世界历史的起始在亚洲，而其终结在欧洲或西方。[5] 这种对非洲因文明水平过低，进而不足以被纳入理论框

---

[1] Davis B. Bobrow, "Prospecting the Future", *International Studies Review*, Vol. 1, No. 2, 1999, pp. 1–10.

[2] Robert A. Denemark, "World Systems History: From Traditional International Politics to the Study of Global Relations", *International Studies Review*, Vol. 1, No. 2, 1999, pp. 43–75.

[3] 有关文明标准与国际关系的讨论，可参见潘亚玲《"文明标准"的回归与西方道德霸权》，《世界经济与政治》2006年第3期，第39—45页。

[4] 有关主流国际关系理论的方法论体系的讨论，可参见胡宗山《国际关系理论方法论研究》，世界知识出版社2007年版，第7章。

[5] ［德］黑格尔：《历史哲学》，王造时译，生活·读书·新知三联书店1956年版，第143—144页。

架加以讨论的排斥感始终存在。例如,著名现实主义国际关系思想家汉斯·摩根索(Hans Morgenthau)就曾指出,非洲在第一次世界大战之前事实上并没有历史——"它在政治上是片空白之地"(politically empty place)。① 又如,弗朗西斯·福山(Francis Fukuyama)在提出"历史终结论"十年后再度反思时,仍认为"撒哈拉以南非洲有如此多问题,以至于它缺乏政治和经济发展似乎命中注定"。② 这样,在为数不少的主流国际关系理论家看来,由于非洲文明程度特别是政治发展水平过低,因此完全没有必要将其纳入理论思考中。也正因如此,主流国际关系理论界对于自身从未严肃地对待来自非洲的理论要素毫无内疚之感。

从行为体视角将非洲排除在主流国际关系理论之外的典型思潮是结构现实主义,其代表人物是肯尼思·沃尔兹(Kenneth Waltz)。在沃尔兹看来,由于国际无政府状态这一总体结构的存在,国际关系理论是有关大国的,其中没有小国的位置。他声称:"建构一个有关马来西亚和哥斯达黎加的国际政治理论将是可笑的……国际政治的总体理论必须基于大国。"③ 尽管沃尔兹并未直接提及非洲,但非洲国家总体过于弱小,哪怕南非、尼日利亚等也算不上沃尔兹眼中的大国。因此,在持上述观点的学者看来,非洲不在主流国际关系理论的"雷达扫描"范围之内也属正常。

如果说文明发展水平、行为体成熟度等标准均过于主观,那么日益朝向科学行为主义方向发展的国际关系理论研究方法,也加剧了非洲被排斥在主流国际关系理论之外的程度。自20世纪60年代以来,科学行为主义便日益成为国际关系理论研究的重要甚至主流方法。尽管仍然存在争论,但主流国际关系理论对数据、统计等的使用正变得日益频繁,特别是随着大数据技术的快速发展。④ 显然,要将非洲置于主流国际关系理

---

① Hans J. Morgenthau, *Politics Among Nations: The Struggle for Peace and Power*, New York: Knopf, 1985, p. 369.

② Francis Fukuyama, "Second Thoughts: The Last Man in a Bottle", *The National Interest*, Vol. 56, 1999, p. 19.

③ Kenneth Waltz, *Theory of International Politics*, New York: Random House, 1979, pp. 72 – 73.

④ Joanna E. M. Sale, Lynne H. Lohfeld, and Kevin Brazil, "Revisiting the Quantitative-Qualitative Debate: Implications for Mixed-Methods Research", *Quality & Quantity*, Vol. 36, 2002, pp. 43 – 53; 董青岭:《反思国际关系研究中的大数据应用》,《探索与争鸣》2016年第7期,第91—94页; 蔡翠红:《国际关系中的大数据变革及其挑战》,《世界经济与政治》2014年第5期,第124—143页。

论之中，首先需要非洲自身提供或外部能够加以整理的系统数据，否则标准方法将难以应用于非洲。但在撒哈拉以南非洲，统计数据既不充分，也不准确，[1] 多数撒哈拉以南非洲国家甚至缺乏完整的人口登记系统，约有 1/3 的 5 岁以下儿童从未被纳入统计数据之中。[2] 据此，有学者认为，非洲本身就是个"统计悲剧"（Statistical Tragedy）。[3] 这样，非洲也完全可被排除在主流国际关系理论视野之外。

第二派可被称作理论歧视派，他们总体上承认非洲仍能为主流国际关系理论做出某种贡献，但赋予非洲的地位仍是国际关系理论等级体系中相对较低的。理论歧视派总体上认为，撒哈拉以南非洲一贯是国际关系理论的挑战。[4] 因此，即使提及非洲时，也更多是各类消极例子，如"失败国家"、内战、疾病、非法交易、黑市经济等。理论歧视派主要有两种表现。

一是将非洲当作现有国际体系的亚体系之一对待，且非洲亚体系既不正常，也不发达。从国际政治体系的视角来看，英国前首相布莱尔的外交政策高级顾问罗伯特·库珀（Robert Cooper）和另一位学者乔治·索伦森（George Sorensen）都认为，当前国际体系包含至少三类国家：现代国家、前现代或后殖民国家、后现代国家；不同类型的国家同时存在，的确是对国际关系理论的重要挑战。在这一等级体系内，尽管非洲未必符合传统的或典型的威斯特伐利亚体系的特征，但至少仍是整个国际体系中的一部分，大多数非洲国家都属于前现代国家；在这些学者看来，非洲很大程度上是一个由"失败国家"组成的世界。[5] 非洲偏离以主权国家为核心单元的国际体系，根本上是由于殖民时期的欧非互动——包括

---

[1] Morten Jerven, *Poor Numbers: How We Are Misled by African Development Statistics and What to Do about It*, Ithaca, New York: Cornell University Press, 2013, "Introduction", pp. 1 – 2.

[2] 联合国：《千年发展目标报告（2014 年）》，第 6 页。

[3] Shantayanan Devarajan, "Africa's Statistical Tragedy", *Review of Income and Wealth*, Vol. 59, Issue Supplement S1, January 2013, pp. S9 – S15.

[4] Barry Buzan and Ole Weaver, *Regions & Powers: The Structure of International Security*, Cambridge: Cambridge University Press, 2003, p. 219.

[5] Georg Sorensen, *Changes in Statehood. The Transformation of International Relations*, Houndmill: Palgrave, 2001, p. 164; Robert Cooper, "Why We Still Need Empire", The Observer, April 7, 2002.

对非洲传统国际关系的征服和欧洲国际秩序的本地化发展，非洲被强行纳入国际体系之中，最终成为某种新的变异体。这种新的变异体的内核是一种非正式的跨国政治，其特征是边界失灵与主权有限，导致"诸多宗教和种族网络……与国家竞争；尽管其提供的权利可能比主权国家少，但它们往往能保护这些他们能更为有效地拓展的权利"。[1] 由此来看，非洲极可能仍处于中世纪状态，因其国家和民族的建构仍未完成，仍受权威重叠和忠诚交错的困扰。

而罗伯特·考克斯（Robert Cox）则从全球政治经济体系的角度考察非洲的地位，认为非洲是一个被"排斥"的亚体系，但事实上用"被剥削"来形容或许更为恰当。在考克斯看来，整个全球政治经济体系包括3个亚体系：被整合的亚体系，不确定的亚体系，被剥削的亚体系。被整合的亚体系事实上以经济合作组织（OECD）为代表的发达国家，居于等级制的顶端；不确定的亚体系则居于中间，属于部分加入全球政治经济体系的那一部分；被排斥或被剥削的亚体系则是如非洲这样的：它们仍持续遭受世界贸易组织、世界银行、国际货币基金组织等国际机构的诱骗，从而削减社会福利、取消各类补贴、开放国家边界以促进自由贸易。其结果是，如以政治、经济、技术和社会福利指数加以衡量，非洲的社会经济发展水平甚至明显低于20世纪60年代即非洲独立之初。尽管非洲有各种经济复苏或增长计划，但非洲仍滑向了"可感知的全球经济危机"状态，"贫富差距日益拉大，社会保障持续恶化"。[2]

二是将非洲当作检验主流国际关系理论的案例集中地区，进而事实上较少反思非洲与主流国际关系理论的相互关联。由此，非洲可能是整个全球范围内被用作案例研究最多、最为广泛的地区。例如，有关移民、公共卫生、跨国犯罪、环境等的大量案例研究表明，非洲完全可用于探讨上述问题的普遍性理论，并考察非洲的政策、治理等中长期变化及其对外交、国际关系等的影响。又如，学界对南非外交政策变化、非洲维

---

[1] Lisa Anderson, "Antiquated Before They Ossify: States that Fail Before They Form", *Journal of International Affairs*, Vol. 58, No. 1, 2004, p. 3.

[2] Robert Cox, *The Political Economy of a Plural World: Critical Reflections on Power, Morals and Civilizations*, London and New York: Routledge, 2002, pp. 81, 84.

持和平或"非洲问题的非洲解决方法"（ASAP）等的演变分析，往往被用于理解非洲团结、南南合作以及国际体系中替代思想和干预措施增长的基础。再如，有关英国、法国、德国等对非外交变化的研究表明，欧洲与国际体系接触的模式不断变化，等等。

无论是理论排斥派，还是理论歧视派，其核心都是否认非洲在主流国际关系理论中的应有地位。通过构建一套系统标准，主流国际关系理论研究者可有效建构各地区、各文明的等级制，从而确立西方的中心地位。但随着西方特别是美国的相对衰落，以中国、印度为代表的发展中国家群体性崛起，主流国际关系理论所建构的等级制正面临前所未有的冲击，国际关系理论的多样化、民主化发展势所必然，这也为非洲改变自身被主流国际关系理论"遗忘"的现状提供了重要机遇。这里需要指出的是，非洲迄今为止的国际关系理论建构努力仍相当有限，其重要原因在于非洲自身的理论自信仍远不充分。正是在这一意义上，中国自改革开放以来在建构有中国特色国际关系理论方面的理论自信与实践经验，可为非洲提供重要借鉴。

二 中国的理论自信对非洲的借鉴意义

尽管有着丰富的素材，但非洲建构自身国际关系理论的努力迄今并未取得明显进展。其原因在于，非洲的"去殖民化"进程很大程度上只是在政治领域实现了，在经济、思想、文化等领域探索独立道路、树立理论自信均还有很长的路要走。欧洲对非洲的殖民不只是在物质层面，更在精神层面，而其最经久不衰的体现便是非洲的大学及其课程设置。即便是在后殖民时期，非洲的大学仍继续依赖欧洲、沿用欧洲结构。[1] 要真正摆脱殖民主义的影响、实现思想层面的解放，非洲国家首先必须确

---

[1] Ali A. Mazrui, "African and Culture of Dependency: The Case of African University", in Ricardo Rene Laremont and Fouad Kalouche, eds., *Africa and Other Civilizations: Conquest and Counter Conquest, The Collected Essays of Ali A. Mazrui*, Volume II, London: Africa World Press, 2002, pp. 68 – 69; Ali A. Mazrui, "Towards Re-Africanizing African Universities: Who Killed Intellectualism in the Post-colonial Era", *Alternatives: Turkish Journal of International Relations*, Vol. 2, No. 3 – 4, 2003, pp. 141 – 142.

立坚定和充分的理论自信。就此而言，中国自改革开放以来在建构具有中国特色的国际关系理论方面的经验，可为非洲提供重要的参照，成为非洲有效发掘自身的理论概念、内涵及方法等的"他山之石"。

首先，中国特色国际关系理论的建构得益于对自身理论渊源的自信，这对有着同样丰富历史和现实思想资源的非洲有重要的借鉴作用。在中国特色国际关系理论的建构过程中，中国学者充分认识到，这既需要汲取主流国际关系理论的精髓，更需要立基于中国自身的优秀历史传统和当今伟大实践。一方面，中国对自身传统、实践和思想有充分的自信，特别是其中所包含的对中国自身国情的深刻理解。在中国学者看来，中国理论根本上应植根于自身5000年的悠久历史和当前解决13亿人根本需求的伟大实践。另一方面，中国也相当重视近现代西方成功的重要经验和启示，但并不迷信源于欧洲或美洲的地方性经验的"普世性"宣示，自信可将其融入中国传统与中国实践中，进一步丰富和完善中国特色的国际关系理论。正因为中国国际关系理论既不妄自菲薄，也不妄自尊大，而是坚持兼容并包精神和"中学为体、西学为用"的态度，从根本上推动了合理、适用的中国理论的诞生。换句话说，中国对理论渊源的自信实现了很好的中西合璧；中国理论既实现了对传统内核的继承，也实现了对传统的"去芜存菁"。[①]

中国特色国际关系理论在建构中对自身理论渊源的开发也是一个渐进的过程。总体而言，中国特色国际关系理论的建构大致经历了3个阶段，即从1987年第一次全国性的国际关系理论研讨会在上海召开，直到21世纪初，中国学术界对国际关系理论的研究重点是引进西方主流国际关系理论；进入21世纪第一个十年的中叶之后，有关中国特色国际关系理论的建设逐渐成为重点，对主流国际关系理论的态度转向更具批判性的反思和引介；[②] 这一时期事实上并不长，自党的十八大以来特别是2014年中央外事工作会议之后，学术界依据习近平主席有关外交理论应具有"中国特色、中国风格、中国气派"的重要论述，持续深入开发自身理论

---

① 张春：《发展中国家建构自己理论的必要性》，《人民日报》2015年10月15日。
② 杨洁勉：《中国走向全球大国和强国的国际关系理论准备》，《世界经济与政治》2012年第8期，第149—155页。

渊源,并逐渐启动中国特色国际关系理论的国际化进程。[①] 正是在这一过程中,逐渐形成诸如"清华学派""上海学派"等多种内生性的理论建构努力。[②] 所有这些努力的重要成果便是综合性的"中国学派"概念的提出,诸如国际政治关系理论、道义现实主义、共生理论、共治理论等内部分支也日渐成熟。[③] 我们可以认为,中国特色国际关系理论的本国意识,是一个循序渐进的进程,这对非洲逐渐摆脱西方殖民主义的历史性影响、发掘自身理论渊源有着重要启示。

其次,中国特色国际关系理论的建构也得益于对自身独立自主建构能力的自信,而这正是当前非洲亟须培育的。对自身理论建构能力缺乏自信,往往是发展中国家建构自身理论体系的首要挑战。不少发展中国家对自身的理论建构能力缺乏自信。曾几何时,广大亚非拉国家纷纷赢得反殖、反帝斗争的胜利,并雄心勃勃地尝试构建自身的理论体系,但大多失败了。20世纪60年代,英国著名历史学家杰弗里·巴勒克拉夫(Geoffrey Barraclough)曾大声警告"非西方对西方的反抗"。在他看来,"20世纪的历史,一方面是西方对亚洲和非洲产生影响的历史,同时也是亚洲和非洲对西方予以反击的历史","在亚洲和非洲的民族运动逐渐发展成为对西方的一种普遍反抗,并在1955年万隆召开的亚非会议上表现为对西方统治的抛弃"。但他同时也指出这一"反击"的致命弱点,即非西方所使用的武器恰好是西方所教授的,"选来防御殖民政权的手段……发展成为破坏该政权的最强有力的力量之一"。[④] 因此,西方也无须过度担心,因为非西方的反击不是为了取代西方,而是为了获得更为平等的地位。这种情况直到今天,在非洲及其他大多数发展中国家并未发生根本性改变,反映出非西方国家自身对独立建构理论的能力缺乏自信。就

---

① 范蔚文:《新世纪以来中国国际关系理论发展的特点和趋势》,《国际观察》2017年第6期,第1—12页。
② 上海国际问题研究院课题组:《海纳百川、包容共生的"上海学派"》,《国际展望》2014年第6期,第1—17页;徐进、孙学峰:《"清华路径"与中国国际关系研究的发展方向》,《国际展望》2014年第6期,第18—32页。
③ 郭树勇:《中国国际关系理论建设中的中国意识成长及中国学派前途》,《国际观察》2017年第1期,第19—39页。
④ [英]杰弗里·巴勒克拉夫:《当代史导论》,张广勇、张宇宏译,上海社会科学院出版社1996年版,第149、155、167页。

国际关系理论来说，曾经风行一时的依附论、国际社会理论等，都部分因为理论自信的缺乏而生命力不足。

需要指出的是，中国对自身独立的理论建构能力的自信，根本上来源于对自身发展理念、发展道路的自信，特别是自改革开放以来被证明日益成功的中国特色社会主义道路。自中华人民共和国成立以来，中国始终坚持依据自身国情制定独立的经济发展、政治改革和社会进步的战略规划，独立地构建自身的理论体系，形成了独具特色又极富生命力的中国特色社会主义理论体系。最为重要的是，正是由于中国实现了马克思主义的中国化，在全球的马克思主义陷入低迷之际，社会主义制度则在中国表现出蓬勃的生命力。例如，在处理发展、安全与治理三者关系过程中，中国并未依循西方为非洲国家所开出的"药方"，即所谓"发展条件优先"方法：在实现发展前先创造发展所需的稳定环境，而要实现稳定环境则需先有"民主"政治制度。相反，中国始终坚持"发展优先"方法，利用自身发展成果消除既有和新生的安全、治理问题，在发展—安全—治理之间形成一种积极循环。正因如此，中国不仅改变了20世纪70年代甚至不如大量非洲国家发达的状况，更形成了独特的发展道路和理念。[①]

在国际关系实践中，中国也始终坚持独立自主的外交路线，坚持发展中国特色的国际关系和外交理论。其必然结果是，随着中国国际地位日益提升，中国的外交理念也日益普及。例如，中国与印度、缅甸首倡的和平共处五项原则，现在已经成为通行的国际关系基本准则。又如，尽管面临诸多质疑，中国仍坚持不干涉内政原则，并以此为核心提出建构有中国特色的国际热点问题解决之路。这一努力不仅具有重大的现实意义，更具有深远的理论意义。再如，面对世界银行和亚洲开发银行的不足，中国倡导并参与建设的亚洲基础设施开发银行和金砖国家开发银行，都提出了创新性的理论构想，得到国际社会的普遍欢迎。

如同下文所述，非洲当前仍在围绕谁更应当是非洲理论尤其是非洲国际关系理论的"合法"建构者展开重要争论，这本身便是对自身独立建构理论的自信不足的体现。中国自改革开放以来对自身独立建构理论的能力自信，可为非洲培育此类能力提供重要的可资借鉴的经验。

[①] 张春：《中非关系国际贡献论》，上海人民出版社2013年版，第210—215页。

最后，中国特色国际关系理论的建构也得益于对自身理论成果的独立总结，这也值得非洲国家借鉴和学习。中国特色国际关系理论的建构所取得的初步成功，与坚持自身独立、持续的理论总结是分不开的。尽管真正的中国特色国际关系理论建构是进入21世纪后的事情，但自1949年中华人民共和国成立以来，中国便已经开始了相应探索。早在1980年，就有学者提出了国际问题研究的"中国化"① 问题。进入21世纪后，中国学术界以"周年纪念"为中心，展开了一系列的中国特色国际关系理论的提炼与总结，如2004年的纪念和平共处原则提出50周年、2009年的建国60周年、2010年的上海世博会、2011年的建党90周年、2018年的纪念改革开放40周年等。通过这些反复的提炼和总结，再结合新的发展，中国特色国际关系理论的内涵、体系、方法论等均不断完善和成熟。也正是这样的不断总结、不断反思，中国特色国际关系理论得以在与时俱进的同时保持较强的延续性，而未出现主流国际关系理论不时呈现的断裂性发展，如对时代主题的判断、对和平共处五项原则的坚持等。随着中国持续崛起，学者们更加强调进一步总结和概括中国特色的国际关系与外交理论的必要性与重要性。②

与中国学术界坚持自身独立总结不同，非洲迄今为止对自身理论的独立总结仍严重不足。一方面，由于"非西方理论家尚未发展出完整的类似于西方式的世界观"，③ 因此在谁可以代表非洲说话的问题上，即便在非洲内部也存在分歧。一些学者认为，由于欧洲知识分子通过殖民实践而"主导非洲知识"，因此"非洲思想的复苏只能是非洲人的工作；只有非洲人才能完成这一使命。如果是欧洲人实现的上述过程，那就意味着他们再一次击败了我们"。④ 但也有另一些学者认为，可以将非洲知识

---

① 段霞：《改革开放三十年中国国际关系研究之发展回望》，《现代国际关系》2008年第12期，第50页。

② 朱锋：《中国特色的国际关系与外交理论创新研究——新议程、新框架、新挑战》，《国际政治研究》2009年第2期，第1—14页。

③ D. J. Puchala, "Some Non-Western Perspectives on International Relations", *Journal of Peace Research*, Vol. 34, No. 2, 1997, p. 130.

④ Quoted from Karen Smith, "Has Africa Got Anything to Say? African Contributions to the Theoretical Development of International Relations", *The Round Table*, Vol. 98, No. 402, 2009, pp. 271 – 272.

生产的行为体加以拓展，否则将会面临一系列难题，如：非洲之外的作者所写作的非洲知识，是否算作非洲知识？如果非洲作者使用欧洲语言写作非洲知识，算不算非洲知识？等等。① 更有人认为，考虑到全球化发展和非洲与外部世界的互动，因此并不存在"独特的非洲知识"，"非洲知识的生产是种不可能从地理上加以界定的努力，任何试图封闭非洲知识生产的努力都可能极为有害"。② 因此，"知识生产并不存在最佳地理场所；相反，存在多重平行的场所"。③ 另一方面，在"去殖民化"成功后半个多世纪，非洲声音仍被主流理论所排斥。正如有人类学家指出，"非洲作者被剥夺了写作普世性作品的权利，而这在欧美被认为是理所当然的"。④ 很大程度上，由于无法或缺乏独立的理论总结努力，非洲人难以为自身发展开出本土主义的药方，只能加剧其依附性发展的困境。

理论自信的不足严重阻滞了非洲国际关系理论的建构。尽管有关主流国际关系理论应更加重视非洲的呼吁并不鲜见，但迄今为止的讨论大多聚焦非洲对主流国际关系理论做的添补性贡献。⑤ 鉴于非洲丰富的国际关系理论渊源、曲折的国际参与历程及独特的国际关系实践，非洲国际关系理论应在借鉴中国特色国际关系理论的理论自信与建构实践，围绕国际关系理论的基本概念、理论体系、方法论等展开重建，推动国际关系理论的多样化、民主化发展，而非对主流国际关系理论的修修补补。

---

① Abebe Zegeye and Maurice Vambe, "Knowledge Production and Publishing in Africa", *Development Southern Africa*, Vol. 23, No. 3, 2006, pp. 336, 342.

② Noor Nieftagodien, "Report of the International Symposium on Globalisation and Social Sciences in Africa, University of the Witwatersrand, September 1998", *African Studies*, Vol. 57, No. 2, 1998, pp. 232 – 233.

③ Nana Akua Anyidoho, "Identity and Knowledge Production in the Fourth Generation", *Africa Development*, Vol. 33, No. 1, 2010, pp. 25 – 39.

④ Jean Comaroff and John L. Comaroff, "Theory from the South: Or, How Euro-America is Evolving Toward Africa", *Anthropological Forum: A Journal of Social Anthropology and Comparative Sociology*, Vol. 22, No. 2, 2012, p. 115.

⑤ Oulukayode A. Faleye, "Africa and International Relations Theory: Acquiescence and Response", in Leonid E. Grinin, Ilya V. Ilyin, and Andrey V. Korotayev, eds., *Globalistics and Globalization Studies: Aspects & Dimensions of Global Views*, Volgograd: "Uchitel" Publishing House, 2014, pp. 154 – 163.

三 非洲国际关系理论的建构

如前所述，一方面由于主流国际关系理论的排斥和歧视机制，另一方面则因为自身的理论自信不足，非洲尚未取得在主流国际关系理论中的应有地位。借鉴中国特色国际关系理论的理论自信和建构实践，非洲国际关系理论的建构应遵循以下基本原则：第一，坚持非洲知识的核心地位，以非洲丰富的思想、知识传统指导非洲国际关系理论的建构；第二，坚持非洲实践的核心地位，以非洲参与国际关系的独特历程和客观现实作为非洲国际关系理论的具体内涵；第三，坚持非洲人的核心地位，以非洲人为主体独立建构、总结非洲国际关系理论；第四，坚持非洲问题的核心地位，以非洲过去、现在和未来可能面临的各类问题为聚焦，发展非洲国际关系理论。更为具体而言，非洲国际关系理论的建构，应重点围绕基本概念再界定、理论体系重书写、方法论拨乱反正三方面展开。

（一）基本概念的再界定

非洲国际关系理论需要依托非洲经验，重新界定国际关系理论的基本概念。对主流国际关系理论而言，非洲更多意味着挑战，因其存在太多的偏离标准概念的现象。例如，一些学者认为，非洲的"国家"只是名义上的"国家"。[1] 又如，国家利益、国家安全等在非洲发生了变异，部落/族群利益、政权安全等才是问题的核心。[2] 但迄今为止的理论努力，更多是试图修补或拓展主流国际关系理论基本概念的范畴，从而试图将非洲经验纳入其中。更为根本、更为可行的方法应是，重新界

---

[1] Douglas Lemke, "African Lessons for International Relations Research", *World Politics*, Vol. 56, No. 1, 2003, pp. 114–138.

[2] Robert H. Jackson, "Juridical Statehood in Sub-Saharan Africa", *Journal of International Affairs*, Vol. 46, No. 1, 1992, pp. 1–16; Richard Sandbrook, *The Politics of Africa's Economic Stagnation*, Cambridge: Cambridge University Press, 1986; John F. Clark, "Realism, Neo-Realism and Africa's International Relations in the Post-Cold War Era", in Kevin C. Dunn and Timothy M. Shaw, eds., *Africa's Challenge to International Relations Theory*, Basingstoke: Palgrave, 2001, pp. 91–92.

定国际关系理论的基本概念,特别是围绕政治、安全、经济等而形成的概念群。

就与政治相关的概念群而言,非洲国际关系理论应当以"主权国家"概念为核心,对包括族群、政党、边界、移民等基本概念加以重新界定。对非洲而言,"主权国家"本身是个输入品,而且是通过殖民而强制性输入的。这样,主权国家在非洲的发展必然存在先天性不足;加之,前殖民宗主国出于"分而治之"的需求,在政府之外扶植非政府行为体,进而使非国家行为体在非洲主权国家的内部治理与对外交往中均有重要影响。这样,非洲国家边界的易渗透性,族群关系的跨国性及因此而来的比较性不满、跨国迁移,政党在国内的部族化和跨国的洲际化,都应是非洲国际关系理论的重要内涵。换句话说,非洲国际关系理论中的政治概念群应聚焦各类关系的跨国性及其影响展开。

就与安全相关的概念群而言,非洲国际关系理论应以"国家安全"概念为核心,反思诸如和平、干涉、冲突、调解、发展—安全关联等概念。面对非洲广泛存在的冲突,特别是冷战结束后头十年非洲突然涌现的大量冲突,主流国际关系理论并未充分重视冲突地的当地知识,而是试图冠以"新战争"框架加以解释。[1] 需要指出的是,导致非洲不安全的根源很大程度上是立体的:既可能源于行为体的多样性,进而仅国家的安全显然不够;也可能涉及多个领域,传统安全观念显然无法揭示不同领域的互动导致的关联性安全。因此,非洲国际关系理论中的安全概念群应围绕安全泛化、安全私有化及安全关联性等展开。

就与经济相关的概念群而言,非洲国际关系理论应以"发展"概念为核心,重新审视市场、资源禀赋、自由主义、国际政治经济等概念。如前所述,以自由主义为核心的市场经济是西方为非洲发展开出的"药方"。但在几十年试验后,非洲发展状态甚至还不如独立之初。因此,有关不受约束的市场机制如何在高度依赖和脆弱的经济体中运作,如何摆脱传统的资源诅咒而启动新型的资源政治经济学,如何逃脱自由化只会

---

[1] See Mary Kaldor, *New and Old Wars: Organized Violence in a Global Era*, Stanford: Stanford University Press, 1999; Mark Duffield, *Global Governance and the New Wars: The Merging of Development and Security*, London, New York: Zed Books, 2001.

加剧不平等的陷阱,都应成为非洲国际关系理论的重要内涵。① 而进入 21 世纪以来,新兴大国与非洲的合作及非洲的崛起,也可能为促进这一概念群的发展提供重要支撑。这样,非洲国际关系理论中的经济概念群的核心应当是新型资源动员与要素循环系统。

(二) 理论体系的重书写

非洲国际关系理论界应重新审视国际体系中非洲的历史演变和当今状态,重新书写国际关系理论的理论体系。

首先,应重新书写非洲国际关系的演变史。非洲之被主流国际关系理论或排斥或歧视,一个相当重要的原因便是非洲缺乏系统的历史叙事。尽管依附论、国际体系论等均为非洲国际关系史提供了重要洞察,却难以为其提供真正的解放途径。从更为宏大的非洲与外部世界的关系及其对非洲自身发展影响的角度,可将非洲团结与撕裂作为非洲国际关系史的叙事主线。在被殖民前,非洲很大程度上是团结的:不仅大陆本身可被视作整体,各个政治实体内部也大体团结。进入殖民主义时代,非洲被殖民宗主国刻意撕裂:无论是政治、经济还是文化上,宗主国都通过掠夺将非洲的优秀知识搬走,继而通过系统化、知识化后再传授给非洲精英,并导致后者的精英彻底与其大众撕裂;同时,宗主国仍继续从非洲大众手里掠夺知识,实现撕裂机制的再生产。殖民时代结束后,美欧等国很大程度上仍在延续对非洲的撕裂——尽管其手法有所改变,而非洲则尝试重新团结起来——尽管未必真正认清美欧的撕裂机制并寻找到有效办法。正是这一团结与撕裂的历史,使得非洲与国际社会呈现出完全不同的历史发展路径与发展面貌,尽管二者联系相当紧密——而非如同理论歧视中的亚体系论调那样,认为二者某种程度上是分裂的。

---

① See Claude Ake, "The New World Order: A View From Africa", in Hans-Henrik Holm and Georg Sorenson, eds., *Whose World Order? Uneven Globalization and the End of the Cold War*, Boulder: Westview Press, 1995, pp. 19 – 42; Samir Amin, "On the Origins of Economic Catastrophe in Africa", in Sing C. Chew and Robert A. Denemark, eds., *The Underdevelopment of Development: Essays in Honor of Andre Gunder Frank*, Thousand Oaks, CA: Sage Publications, 1996; Tandeka C. Nkiwane, "The End of History? African Challenges to Liberalism in International Relations", in Kevin C. Dunn and Timothy M. Shaw eds., *Africa's Challenge to International Relations Theory*, Basingstoke: Palgrave, 2001, p. 106.

其次，应提炼当代非洲国际关系的复合特征，系统书写非洲国际体系的内部关联。今天的非洲国际体系似乎存在无数的闭循环，但同时又有无数新要素可被这一闭循环所吸纳。诸如次国家行为体，超国家行为体，犯罪国家，族群认同，移民，可持续发展，发展援助，环境恶化，性别平等流行病等，均事实上相互联系、相互影响，从任意一点切入都可能找到其他所有议题。更为重要的是，这些议题与主流国际关系理论所关注的全球力量均衡、大国安全、军备控制等，可能都没有太大关联。例如，非洲正出现所谓"跨国混合行为体联盟"（Transnational Mixed Actor Coalitions），它"在生产更为包容的国际关系理论中有着重要作用"，"这些混合行为体联盟的重要性在于如下事实，他们不仅正发展出影响政策结果的新战略，还奠定了改变争论的术语和性质的基础"。西部非洲已经"成为国际与地区政治中网络和混合行为体联盟的实践和分析实验室"，因为地区内出现了如地区活动家团体、政府间组织及政府结成联盟的趋势，同时有组织的私营部门的次地区联盟也正在崛起，对地区规范、地区认同、地区决策等产生的影响正逐渐增大。尽管这些联盟和网络似乎正"创建一个更大范畴的地区治理规范，对国家与社会关系有着重大影响，但很少为'标准'的国际关系研究所把握或解释"。①

最后，应从非洲大量存在与主流国际关系理论"相悖"却可能代表国际体系趋势的因素中提炼国际发展趋势的系统理论。2016年英国脱欧、美国特朗普当选等"黑天鹅"事件凸显了相关国家对全球化深入发展的反进化抵制。② 与之形成鲜明对比的是，全球化给非洲带来的消极后果可能远甚于积极影响，但非洲并未出现类似的反进化努力。因此，非洲国际关系理论至少可就两个方面加以总结：一是全球化的积极影响和消极后果在非洲的供应机制的差异性，特别是，缘何非洲更易被毒品、武器

---

① Okey Iheduru, "Civil Society, Transnational Networks & New Patterns of Regional Interaction: Lessons From West Africa", Paper Presented at the Annual Meeting of the International Studies Association 48th Annual Convention, 28 February 2007, pp. 6 – 8, 15 – 19.

② 有人类学家提醒，全球正发生一种反进化的历史性变化，全球北方正向全球南方靠拢，如欧洲的"警察文化后殖民化"（policultural postcolonies）发展，美国的警察国家化发展，等等。See Jean Comaroff and John L. Comaroff, "Theory From the South: Or, How Euro-America is Evolving Toward Africa", *Anthropological Forum: A Journal of Social Anthropology and Comparative Sociology*, Vol. 22, No. 2, 2012, pp. 118 – 121.

走私、人口贩卖、洗钱、海盗、恐怖主义分子等所侵入,缘何中国、印度等新兴大国能使非洲获益甚丰?二是非洲应对全球化消极后果的理念、方法的差异性,特别是缘何美欧等发达世界与非洲的应对截然相反?事实上,直接的理论解放需要对既有事态的全新想象;当前的历史性变化,极可能为撰写真正的替代性理论提供了历史性机遇。南方地区特别是非洲的革命性发展,极可能预示着"旧边缘正成为新前沿","预示着历史的创造"。[1]

(三)方法论的拨乱反正

非洲国际关系理论可在很大程度上纠正主流国际关系理论的方法论偏差。既有研究已围绕非洲对国际关系理论方法论的贡献展开大量讨论。例如,一些非洲学者认为,非洲可为国际关系理论提供四种不同的故事讲述方法;[2] 而另一位学者则进一步将其发展为八种讲述故事的不同方法。[3] 但这些并非非洲对国际关系理论方法论的真正贡献,因其并未对主流国际关系理论的方法论发展形成真正突破。笔者认为,非洲国际关系理论的方法论贡献如下:

首先,非洲人对人与环境和谐相处的系统观念,有助于国际关系理论重新走向宏大与系统。尽管《欧洲国际关系》(European Journal of International Relations)于2013年提出"国际关系理论的终结"的争论更多是具有"历史终结论"的意味,[4] 但自2001年以来,主流国际关系理论的发展的确陷入停滞,大多理论探讨更多聚焦局部、流于形式,宏大理论探索几近消失。而技术的快速发展更加剧了这一困境,因为技术发展进一步加高了学科壁垒。但在非洲哲学和政治实践中,一种浑然天

---

[1] Jean Comaroff and John L. Comaroff, "Theory From the South: Or, How Euro-America is Evolving Toward Africa", *Anthropological Forum: A Journal of Social Anthropology and Comparative Sociology*, Vol. 22, No. 2, 2012, p. 121.

[2] Karen Smith, "Has Africa Got Anything to Say? African Contributions to the Theoretical Development of International Relations", *The Round Table*, Vol. 98, No. 402, 2009, pp. 276 – 280.

[3] Vineet Thakur, "Africa and the Theoretical Peace in IR", *International Political Sociology*, Vol. 9, No. 3, 2015, pp. 213 – 229.

[4] Tim Dunne, Lene Hansen, and Colin Wight, "The End of International Relations Theory?", *European Journal of International Relations*, Vol. 19, No. 3, 2013, pp. 405 – 425.

成的内生性系统思维贯穿其日常生活，如班图哲学尤其是"乌班图"（Ubuntu）理念、①朱利叶斯·尼雷尔（Julius Nyrere）的"乌贾马"（Ujaama）理念、②非洲人格与黑人文化（Negritude），③及更为宏大的人与社会、人与自然和谐相处等理念。相比之下，西方新近发展并完善的可持续发展理念，很大程度上是出于快速发展后的补救性反思的产物。

其次，非洲人对生活的天生乐观态度，有助于突破主流国际关系理论基于基督教"原罪"假设而来的悲观预期。非洲人因其生活环境而来的乐观主义与诸如诺曼·安吉尔（Norman Angell）等所代表的理想主义有着本质差别，或者说是种现实主义的乐观主义：即使面临恶劣的生活环境，仍有充分的理由保持对生活、对世界的乐观态度。诸如泛非主义、团结精神等都反映了这一生活态度。由此，非洲国际关系理论的世界观更倾向于积极向上，由此产生的国际关系理论或许更有利于推动人类社会朝向命运共同体方向迈进。

最后，非洲以草根口述史为主的知识传承方式，可有效建构大众的、草根的国际关系理论，进而更有利于理论于实际之效用。冷战结束使主流国际关系理论面临无限尴尬，因为没有任何主流理论有效预测到这一具有世界历史意义的演变。同样，2016年的英国脱欧、特朗普当选也凸显了诸多理论的苍白。尽管可能有很多原因，但主流国际关系理论的精英化、技术化、非历史化发展，使其脱离现实过远，进而无法理解真实的世界。尽管可能不符合主流国际关系理论的方法论标准，但非洲基于草根的口述史式知识传承，使知识得以保留在最为底层的社会之中，从而实现了理论与实践的最佳结合。

---

① Antjie Krog, *Country of My Skull: Guilt, Sorrow, and the Limits of Forgiveness in the New South Africa*, New York: Broadway Books, 2000, p. 143.

② Karen Smith, "Has Africa Got Anything to Say? African Contributions to the Theoretical Development of International Relations", *The Round Table*, Vol. 98, No. 402, 2009, p. 278.

③ Sunday Tasen Okune and Alexander Essien Timothy, "Despair and Disillusionment in Post-Negritude African Literature", *English Language, Literature & Culture*, Vol. 2, No. 5, 2017, pp. 45 – 51; Emmanuel E. Egar, *The Crisis of Negritude: A Study of the Black Movement Against Intellectual Oppression in the Early 20th Century*, Boca Raton, Florida: Brown Walker Press, 2008, pp. 9 – 14.

四　结语

尽管说国际关系理论是"美国的社会科学"[1]略带夸张，但整个国际关系理论仍很大程度上为欧美所主导，某种程度上也可以说是国际关系理论的"殖民化"现象。[2] 随着冷战后特别是2008年国际金融危机以后的国际权势转移，来自中国、印度、拉美、东南亚、非洲等地的国际关系理论正逐渐发展，国际关系理论的"去殖民化"进程似乎正在开启。恰好在这个时候，《欧洲国际关系》杂志于2013年发表了一期专刊，宣告"国际关系理论已然死亡"，这门学科已经实现"理论的和平"。这可被视作"历史终结论"在国际关系理论界的翻版。尽管仍存在争议，但在非西方国际关系理论刚要大发展的时刻，宣称国际关系理论的"派对"已经结束，是否是对国际关系理论"去殖民化"进程的刻意阻碍？[3] 现在给出明确的答案显然过早，但另一个答案则不言自喻，那就是：阻止国际关系理论"去殖民化"进程的努力终将失败。其原因不仅在于客观世界的发展远非主流国际关系理论所能解释，世界的多样化必然呼吁理论的多样化；更在于，来自非西方世界的理论意识、理论自觉和理论自信均在提升。尤为明显的是，进入21世纪后快速发展的中国与非洲合作不仅产生了实实在在的物质成果，对国际战略、国际权势等均产生了明显的影响，更产生了新型的、替代性的知识成果，如中非合作很大程度上正扭转国际社会传统上对非洲的悲观预期，又如它正动员新型的资源政治经济学，正激发新南南合作的兴起，等等。但需要指出的是，迄今为止，中非合作的物质层面仍远大于精神层面；中非合作对推动国际关系理论的"去殖民化"进程的影响，更多仍处于自发阶段。随着中国、非

---

[1] Stanley Hoffman, "An American Social Science: International Relations", *Daedalus*, Vol. 106, No. 3, 1977, pp. 41–60; Steve Smith, "The Discipline of International Relations: Still an American Social Science?", *British Journal of Politics and international Relations*, Vol. 2, No. 3, 2000, pp. 374–402.

[2] Julian Saurin, "International Relations as the Imperial Illusion: Or, the Need to Decolonize IR", in Branwen Gruffydd Jones, ed., *Decolonizing International Relations*, Plymouth: Rowan & Littlefield Publishers, inc., 2006, pp. 23–42.

[3] Vineet Thakur, op. cit., pp. 214–215.

洲的同步崛起——尽管可能存在水平差异,但中非合作未来应为国际社会提供更多思想性公共产品,更为主动和自觉地推动国际关系理论的"去殖民化"进程。

(本文原刊发于《西亚非洲》2018年第4期)

中国经验与非洲发展：借鉴、融合与创新

贺文萍[*]

摘　要：中国在改革开放三十多年里成功使7亿多人摆脱贫困，并一跃成为仅次于美国的世界第二大经济体。这对于正在渴求摆脱贫困和实现发展的非洲国家来说，希望了解、学习和借鉴中国在经济发展和政治治理方面的经验。总体来看，两方面的中国经验值得非洲国家关注：一是实行渐进式改革，摆正了改革、发展与稳定三者的关系，以与时俱进的"发展观"统领发展大局；二是拥有一个强有力的、致力于发展的政府，富有远见卓识的领导人以及正确的政策。然而，非洲国家国情的差异性使不同国家对中国经验学习与借鉴的态度与重点会有所不同，平等性、双向性与适应性是推动中国经验与非洲发展融合的关键。展望未来，中国经验也必然在非洲的发展过程中，通过与非洲大陆特有的历史文化传承及政治经济社会生态相结合，走出自己的创新发展之路：在经济层面，体现在抓住全球产业转移的新机遇，从基础设施建设和产业园区建设入手挖掘"后发优势"；在政治层面，体现在加强治国理政经验交流，从反腐败和政党建设入手提高执政和治理能力。

---

[*] 贺文萍，中国社会科学院西亚非洲研究所研究员。

关键词： 中国经验　非洲发展　治国理政　平等性　双向性　适应性

1985 年 8 月，中国改革开放的总设计师邓小平在会见来访的坦桑尼亚时任总统朱利叶·K. 尼雷尔时曾说："我们的改革不仅在中国，而且在国际范围内也是一种试验。如果成功了，可以为世界上的社会主义事业和不发达国家的发展提供某些经验。"① 的确，改革开放三十多年来，中国经济发展成就举世瞩目。中国不仅在短短两代人的时间内实现了经济发展的快速崛起，而且这种巨大的社会转型是在和平稳定的大环境中取得的。中国是如何取得这样的发展奇迹的？中国共产党作为执政党又是如何在改革发展的过程中提高其执政能力建设并继续赢得民众的广泛支持的？中国经验对于非洲发展而言究竟有哪些方面可以借鉴？中国经验对于非洲发展是一种单向性的输出还是双向性的交流？中国经验如何适用于历史、社会文化及政治制度都与中国完全不同的非洲国家？中国经验与非洲发展又如何在借鉴、适应以及不断融合的基础上实现创新？为回答这些问题，本文尝试从中国经验与非洲发展的相互借鉴、融合与创新的视角来加以分析。

一　可资借鉴的中国经验：经济发展和政治治理

如果把时针倒拨 30 多年，改革开放之前的中国人均国内生产总值甚至低于非洲的小国马拉维和布基纳法索。② 但是 30 多年后的今天，中国

---

① 邓小平：《对中国改革的两种评价》，载《邓小平文选》第 3 卷，人民出版社 1993 年版，第 133、135 页。

② 根据世界银行的数据，1978 年中国人均国内生产总值为 156.396 美元，布基纳法索的人均国内生产总值为 225.942 美元，马拉维的人均国内生产总值为 163.416 美元。以上数据分别参见世界银行网上数据库，http://databank.shihang.org/data/reports.aspx?source=2&series=NY.GDP.PCAP.CD&country=CHN，2017 – 06 – 23；http://databank.shihang.org/data/reports.aspx?source=2&series=NY.GDP.PCAP.CD&country=BFA，2017 – 06 – 23；http://databank.shihang.org/data/reports.aspx?source=2&series=NY.GDP.PCAP.CD&country=MWI，2017 – 06 – 23。

不仅成功地使 7 亿多人摆脱了贫困,[①] 而且已一跃成为仅次于美国的世界第二大经济体,而布基纳法索和马拉维则至今仍为世界最不发达的贫穷国家,非洲大陆的整体发展也仍大大落后于世界其他地区。那么,中国令人惊羡的变化是如何发生的?其内在机理是什么?对此,不仅渴望摆脱贫困和实现发展的非洲国家希望了解、学习和借鉴中国发展经验,而且国际上研究中国发展道路的许多西方学者也在不断进行分析、考察和调研,并形成了有关"北京共识""中国模式"和"中国道路"等有关中国发展经验的各类版本的总结。的确,中国改革开放 30 多年来所形成的发展经验内容十分丰富,涵盖农业、工业、外贸、减贫、文化教育、人力资源开发、执政能力建设等各个领域。限于篇幅,本文不可能穷尽中国发展经验的方方面面,针对非洲当下面临的发展问题,笔者基于中国经验全球吸引力不断从经济发展走向政治治理的递进过程以及从发展的大思路和体制层面,大致梳理出中国经验的主要原则和两大法宝。

(一) 中国经验领域的扩大:从经济发展到政治治理

长期以来,中国经济发展的成就突出并且得到了包括西方国家在内的世界各国的广泛欣赏和赞誉。而对于广大发展中国家来说,摆脱贫困与实现经济发展是各国政府面临的主要议题,由此它们对中国发展经验的总结和学习借鉴也主要集中在减贫和经济发展领域。如 2005 年 5 月,在联合国开发计划署和中国政府共同支持下成立了中国国际扶贫中心(International Poverty Reduction Center in China,IPRCC),专门从事减贫的国际培训、交流与研究。它具体包括以下四方面的基本职能:其一,立足中国,面向世界特别是广大发展中国家,组织反贫困领域内的政策研究和经验总结;其二,承担国际组织和中国政府委托的有关国际培训和能力建设项目;其三,开展外资扶贫项目的组织、论证、立项和管理;其四,实施扶贫领域的国际合作与交流。中国国际扶贫中心自成立以来,

---

[①] 参见中国国务院新闻办 2016 年 10 月 17 日发表的《中国的减贫行动与人权进步》白皮书,2017 年 6 月 19 日,新华网(http://news.xinhuanet.com/politics/2016-10/17/c_1119730504.htm)。

在中国减贫经验的国际交流和培训方面做了大量工作，如2016年5月8日在北京举办了"2016中国扶贫国际论坛：可持续发展目标下的中国扶贫经验分享"大型国际论坛，并现场开通了"南南合作减贫知识分享网站"。①

虽然中国的减贫和经济发展成就世人瞩目并鲜有争议，但国际上对中国政治治理的认识则走过了一个曲折和漫长的过程。一些人士认为，中国改革仅仅是经济层面的改革，政治改革则停滞不前；另一些人则认为，中国经济改革走得太快，"僵化"的政治体制终将无法适应而行将崩溃。20世纪80年代末90年代初，当苏联解体和冷战结束，在日裔美国学者福山"历史终结论"的鼓吹之下，西方世界曾掀起了一阵"中国崩溃论"的大辩论和大预测。虽然之后的事实证明，中国不仅没有崩溃，并且在发展和团结稳定的道路上步伐越走越坚实，但出于对中国认知的偏狭和"冷战思维"的固化，西方主导的国际舆论始终对中国的政治治理抱有深刻的成见和负面认知。

这种认知坚冰的融化始自21世纪初期以来全球化的新发展以及全球经历的新震荡。特别是近十年来，当全球经历了2008年国际金融危机以及始自2010年底阿拉伯变局这两个具有全球性影响的重大经济和政治社会发展挑战的洗礼后，中国共产党领导的社会主义的中国能够勇立潮头，不仅没有被源自资本主义中心的华尔街金融危机冲倒，也没有发生如一些西方观察家所预测的阿拉伯变局式的社会和政治危机，反而显示出比美欧等资本主义体系更能够抗压和抗冲击的体制优势。也正因如此，关于中国发展经验的总结和借鉴近些年来也开始聚焦中国的政治治理领域。2014年9月，由国务院新闻办公室会同中央文献研究室、中国外文局编辑的《习近平谈治国理政》一书问世，并由外文出版社以中、英、法、俄、阿、西、葡、德、日等多语种出版发行。截至2017年4月该书的泰文、柬文和乌尔都文版的首发式，在短短两年半时间内，该书已在全球100多个国家和地区发行620多万册。自问世以来，该书先后在法兰克福、伦敦、纽约三大国际书展亮相。美国、英国、法国、印度、捷克、

---

① 《2016中国扶贫国际论坛召开，中国经验如何输出》，2016年5月8日，中国发展门户网（http://cn.chinagate.cn/news/2016-05/08/content_38406881.htm）。

埃及、吉尔吉斯斯坦、南非等国纷纷举办研讨会、书评会。"越来越多的外国政府和政党，惊叹于'中国道路'带来的巨大发展成就，开始从中国领导人和执政党身上汲取治国理政的智慧。尤其是不少发展中国家，在多元并起、非西方世界快速发展的历史大格局中，希望借鉴中国的发展经验，思考自己的安身立命之道。"① 由此可见，中国经验的吸引力已超越经济发展层面，进入了政治治理领域。

（二）中国经验的核心要义

如前所述，针对非洲国家当前面临的国家建设与发展问题的症结，以下两方面的中国经验值得关注。

中国经验核心要义之一是实行渐进式改革，摆正改革（reform）、发展（development）与稳定（stability）三者的关系，以与时俱进的"发展观"统领发展大局。作为一个发展中的转型国家，改革所带来的巨大震动必然对原有的社会架构和社会稳定形成强大的冲击，而改革又必须以稳定为前提，以发展为目标。因此，中国的改革与开放之路就是秉承了"稳定优先"的原则，正如邓小平所强调的"稳定压倒一切"，②减少社会动荡，夯实稳定的基础再谋求发展，并通过改革和发展的成果来促稳定，以此实现稳定、发展与改革之间的协调和平衡。在经济改革与发展过程中，基于激进改革有可能造成国民经济的激烈震荡从而增大改革的风险乃至失败的考虑，中国政府实施了"不断试错并及时纠正"的"软着陆"方针（Soft landing of the trial and error method），即先易后难、循序渐进、先搞试点再根据效果进行扩大和推广的改革路径。"从农村联产承包责任制、乡镇企业发展、国有企业改革到金融领域改革，再从计划经济到市场经济过渡的过程中伴随着的是就业体制、社会保障体制、收入分配体制、户籍体制等各方面的改革，目的是减缓改革带来的震动对弱势群体的冲击，规避和分散改革的代价和风险。在政治领域

---

① 《一部中国著作的世界回响——从〈习近平谈治国理政〉泰国、柬埔寨、巴基斯坦三国首发式说起》，《人民日报》2017年4月16日。
② 邓小平：《善于利用时机解决发展问题》（1990年12月24日邓小平同几位中央负责同志的谈话要点），《邓小平文选》第3卷，人民出版社1993年版，第364页。

的改革也同样是在稳定的大前提下逐步扩大政治参与，自下而上地积极推进基层民主选举和党内民主的探索，以最终实现政治平等的目标。"① 正是改革的渐进和有序推进，使得每一轮改革不仅得以在前一轮改革所取得的基础上进一步深化，而且确保了中国如此巨大和深刻的一个社会和经济转型能够在这么短的时间维度内，在一个相对和谐与稳定的状态下顺利进行和基本完成。总体看，中国走过改革开放30多年的发展历程，在此期间没有出现大的内战或者社会冲突，社会稳定、经济发展以及国家的和平发展环境都得以有效维护并实现了良性循环。

在摆正"改革、发展与稳定"三者关系的过程中，改革开放30多年来，中国政府和历届领导人还根据形势发展和时代要求以与时俱进的"发展观"统领发展大局。"用发展来解决发展中出现的问题"，"发展是解决问题的基础和关键"，② 通过抓住"发展"的总钥匙来推进各项改革工作。由于30多年里各阶段中国面临的发展挑战和攻坚任务各有不同，中国"发展观"也历经了多次创新过程。20世纪七八十年代，中国在"文化大革命"结束后面临的最大挑战就是改变国家积弱、积贫的经济落后现状，实现工业、农业、国防和科学技术的"四个现代化"。改革开放的总设计师和开拓者邓小平因此提出了"发展才是硬道理"以及"不管白猫黑猫，只要抓住老鼠就是好猫"的著名论述。在强有力的邓小平发展观的推动下，中国经济以两位数的经济增长率迅猛发展，但在高速发展的过程中也出现了粗放式发展、环境污染以及贫富差距加大等发展中带来的"副产品"。为解决发展中产生的问题，2003年10月召开的中国共产党第十六届三中全会提出了新的"科学发展观"，即"坚持统筹兼顾，坚持以人为本，树立全面、协调、可持续的发展观，促进经济社会和人的全面发展"。"新的科学发展观意味着不能把国内生产总值增长简单地等同于发展和社会进步。要纠正一些地方和领域出现的重经济指标、

---

① 参见贺文萍《从"援助有效性"到"发展有效性"：援助理念的演变及中国经验的作用》，《西亚非洲》2011年第9期，第130页。

② 习近平：《在纪念中国人民抗日战争暨世界反法西斯战争胜利六十九周年座谈会上的讲话》（2014年9月3日），人民出版社2014年版，第17页。

轻社会进步、重物质成果、轻人本价值、重眼前利益、轻长远福祉的偏颇。"[1] 近年来，随着国际贸易经济环境的日趋复杂和严峻，以习近平总书记为核心的中央领导集体又适时提出了"创新、协调、绿色、开放、共享"的"创新发展"理念。习总书记指出，"必须清醒地看到，我国经济规模很大、但依然大而不强，我国经济增速很快、但依然快而不优。主要依靠资源等要素投入推动经济增长和规模扩张的粗放型发展方式是不可持续的"，必须"加快（实现）从要素驱动、投资规模驱动发展为主向以创新驱动发展为主的转变"。[2]

因此，正是始终坚持发展理念和与时俱进地调整更新"发展观"，才使得中国当之无愧地成为"发展型国家"的典型代表。[3]

中国经验核心要义之二是拥有一个强有力的、致力于发展的政府以及富有远见卓识的领导人和正确的政策。对于转型中的发展中国家来说，要凝聚全体国民的团结和意志，集中全国力量推进有序的经济、社会乃至政治改革，就必然需要在一定时期和一定领域内拥有一个"强政府"，即强大的政治权威和有效的治理能力。其实，即使是西方政治学家从政治发展的一般规律性分析中也早就指出了这一点。如几年前故去的美国著名政治学家亨廷顿曾精辟地指出，处于现代化初期的发展中国家"必须先存有权威，而后才谈得上限制权威"[4]，就如同先要创造财富，而后才谈得上均衡分配财富一样。人类历史的发展也早已证明，经济发展并不仅仅只能在政治民主的情况下才能获得。20世纪六七十年代，一些发展中国家和地区（特别是东亚和东南亚国家尤为普遍，如"亚洲四小龙"[5]）就是

---

[1] 李培林：《解读十六届三中全会精神——论中国新发展观》，《中国青年报》2003年12月7日。

[2] 国务院新闻办公室、中央文献研究室、中国外文局：《习近平谈治国理政》，外文出版社2014年版，第120页。

[3] "发展型国家"以及"发展型国家理论"（Theory of Developmental State），系国际发展经济学界在20世纪七八十年代通过研究当时日本及东亚各国的快速发展而创立的一种理论，后来人们习惯于把那些将经济发展放在首要位置的国家称为"发展型国家"。

[4] [美]塞缪尔·亨廷顿：《变化社会中的政治秩序》，王冠华等译，生活·读书·新知三联书店1989年版，第7页。

[5] "亚洲四小龙"系指从20世纪60年代开始，亚洲的中国香港地区、中国台湾地区、新加坡和韩国推行出口导向型战略，重点发展劳动密集型的加工产业，在短时间内实现了经济的腾飞，一跃成为全亚洲发达富裕的地区。

在政治威权主义统治下获得了较高的经济发展水平。不少西方学者也因此在用所谓"发展型国家"这一概念来解释包括中国在内的东亚新兴经济发展体的快速经济发展时,指出"发展型国家"的特点就在于"它是一种政府主导型的经济发展模式,国家通常拥有一个强有力的政府,且这一政府具有强烈的经济发展意愿,并拥有能有效动员和配置各种资源以推动国家发展的能力"。[1]

在改革开放的 30 多年里,中国的发展道路并非一帆风顺、一马平川。面对国际风云变幻以及国内局势的变化调整,中国经济发展也经历过几次起起伏伏,政治发展进程也经历过动荡和风险,但这些起伏和动荡每次都是依靠并通过强有力的、致力于发展的"政府之手"的干预和宏观调控,才使得国家经济发展走出阴霾,使国家政治进程克服动荡和风险的挑战回到发展的正确轨道。自 1949 年 10 月中华人民共和国成立以来,中国正是在富有远见卓识并相对稳定的几代领导人的领导下,而逐步发展起来的。毛泽东主席在奠定中华民族的团结和民族国家认同方面做出了巨大贡献,这也构成了中国改革开放得以迅速开展的重要政治基础。改革开放的总设计师邓小平则引领中国人民走向了改革开放、发展以及实现现代化的繁荣之路。江泽民、胡锦涛以及习近平总书记均继续秉承开放和发展的理念,积极参与经济全球化,与时俱进地丰富和升华了"发展观"的内涵,凝聚全民对于实现国家现代化的共识,使中华民族得以屹立于世界民族之林。

从政治体制上来看,虽然中国共产党领导的多党合作和政治协商制度被西方社会长期解读为中国共产党的"一党长期执政",但所有客观的分析家也同样认可"一党长期执政"可以最有效地保持政策连续性。自 1949 年中华人民共和国成立以来,中国共产党领导制订的"五年国民经济发展计划"(即"五年计划")如今已经进入了第 13 个五年计划建设时期(即"十三五计划")。按照历次"五年计划"的推进,中国在基础设施建设、经济特区建设,以及目前的国际产能合作与"一带一路"倡议建设等方面有条不紊地持续展开。执政党中国共产党也通过领导干部任

---

[1] 罗建波:《非洲国家的治理难题与中非治国理政经验交流》,《西亚非洲》2015 年第 3 期,第 87 页。

期制、集体领导以及择优录用和竞争上岗的人才选拔制度,不断打造优秀的领导干部队伍,通过打造"好的治理"而不是盲目追求"选举民主化"来夯实治国理政的民意基础。

另外,中国经济发展的成就虽然有目共睹并得到世界公认,但国际上似乎很少有人认识到,中国经济改革其实是与政治和社会改革同步进行并相伴而生的,中国经济改革成就的取得是与多年来的社会和政治改革努力密不可分的。"事实上,中国的改革绝不仅仅限于单一的经济领域(尽管这一领域发生的变化最显著,也最直观),而是涉及经济体制、政治体制、文化体制以及社会体制等各个方面的全方位的改革。30多年来,正是通过对领导体制、干部用人体制、选举体制(包括党内选举和基层选举)、立法和司法体制、决策体制等诸多权力的监督与制衡方面的渐进性改革,才得以确保经济改革不断向纵深推进以及在剧烈的社会和经济转型过程中各民族之间以及社会各阶层之间利益的兼容与和谐共处。尽管在发展的过程中,中国也面临贫富分化、地区发展失衡等诸多挑战,但从历史的纵向发展坐标看,中国人民正享受着历史上前所未有、越来越多的经济、社会和政治权利。这恐怕也正是为什么以发展为导向的'北京共识'能够与以自由化为导向的'华盛顿共识'同场竞技,并日益被越来越多的发展中国家所追捧的原因所在。"[1]

反观非洲,在中国踏上改革开放之路的几乎历史同期,大多数非洲国家则在世界银行、国际货币基金组织等国际金融机构以及西方捐助国"指导"下开始实施经济结构调整和多党政治民主化,以"华盛顿共识"为基础的经济结构调整计划忽视了非洲国情和保持社会稳定的重要性,试图以一步到位的"改革"实现非洲社会的转型,即在社会安全网建立之前就实行自由化,在管理制度形成之前就实现私有化,在宽容的政治文化和法治社会形成之前就推行民主化。其结果自然是改革引发动荡,而社会动荡反过来又制约了改革的推进。另外,不少非洲国家在独立后还经历了发展政策的偏差,如盲目工业化造成了农业的长期停滞、快速城市化加剧了社会经济的二元化、人口的高速增长蚕食了经济增长的成

---

[1] 参见贺文萍《从"援助有效性"到"发展有效性":援助理念的演变及中国经验的作用》,《西亚非洲》2011年第9期,第130页。

果,等等。因此,上述两方面中国经验对于大多数非洲国家来说具有一定的适应性,非洲国家如何借鉴中国的发展经验自然逐渐成为那些希望探索符合自身发展之路的非洲国家的共识。

二 中国经验与非洲发展的融合

2016年10月24日,非洲知名独立无党派调查机构"非洲晴雨表"(Afrobarometer)发布了一篇题为《中国在非洲影响力持续加强赢得广泛积极评价》(China's Growing Presence in Africa Wins Largely Positive Popular Reviews)的研究报告。该报告研究团队选取非洲36个国家的5.4万名民众作为调查对象,探究中国在非洲的形象。其结果是:大部分非洲人认为,中国在非洲的经济和政治活动为各自国家的发展做出了贡献。获得的积极评价尤其体现在中国在非基础设施投资、商业贸易活动及中国制造的产品方面。该报告还显示,不仅非洲人对中国在非洲经济发展方面作用持有好感,而且中国是受访者心中仅次于美国的第二受欢迎的国家发展样板。[1] 由此可见,在中非经贸联系所展现的大量积极成果的事实面前,不仅西方媒体抹黑中国的所谓"新殖民主义论"正在失去市场,而且非洲政府及人民非常认可中非间良好的经济联系,开始把中国发展模式视为非洲的国家发展样板。这表明,非洲国家一方面拥有学习中国发展经验的愿望,另一方面也在思考如何学以及用什么样的心态学习中国经验。

(一)非洲国家普遍希望学习和借鉴中国发展经验

随着近十多年来中非关系的快速发展以及非洲与包括中国在内的亚洲国家经贸联系的日益紧密,不少非洲国家开始涌动一股"向东看"的政策热潮。特别是2008年国际金融危机爆发后,非洲国家更是把加强与

---

[1] 《民意调查显示中国在非洲影响力赢得广泛积极评价》,2017年6月22日,http://world.people.com.cn/n1/2016/1026/c1002-28809513.html;Afrobarometer Report, "China's Growing Presence in Africa Wins Largely Positive Popular Reviews", http://www.afrobarometer.org/publications/ad122-chinas-growing-presence-africa-wins-largely-positive-popular-reviews, 2017-06-22。

中国等亚洲新兴国家的经贸联系视为抵御金融危机冲击的重要屏障,把学习和借鉴中国等亚洲新兴国家的发展经验视为本国外交工作的新重心。2010年12月24日,非洲第一大经济强国南非加入"金砖国家"可被视为非洲加强与中国等新兴经济体联系的重要一步。南非《金融邮报》杂志早在南非总统祖马于2010年8月访华前就曾发表评论称,中国企业投资南非的热潮正在到来,南非政府已经意识到世界经济重心开始向发展中国家转移,而中国是其中的领军者,因此采取了"向东看"政策。[1] 另外,覆盖全非洲的研究智库——非洲经济转型研究中心(The African Centre for Economic Transformation,ACET),[2] 于2009年10月推出了上、下两卷大型研究报告,分别为《向东看:中国进入非洲带来的机遇与挑战》和《向东看:非洲决策者们如何和中国打交道》,上述报告"详尽分析了中国与非洲在开展投资、贸易和经济技术合作等方面给非洲带来的机遇和挑战,并针对不同非洲国家的资源禀赋和比较优势给出了不同的与中国打交道的政策建议"。[3] 这两份研究报告一方面认同中国作为新兴的全球经济强国,正在成为亚非拉广大发展中国家南南合作的重要经济伙伴,并会带来诸多发展机遇,非洲国家采取"向东看"战略恰逢其时,不能错失合作商机;另一方面,该报告也提出非洲国家应认真制定自身发展战略,以期确保双方在合作中实现双赢。

另外,对于中国经验的哪些方面最值得非洲学习和借鉴,研究者也是仁者见仁、智者见智。2010年2月,世界银行非洲地区部的资深经济学家阿里·扎法尔(Ali Zafar)撰写了题为《向中国奇迹学习:撒哈拉以南非洲的发展教训》研究报告,具体指出非洲可以在7个方面学习中国经验,即:中国改革的政治经济以及政治精英与私营部门共赢的经验;中国在改革开放早期利用华侨资本和技术的经验;中国通过农村改革,实现产权重组,提高储蓄和产出,从而促进经济增长的经验;中国采用有竞争力的汇率推动经济增长的经验;中国的港口管理经验;中国

---

[1] 参见侯隽《南非"向东看",想成"金砖第五国"》,《中国经济周刊》2010年8月31日。
[2] 非洲经济转型研究中心成立于2007年,致力于向非洲各国政府提供政策建议。
[3] 参见贺文萍《非洲与亚洲的接近和战略合作》,《中国市场》2012年第24期,第17页。

一定程度的权力下放经验；中国的民族区域自治和少数民族施策经验。① 埃塞俄比亚总理特别顾问阿尔卡贝·奥克贝（Arkebe Oqubay）在其出版的著作《非洲制造：埃塞俄比亚的产业政策》一书中则认为，"（中国经验中的）'边干边学'（Learning by Doing）是一个值得非洲国家借鉴且作为提升产业政策效力的发展思路和模式"。② 此外，乌干达总统穆塞维尼也曾表示，可以借鉴中国经验，筹集资金大力发展基础设施建设，促进非洲区域经济一体化。③ 加纳前总统库福尔则表示，非洲可以从中国的发展进程中吸取经验，中国的教育和科技兴国战略尤其值得非洲国家借鉴。④

（二）非洲国家国情的差异性使其对中国经验的内容认知和认同程度不同

虽然非洲国家自冷战结束以后即迈上了政治民主化发展的道路，加强治理和推行良政已成为非洲国家的广泛共识，但由于非洲各国国情和政治发展过程的差异，各国领导人在政治价值理念以及对外政策取向上并非高度一致，而是出现了较大程度上的分化。总体而言，接受过西方高等教育、原为国内反对派领导人并最终在大选中击败原执政党而走上权力中心的非洲国家领导人，如曾担任国际货币基金组织高官的科特迪瓦现任总统瓦塔拉，以及非洲首位女总统、毕业于美国哈佛大学并曾担任联合国开发计划署高官的利比里亚现任总统埃伦·瑟利夫等，大多在政治理念方面认同西方"民主""自由""人权"等价值观，对西方以"自由"和"人道主义干涉"为名打击利比亚卡扎菲等独裁者的行动表示支持，与西方国家的关系也比较密切。与此相对应的是，一些经历过民族解放斗争并长期执政的老一辈非洲国家领导人，如津巴布韦总统穆加

---

① Ali Zafar, *Learning from the Chinese Miracle: Development Lessons for Sub-Saharan Africa*, Policy Research Working Paper 5216, The World Bank, African Region, February 2010, p. 1.
② [埃塞俄比亚] 阿尔卡贝·奥克贝：《非洲制造：埃塞俄比亚的产业政策》（*Made in Africa: Industrial Policy in Ethiopia*），潘良、蔡莺译，社会科学文献出版社2016年版，第273页。
③ 王新俊：《非洲国家望借鉴中国经验，发展基建促进区域经济一体化》，2016年6月1日，国际在线，http://gb.cri.cn/42071/2014/03/01/6071s4443482.htm。
④ 邵海军：《加纳前总统库福尔说非洲可向中国学习发展经验》，2016年6月1日，新华网，http://news.xinhuanet.com/world/2012-08/31/c_123653231.htm。

贝、阿尔及利亚总统布特弗利卡、被国际刑事法院通缉的苏丹总统巴希尔，以及经历过反种族隔离斗争的老战士——南非总统祖马等，则更认同非洲传统的价值观和政治治理原则，对西方干预非洲事务持警惕甚至是反对的态度。

总体上看，非洲国家（不管其政治价值观是如何亲西方的）对中国经济发展的成就均表示钦佩，甚至认为作为世界第二大经济体的中国早已是发达国家，而不再是发展中国家。因此，非洲国家普遍希望借鉴中国经济发展取得成功的经验，希望吸引更多的中国公司到非洲投资兴业。但对中国在政治发展道路选择以及治党、治国的经验，非洲国家则因其自身历史发展轨迹、政治体制及领导人价值观取向的不同，而表现出完全不同的态度。如前所述，那些更认同非洲传统的价值观和政治治理原则、对西方干预非洲事务持警惕甚至是反对态度、所领导的政党，自独立以来长期执政的国家（如南非、埃塞俄比亚、津巴布韦等）领导人较认同中国的政治发展道路，希望借鉴中国的治国理政经验，并且已经着手学习和实践相关的治党治国经验，如开办党校、加强反腐力度等。

与此不同的是，一些自诩民主政治搞得较好、本国经济政治发展一向较稳定的国家（以博茨瓦纳为代表），则对借鉴中国的政治发展和治国理政经验兴趣不大，甚至认为自身在民主发展、公民社会建设、法制建设等各方面均走在了中国的前面，中非国情差异较大，中国的治国理政经验并不适用于非洲。[①] 1966 年独立的博茨瓦纳虽然人口仅有区区 200 多万人，但人均国内生产总值早已达到 8000 美元，且被世界银行列为"高中等收入国家"。据 2011 年英国经济学社（Economist Intelligence Unit）发布的民主指数排名显示，博茨瓦纳得分 7.63，排在全球第 33 位、非洲第 3 位；自 1998 年以来，博茨瓦纳多次被"透明国际"评定为非洲最廉洁的国家。2011 年，博茨瓦纳在全世界廉洁指数排名中居第 32 位，在非洲排首位（中国全球排名为第 75 位）。2008 年上台的卡马总统则更是以所谓的"道义感"和"原则性"引人注目，常常在有关非洲的重大事件上秉承"国际道义与民主原则"，发出特立独行的声音。如呼吁津巴布韦

---

① 2016 年 10 月 13 日笔者赴博茨瓦纳调研时与博方学者的相关谈话记录。

总统穆加贝下台，要求逮捕苏丹总统巴希尔等。

（三）平等性、双向性与适应性是推动中国经验与非洲发展融合的关键

经验或者教训的分享与交流从来就是一个双向车道。在全球化和多元化的时代，历史发展和国情不同的国家出现政治和价值观认同上的差异实属正常。非洲国家自冷战结束后已经在多党民主的发展道路上摸索前进了20多年，逐渐形成了具有非洲特色的多元民主体制。对此，非洲国家和人民总体上是感到自豪和骄傲的。一些长期受西方思想影响的非洲非政府组织和其他团体对中国的人权和政治模式存在一些不理解、疑惑甚至误解，也实属正常。因此，在中非治国理政经验交流的过程中，我们不仅要避免居高临下的"说教"式的一言堂灌输，更要以平等和倾听的态度，多肯定非洲的民主进程，多解释中国"自下而上"的民主建设模式是国情使然，与非洲"自上而下"的做法殊途同归，以达到相互理解、交流，并最终互为借鉴的目标。

首先，平等性和双向性需要我们具备一双善于发现的眼睛，从非洲的政治、社会和文化发展中吸取经验。如在政治发展方面，经过20多年多党民主政治的摸索与实践，非洲国家在非政府组织发展、市民社会培育和建设、政党与舆论监督等方面均积累了宝贵的经验；在发展理念方面，绿色发展、环境友好型发展、尊重自然、天人合一等更是根植于非洲各界、早已深入人心的理念。"早在1984年，48个非洲国家在赞比亚卢萨卡召开的非洲地区环境保护会议上就通过了《非洲环境保护行动计划》，呼吁非洲各国高度重视荒漠化、水资源污染以及森林资源乱砍滥伐现象，并把每年的4月10日定为非洲环境保护日。"[①] 在2009年6月，中部非洲国家卢旺达由总统卡加梅签署了禁止生产和使用塑料袋的法律，限制在卢旺达生产、使用、进口和销售塑料袋，违者将受到严厉惩罚。该法规定，企业、贸易公司或个人经发现没有授权而拥有塑料袋将被处以6到12个月的监禁和10万到50万卢旺达法郎的罚款。如有累犯，处

[①] 参见安春英《中国经验对非洲国家经济发展经验的启示》，《上海师范大学学报》（哲学社会科学版）2016年第2期，第116页。

罚还将翻倍。① 记得笔者 2010 年 2 月赴卢旺达调研时，接机的卢旺达友人就曾一再叮嘱千万不要使用塑料袋装物，更不要拎着塑料袋下飞机。另外，在社会文化方面，非洲在集体主义、敬老尊贤、宽容待人等方面的优秀素养均可圈可点，非洲文化如舞蹈、绘画、音乐、乐器和雕刻等更是世界文化宝库中的亮丽瑰宝，② 都需要我们用敏锐的眼光发现，用欣赏的耳朵倾听。因此，中国可向非洲学习在非洲政府组织管理、保护自然环境等方面可资借鉴的做法，丰富、融通与用于中国的发展建设。

其次，平等性、双向性还体现在中非双方需具有问题意识和内省意识，对中国与非洲各自自身发展过程中出现的问题和教训不掩盖、不回避。中国虽然在改革开放的 30 多年里拿出了亮丽的成绩单，但在发展的同时也产生了不容回避的问题并付出了发展的代价。如过于粗放的中国经济增长模式，在很长一段时间内对国内生产总值增长速度过度重视，而一定程度上忽视了环境保护以及社会和自然的协调发展和可持续发展。如今，我们必须用发展的成果来纠偏这些发展带来的问题，直面转变经济增长模式、加强生态平衡和环境保护、防止贫富差距日趋扩大等各方面的挑战。同样，不少非洲国家在独立后更是经历了诸多发展政策的偏差。如盲目工业化造成了农业的长期停滞，过度依赖原材料出口制约了经济结构的多元化，快速城市化则加剧了社会经济的二元化，以及人口的高速增长蚕食了经济增长的成果，等等。因此，中非双方只有以内省意识和批评精神对中、非发展过程中走过的弯路进行深度梳理和分析，才能够为新时期中非减贫和治国理政经验分享奠定一个坚实的基础。

最后，适应性（adaptability）主要强调外来经验与本地实际的紧密结合和无缝对接。虽然中国与非洲国家在宏观和整体发展背景上（如发展起点和发展基础）有很多相似性，但具体到 54 个非洲国家内部的微观发展条件上，则会出现很多差异性。有时，差异性甚至大大多于相似性。因此，中国发展经验的非洲借鉴必须立足非洲国情和稳步推进，切忌采

---

① 《卢旺达总统签署禁止塑料袋法》，2017 年 6 月 2 日，中国驻卢旺达大使馆经济商务参赞处网站，http：//rw. mofcom. gov. cn/aarticle/jmxw/200906/20090606321094. html。
② 参见李安山《中国与非洲文化的相似性——兼论中国应该向非洲学习什么》，《西亚非洲》2014 年第 1 期，第 53—62 页。

取"一刀切"的盲目照搬方式以及急于求成的心态。

其实，中国发展成就的取得不是"依靠从外部'引进'的政策和规则，而是产生于中国独特的历史和文化条件下"，[①] 是因为不照搬或照抄任何西方的政治或经济发展模式、走适合自己国情的发展道路。中国发展经验也始终强调，要根据本国国情探寻适合自身的发展道路和发展模式。同理，当非洲国家借鉴中国发展经验时，也需要把这些中国经验与非洲的实际相结合、相适应，并最终实现融合性的新发展。因此，非洲在借鉴"中国模式"和中国发展经验的发展过程中，必须首先对自身国情和发展条件"摸清""摸透"，对适合自身条件的发展经验进行"借鉴"并发扬光大，对不适合自身条件的"经验"则不必盲目照搬。比如，在经济发展领域，非洲的内陆小国就难以复制中国沿海省份"两头在外"的沿海经济开发区模式；已经实现快速城市化的非洲国家也很难照搬中国乡镇企业的发展路径；土地私有化（一些非洲国家90%的土地掌握在传统酋长手中）对于大型基础设施建设的推进必然形成制约等。另外，在发展的心态上，非洲国家也需要用"求稳"代替"求快"。例如，"工业园区"的建设并不等于"工业化"的完成，"工业园区"建设也不是划一块地和出台几个优惠政策那么简单。作为工业化发展先行先试的"带路者"，"工业园区"的建设需要双方在政策、基础设施、人力资源等各方面投入共同努力，投资方、承建方或土地提供方等任何单一方都无法以一己之力来完成。在政治发展领域，非洲多党自由民主的政治生态也完全不同于中国特色的社会主义民主体制，非洲的媒体、工会、非政府组织以及环保和人权组织等所具有的能量及其与执政党和政府的关系也与中国的情况完全不同，因此中非双方在治国理政经验交流方面必须是在差异中寻找共识，并在共识的基础上把经验运用于本土，在调适的过程中实现经验分享的适应与融合。

[①] 安春英：《构建合作共赢的中非减贫范式》，《国际经济合作》2016年第8期，第115页。

三　未来发展：中国经验在非洲发展中的创新

正如习近平主席所说："改革开放是一项长期的、艰巨的、繁重的事业，必须一代又一代人接力干下去……改革开放只有进行时没有完成时。"① 2015年9月，习近平主席在纽约联合国总部出席联合国发展峰会时也指出："中国将设立国际发展知识中心，同各国一道研究和交流适合各自国情的发展理论和发展实践。"② 由此可见，中国经验的发展与创新未来需要吸纳国内外的一切研究与实践。基于改革开放伟业而产生的中国发展经验，不仅需要在我们国内继续改革开放的伟大实践中不断地更新、丰富和发展，而且随着中国企业"走出去"以及中国经济所具备的越来越大的世界性比重和影响，这一中国经验丰富、发展和创新的过程已经不再局限于在中国国内来完成，而是随着"一带一路"倡议的建设和推进、随着"中国发展经验"走出国门而不断具有了开放性、包容性和世界性。随着中非合作的日益加强以及非洲国家"向东看"的政策热潮，中国经验也必然在非洲的发展过程中，通过与非洲大陆特有的历史文化传承及政治经济社会生态相结合，走出自己的创新发展之路。其实，通过近年来非洲在经济发展与政治治理两方面的最新探索，我们已经可以感受到这种创新的热情和发展的曙光。

（一）挖掘基础设施和产业园区建设的"后发优势"

中国经济发展成功的经验之一就是结合自身的比较优势，通过集中发展劳动密集型产业以及"两头对外"的东部沿海经贸合作产业园区的建设，来找准参与经济全球化的切入点和突破口。另外，"要想富，先修路"，大力开展基础设施建设和人力资源培训，为工业化发展打下坚实的物质和人力储备基础也早已在中国成为广泛的共识。世界银行前高级副

---

① 国务院新闻办公室、中央文献研究室、中国外文局：《习近平谈治国理政》，外文出版社2014年版，第67—69页。
② 《习近平在联合国发展峰会上的讲话》，2017年6月4日，新华网，http://news.xinhuanet.com/politics/2015-09/27/c_1116687809.htm。

行长兼首席经济学家、北京大学国家发展研究院名誉院长林毅夫教授在考察非洲多国的经济现状后认为，非洲国家要实现成功的工业化，也亟须从劳动密集型产业出发找准自身具有比较优势的产业，并考虑从该产业已较为成熟的国家引入投资和产业技术，通过发展经济特区或建立产业园区的方式，吸引外来投资并在较短的时间内很快形成一个产业集群，而产业集群的出现又可以进一步降低交易成本，改善国内整体的商业环境。"建立工业园区或经济特区可以有效促进区域内基础设施发展、启动工业化的进程，同时为当地带来巨大的就业机会。一个小的成功可以带来更多的成功。一个工业园区或者经济特区的成功将会逐渐辐射到临近区域和相关领域上，为整个非洲越来越多的地方发展经济、消除贫困、实现国民的繁荣发展贡献力量。"[1]

不仅具有世界影响力的中国著名经济学家如此认为，非洲国家政要和知识精英也认可这一发展路径。如埃塞俄比亚总理特别顾问阿尔卡贝·奥克贝（Arkebe Oqubay）在其出版的著作《非洲制造：埃塞俄比亚的产业政策》一书的中文版序言中明确指出，"埃塞俄比亚的产业政策和国家经济发展战略同中国近年来贯彻实施的以解决深层次经济和社会问题为主要目标的非意识形态的务实主义经济发展战略存在许多相似之处"，"埃塞俄比亚的产业政策实践采用了非洲中国式的'摸着石头过河'的探索模式"[2]。在实践中，资源贫瘠并且发展底子很薄的埃塞俄比亚近十多年来通过大力打造"基础设施"和"产业园区"建设的两个"车轮"，21世纪以来一直保持着两位数的高速经济增长，成为世界上增长最快的经济体之一。在中国资金和中国建设的大力支持下，2015年底非洲第一条电力城市轻轨在埃塞俄比亚首都亚的斯亚贝巴市开通运行。2016年10月，由中国企业建设、连接埃塞俄比亚和吉布提两国首都、全长752.7公里、总投资约40亿美元的亚的斯亚贝巴—吉布提铁路（亚吉铁路）也正式建成。亚吉铁路的建成将大大缩短吉布提至亚的斯亚贝巴的

---

[1] 林毅夫：《非洲应从中国工业化进程学习什么？》，《中国财经报》2016年1月6日，2017年6月4日，http://www.fmprc.gov.cn/zflt/chn/jlydh/mtsy/t1329671.htm。

[2] ［埃塞俄比亚］阿尔卡贝·奥克贝：《非洲制造：埃塞俄比亚的产业政策》（*Made in Africa: Industrial Policy in Ethiopia*），潘良、蔡莺译，社会科学文献出版社2016年版，第2页。

运输时间，从以往公路运输的 7 天降至 10 个小时，不仅降低了物流成本和提高了物流速度，而且可以带动铁路沿线经济特区和工业园等相关产业链的发展，有力推动埃塞俄比亚和吉布提两国的工业化进程。

另外，埃塞俄比亚政府还将由中国民企江苏永元投资有限公司建设的埃塞俄比亚东方工业园作为该国"持续性发展及脱贫计划"（SDPRP）的一部分以及国家工业发展计划中重要的优先项目。位于埃塞俄比亚首都亚的斯亚贝巴附近的杜卡姆市、始建于 2007 年 11 月的东方工业园，现已有 70 多家企业入驻，其中最早落户工业园的企业之一"华坚鞋业"被视作中国与埃塞俄比亚进行产能合作的样板企业。截至 2016 年底，华坚鞋业已累计出口超过 8000 万美元，实际结汇超过 4000 万美元，为当地提供了 6000 个就业岗位。[①] 雄心勃勃的埃塞俄比亚政府还制订了新的《发展与转型规划》，计划到 2025 年将埃塞俄比亚建设成为非洲领先的制造业中心。对此，来自俄罗斯复兴资本银行的首席经济学家查尔斯·罗伯逊有着自己独到的"第三眼观察"，他认为，埃塞俄比亚遵循了中国成功践行的国家主导大力投资的发展模式。当大多数非洲国家都在寻求私营部门主导的发展模式时，"埃塞俄比亚却采纳了我们在中国看到的五年计划和自上而下的方法"，把重点放在开展基础设施建设上，比如首先是建立电力供应，然后发展轻工制造业，接着是重工业。[②]

除埃塞俄比亚外，很多非洲国家都在纷纷自建或邀请中方企业投资兴建各类经贸合作区、出口加工区或产业园区。目前，由中方企业投资兴建的规模较大的国家级经贸合作区已有 7 个，分别位于赞比亚、毛里求斯、尼日利亚、埃及和埃塞俄比亚等非洲国家。刚果（布）的黑角经济特区已邀请中国（深圳）综合开发研究院在 2016 年完成了立法和相关项目规划论证，有望在 2017 年启动项目建设。届时，在非洲的大西洋沿岸将出现一个"令人惊叹"的带有中国"元素"的非洲版经济特区。

[①] 郑青亭：《从东方工业园到华坚轻工业城，中国民企加速涌入埃塞制造业》，《21 世纪经济报道》2017 年 5 月 15 日，2017 年 6 月 4 日，http://finance.sina.com.cn/roll/2017-05-15/doc-ifyfecvz1312371.shtml。

[②] 《遵循"中国模式"，埃塞俄比亚跻身非洲制造大国》，2017 年 6 月 19 日，中国外交部中非合作论坛网站，http://www.focac.org/chn/jlydh/mtsy/t1471180.htm。

（二）从反腐败和政党建设入手提高执政和治理能力

自 20 世纪七八十年代以来，当中国在"摸着石头过河"并渐次和有序推进经济改革以及社会和政治发展时，大多数非洲国家则是在经济上全面实施由世界银行和国际货币基金组织制定的《经济结构调整方案》，并在冷战后开启了多党政治民主化进程。然而，旨在对经济实行全面彻底的私有化、自由化和市场化改革的经济结构调整方案脱离非洲的实际承受力，并终因超越非洲国家商品经济极不发达、市场发育极不完善的客观现实而收效甚微。不少非洲国家因宽容的政治文化和法治社会尚未形成，其在多党自由民主化的道路上也是走得磕磕绊绊。

近年来，随着中非合作不断走向深入以及非洲国家"向东看"潮流的勃兴，"中国模式"对非洲国家的吸引力也自然超越了以往的经济发展层面，开始上升到政党建设和治国理政的政治发展层面。如今，不仅越来越多的非洲国家领导人以及非洲学者和非洲媒体声称学习和借鉴中国治国理政经验，而且如南非这样的非洲大国还采取了诸如选送执政党干部到中国中央党校学习以及建设自身执政党党校的实际行动。据美国《时代》周刊网站 2014 年 11 月 24 日报道，南非执政党非洲人国民大会（非国大）已经仿效中共中央党校的建校模式，决定在南非曾经的淘金小镇芬特斯克龙建立其建党以来的第一所培养政治领导人的"党校"。一些媒体人据此指出，"非洲各国（虽然）从欧美学到了一套徒有其表的宪政和选举制度，却没有从欧美学到如何源源不断地培养合格的治国人才，其本地的部族主义、庇护主义传统严重制约着选人和用人机制的现代化。这个空缺，很大程度上将由中国来填补"。[①]

的确，政党培训已成为近年来中非间政党对话和交流机制建设的一项重要内容，成为中非双方加强治国理政经验交流的一个新平台。据悉，从 2011 年到 2015 年，通过中非青年领导人论坛开设的非洲政党领导人研修班项目，中国培训了 200 多名年轻的非洲政党领袖。未来三年，中国还将邀请 1000 名非洲青年领袖来华培训，为中非治国理政经

---

① 唐棣：《输出"党校"意味着什么？》，《文化纵横》2014 年第 6 期。

验交流的平台建设培养新的生力军。① 另外，中国与非洲国家还在反腐败工作中相互学习和借鉴，为执政党打造清廉政府和赢得民众支持进行有益探索。卢旺达总统保罗·卡加梅就是反腐败行动的积极倡导者。自2000年上台以来，卡加梅政府实行对腐败"零容忍政策"，他主持制定的《2020年远景规划》把反腐败提高到了保障国家良治及发展的最高战略层面。2003年，卢旺达政府出台了防治腐败的《第23/2003号法》，规定任何人的资产如明显增加却无法证明其合理合法性，就可被视为犯有"资产非法增加罪"而受到法律的制裁，这使卢旺达的反腐工作实现了有法可依。② 2015年12月，坦桑尼亚总统马古富力执政以来，领导已执政50年的坦桑尼亚革命党"铁腕反腐，打造廉洁政府；重拳治懒，打造高效政府；全面问责，打造责任政府；真情惠民，打造亲民政府"，并推出了坦桑版的一系列严控公款消费的"八项规定"，把节约出来的经费全部用于改善民生，如：大幅削减出访政府代表团人数；总统、副总统、总理以外官员出差不得乘坐头等舱和公务舱；压缩会务经费；大幅减少节庆活动；任何国家单位不得使用公款印制或者购买挂历、贺年卡等节庆用品；等等。③

总之，国际社会在经历了近十多年来国际金融危机、阿拉伯变局等重大国际经济和政治事件的冲击之后，包括非洲国家在内的很多发展中转型国家纷纷走出了迷信"华盛顿共识"的理论误区，开始通过借鉴包括中国在内的东亚国家的治理模式来摸索创新自己的治国理政之路。但由于这一学习与借鉴、融合和创新的过程才刚刚开始，人们可能更多看到的是学习和借鉴的一面，而忽视了融合和创新的过程。前者是建立在相似性的基础上，后者则是由差异性所决定的。前者更多表现在初期阶段，后者将更多在中后期呈现。正如埃塞俄比亚总理海尔马里亚姆2015年在回答记者采访时所说："中埃两国关系之所以这么密切，是有'化学

---

① 孙芸：《中国为非洲政党培训干部》，原发于美国布鲁金斯学会网站，转引自2016年7月7日，观察者网，http：//www.guancha.cn/SunYun/2016_07_07_366689.shtml。
② 《卡加梅重拳打击贪腐，卢旺达建设非洲"最廉洁国家"》，2017年6月19日，国际在线，http：//gb.cri.cn/42071/2014/10/21/7551s4735719.htm。
③ 吕友清：《坦桑尼亚新总统马古富力的执政风格》，2015年12月28日，新浪网，http：//news.sina.com.cn/zl/world/2015-12-28/16285194.shtml。

物质'起催化作用的。首先,埃塞俄比亚和中国都有一个强大的执政党。两党之间相互学习如何调动各自人民谋取发展、实现梦想。中国共产党提出了中国梦,埃塞俄比亚(执政党)'人民革命民主阵线'也有实现'复兴'的梦想。两党都有清晰的口号,指引人民朝着目标奋斗。此外,两国政府都意识到市场不是万能的。特别是像埃塞俄比亚这样的欠发达国家,政府需要发挥重要的角色。埃塞俄比亚和中国政府在引领国家谋取发展方面的强大角色存在相似性。而这样的相似性有助于双方增进理解,并进一步深化双边关系。"[1]

(本文原刊发于《西亚非洲》2017年第4期)

---

[1] 倪涛:《埃塞俄比亚总理:"中国对非洲发展贡献显著"》,2017年6月10日,人民网,http://politics.people.com.cn/n/2015/1129/c1001-27868120.html。

中国对非减贫合作：理念演变与实践特点

安春英[*]

摘　要：中华人民共和国成立以来，注重加强与非洲国家的双边关系与互利合作，其中减贫合作是重要内容。纵观中非减贫合作发展历程，从20世纪五六十年代的"援助—减贫"合作观，到七八十年代的"经济增长—减贫"合作观，再到21世纪以来的"发展—减贫"合作观，体现了中国对非减贫合作政策理念的不断深化与创新。在此过程中，中非减贫合作的主体、内容和途径均实现了转型、提速与升级。在当下共建中非命运共同体的语境下，中非减贫合作需准确研判国际环境的新变化，尊重非洲国家在双方合作中的主导性，关注非洲国家的整体性与差异化以及中国减贫经验的对非适应性，以期推进中非减贫合作行稳致远。

关键词：中非命运共同体　减贫合作　中国经验　非洲发展

当前，中非关系处于承前启后、继往开来的重要时期，非洲国家期待与中国加强务实合作，共享机遇，共迎挑战。中国在减贫领域取得的成就为广大非洲国家提供了宝贵经验，后者迫切希望能将中国的减贫经验这一全球公共产品融合于非洲发展实践。在此背景下，中国需超越中

---

[*] 安春英，中国社会科学院西亚非洲研究所编审。

非贸易、投资合作等物质性关切，以中非减贫合作走稳做实中非命运共同体建设，回应非洲国家的热望，以新动能推动中非传统友好关系迈上新台阶。①

一 中国对非洲政策中的减贫理念

中国对非政策主要体现在政府宣示的文件、中非双方签署的协定中。此外，中国领导人的相关讲话、意见、观点等也指导着中国对非合作，上述三方面均可以体现中国对非政策中的减贫理念。从中华人民共和国成立至今，根据中非减贫合作的方式和内容，中国的对非减贫理念大致经历了三个发展阶段。

（一）"援助—减贫"合作观

20世纪50年代至70年代，非洲大陆民族解放运动进入高潮，纷纷建立独立主权国家，维护与巩固主权独立、实现民族经济发展、摆脱贫困落后是非洲各国的迫切所需。毛泽东等中国领导人看到了处于上升阶段的非洲民族国家的力量，视非洲国家为应当团结和依靠的朋友，提出了为非洲国家谋求民族独立及国家建设提供国际主义援助的重大决策。

这一时期，中国对非减贫政策涵盖在对非援助政策体系中。后者的主要内容包括：第一，确立了平等互利的原则。周恩来总理在1955年4月的万隆会议上，明确、完整地提出了中国对外关系的和平共处五项原则。1963年12月—1964年2月，周恩来总理在访问非洲十国时，代表中国政府提出了"中国对阿拉伯国家和非洲国家的五项原则"及"中国对

---

① 国内学界对中非减贫合作的研究著述大多从横向视角分析中国对非援助及中非农业、制造业、基础设施等领域合作对非洲减贫的效应。如，张海冰：《中德对非援助政策的比较研究》，《德国研究》2008年第1期；李小云、武晋：《中国对非援助的实践经验与面临的挑战》，《中国农业大学学报》2009年第10期；胡美、刘鸿武：《意识形态先行和民生改善优先——冷战后西方"民主援非"与中国"民生援非"政策之比较》，《世界经济与政治》2009年第10期；等等。亦有一些论文解读中非减贫经验借鉴与分享。如，安春英：《构建合作共赢的中非减贫范式》，《国际经济合作》2016年第8期；等等。而从纵向历史层面即长时段系统研究中非减贫合作的发展演变则相对薄弱。

外援助的八项原则"，①标志着中国对非洲援助政策的正式形成。第二，倡导中国对非关系中发扬无私的国际主义精神。1963年，毛泽东在会见来访的非洲朋友时，曾明确指出："已经获得革命胜利的人民，应该援助正在争取解放的人民的斗争，这是我们的国际主义的义务。"② 1975年6月，邓小平在会见巴实·干乍那越为团长的泰国国会议员访华团时指出："亚洲各国的事情要由亚洲各国来管，非洲各国的事情要由非洲各国来管。尽管中国是不发达的，属于第三世界国家，但我们还是要尽我们的国际主义义务，在力所能及的范围内对第三世界的许多国家进行一点帮助。帮助虽然不大，但这是我们应尽的义务，而且是不附加任何政治条件的。这是我们的一个原则。"③ 第三，强调根据自身国情、以自力更生为主开展国际发展合作。1960年5月7日，毛泽东在会见非洲12个国家及地区的社会活动家、和平人士和工会、青年、学生代表团时表示："中国的有些经验也许可以作你们的参考，包括革命的经验和建设的经验。可是我要提醒朋友们，中国有中国的历史条件，你们有你们的历史条件，中国的经验只能作你们的参考。"④ 1975年8月，邓小平在会见弗朗西斯·艾伯特·雷内率领的塞舌尔群岛人民联合党代表团时指出，塞舌尔在发展问题上，"关键是要立足国内，自力更生，解决人民的衣食住行问题，发展同第三世界的友好关系"。⑤

这一时期，中非减贫合作最初归属于中国对非援助的框架之内。虽然中国对非政策中没有出现"摆脱贫困""民生"等表述，但基于中非双方面临不同的国际环境和历史任务，中国对非援助政策着力于帮助非洲国家支持与巩固民族独立、发展经济、消除贫困，为非洲国家实现国富民强奠定政治基础和减贫的基础条件。需要注意的是，"中国对外援助的八项原则"是中国对非关系中重要的政策宣示，为后来的中非减贫合作

---

① 参见周恩来《对外经济技术援助的八项原则》，载《周恩来外交文选》，中央文献出版社1990年版，第388—389页。
② 参见毛泽东《接见非洲朋友时的谈话》，载《建国以来毛泽东文稿》第10册，中央文献出版社1996年版，第340页。
③ 《邓小平年谱1975—1997》上，中央文献出版社2004年版，第58页。
④ 毛泽东：《帝国主义是不可怕的》，载《毛泽东外交文选》，中央文献出版社、世界知识出版社1994年版，第413页。
⑤ 《邓小平年谱1975—1997》上，中央文献出版社2004年版，第79页。

奠定了思想基础，其中所蕴含的平等互利、重在帮助受援国提高自身发展能力等要义一直延续至今。

（二）"经济增长—减贫"合作观

20世纪80年代至90年代，中国实行了以经济建设为中心、改革开放的政策，非洲国家则在"华盛顿共识"指导下推行经济调整计划。由此，发展国民经济成为中非国家工作的重心。在此背景下，中非发展合作呈现新特点。

第一，中国对非政策在优先考虑非洲国家发展需要的同时，适度体现中国的发展议程。1983年1月，中国总理在访问坦桑尼亚期间，宣布了中国与非洲国家开展经济技术合作的四项原则，即"平等互利，讲求实效，形式多样，共同发展"。这表明，中非在发展合作方面既坚持平等互利的原则，又注重合作的效果，还要寻求合作方式的多元化，其最终目的是使合作双方经济与社会共同发展。90年代，在"市场多元化""两个市场、两种资源"和"走出去"战略的指导下，中国调整了对外援助方式，重点推行政府贴息优惠贷款和合资合作项目。1996年5月，江泽民主席访问非洲期间，提出巩固和发展同非洲各国面向21世纪的长期稳定、全面合作的国家关系，强调互利互惠，谋求共同发展，"鼓励双方企业间的合作，特别要推动有一定实力的中国企业、公司到非洲开展不同规模、领域广泛、形式多样的互利合作"。[1] 第二，中国政府继续秉承真诚友好、尽力援助等合作理念。1986年6月，邓小平在会见马里总统穆萨·特拉奥雷时表示，到20世纪末中国摆脱贫困、实现小康社会之时，"中国仍然属于第三世界，这是我国政策的基础。……中国即使发展起来了，还是要把自己看成是第三世界，不要忘记第三世界所有的穷朋友，要帮助第三世界穷朋友摆脱贫困。实现中等发达国家水平的中国，仍不忘帮助穷朋友，这才能真正体现出中国是在搞社会主义"。[2]

中国对非政策的"变"与"不变"，与双方社会发展的变化情势

---

[1] 江泽民：《为中非友好创立新的历史丰碑——在非洲统一组织的演讲》，载《江泽民文选》第1卷，人民出版社2006年版，第529页。

[2] 《邓小平年谱1975—1997》下，中央文献出版社2004年版，第1124页。

相契合。若聚焦于中国对非减贫政策这一点，以强有力的经济增长产生改善非洲民众生活质量的减贫直接或间接效应，是这一时期的合作支点。

（三）"发展—减贫"合作观

进入 21 世纪以来，中国与非洲双方形势以及中非关系均进入新的发展阶段。对于中国而言，中国经济保持强劲的高速发展势头，人民生活水平迅速提高，国家综合实力增强，引起国际社会的关注。非洲国家虽然经济发展态势良好，但大部分国家贫困化状况未获根本性改善，减贫与发展为非洲国家所迫切需求。对于中非关系而言，2000 年以来，双方关系快速发展，中非全面战略伙伴关系稳步推进，尤其是中非合作论坛的建立在中非关系史上具有里程碑意义，使中非减贫合作更具机制化、具象性。这一时期，中非双方在减贫战略、政策内涵的广度和深度方面获得空前拓展。

第一，秉持正确的"义利观"，从共建命运共同体战略高度看待中非减贫合作。中非同属发展中世界，双方都肩负着发展国家、改善民生的使命。在中方看来，非洲大陆的持续贫困不符合世界利益，中国将帮助非洲国家共同实现经济、社会的可持续发展。2013 年 3 月 25 日，习近平在坦桑尼亚发表演讲时说：中非关系发展史告诉我们，"中非从来都是命运共同体"，并全面阐释了中国对非政策中"真实亲诚"的内涵。[①] 由此，基于这一对非政策新理念，中国对非政策中多次强调树立"正确义利观"。2015 年 12 月发布的《中国对非洲政策文件》指出："正确义利观讲求的是义利相兼、以义为先、情义为重，核心要义是把帮助非洲等发展中国家实现自主可持续发展同促进中国自身的发展紧密结合起来，实现合作共赢、共同发展，推动世界更加均衡、包容和可持续发展。"[②] 中国国家主席习近平在 2018 年中非合作论坛北京峰会开幕式致辞中也有

[①] 《习近平在坦桑尼亚尼雷尔国际会议中心的演讲》，载《习近平谈治国理政》，外文出版社 2014 年版，第 306—310 页。
[②] 《中国对非洲政策文件》（2015 年 12 月 5 日），2019 年 2 月 20 日，新华网，http://www.xinhuanet.com/2015-12/05/c_1117363276.htm。

类似的表述:"中国在合作中坚持义利相兼、以义为先。……把中国发展同助力非洲发展紧密结合,实现合作共赢、共同发展。中国主张多予少取、先予后取、只予不取。……我们要把增进民生福祉作为发展中非关系的出发点和落脚点。"[1] 上述对于中非减贫合作"以义为先"[2]的价值取向,是中国新一代领导集体对国际形势、非洲发展与中国国家发展定位的新认知,体现了当代中国外交弘义融利的道义观,体现了中国作为发展中大国强烈的使命情怀与责任担当。中非合作不仅有"势",更要有"实"——把中国人民利益同非洲人民利益紧密结合起来。由此可见减贫问题在中非合作中地位的提升。

第二,以发展促减贫,中国对非减贫合作趋向综合施策。随着国际社会对贫困内涵认识的加深,以及中国减贫理念的明晰,在中方看来,非洲贫困致因是多元的,贫困的根源在于发展不足。"发展是解决一切问题的总钥匙。"[3] 基于此,中国政府对非发布的有关减贫的相关政策,涉及非洲发展问题的多个领域,具有引导双方在更广阔、更深远的领域开展减贫合作的特点,为中非减贫合作注入新内容。2015年和2018年两次中非合作论坛通过的《约翰内斯堡行动计划》(2016—2018年)和《北京行动计划》(2019—2021年),提出了工业化、农业现代化、基础设施、金融、绿色发展、贸易和投资便利化、减贫惠民、公共卫生、人文、和平与安全等覆盖非洲发展与减贫的多领域合作计划,彰显中国对非减贫合作政策中"扶贫观"的新变化。

二 中非减贫合作模式的发展变化

从1949年至2019年的70年,中非减贫合作不仅在理念层面发生了嬗变,而且理念作为行动的先导,指导着中非减贫合作逐渐走向深入,

---

[1] 习近平:《携手共命运 同心促发展——在2018年中非合作论坛北京峰会开幕式上的主旨讲话》,《人民日报》2018年9月4日第2版。
[2] 参见罗建波《正确义利观与中国对发展中国家外交》,《西亚非洲》2018年第5期,第11页。
[3] 《习近平:开启中非合作共赢、共同发展的新时代》(2015年12月4日),2019年2月20日,人民网,http://politics.people.com.cn/n/2015/1204/c1001-27892314.html。

实现了转型、提速与升级。

（一）从政府援助为主向政府、企业、非政府组织互动参与合作转型

从中非减贫合作参与主体看，在20世纪90年代以前，在中非经济与社会发展领域的合作中，政府间合作独占鳌头、一枝独秀，这是由此段时间中国对非合作行为体较为单一的原因所致。而在20世纪90年代中期以来，中资企业开始走进非洲，进行市场化的投资合作。与此同时，非政府组织在中国国内逐渐发展壮大，从本土到海外拓展扶贫济困领域的公益合作。上述两大力量与政府相关部门一同参与到中非减贫合作事业中。

第一，政府通过有计划且持续实施大规模的减贫合作项目，发挥对非减贫合作的主体作用。无论是中华人民共和国成立之初，还是进入21世纪，中国政府参与非洲的减贫合作贯穿始终，在参与中非减贫合作的领域、规模、强度方面均体现重要的引领作用。其原因在于：一方面，政府作为强制性制度供给的主体、公共资源的管理和使用者，可通过政策工具强有力地推进中非减贫合作的进程和效果。例如，针对非洲民众缺医少药、遭受病痛之苦折磨的状况，中国政府从1963年向阿尔及利亚派遣第一支援非医疗队开始，通过自上而下的机制性安排，使派遣医疗队援非方式持续至今。另一方面，政府利用自身所拥有的行政资源，通过外交部、商务部、农业部、教育部等政府相关部门有计划地将中国对非减贫计划付诸实施，使援助与减贫紧密结合。例如，中非合作论坛统领与协调中非发展合作相关事宜；商务部大力推进中国国企和民企赴非开展贸易、投资、劳务承包等方面的互利合作；农业部承担了中国对非涉农项目的援助合作任务，向非洲国家派遣农技专家、设立农业技术示范中心、开展对非农业专业技术人才培训，等等；教育部在政府援助项目下，负责与国内相关高校协调安排接收非洲留学生事宜，并按计划向非洲国家派遣志愿者，提供了汉语教学、医疗卫生、体育教学、信息技术、国际救援等多个领域的志愿服务；文化与旅游部同非洲相关国家合作，开展了诸多促进中非人文交流、文化互鉴的活动；卫健委则是中国派遣对非医疗队、提供传染病防控援助、捐赠医疗物资的责任方。中国国家开发银行和中国进出口银行两大国家政策性银行，为中资企业在非投资与援助项目提供有效的金融服务，等等。

第二，企业通过投资合作产生的经济和社会效益，直接或间接助推非洲减贫进程。中国企业从 20 世纪 80 年代开始在非洲有小规模的投资行为，90 年代以来才将非洲视为企业国际化经营与海外投资合作的重要目的地。到 2017 年底，约有 3413 家中企在非洲投资发展。[1] 中资企业在非洲开展投资经营活动中，通过以下方式助力非洲减贫与发展。其一，中资企业通过投资，创造产值，增加投资东道国税收，为非洲国家实施经济与社会发展计划提供了资金支持。例如，截至 2017 年底，中企已在非洲投资设立了 25 个各类经济特区，为当地创造产值约为 189 亿美元，并上缴了 9 亿美元的税收，[2] 促进了非洲经济发展，在一定程度上为东道国实施国家减贫战略起到了促进作用。其二，中企采用人员属地化经营方式，为当地人创造就业岗位，使他们参与经济活动进而拓宽收入来源，提高穷人的收入水平。例如，赞比亚—中国经济贸易合作区在 2007 至 2017 年为该国创造的就业岗位由 2647 个增加到 7251 个。[3] 其三，中企在非投资合作注重技术转移，通过现场在职技能培训、举办短期技术培训班等方式，在东道国培训熟练技术人员，提高当地人力资源素质，助力非洲国家产业升级。非洲第一大悬索跨海大桥莫桑比克马普托—卡藤贝大桥在施工建设的四年中，累计为当地培养 5000 余名焊工、车工、钢筋工、司机、机械操作手等各类技术工人，该项目被视作莫桑比克培养本土产业工人的大学校。[4] 其四，中企通过捐资、修路、架桥、打水井、建医院、盖学校等形式，主动履行企业社会责任，参与当地社区发展的公益事业，从而惠及当地民众，促进当地民生的改善。例如，中国石油天然气集团在尼日尔的炼厂项目运营期间，利用厂外供水管线为周边村民

---

[1] 中国商务部、国家统计局、国家外汇管理局：《2017 年度中国对外直接投资统计公报》，2019 年 2 月 3 日，商务部网站，http：//www.mofcom.gov.cn/article/tongjiziliao/dgzz/201809/20180902791492.shtm。

[2] 《中国对非洲各类投资存量超过千亿美元》（2018 年 8 月 29 日），2019 年 2 月 3 日，光明网，http：//economy.gmw.cn/2018-08/29/content_30846138.htm。

[3] 感谢赞中经贸合作区承办方中国有色集团提供资料。

[4] 感谢中交集团中国路桥马普托—卡藤贝大桥项目提供资料。

建设供水点，在撒哈拉沙漠深处打水井160多口。①

第三，中国非政府组织通过在非开展慈善、济困项目，成为中国对非减贫合作的新力量。非政府组织是市场经济发展到一定阶段的产物，是公共事务社会分工的组织载体之一。它与政府运用政治与经济资源践行国家减贫政策、企业通过履行社会责任助推减贫事业不同，非政府组织主要是运用社会良知与互动来动员社会各方力量参与减贫。从中国的非政府组织发展历程看，1978年以后中国的非政府组织逐渐发展壮大，而它们参与对非减贫合作则是进入21世纪以来之行为。中国民间组织国际交流促进会、中国扶贫基金会、中国青少年基金会等国内一些与减贫密切相关的非政府组织，共同探索与非洲国家开展减贫合作。2018年9月3日，习近平主席在中非合作论坛北京峰会上提及的"微笑行"项目就是典型案例。该项目全称为"微笑儿童项目"，由中国扶贫基金会发起，旨在为受援国饥饿儿童提供免费早餐援助项目，已在苏丹和埃塞俄比亚践行。在苏丹，该项目自2015年8月正式启动以来已使该国三所小学的3630名儿童受益。②

由此可见，政府、企业、非政府组织在对非减贫合作中扮演不同的角色。政府以民生援助为抓手，项目实施有组织、有计划、资金雄厚，成为对非减贫合作最重要的力量支撑。企业和非政府组织参与非洲减贫事业虽仅有20余年，但在中非共同发展的动能引领下，参与宽度、深度逐渐扩展，对中非减贫合作起到了有力的补充作用。

（二）从农业、医疗卫生等传统领域向人力资源开发合作升级

随着2005年中国国际扶贫中心的建立，与减贫相关的中国对非人力资源培训进入有计划、系统性的发展阶段，中非减贫合作的内容亦从传统的"生存扶贫"向提升非洲贫困人口自我减贫能力即"发展扶贫"方向转变。

---

① 张军、王洪一：《中国石油在非洲经营的成绩及政策完善的相关建议》，载《非洲发展报告（2015—2016）》，社会科学文献出版社2016年版，第55页。

② 参见2019年2月26日，中国扶贫基金会网站，http：//www.cfpa.org.cn/project/GJProject.aspx？id=51。

长期以来，中方结合自身经济与社会发展经验与能力，在非洲国家独立以来的相当长时段内，实施了旨在满足非洲贫困人口基本生活需要的减贫合作，这主要体现在以下几方面：其一，支持非洲公共基础设施建设，改善贫困人口的生产与生活条件，直接惠及当地民众。这些社会类基础设施项目包括公路、桥梁、住房、水渠等。例如，1978年1月中国援建的塞拉利昂坎比亚桥项目，有效改善了该国西北部的陆上交通条件，降低了交易成本，使非洲当地生产者从中受益。其二，在粮食安全领域持续开展多种形式的减贫合作。主要做法包括：援助农业基础设施，如佛得角泡衣崂水坝等；援建农场，如乌干达的奇奔巴农场、加纳的阿菲费垦区、尼日尔的蒂亚吉埃尔下垦区、卢旺达的鲁奔迪垦区等；提供农用物资援助，以及安排一定数额的资金以向非洲国家提供紧急人道主义粮食援助等；派遣农业技术专家，传授农业育种、选种、播种、田间管理等农业技术。其三，医疗援非成为中非开展减贫合作时间最长、涉及国家最多、成效最为显著的项目。截至2016年底，中国共向48个非洲国家派出了2万余人次的援非医疗队。[①] 可以说，20世纪后半叶的中非减贫合作重在扶贫济困，通过开展农业、医疗、基础设施等与减贫直接相关领域的合作，为非洲的贫困群体提供救助服务，为贫困人口的基本生存提供保障。

进入21世纪以来，中国实现大规模减贫的现象引起了同属发展中世界的非洲国家的广泛关注。中国减贫理念何在？中国在减贫过程中的具体做法有哪些？与此同时，中方也意识到中非减贫合作中扶贫必扶智的重要性。由此，中非减贫合作更加注重双方减贫发展经验的互动，减贫知识的分享与交流较之前更为频密，且进入机制化轨道。其一，举办减贫经验论坛或研讨会。"中非减贫与发展会议"[②] 自2010年11月举办首次会议以来，已成为中非减贫交流的核心平台，每年举办一次，且从2015年起被纳入中非合作论坛框架，改称"中非合作论坛——减贫与发展会议"。其二，中方为非洲国家举办短期研修培训班，除了中国农业大

---

① 商务部国际贸易经济合作研究院编：《中国与非洲经贸关系报告2017》，内部印刷，2017年，第18页。

② 该会议最初由中国国际扶贫中心与联合国开发计划署联合发起。

学、中国社会科学院、商务部国际商务官员研修学院等不定期举办非洲减贫与发展相关议题研修班以外，中国国际扶贫中心在为非洲国家举办国际减贫研修班方面最为活跃。该中心现已建立了较为完善的国际减贫培训体系，从 2005 年至 2018 年底，该中心共举办了 139 期援外减贫培训班，其中 106 期面向非洲，为 52 个非洲国家培训了 2219 名学员，分享中国的减贫经验。① 通过理论讲解、案例分析、实地考察和参与式讨论，提高了学员对中国减贫发展的感性和理性认识。其三，通过"走出去"和"请进来"双向互动方式，提供中长期人力资源开发合作。中方除了向非洲派遣志愿者和为非洲国家青年来华学习提供政府奖学金以外，2016 年南南合作与发展学院在北京大学成立，设有硕士、博士学位教育项目和非学位培训项目，课程学习内容广泛，以期为发展中国家实现国家治理体系和治理能力现代化培养相关人才。首期班包括来自埃塞俄比亚、布隆迪、厄立特里亚、津巴布韦等国的学子。上述援非培训与人力资源开发合作有助于提升受援国自主减贫与发展能力。

综上，从静态来看，中非减贫合作涉及粮食安全、产业发展、基础设施建设、医疗卫生、发展经验交流与能力建设、减债、人道主义援助等多个领域，体现中非减贫合作综合施策的特点；从动态来看，中国减贫合作内容愈加丰富，且从初始的慈善功能向改善非洲贫困人口生产、生活条件，提高自我发展、自我减贫能力，乃至分享减贫发展经验转变。这表明中非减贫合作的水平与层次越来越高。

（三）从双边国别层面向双、多边互动减贫合作演进

从中非减贫合作形式看，中国与非洲国家建立外交关系伊始，双方即通过双边委员会、战略对话、外交部政治磋商、经贸联（混）合委员会等机制，实施双边减贫与发展合作项目。20 世纪 90 年代中期以来，非洲大陆联合自强、自主性发展趋势增强，全非层面和区域层面的一体化进程进入新阶段，非洲联盟替代非洲统一组织并相继推出《非洲发展新伙伴计划》和《2063 年议程》；中国自改革开放以来，融入世界体系的步伐加快，与国际组织的合作增多；中非关系全方位、多领域务实发展，

---

① 根据中国国际扶贫中心网站（http://www.iprcc.org.cn）信息统计。

出现"一对多"多边国际合作机制——中非合作论坛。正是基于上述变化，中非合作（包括减贫领域）形式从原来的纯粹双边渠道转变为双边和多边齐头并进的新阶段。

第一，依托中非合作论坛和《中国和非洲联盟加强中非减贫合作纲要》，确定中非减贫合作的方向与着力点。中非合作论坛经过18年的发展，现已成为中国与非洲国家开展集体交流与对话的有效机制和深化务实合作的重要平台，也是"单边—双边"即"X+非洲"的国际对非多边外交的典型。① 一般来说，中非合作论坛每三年召开一次部长级会议，中国政府代表、非盟代表和非洲国家政要参会，以宣言和行动计划方式制定并共同商定未来三年合作的大体方向、大致规划。论坛结束后，高官会议和后续工作委员会等协调机构还会继续跟进双方达成的动议，并促推落实。例如，2018年中非合作论坛北京峰会指明了携手打造"责任共担、合作共赢、幸福共享、文化共兴、安全共筑、和谐共生"六位一体的中非命运共同体的内涵，并规划了加强中非在产业产能、基础设施、贸易投资、能力建设、健康卫生、生态环保、人文交流、和平安全等领域的合作。由此，中非合作论坛发挥了引领非洲减贫与中非共同发展的多边机制性平台作用。而《中国和非洲联盟加强中非减贫合作纲要》则是中国与非盟签订的专门聚焦中非减贫合作的政策文件，即李克强总理2014年5月访问非盟总部时双方达成的重要共识。《纲要》共有15条，阐释了中非减贫合作的必要性与紧迫性，提出双方应"坚持包容性和多样化原则"，采取加强在工业化、基础设施、粮食安全、青年发展、职业技术培训、减贫经验互学互鉴等方面的合作路径。② 无论是中非合作论坛，还是《中国和非洲联盟加强中非减贫合作纲要》，均属于中国与非洲国家通过多边渠道商定的减贫合作总的框架，但具体达成的项目则要通过双边渠道落实，所以中非减贫合作是一种双边和多边的结合。

第二，参与国际组织或其他第三方在南南合作框架下的非洲减贫项

---

① "X+非洲"外交机制还包括美非峰会、日本东京非洲国际发展会议、印非峰会、土非峰会等，参见王涛、鲍家政《"多边—多边"机制视阈下的欧非峰会探析》，《西亚非洲》2018年第4期，第136页。

② 《中国和非洲联盟加强中非减贫合作纲要》全文，参见2019年2月5日，中央政府门户网站，http://www.gov.cn/xinwen/2014-05/06/content_2672503.htm。

目。联合国粮农组织 1996 年在粮食安全特别计划框架下启动南南合作计划。中国在该计划启动以来就一直积极参与其中，并于 2006 年与粮农组织签署了合作备忘录，成为第一个与粮农组织建立南南合作战略伙伴关系的国家。此后，双方合作关系不断加深，主要方式包括：其一，提供资金支持。2005 年和 2015 年中国向粮农组织南南合作信托基金分别捐赠了 3000 万美元和 5000 万美元，支持包括非洲国家在内的发展中国家实施农业与农村发展项目。其二，派遣农技专家，进行政策研究、农业生产技术实地示范和人员培训，涵盖水产养殖、作物生产、灌溉、家畜育种、农林兼作、病虫害防治及禽类养殖等领域。截至 2018 年底，中国向埃塞俄比亚、加蓬、加纳、利比里亚、纳米比亚、马拉维、马里、毛里塔尼亚、尼日利亚、塞内加尔、塞拉利昂和乌干达 12 个非洲国家及其他国家派遣了近 1100 名农技专家，[1] 成为南南合作的主要引领者与支持者。此外，中国也与美国盖茨基金会在莫桑比克和赞比亚的农业技术示范中心项目开展三方合作。这表明中非减贫合作具有开放性，中国与世界其他国家一道为发展中国家实现可持续发展目标贡献了中国智慧与中国方案。

中非减贫合作顺应双方国情的发展变化，倡导更多社会力量参与非洲减贫事业，扩展了减贫合作主体，也结合国际合作的新主题、新趋势，增加了可持续发展、能力建设等内容，减贫合作在传承基础上进一步创新，减贫合作平台由单一走向多元，合作伙伴队伍扩大，突出了中非减贫合作"多元、创新、可持续"的特点，双方合作基础更牢、资源更多、发展更为强劲，中国成为推动非洲减贫与发展的重要外部力量。

三 深化中非减贫合作的关注点

当前，中国对非政策以"真实亲诚"和正确义利观为指导原则，以构建更加紧密的中非命运共同体为努力方向，以实施"八大行动"为最新路径，中非减贫合作迎来了行稳致远的"3.0 版"新时代。中非关系的全新定位，需要中非减贫合作加速提质，以改善非洲民生为目标，打造

---

[1] 参见 2019 年 2 月 5 日，联合国粮农组织南南合作项目网站，http：//www.fao.org/partnerships/south-south-cooperation/en。

中非命运共同体建设的新标识。研究历史，审视现实，思考未来，为更好地推进升级版中非减贫合作，需要厘清以下问题。

（一）准确研判中非减贫合作环境的新变化

从国际层面看，南南合作在全球发展体系中的角色发生重大变化，从边缘开始走向中心，与南北合作一道成为国际发展合作的主体。从国际社会对非减贫合作的主体来看，基于历史联系与战略考量，美国、英国、法国等发达国家或欧盟、世界银行等国际组织保持了对非发展合作的传统影响力。而近十几年来，中国、巴西、印度、土耳其等新兴经济体以其强劲的经济增长态势，成为对非发展合作的重要参与者。南南合作亦由原来的聚焦政治领域向加重经济分量转化，发展中国家在国际发展合作舞台上的地位随之发生变化——与北方国家一道处于"聚光灯"下。当前，面向2030年的"可持续发展目标"（SDGs）已代替千禧之年的"千年发展目标"（MDGs），成为国际发展合作新载体。它包括17个大目标和169个子目标，[①] 与"千年发展目标"相比，"可持续发展目标"的内容既有延续，也有创新（如新增减贫制度与条件目标），表明国际社会对贫困与反贫困问题认识的深化，同时也意味着国家间减贫合作要尽量对接这一国际发展合作的新机制。在这其中，基于中国在全球减贫事业中重要贡献者的角色，国际社会对中国承担更多责任的期待也越来越大。

（二）明晰中非减贫合作"谁来主导"问题

中国与非洲国家同为发展中国家，在现代化进程中面临许多相似的发展难题，因此中非减贫合作在本质上是发展中国家间的相互支持，属南南合作。而且，这种减贫合作的意义已超越了单纯的援助，是推动中非双方实现伟大复兴的"中国梦"和"非洲梦"的重要推动力量，是双方实现经济与社会可持续发展的共同追求。在双方合作中，中国需尊重非洲减贫发展的战略自主性，即尊重非洲国家减贫发展战略与道路的自

[①] 参见2019年4月2日，联合国网站，http://www.un.org/sustainabledevelopment/zh/sustainable-development-goals。

主选择。2015 年 12 月，习近平主席在第六届中非合作论坛开幕式致辞中指出："中方始终主张，非洲是非洲人的非洲，非洲的事情应该由非洲人说了算。"2018 年 9 月 3 日，习近平主席在中非合作论坛北京峰会上的讲话中再次强调，中国对非合作中坚持做到"五不"，其中就言及"不干预非洲国家探索符合国情的发展道路""不把自己的意志强加于人"。上述两次论坛提出的中非"十大合作计划"和"八大行动"要点亦与非方《2063 年议程》相契合，这反映出中国追求国际公平、平等、敦睦合作的价值取向，主动呼应和衔接非方有关减贫的战略规划，彰显"非洲提出、非洲同意、非洲主导"的合作原则。

（三）关注中方参与中非减贫合作主体的平衡性问题

从中非减贫合作主体看，纵观中国对非发展合作的历史演变，政府层面的对非援助长期居于主导地位。20 世纪 90 年代以来，中国企业"走出去"步伐加快，顺应了发展南南合作的新思路和新政策，企业在当地发展中社会责任渐增，把参与慈善事业作为一项有良好经济效益的企业社会投资，通过构建以人为本的企业文化及参与非洲当地的社区发展项目，树立企业的公益形象。而中国国内有关减贫与发展的非政府组织，将其服务对象逐渐放宽，国际视野渐增，已陆续启动中非减贫合作项目。由此，中非减贫合作形成了政府主导、多方参与的模式。在未来一段时间，基于政府在动员政治资源、经济资源以及自上而下的强执行力，其仍将持续发挥中非减贫合作的主力作用，与此同时，企业层面和非政府组织层面的参与程度亦应不断扩大。在动员非政府组织助力减贫事业方面，我们可有选择地借鉴发达国家和其他发展中经济体在对非减贫合作中的做法与经验，形成一个多元差异的参照系，以补充与完善中非减贫合作形式，以创新思维弥补对非减贫合作中的"短板"。

（四）重视中非减贫合作的差异化与适应性问题

中国减贫策略为非洲带来参考和经验，这主要是基于中非贫困化特征的某些相似性，但与此同时，非洲是由 54 个国家组成的大陆，国家之间具有或多或少的差异性。从政治稳定度来看，既有南苏丹、索马里等和平与发展问题突出的国家，也有博茨瓦纳、纳米比亚等安定之邦；从国民经济基础产业看，既有坦桑尼亚、塞内加尔等农业资源国，也有南非、安哥拉、赞比亚等矿业资源国，还有塞舌尔、毛里求斯等旅游资源国；从经济发展水平看，既有南非、肯尼亚等有一定工业化基础的国家，也有佛得角、吉布提等无任何工业基础的国家；从就业情况看，既有埃塞俄比亚、卢旺达等青年就业率较高的国家，也有加蓬、突尼斯等青年失业率问题严重的国家；从基础设施情况看，既有南非这样高速公路网纵横交错的国家，也有马达加斯加、马拉维等公路建设十分落后的国家。凡此种种，不一而足。因此，非洲54个国家在发展阶段、发展水平和具体国情方面各不相同，中非双方在减贫合作上需要包容性与多样化。实施具体减贫方案亦需要突出非洲国家的个体性特点，一国一策，精准合作。唯其如是，方可增加减贫合作的实效。

客观而言，中国的减贫经验源于中国独特的国情与历史文化，源于中华人民共和国成立70年来的持续探索，源于中国领导人与广大人民的伟大实践，源于继往开来、与时俱进的减贫思想的创新。中国政府在减贫政策实施过程中发挥了强有力的主导作用，这与中国的"强政府"政治文化密切相关。这种主导型政府依靠自己所掌握的政治资源、经济资源和文化资源，在国家经济建设方面具有很强的动员和干预能力。而且，由于党的政治权力可以自我延续，中国政府可制定中长期国家发展目标和长远的战略规划，而不受政府领导人更迭的影响，保持国家减贫发展战略的高度可持续性。因此，"强政府"政治文化为中国减贫政策的实施提供了有力保障。而非洲国家大多移植或参照某种西方模式而形成本国的政治制度，属移植型政治制度。国内或隐或现的各种族群冲突、宗教冲突、党派斗争在一定程度上消解或侵蚀着国家权力，形成"弱政府、强社会"现象。国家权威的缺失导致国家无法有效动员和整合各种资源，集全国之力推进国家的减贫计划。目前，非洲的多党制也是在外来干预的基础上形成的，没有根植于非洲社会，未能超越狭隘的部族或地区利益。由于当政者拥有不同的治国理念，执政党有可能追求自己的短期利益，而不是国家长期发展目标，故政府更迭后，往往出现国家原有经济与社会发展战略难以为继现象。因此，中国在与非洲国家进行减贫合作时，尤其是在分享中国减贫经验过程中，不能简单推介、草率移植或照搬中国方案，而应将中国方案作为非洲借鉴国际减贫经验的"他山之石",为非洲国家探索符合自身国情的内生型减贫模式创造良好的外部环境。

四　结语

放眼全球,人类社会已经成为你中有我、我中有你的命运共同体,利益高度融合,彼此相互依存。就中非合作而言,减贫合作会帮助非洲发展、夯实中非关系的基础、优化中非合作舆情环境,接地气、惠民生项目会大大拉近中非民众的距离,巩固中非友好民心基础。中非减贫合作对于南南合作、全球贫困治理也有借鉴意义。中国在与非洲国家减贫合作中采用的加强基础设施建设、农业技术合作以及减贫人力资源培训(尤其是分享中国减贫的经验)等做法,丰富与发展了全球贫困治理的内容。全球贫困治理正从以"南北合作模式"为主向"南北合作模式"与"南南合作模式"双向度趋势发展。

(本文原刊发于《国际问题研究》2019 年第 3 期)

"后埃博拉时期"中非卫生合作的趋向、挑战与建议

郭 佳[*]

摘 要：中非卫生合作是约翰内斯堡峰会提出的中非"十大合作计划"之一，"后埃博拉时期"中非卫生合作逐渐从传统友谊型援助向多层次、宽领域、全方位合作方向转变，呈现出从双边援助到多边合作、由临床医疗到公共卫生体系建设、由全科医疗到专科特色医疗、从国家层面上助推中国药品走进非洲、注重中国经验在非洲的运用等趋势与特点。与此同时，中非卫生合作也面临着一些问题与挑战，卫生战略与决策有待进一步规划与统筹，援助项目有待深耕细作，医药产品走进非洲的瓶颈问题有待突破，体系建设的相关技术转移和经验分享有待开发。为此，应调整工作思路，着眼长远，将中非卫生合作纳入中国的全球卫生外交与卫生安全战略整体布局中，以中非卫生合作为契机和支点，将中国在健康领域的国际合作和全球卫生战略的实施引向深入。

关键词："后埃博拉时期" 中非卫生合作 趋向 挑战 建议

卫生一直以来都是非洲乃至全球发展领域的重要议题，特别是自埃博拉疫情之后，卫生的重要性越发凸显，加强卫生系统的相关内容不仅

---

[*] 郭佳，中国社会科学院西亚非洲研究所助理研究员。

被写入非洲"2063年愿景",也在联合国"2015年后可持续发展议程"中占据重要地位。中非卫生合作更因为共同抗击埃博拉而进一步深化,2015年的约翰内斯堡峰会将中非卫生合作列入中非"十大合作计划"之中。这些成果性文件和实施框架既反映出卫生在全球发展治理以及中非合作中的突出地位,也规划了"后埃博拉时期"非洲卫生发展与中非卫生合作的方向与目标。

所谓"后埃博拉时期",它不仅仅是一个事件或时间的概念,更多的是一种符号或象征,它意味着非洲卫生发展和中非卫生合作自埃博拉危机之后,步入与以往不同的历史阶段:一方面,对非洲国家而言,埃博拉疫情是一次转"危"为"机"的节点,它促使非洲国家动员和整合各方资源,启动和推动国内医疗卫生体系改革,着力解决非洲卫生领域中最薄弱环节,诸如公共卫生体系建设、全民健康覆盖等,加快基于本土及自有方案应对健康与发展挑战的进程;另一方面,于中国而言,埃博拉疫情结束之时,正值中国的"'十三五'规划"以及"'健康中国2030'纲要"启动,中国与非洲有着相似的发展经历和同样的健康追求,中国在卫生领域已经取得的成就可以为非洲国家所借鉴和分享,中国未来的健康规划与中非卫生合作同向而行,中国对非洲的卫生工作与之前相比,表现出更注重协同性,更加开放、灵活、务实的特点。

尽管"后埃博拉时期"中非卫生合作呈现出崭新的局面,但与此同时,双方合作也面临诸多问题与挑战,这些问题和挑战或者来自观念层面,或者存在于实际操作之中。为此,要加强对非卫生合作的顶层设计和资源整合,将中非卫生合作放到更高的战略层级上,纳入中国的全球卫生外交与卫生安全战略整体格局中,提高设置和引领国际卫生议题的能力,并解决实践中存在的关键性问题,从而以中非卫生合作为契机和支点,将中国在健康领域的国际合作和全球卫生战略的实施引向深入。

一 "后埃博拉时期"非洲的卫生状况

非洲是世界上卫生状况最为落后的地区之一,它拥有全世界12%的人口，却承受着全球约24%的疾病负担，① 许多国家医疗基础设施落后，缺医少药情况严重，医护资源匮乏，卫生体系支离破碎，无法有效运转，疾病预防和治疗工作面临巨大压力。总体而言，目前非洲的卫生状况具有以下四个特点。

（一）面临着传染病与慢性非传染病的双重威胁

非洲大陆一直以来深受艾滋病、疟疾和结核三大传染病的困扰。据世界卫生组织统计，2015年非洲艾滋病病毒携带者和感染者（HIV/AIDS）人数约为2550万，约占全球患者的70%，② 15—49岁人口感染艾滋病病毒的比例为4.6%，③ 撒哈拉以南非洲2015年新增感染病例约140万，占全球新感染艾滋病人数的三分之二以上，死亡80万。④ 世界卫生组织《2016年世界疟疾报告》显示，2015年全球有疟疾病例2.12亿，42.9万人死于疟疾，其中90%的疟疾病例和92%的疟疾死亡都集中在非洲，约8亿非洲人面临患疟疾的风险，疟疾已成为阻碍非洲社会经济发展的重要因素。⑤ 目前非洲有270万结核患者，约占全球结核患者的三分之一，⑥ 绝大多数肺结核死亡病例发生在非洲，大部分非洲国家结核的死亡率超过20%。⑦

除了传统传染病威胁以外，过去30多年，由于全球化的影响，城市化的发展、生活方式的改变，预期寿命的延长，慢性非传染性疾病

---

① World Health Organization，*Atlas of African Health Statistics* 2016：*Health Situation Analysis of the African Region*，Brazzaville：WHO Regional Office for Africa，2016，p. 21.

② World Health Organization，Global Health Observatory Data Repository，*Number of People（All Ages）Living with HIV*，2017 - 01 - 27，http：//apps. who. int/gho/data/view. main. 22100WHO.

③ World Health Organization，African Health Observatory，*Overview of the African Region*，2017 - 02，http：//www. aho. afro. who. int/.

④ Joint United Nations Programme on HIV/AIDS，*Aids by the Numbers*，Geneva：UNAIDS，2016，pp. 16 - 17.

⑤ World Health Organization，*World Malaria Report* 2016，Geneva：World Health Organization，2016，pp. xv – xvi.

⑥ World Health Organization Regional Office for Africa，*Tuberculosis*，2017 - 02，http：//www. afro. who. int/en/tuberculosis. html.

⑦ World Health Organization，*Global Tuberculosis Report* 2016，Geneva：World Health Organization，2016，p. 15.

(NCD),例如冠心病、高血压、糖尿病、肿瘤、哮喘、慢性肝脏疾病和慢性肾脏疾病等在非洲的流行率也持续上升,传染病与慢性非传染病的双重负担给原本就资金短缺的非洲卫生服务造成巨大压力,使非洲面临更为严峻的公共卫生挑战。

(二) 卫生支出总量不足且过度依赖外部援助

非洲近年来总体经济形势向好,卫生支出在国内生产总值中占比从1995年的2.6%增加到2013年的5.8%,[①] 但是在各国政府预算中,卫生支出普遍位于相对落后的位置。2001年,《阿布贾宣言》承诺将政府预算的15%用于卫生,但实际上大多数非洲国家至今无法兑现。至2013年,政府卫生支出占政府预算总支出的比例达到和超过15%的国家只有7个,分别是乌干达(24.3%)、卢旺达(22.3%)、斯威士兰(18.1%)、埃塞俄比亚(16.4%)、马拉维(16.2%)、中非共和国(15.9%)和多哥(15.4%),[②] 而且这些国家的政府卫生投入中可能包含国外援助资金,大多数国家的政府卫生支出都低于《阿布贾宣言》承诺的标准,从而难以确保实现基本卫生服务的全民覆盖。

此外,非洲国家在卫生领域过度依赖国际援助或私人捐款等外来资金投入,2013年,非洲国家外部援助资金占本国卫生总费用的平均比例为10.4%,在世界卫生组织非洲区域所辖的47个非洲国家中,[③] 有30个国家外援资金占比超过该平均水平,最高的前5位分别是布隆迪(73.3%)、南苏丹(68.5%)、马拉维(68.3%)、利比里亚(57.8%)、刚果民主共和国(52.4%)。[④] 在许多国家,外援资金的增加很多时候并没有为非洲本国卫生投入的不足带来"补充效应",反而形成一种"替代效应",代替了非洲政府本应在医疗融资方面的努力,使得政府卫生支出

[①] World Health Organization, *Atlas of African Health Statistics* 2016: *Health Situation Analysis of the African Region*, Brazzaville: WHO Regional Office for Africa, 2016, p. 59.

[②] Ibid., p. 64.

[③] 世界卫生组织非洲区域所辖47个非洲国家,指不包括摩洛哥、突尼斯、阿尔及利亚、埃及、苏丹、吉布提、索马里的其余所有非洲国家,上述7个国家虽然地理上属于非洲,但在世界卫生组织的分区中隶属于中东区域。

[④] World Health Organization, *Atlas of African Health Statistics* 2016: *Health Situation Analysis of the African Region*, Brazzaville: WHO Regional Office for Africa, 2016, p. 66.

占卫生总费用的比例不升反降。

（三）尚未建立有效的医疗卫生体系

非洲国家至今尚未建立起一个反应迅速、运转有效的公共卫生防控体系和医疗服务体系，2014年埃博拉疫情的暴发和一度失控进一步暴露了这一体系的脆弱性。多数非洲国家只有城市医院可以获得公共财政支持，而区县医院、贫困地区、农村地区的卫生服务机构很难被公共财政覆盖，这导致了基层卫生机构在设备、药品、技术、管理等方面的滞后，城乡之间卫生发展不平衡，难以建立有效的卫生服务网络。此外，非洲国家卫生人力资源严重匮乏，每万人拥有医生数量平均为2.7人，远低于世界平均水平的13.9人，在已有统计的34个非洲国家中，每万人拥有医护人员量少于1人的有17个，最低的利比里亚为0.1/10000人，马拉维、尼日尔、塞拉利昂为0.2/10000人，埃塞俄比亚和坦桑尼亚为0.3/10000人，即使在医疗条件相对较好的南非，也仅为7.8/10000人。[①]

（四）医疗卫生服务的可及性及公平性较差

一个合理的医疗卫生体系应该是逐渐增加基本医疗卫生服务的覆盖人口，同时保证医疗卫生服务的效率与公平。而人口覆盖率的增加，不仅取决于卫生资源的供给，还需要减少就医过程中的个人现金支付。世界卫生组织指出，当一个国家自费医疗支出超过医疗总支出的20%时，由医疗支出造成家庭财产危机的风险就会加大，因为在患者直接支付费过高的情况下，即使卫生设施、服务、产品到位，一般的家庭也无力支付相应的费用，从而对全民健康覆盖的推进造成巨大阻碍。而目前非洲国家的个人支出与卫生总支出占比平均为51%，在世卫组织所辖的47个非洲国家中，除了津巴布韦和塞舌尔，其余国家全部超出了20%的安全范围，其中占比最高的几个国家甚至达到了百分之七八十，分别是塞拉利昂（86%）、几内亚比绍（80%）、尼日利亚（76%）、圣多美和普林

---

① World Health Organization, *Atlas of African Health Statistics 2016: Health Situation Analysis of the African Region*, Brazzaville: WHO Regional Office for Africa, 2016, p.69.

西比（71%）、科摩罗和科特迪瓦（67%）。①

此外，非洲的卫生服务供给偏向富裕阶层和城市居民，联合国千年发展报告显示，在以非洲为代表的发展中地区，最贫穷的20%家庭的儿童发育迟缓的可能性是最富裕的20%家庭儿童的2倍还多；最贫穷家庭的5岁以下儿童死亡率几乎是最富裕家庭的2倍。② 由于接生环境和技术的问题，非洲孕妇死亡发生率占全球总数的1/2，近1/3的新生儿面临新生儿破伤风的威胁，还有近1/4的1岁儿童不能享受脊髓灰质炎疫苗，③而这些病例大多发生在医疗条件较差的农村地区。

总而言之，落后的卫生状况对非洲各国的经济、社会、政治、文化等产生重大影响，它延缓经济增长，加深贫困，削弱国家的综合国力与可持续发展能力，导致政府合法性降低，引发国内局势的不稳定；与此同时，随着全球化发展，世界日益相互依存，非洲的疾病传播及公共卫生事件不仅仅涉及非洲本身，也对全球公共卫生安全造成威胁，埃博拉危机已经为全球卫生安全拉响了警报。正因为如此，各方合作保障全球卫生安全是全球卫生机构的共识，也成为全球发展治理的核心议题。中国作为国际发展领域的积极参与者，与非洲的卫生合作也在原有基础上进一步深化和拓展。

二 "后埃博拉时期"中非卫生合作的趋势与走向

近年来，随着国际国内形势变化，中非卫生合作不断在创新中发展，通过双边与多边相结合，政府与民间相结合，技术支持与能力建设相结合，全科医疗与专科医疗相结合，长期派出与短期派出相结合，定期支援与项目管理相结合，援助与投资相结合，医疗服务与医学教育相结合

---

① World Health Organization, *Atlas of African Health Statistics 2016: Health Situation Analysis of the African Region*, Brazzaville: WHO Regional Office for Africa, 2016, p. 79.
② United Nations, *The Millennium Development Goals Report* 2015, New York: United Nations, 2015, p. 8.
③ World Health Organization, *Atlas of African Health Statistics 2016: Health Situation Analysis of the African Region*, Brazzaville: WHO Regional Office for Africa, 2016, pp. 97–113.

等方式，逐渐从传统友谊型援助向多层次、宽领域、全方位合作方向转变。

（一）从双边援助到多边合作

中非卫生领域的合作由来已久，从 1963 年中国向阿尔及利亚派出第一支医疗队起，50 多年来，中非卫生合作已形成包括派遣援外医疗队，援建医院和疟疾防治中心，赠送药品和医疗器械，双边卫生人员交流，人员培训等多层次、宽领域的工作模式。上述模式多为政府间双边援助，鲜有与第三方的多边合作。2014 年埃博拉危机发生之后，中非之间的卫生合作逐渐呈现出由双边援助向多边合作发展的态势，且合作主体多元化，不仅包括政府，国际性、地区性组织，非政府组织，也包括企业、社会团体等民间机构。2014 年 5 月，中国与世界卫生组织合作在桑给巴尔开展血吸虫病防控试点项目，开启了中国与国际组织在非洲国家开展卫生合作的首次探索；2015 年 3 月，中国公共卫生专家参与了由世界卫生组织主导的塞拉利昂埃博拉防控多边合作；2015 年 4 月，中国疾控中心与非盟 8 个成员国代表，以及世卫组织、美国健康与人类事务部（HHS）、美国疾控中心（US CDC）、非洲现场流行病网络（AFNET）、非洲实验医学协会（ASLM）等多家机构共同参与了非盟的非洲疾病预防控制中心建设的筹备工作；2015 年 4 月中国—英国—坦桑尼亚疟疾防治试点项目也在坦桑尼亚启动。参与非洲卫生领域的国际合作是中国对非卫生工作的趋势，尤其是在中国资金、人力、技术资源无法完全覆盖的领域，尚有很大的合作空间，例如，与国际质量认证权威合作援建药品质量检测中心、与国际组织合作建立生物等效性实验室等都是未来可能会开展的项目。埃博拉危机发生以后，中非双方还积极推进中国民营企业在非洲卫生领域的投资，相比于政府机构，民间机构具有更高的创新热情，而且更加方便于走进基层，提高医疗卫生服务可及性，在完善非洲社区医疗体系方面有着政府机构不可比拟的优势，民间投资作为一种务实合作的新模式，正在成为官方援助有益的补充。

（二）由临床医疗到公共卫生体系建设

卫生问题"基础中的基础"是公共卫生体系，即疾病预防控制体系的建立，它的效益虽非即时显现，但它可以通过公共卫生政策的制定、评价机制的完善、传染病防范措施的实施等方式，从宏观层面使受援国的卫生事业得到整体水平的提高，并形成良性发展，使民众的健康得到有力保障。非洲国家至今尚未建立起一个体系健全、响应及时、运转有效的公共卫生防控体系，为此，非洲在"2063年议程"中将公共卫生体系建设放在卫生领域的重要位置，提出了"完全遏制埃博拉等传染病和热带病、大幅减少非传染性疾病发病率、将非洲人民的人均寿命提升至75岁以上"的发展目标。中国的卫生事业经过几十年发展，特别是在经历了2003年"非典"之后，建立起公共卫生管理的长效机制，公共卫生水平不断提高，中非医疗合作从之前医务人员的派出、医疗设备或药品的捐助等临床层面逐步向公共卫生体系建设层面转型，除了体现中国经验对于非洲的分享，也是中非卫生合作向纵深发展的必然要求，即不仅仅关注非洲当下的卫生状况，更是从源头入手，着眼于非洲卫生事业的能力建设与长远规划，这符合中非双方的利益与需要。

2014年埃博拉疫情暴发后，中方就向疫区国家首次派遣了多批公共卫生专家组成的医疗队，在基层进行疾病监测以及传染病防范知识的培训。未来几年，中国将以参与非洲疾病控制中心筹建为抓手，加强中非之间的公共卫生政策沟通，结合非洲发展目标和实际需求，深化扩大中非公共卫生合作。中国将支持非盟及各个非洲国家建立健全疾病预防控制体系，帮助非洲国家形成对疫情的监测、预警和快速反应能力，为及时处置突发公共卫生事件提供可靠保障；将协助非洲国家提高实验室技术能力，重点帮助防控影响非洲人民健康的慢性非传染性疾病以及疟疾、艾滋病、结核病、霍乱、埃博拉等可预防的传染性疾病和新发疾病；开展卫生人力资源培训，举办卫生相关专题培训班，为非洲国家培训卫生管理和医护人员，加强卫生技术转移，帮助非洲国家提升卫生事业的自主发展能力。

（三）由全科医疗到专科特色医疗

一直以来中国对非洲各国实行整齐划一，全科式的医疗援助，这种形式虽然具有各方兼顾的优势，但鉴于非洲国家情况各异，医疗水平参差不齐，这种一刀切式的援助模式往往也因为缺乏针对性而影响效果。

近年来,中非卫生合作越发注重差异化的国别政策,注重专科医学的交流与合作,在实践中表现为以下四种形式。

其一,建立专科中心。一些传统上的全科医疗队依据受援国的实际情况,在某些专业领域加以侧重,建立专科中心,以凸显援助效果。如援桑给巴尔医疗队在当地设立了微创外科中心与眼科中心;援坦桑尼亚医疗队在当地建立了以心胸外科为主的"中坦医疗技术与培训合作中心";援毛里塔尼亚医疗队拥有中国援非医疗队中唯一一支疾病预防控制与公共卫生专家组,[1] 医疗队还在阿尔及利亚等国开设了中医中心或中医诊所。

其二,对口医院合作。从2015年12月约翰内斯堡峰会至今,中国已先后与非洲10个国家建立了对口医院合作关系,通过技术交流和转移,医护培训,加强专业科室建设,特别是在非洲空白的高层次专业技术领域,提升非洲国家临床专科治疗水平,同时在设备维护、医院运营管理等方面开展支援合作。例如广东省人民医院心血管研究所专家团队与位于加纳第二大城市库马西的教学医院(Komfo Anokye Teaching Hospital, Kumasi, Ghana)进行心胸外科的合作,除了在库马西医院进行心脏外科手术,帮助医院成立心血管病治疗中心外,还邀请加纳医生到广东心血管病研究所学习,目的是使他们具备独立承担手术的能力,在加纳建立面向中西非的心脏中心。此外,还有北京阜外医院与南非格鲁特索尔医院(Groote – Schuur Hospital)在心血管领域的合作,河南省人民医院与埃塞俄比亚提露内丝—北京医院(Tiluneisi – Beijing Hospital)在创伤治疗与妇幼健康领域的合作等。

其三,短期项目式医疗队。约翰内斯堡峰会上,中国承诺未来向40个非洲国家派遣由临床专家组成的短期医疗队,除了继续正在进行的"光明行"项目,为非洲民众实施免费白内障手术以外,还将增设妇幼保健等专项医疗援助,进行理论授课、技能培训、义诊咨询和疑难病例会诊等医疗活动。相比于传统上两年一轮换的全科医疗队,这种短期项目

---

[1] 参见郭佳《援非医疗队与中国在非洲的软实力建设》,载张宏明主编《非洲发展报告No. 17(2014—2015)——中国在非洲的软实力建设:成效、问题与出路》,社会科学文献出版社2015年版,第90页。

式医疗队更有针对性，更具灵活性。

其四，专项传染病防控。2007—2014年中国与科摩罗启动"青蒿素复方快速控制疟疾项目"，8年内将疟疾死亡人数降低到零，发病人数减少了98%，这是人类通过主动的群体药物干预，首次在非洲国家成功地快速控制疟疾流行，也是中非之间进行专项传染病防控合作的一次尝试。未来几年，中国除了将在肯尼亚、马拉维、多哥等国家运用这一抗疟模式建立抗疟示范区以外，还将在防治艾滋病、结核等领域与非洲国家展开合作。

（四）将助推中国药品走进非洲上升到国家战略层面

中国药品难以走进非洲一直是多年来禁锢中非卫生合作向纵深发展的瓶颈。以青蒿素产品为例，青蒿素是中医药对人类的重大贡献，为此中国女科学家屠呦呦教授还获得了2015年诺贝尔生理学或医学奖，以青蒿素为基础的复方药物是目前疟疾治疗的首选方案，并得到世界卫生组织的推荐。中国虽然是青蒿素的原创发明国，却在青蒿素类药品国际市场几乎"被出局"，据行业人士估算，在当前全球疟疾药品市场中，中国青蒿素药品所占份额不足5%，中国制药企业更多只是充当了原料供应商的角色，长期处于供应链的最底层。这一现象的出现，既有中非医药体系差异、国际医药市场既有格局影响的原因，也有国内医药品行业与企业自身的因素。国内医药品行业对这一问题的呼吁由来已久，但是从国家层面上加以重视，甚至上升到国家战略层面，写入中国对非洲政策文件中，约翰内斯堡峰会是第一次。约翰内斯堡峰会提出"鼓励支持中国企业赴非洲开展药品本地化生产，提高药品在非洲可及性"，支持10所大型制药和医疗器械企业与非洲国家在药品研发和制造领域开展合资合作，转移相关技术，向民众提供可及、可靠、可负担的医药产品、疫苗及医疗设备。2016年11月，第六届中非卫生合作国际研讨会在上海召开，会议的主题就是"中非携手，提高医药产品可及性"。这次会议除了现场交流讨论以外，还安排了优质中国医药产业展示，就产品的标准和认证等问题与非方进行沟通，为中非供需对接搭建平台；此外，国家卫计委与中非发展基金筹备设立了"中非医疗卫生联合基金"和"中非医疗器械联合基金"，以此加强对医药企业投资非洲的资金支持。这次会议成为落实约翰内斯堡峰会成果，助力中非医药产品合作的一次重要行动。

（五）注重中国经验在非洲的运用

除了公共卫生体系建设以外，实现"全民健康覆盖"是当前非洲卫生工作的另一个重点领域。全民健康覆盖的核心是对人口的"全面"覆盖和对"基本"医疗卫生服务的覆盖，即提高医疗卫生服务可及性，让每个人都可获得质量良好的卫生服务，而不会面临因付费带来的经济困难风险。多数非洲国家面临的挑战是如何在医疗卫生服务体系尚不健全的情况下，利用有限的资源来满足日益增长的需求。事实上，当今非洲很多地区的卫生状况与中华人民共和国成立初期的卫生情况十分相似，而中国在当时既有条件下在短时期内建立了世界上最大、最高效的合作医疗体系和基层卫生组织系统，用实践证明了低收入国家也可以通过符合本国特色与国情的途径实现全民健康覆盖。中国经验包括政府主导、预防为主、注重基层等，即由政府主导进行医疗卫生领域的规划、筹资、监管，优先投入经济薄弱地区和重点领域，加强薄弱地区一级卫生服务体系建设，特别是农村医疗卫生服务体系，保证基层、农村地区卫生资源的可及性与公平性。中国当前在与非洲的卫生合作中，特别是在全民健康覆盖领域，尤其注重中国经验在非洲的运用，特别是在非洲国家最为薄弱的基层卫生体系建设方面。例如在农村仿照中国的赤脚医生模式培养基层卫生工作者，提高农村地区的初级卫生覆盖率，扩大医疗卫生可及性；再如，分享中国"预防为主"的理念，也就是组织全民参与的群众性卫生防疫运动，类似于中国的"爱国卫生运动"，在社区加强健康教育，改善生活环境。这是一种不同于西方医学"以治疗为本"的思路，这种思路的核心在于，用社会组织的手段，替代专业性的高成本、高技术投入，从而加强公共卫生体系建设。这种低成本方式尤其适用于缺乏资金和技术的发展中国家与贫困地区，对于深受传染病威胁的非洲国家具有借鉴意义。

综上所述，上述趋势与转变丰富了中非卫生合作的内涵和途径，使得合作主体更加多元化，合作渠道更加多样化，合作内容更具针对性和有效性，表现出更加开放、灵活、务实的特点，也体现了合作理念上的"关口前移"，即从治病到防病，着眼于长远，注重体系建设与能力建设，致力于从根本上解决非洲的卫生问题。中非卫生合作的不断深化,也推动着中国从全球健康治理的参与者逐步向全球健康议程的影响者和新型国际卫生发展援助体系的构建者转变。

三 "后埃博拉时期"中非卫生合作的问题与挑战

中非卫生合作经过几十年发展,已取得长足进步,但仍然面临一些问题与挑战,卫生战略与决策有待进一步规划与统筹,援助项目有待深耕细作,医药产品走进非洲的瓶颈问题有待突破,体系建设的相关技术转移和经验分享有待开发。

(一) 战略、决策与管理缺失

首先,在宏观战略层面,中非卫生合作在中国对外合作整体格局中层级较低,长期以来停留在传统友谊型援助模式上,缺乏创新性和时代性,即使现在的合作形式不断丰富与发展,也仍然缺乏着眼于全球卫生战略的顶层设计与长远规划。其次,在决策机制上,中非卫生合作是包含多个项目的有机整体,决策与管理部门涉及中央、地方两个层级的多个机构,在中央一级,除了国家卫计委以外,商务部、外交部、财政部等也在实际操作中发挥着重要作用。尽管上述机构均为我国对外援助部际协调机制成员单位,但彼此间只是加强了行动上的联动与合作,并未在决策机制上实现通盘考虑与统筹规划,不仅导致决策效率低下,也削弱了决策的系统性和前瞻性。再次,在管理方面,由派出省进行管理的合作项目,会由于各个省份财力、人力和组织能力的差别而导致项目质量上的差异。

(二) 一些援助项目效果欠佳

中非卫生合作中相当一部分为援助项目,一些援助项目效果欠佳,主要表现在以下三个方面:首先,国内粗放型的援助模式往往显得"以我为主",不考虑国别差异、受援国民众习惯以及当地环境特点。例如药品说明书没有翻译成受援国语言;药品剂型和规格缺乏人性化设计;药品名录不能根据受援国疾病谱的变化进行调整；有些药品忽略了人种差异；基础设施援助缺乏设备配套与后续管理等。① 其次，中非文化差异使得符合"中国标准"的援助项目并不切合"非洲标准"。例如由于中非双方对"计划生育"概念理解的不同，在避孕产品的选择上也有所区别。中国计划生育的焦点是不要孩子，而非洲一些国家对计划生育的理解不是不要孩子，而是有计划地生孩子，即利用技术手段创造有利于孩子成长的生育间隔，因此在避孕产品的选择上，需要的是长效、可逆、不影响生育力恢复的产品，如果不了解当地的文化和价值观，就会把符合"中国标准"却并不适用于非洲的避孕产品投放出去从而造成援助物资的浪费。最后，因为缺乏与其他"利益攸关方"的沟通而导致援助项目得不到国际社会的认可。例如中国在刚果（金）援建的五十周年医院（Padiyath Medicity Hôpital du Cinquantenaire），本来是按照刚果（金）方面的要求，为满足刚果（金）富有阶级的医疗需求而建设，因此定位较为高端，却由于缺乏与国际机构等方面的沟通而被认为是不符合非洲实际需要的建设，破坏了医疗体系的有序性。②

（三）医药产品并未进入非洲主流医药市场

非洲医药市场需求巨大然而自身供给能力差，80%以上的药品依赖进口，尽管我国的药品具有价格低、质量高的优势，非常符合非洲市场的需求，却并不是非洲医药市场的主要进口国，事实上，我国目前进入非洲市场的药品大多是通过在非洲当地跨国注册的方式从私立市场进入的，极少有制药企业能够进入非洲的公立市场，而无论是从采购量还是影响力来说，进入公立市场才是进入非洲主流医药市场的标志，从这个意义上说，我国医药产品并未进入非洲主流医药体系。

医药产品进入非洲公立市场的渠道主要有两种，一是通过世界卫生组织等国际机构的多边市场采购，二是通过非洲各国的政府采购，进入

---

① 参见郭佳《援非医疗队与中国在非洲的软实力建设》，载张宏明主编《非洲发展报告 No. 17（2014—2015）——中国在非洲的软实力建设：成效、问题与出路》，社会科学文献出版社 2015 年版，第 87—88 页。

② 参见蒋晓晓《中非卫生合作的特点：基于刚果民主共和国的案例研究》，《中国卫生政策研究》2014 年第 7 卷第 3 期，第 67 页。

这两种采购体系的入场券就是通过世界卫生组织的预认证（PQ 认证）。PQ 认证分为制剂认证和原料药认证两种，制剂认证主要针对艾滋病、疟疾和结核三大疾病的用药，截至 2017 年 2 月，在全球 520 个通过制剂 PQ 认证的产品中，中国产品只有 16 个，[1] 主要为疟疾和艾滋病用药；[2] 在获得 PQ 认证的 100 种原料药中，中国占有 34 个。[3] 由此可见，能够进入国际供应商体系的中国医药产品寥寥无几，且大多充当原料供应商的角色。尽管目前中国政府鼓励医药企业赴非洲投资建厂，以此助力中国药品走进非洲，但如果贸易无法先行，企业依然面临产品的市场准入问题。归根结底，难以通过世界卫生组织的 PQ 认证，是目前中国医药产品进军非洲主流医药市场的最大障碍。造成这一现象的原因主要有两点，其一，技术性壁垒。一方面，我国制药行业的药品生产质量管理标准不能与国际对接；另一方面，中国企业与国际组织接触不多，对国际招投标程序与规则认知有限，缺乏足够的经验。其二，企业自身的原因。因为 PQ 认证周期较长，一般需要 3—5 年，加之非洲公立市场药品采购招标价格不断压低，产品几乎没有利润而言，因此企业对于申请 PQ 认证内生动力不足。

（四）中非卫生合作的外延有进一步拓展的空间

卫生事业的发展是一项复杂的系统工程，世界卫生组织认为，一个完善的卫生系统应包含下列几大体系：卫生服务体系，公共卫生体系，卫生筹资体系，人力资源体系，卫生信息体系以及药品供应体系。[4] 卫生系统的整体缺陷，阻碍了非洲卫生发展目标的实现，而只有从卫生系统加强的高度进行改革，推进各个体系协同发展，才能使卫生事业整体向

---

[1] 其中 11 种为疟疾用药，3 种为艾滋病用药，1 种为结核用药，1 种为生殖健康用药。

[2] World Health Organization Prequalification of Medicines Programme, *Medicines/Finished Pharmaceutical Products List*, 2017 – 02, https：//extranet. who. int/prequal/content/prequalified-lists/medicines.

[3] World Health Organization Prequalification of Medicines Programme, *WHO List of Prequalified Active Pharmaceutical Ingredients（APIs）*, 2017 – 02, https：//extranet. who. int/prequal/content/active-pharmaceutical-ingredients – 0.

[4] World Health Organization, *Health Systems*, 2017 – 02, http：//www. who. int/topics/health_systems/en/.

前推进。

当前中非卫生合作的内涵愈加丰富，而在卫生体系建设方面的潜力依然有待释放。例如信息系统建设是非洲卫生领域亟须加强的环节，由于数据信息的不足，政府无法根据人群需要确定基本卫生服务包，无法及时、准确地掌握卫生供求关系和卫生系统运行效能，而中国可以通过从国家层面制定卫生信息化整体规划方案，通过移动医疗、远程医疗、信息中心管理等项目，帮助非洲国家提升卫生信息化水平。再如，在卫生筹资体系建设方面，中非双方也存在很大的合作空间。实现全民健康覆盖，最需要解决的是资金来源问题，也就是筹集到足够资金并持续增长，不断提高覆盖面和服务水平，这也是当前非洲国家实现全民健康覆盖所面临的最主要挑战。以非洲国家目前的财政状况，大多数国家难以在短时期内提高卫生投入在政府预算中的优先等级，比较可行的办法是建立多元、可持续的筹资机制，丰富国内融资渠道，中国在筹资渠道、筹资方式、资金的管理与使用等方面可以为非洲国家提供经验，以提高非洲各国财政对公共卫生和初级卫生保健服务融资的自给能力。此外，非洲国家目前依各自国情，以覆盖不同人群的多种医疗保险为主要筹资方式，如何完善医疗保险制度，特别是在这一过程中如何发挥政府的利贫导向，履行公共责任，以保障弱势群体的利益和基本公共卫生服务方面，中国也有许多值得非洲国家借鉴的经验。当然，鉴于体系建设的某些措施会触及一国的政治、经济、社会等深层次问题，中国应秉承"非洲提出、非洲同意、非洲主导"的原则，尊重非洲国家的意愿。我们更多的是支持非洲卫生体系的能力建设，卫生发展的模式和道路由非洲国家自主选择。

四 "后埃博拉时期"中非卫生合作的相关建议

为巩固中非卫生合作成果，进一步扩大合作的有效性及影响力，拓展中国在非洲以及全球卫生战略布局中的利益，实现中非双方卫生领域的互利共赢，中国应有针对性地调整工作思路，着眼长远，有所作为。为此，提出如下建议。

（一）加强中非卫生合作的顶层设计、理论创新和资源整合

首先，提升对非卫生工作的战略层级，增加卫生援助在对外援助总盘子中的比重。加强顶层设计，确定中非卫生合作在中国全球卫生外交战略中的定位，加强理论、模式和机制创新，创建有中国特色的国际卫生发展援助理论，掌握话语权，推动国际卫生援助议题朝中国的优势方向发展。在这方面，西方传统援助国的做法值得学习，它们不仅高度关注卫生议题，并且具有较强的卫生议题设置能力，例如美国通过"总统防治艾滋病紧急援助计划"和"总统防治疟疾援助计划"引领了非洲防治艾滋病和疟疾的倡议；英国牵头成立了"全球疫苗免疫联盟"（GAVI），为疫苗在全球普及做出了领导性贡献；日本尤其注重社区和农村的卫生援助，抓住草根阶层的民心。其次，整合国内对非卫生工作的渠道和归口，有必要建立一个全面统领对非和对外卫生合作的专门机构，统筹政策并加强部门间协作，优化议程目标与战略布局，使人力、物力、财力得到最有效配置。再次，卫生系统的研究机构与非洲学界的研究机构应加强交流与合作，将专业技术角度的微观研究与中非关系的宏观研究结合起来，为对非卫生工作提供更加行之有效且富有长远意义的战略决策。

（二）提升卫生援助项目的效用、效果与影响力

非洲国家在政治体制、经济发展水平、人口疾病谱、获得国际援助的便利性和方式以及国家卫生发展规划等方面存在差异，援助项目需要结合各国国情，从实际出发。中国与非洲国家政府应加强合作项目的前期调研、过程监督、结果评估和社会影响评价，以确保项目的实用性与可行性，资源利用的最大化与有效性，卫生服务供应的透明性与公平性，项目效果反馈的及时性与准确性。此外，近年来中非文化交流日益密切，但交流内容往往限于艺术和语言方面，很少涉及卫生领域，建议通过孔子学院、援非医疗队、人力资源培训、双方互访等渠道加强中非之间的卫生文化交流，增进对彼此的理解与认知、对对方医疗技术以及医药文化的了解与认可，从而推动双方卫生合作的顺利进行。另则，对非卫生发展援助领域存在诸多相互关联、互为影响的"利益攸关方"，包括各国政府、国际组织、地区性组织、非政府组织、慈善机构、企业等，除了与受援国政府进行协调之外，还应加强与其他机构的沟通与交流，以体现发展的责任，消除误解，增进共识，营造良好的外部环境。事实上，合作项目本身的质量固然重要，但只有在项目之外的部分也得高分，才能获得更大的影响力与可持续的竞争优势。

（三）政企合作加快药企 PQ 认证进程，增强企业国际竞争力

在政府层面，政府应联合行业商会共同为企业搭建平台，建立企业与国际组织、非政府组织、非洲区域性组织、非洲卫生和药监部门的联系，在医药产品 PQ 认证、招投标、非洲各国药政动向、市场准入条件、投资政策等方面为企业提供信息和指导，为企业提供必要的金融、语言、文化、法律方面的咨询和培训，同时帮助建立企业之间的联系，使之形成合力，共同拓展产业链的终端市场。此外，从政府层面加强与非洲药监部门的合作，建立针对输入非洲医药产品的监管机制，可以将国内的药品电子监管码系统推广至对非药品出口领域，防止中间商做手脚，使非法药品流入供应链。在医药产品投资领域，将医药产业作为中非产能合作的重点领域，让持续升温的中非产能合作成为拉动中国医药产品走进非洲的引擎。

从企业层面，企业应站在更高、更广阔的视角定位其发展战略，创造机会让国际组织等机构参与到企业的运营中来，与之建立稳定与信任的关系。尽快熟悉 PQ 认证的流程与注意事项，确保药品生产过程、临床试验、生物等效性研究等遵循国际规范，以达到世界卫生组织预认证的要求。积极促进卫生科研创新，提升医疗卫生产品的生产能力及流通水平，提高企业产品质控水平，打造"中国制造"的医疗卫生产品品牌形象，努力打击质量伪劣的医疗卫生产品。提高专利保护意识，保障产品在国际药品市场的优势地位，降低仿制药的冲击。

（四）构建卫生安全理念，在非洲建立传染病研究基地

目前我国在与非洲的卫生合作中，以非洲的卫生需求为主，缺少利用热带非洲的医疗卫生资源，开展发源于热带地区尤其是非洲的重大传染病和新发传染病的相关研究，从而为我国的卫生安全战略服务的意识。

事实上，我国目前相关疾病的研究处于空白状态，对于输入性重大传染病的防治处于守势，存在巨大的卫生安全隐患。因此，在非洲一线建立医疗卫生研究基地，特别是源于非洲的重大传染病和新发传染病研究基地，不仅必要而且迫切。

在这方面，西方国家起步较早。它们倚靠在海外的传染病临床研究基地，掌握了研究的前沿和制高点，不仅影响了当地重大传染病的政策，也引领了全球重大传染病的政策制定，推动了西方药品及防治技术在全球的推广。以法国巴斯德研究所为例，该研究所遍布世界各地，特别是非洲和亚洲，集医、学、研为一体，笔者在援刚果（布）医疗队工作期间，曾经与位于布拉柴维尔的巴斯德研究所有过密切接触。其除了致力于传染病的监测和防控以外，还将基础研究与应用研究相结合，开发疫苗、新的诊断技术，以及用于发现新生病毒的新技术，同时与世界卫生组织、医院实验室、制药企业保持密切联系，注重研究成果向临床实践的转化，将成果的实际应用价值最大化。

事实上，我国在帮助西非抗击埃博拉疫情期间已经开始了这方面的尝试，在塞拉利昂建立的生物安全三级固定实验室（P3 实验室）就是集医疗与研究为一体，除了进行埃博拉、疟疾等传染病样本的检测以外，还进行埃博拉生存者多种体液的排毒研究，为"后埃博拉时期"消除埃博拉病毒传播隐患，科学管理埃博拉生存者的生活和社会行为提供科学依据。未来，我国应重视在非洲的传染病研究基地建设，进行创新性研究，在重大传染病防治方面力争有所突破，为我国的卫生安全战略服务。

五 结语

中国是世界上最大的发展中国家，非洲是发展中国家最为集中的大陆，中国与非洲人口占世界人口的 1/3。作为发展中国家，中国在医疗卫生领域积累了广泛经验，并得益于自身经济社会的发展，对外医疗卫生合作能力得以提升；非洲则由于目前存在医疗卫生事业发展水平低与社会需求庞大之间的落差，因此有大力发展卫生医疗事业的迫切需求。

中非之间构建新型的卫生合作关系，推进健康领域的互利共赢，不仅对中非双方有利，而且对实现联合国 2030 年可持续发展目标以及人类发展和全球繁荣稳定也都具有重要意义。

中非卫生合作既是国际发展领域合作的重要组成部分，也是中国参与全球卫生外交和治理的重要途径。中国在"后埃博拉时期"帮助非洲构建有应变能力、有适应能力、可持续发展的卫生系统的过程，也是中国自身不断充实与推进全球卫生战略的过程。在这一过程中，中国设置和引领国际卫生议题的能力将逐步得到提高，同时，以中非卫生合作为契机和支点，中国在健康领域的国际合作也将不断走向深入。

（本文原刊发于《国际展望》2017 年第 2 期）